Prof. Dr. Laura Clérico/
Prof. Dr. Jan-Reinard Sieckmann (Hrsg.)

Grundrechte, Prinzipien und Argumentation

Studien zur Rechtstheorie Robert Alexys

 Nomos

Die Deutsche Nationalbibliothek verzeichnet diese Publikation in
der Deutschen Nationalbibliografie; detaillierte bibliografische
Daten sind im Internet über http://www.d-nb.de abrufbar.

ISBN 978-3-8329-4870-2

1. Auflage 2009
© Nomos Verlagsgesellschaft, Baden-Baden 2009. Printed in Germany. Alle Rechte,
auch die des Nachdrucks von Auszügen, der fotomechanischen Wiedergabe und der
Übersetzung, vorbehalten. Gedruckt auf alterungsbeständigem Papier.

Vorwort

Am 7.-9. Oktober 2008 fand an der Juristischen Fakultät der Universität von Buenos Aires ein DAAD-Alumni-Fachseminar mit dem Thema "Grundrechte, Diskurs und praktische Vernunft. Die Rechtstheorie Robert Alexys" statt. Teilnehmer waren neben Alexy selbst vor allem ehemalige Stipendiaten des DAAD, die bei ihm in Kiel studiert haben. Eingerahmt wurde das Fachseminar von der Zeremonie der Verleihung der Ehrendoktorwürde der Universität Buenos Aires an Robert Alexy mit einer Laudatio von Carlos Rosenkrantz sowie, nach Abschluss des auf Deutsch durchgeführten Fachseminars, einer Sondersitzung des traditionsreichen "Seminars für Logik und Rechtsphilosophie", auf der Eugenio Bulygin seine Kritik am Rechtsbegriff Alexys vortrug und zur Diskussion stellte.

Dieser Band enthält den Vortrag "Die Konstruktion von Grundrechten", den Robert Alexy aus Anlass der Verleihung der Ehrendoktorwürde gehalten hat, die überarbeiteten oder modifizierten Beiträge des Fachseminars sowie die deutsche Fassung der Kritik Eugenio Bulygins an Alexys Rechtsbegriff. Die Beiträge des Fachseminars behandeln im Schwerpunkt Probleme der Grundrechtstheorie. Von zentraler Bedeutung ist dabei die Theorie der Prinzipien. Durch alle Beiträge zieht sich das Thema der Argumentation. Bei der Diskussion des Rechtsbegriffs kommt dies in der zentralen Rolle der internen Perspektive des Teilnehmers zum Ausdruck. Diese Ausrichtung der Beiträge führte zu dem - von dem der Tagung abweichenden - Titel des Tagungsbandes "Grundrechte, Prinzipien und Argumentation".

Wir danken dem DAAD sowie der Facultad de Derecho der Universidad de Buenos Aires für die großzügige Unterstützung der Tagung.

Buenos Aires, im Mai 2009   Laura Clérico
                                                                     Jan Sieckmann

Inhaltsverzeichnis

Die Konstruktion der Grundrechte

Robert Alexy

Es gibt zwei grundsätzlich verschiedene Konstruktionen der Grundrechte: die Regelkonstruktion und die Prinzipienkonstruktion. Diese beiden Konstruktionen sind nirgendwo rein verwirklicht, aber sie repräsentieren doch gegenläufige Ideen, von denen die Lösung fast aller Probleme der allgemeinen Grundrechtsdogmatik abhängt. Fragen der Grundrechtsdogmatik sind nicht nur Probleme eines speziellen Rechtsgebiets. Die Antworten, die auf sie gegeben werden, haben Konsequenzen für die Struktur des gesamten Rechtssystems. Das Spektrum reicht von der Dritt- oder Horizontalwirkung, also dem Einfluß der Grundrechte auf das Zivilrecht, bis zum Verhältnis von Gesetzgebung und Verfassungsgerichtsbarkeit, hinter dem das Spannungsverhältnis von Grundrechten und Demokratie steht. Die Frage, ob die Regel- oder die Prinzipienkonstruktion vorzuziehen ist, formuliert daher keinesfalls nur ein theoretisch interessantes Problem. Sie hat eine weitreichende praktische Bedeutung. Das macht sie zu einer Grundfrage des demokratischen Konstitutionalismus.

I. Die Regelkonstruktion

1. Regeln und Prinzipien

Die Basis der beiden Konstruktionen bildet die normtheoretische Unterscheidung von Regeln und Prinzipien.[1] Regeln sind Normen, die definitiv etwas gebieten, verbieten oder erlauben. Sie sind in diesem Sinne *definitive Gebote*. Ihre Anwendungsform ist die Subsumtion. Wenn eine Regel gilt, dann ist es geboten, genau das zu tun, was sie verlangt. Wird dies getan, ist die Regel erfüllt; wird dies nicht getan, ist die Regel nicht erfüllt. Regeln sind daher Normen, die stets nur entweder erfüllt oder nicht erfüllt werden können. Demgegenüber sind Prinzipien Normen, die gebieten, daß etwas in einem relativ auf die tatsächlichen und rechtlichen Möglichkeiten möglichst hohen Maße realisiert wird. Prinzipien sind demnach *Optimierungsgebote*. Als solche sind sie dadurch charakterisiert, daß sie in unterschiedlichen Graden erfüllt werden können und daß das gebotene Maß ihrer Erfüllung nicht nur von den tatsächlichen, sondern auch von den rechtlichen Möglichkeiten abhängt. Die rechtlichen Möglichkeiten werden außer durch Regeln wesentlich durch gegenläufige Prinzipien bestimmt. Prinzipien enthalten deshalb, je-

---

[1] Vgl. Robert Alexy, Theorie der Grundrechte, 3. Aufl., Frankfurt am Main 1996 (2. Nachdr. 2006), S. 75 f.

weils für sich genommen, stets nur ein Prima-facie-Gebot. Die Bestimmung des gebotenen Maßes der Erfüllung des einen Prinzips relativ auf die Anforderungen eines gegenläufigen Prinzips aber ist die Abwägung. Aus diesem Grunde ist die Abwägung die spezifische Anwendungsform des Prinzips.

Die Unterscheidung zwischen Regeln und Prinzipien steht im Zentrum einer Theorie, die als „Prinzipientheorie" bezeichnet werden kann. Die Prinzipientheorie ist das System der Implikationen dieser Unterscheidung. Diese Implikationen betreffen alle Bereiche des Rechts. Bei den Grundrechten – man kann hier sowohl von der Prinzipientheorie der Grundrechte als auch von deren Prinzipienkonstruktion sprechen – ist der Streit um die Prinzipientheorie vor allem ein Streit um die Abwägung und damit, weil die Abwägung den Kern der Verhältnismäßigkeitsprüfung bildet, ein Streit um den Verhältnismäßigkeitsgrundsatz.

2. Das Postulat der Vermeidung der Abwägung

Das Gegenstück zur Prinzipienkonstruktion, die Regelkonstruktion, kann als Versuch angesehen werden, die mit der Abwägung verbundenen Probleme zu vermeiden. Die Grundrechtsnormen werden als Regeln betrachtet, die grundsätzlich abwägungsfrei anwendbar sind. Das bedeutet nicht, daß die Grundrechtsanwendung in allen Fällen zu einer unproblematischen Subsumtion wird. Wie auch sonst im Recht, kann die Subsumtion schwierig sein und mehrere Zwischenschritte sowie weitere Argumente verschiedenster Art, die diese Zwischenschritte rechtfertigen, fordern.[2] So kann es sehr zweifelhaft sein, ob eine Äußerung eine Meinungsäußerung, eine Tätigkeit eine Religionsausübung oder ein vermögenswerter Vorteil Eigentum ist. Für die Regelkonstruktion ist entscheidend, daß nicht nur diese Fragen, sondern darüber hinaus *alle* bei der Grundrechtsanwendung auftauchenden Fragen grundsätzlich abwägungsfrei zu lösen sind.

Die abwägungsfreie Lösung kann dabei sowohl einen positivistischen als auch einen nichtpositivistischen Charakter haben. Ein Beispiel für eine abwägungsfreie positivistische Konstruktion bietet Ernst Forsthoffs Postulat, alle mit der Grundrechtsanwendung verbundenen Fragen mit den herkömmlichen Mitteln der Interpretation zu lösen,[3] also vor allem unter Rekurs auf den Wortlaut der Grundrechtsbestimmung, den Willen derjenigen, die die Verfassung gegeben haben, und den systematischen Zusammenhang, in dem die auszulegende Bestimmung steht. Die gegenwärtig berühmteste Variante einer nichtpositivistischen abwägungsfreien Konstruktion findet sich bei Ronald Dworkin. Nach ihm geht es bei der Grundrechtsanwendung, jedenfalls im Kern, nicht um Abwägung, sondern um „the very different question of what morality requires".[4] Wenn man

---

2 Vgl. Robert Alexy, Theorie der juristischen Argumentation, 3. Aufl., Frankfurt am Main 1996 (3. Nachdr. 2008), S. 273 ff.

3 Ernst Forsthoff, Zur Problematik der Verfassungsauslegung, in: ders., Rechtsstaat im Wandel, 2. Aufl., München 1976, S. 173.

4 Ronald Dworkin, Is Democracy Possible Here?, Princeton 2006, S. 27; vgl. dazu Kai Möller, Balancing and the structure of constitutional rights, in: International Journal of Constitutional Law 5 (2007), S. 458-461.

die Prinzipienkonstruktion als Verhältnismäßigkeitskonstruktion definiert, die Abwägung wesentlich einschließt, ist auch dies eine Regelkonstruktion, wenn auch eine solche besonderer Art.

3. Probleme der Regelkonstruktion

Die Probleme der Regelkonstruktion zeigen sich am deutlichsten bei der Frage der Grundrechtsschranken. Hier sollen nur zwei Konstellationen in den Blick genommen werden: die des einfachen Gesetzesvorbehalts und die des vorbehaltlos gewährleisteten Grundrechts.

Ein einfacher Gesetzesvorbehalt liegt etwa dann vor, wenn eine Grundrechtsbestimmung erst Grundrechte, etwa die auf Leben und körperliche Unversehrtheit, gewährt und dann den Gesetzgeber durch eine Klausel wie „In diese Rechte darf nur auf Grund eines Gesetzes eingegriffen werden" zu Eingriffen in die Grundrechte ermächtigt.[5] Wenn man der Regelkonstruktion folgt und dies wörtlich nimmt, dann erlaubt diese Schrankenklausel jeden Eingriff in das Leben und die körperliche Unversehrtheit, wenn sie nur auf Grund eines Gesetzes erfolgt. Das Grundrecht schrumpft damit zu einem speziellen Gesetzesvorbehalt. Es verliert jede Kraft, den Gesetzgeber zu binden. Materiell läuft es deshalb, was den Gesetzgeber betrifft, leer. Das aber widerspricht der Geltung der Grundrechte auch für die Legislative. Man kann versuchen, das Leerlaufen der Grundrechte durch weitere Regeln zu verhindern. Der systematisch anspruchsvollste Versuch besteht in einem Verbot, den Wesensgehalt der Grundrechte anzutasten, wie es sich in Art. 19 Abs. 2 GG findet. Doch auch hier bleibt der Gesetzgeber vor der Schwelle des Wesensgehalts oder -kerns völlig frei. Seine Grundrechtsbindung ist in diesem Raum aufgehoben. Im übrigen ist höchst fraglich, ob sich der Wesenskern überhaupt abwägungsfrei bestimmen läßt.[6]

Nicht weniger schwer wiegen die Probleme der Regelkonstruktion bei vorbehaltlos gewährleisteten Grundrechten, also bei solchen Grundrechten, für die die Verfassung keine Einschränkung vorsieht. Unter dem Grundgesetz der Bundesrepublik Deutschland zählen dazu etwa die Religions- und die Forschungsfreiheit. Bei isolierter Subsumtion müßten religiöse Unterdrückungen, wenn eine Religion sie fordert, und Menschenexperimente, wenn sie dem wissenschaftlichen Fortschritt dienen, erlaubt sein. Der Ausweg, diese Handlungen nicht als religiöse Handlung oder wissenschaftliche Tätigkeiten einzustufen, widerspricht dem Wortlaut. Zieht man aber die Rechte der betroffenen Menschen auf Freiheit und Leben und körperliche Unversehrtheit als Schrankengründe heran, so gerät man unweigerlich in eine Abwägung. Schon das Postulat der systematischen Auslegung sprengt daher das Regelmodell.

---

5   Vgl. Art. 2 Abs. 2 Satz 3 GG.
6   Vgl. Alexy (Fn. 1), S. 267-272.

II. Die Prinzipienkonstruktion und der Grundsatz der Verhältnismäßigkeit

Die Prinzipienkonstruktion versucht, diese und zahlreiche weitere Probleme der Grundrechtsdogmatik dadurch zu lösen, daß sie die Grundrechte als Prinzipien, also als Optimierungsgebote, behandelt. Die Bedeutung des Prinzipiencharakters resultiert vor allem aus seiner Verbindung mit dem Verhältnismäßigkeitsgrundsatz. Diese Verbindung ist so eng wie nur möglich. Sie besteht in einem gegenseitigen Implikationsverhältnis. Der Grundsatz der Verhältnismäßigkeit mit seinen drei Teilgrundsätzen der Geeignetheit, der Erforderlichkeit und der Proportionalität oder Verhältnismäßigkeit im engeren Sinne folgt logisch aus der Prinzipiendefinition, und diese aus jenem.[7] Das bedeutet, daß dann, wenn die Grundrechte Prinzipiencharakter haben, der Verhältnismäßigkeitsgrundsatz gilt, und daß dann, wenn der Verhältnismäßigkeitsgrundsatz bei der Anwendung der Grundrechte gilt, die Grundrechte Prinzipiencharakter haben. Der Kern der Prinzipienkonstruktion besteht in dieser notwendigen Verknüpfung von Grundrecht und Verhältnismäßigkeit.

III. Einwände gegen die Prinzipienkonstruktion

Gegen die Prinzipienkonstruktion der Grundrechte wie auch ganz allgemein gegen die Prinzipientheorie werden so viele und so unterschiedliche Einwände erhoben, daß deren umfassende Erörterung hier nicht möglich ist. Da die Einwände aber trotz ihrer Verschiedenheit zusammenhängen, soll vor der Erörterung des Zentraleinwandes ein kurzer Überblick gegeben werden. Dazu empfiehlt sich eine Einteilung in sieben Gruppen. Die erste Gruppe umfaßt die *normtheoretischen* Einwände. Dabei geht es um Fragen wie die, ob es überhaupt Rechtsprinzipien gibt,[8] ob und wie sich Prinzipien von Regeln unterscheiden lassen,[9] ob Prinzipien überhaupt Normen sind[10] und ob die Gegenüberstellung von Regeln und Prinzipien nicht an der bunten Vielfalt der Normen scheitern muß.[11] Die Einwände der zweiten Gruppe lassen sich als *„argumentationstheoretisch"* bezeichnen. Die Kernfrage lautet hier, ob die Abwägung als eine rationale Begründung oder Argumentation angesehen werden kann oder ob sie als ein nicht- oder irrationales Verfahren eingestuft werden muß.[12] Bei den Einwänden der dritten Gruppe geht es um die Frage, ob die Prinzipienkonstruktion eine Gefahr für die Grundrechte darstellt, weil sie deren strikte Geltung als Regeln aufhebt.[13] Man kann hier von *„grundrechtsdogma-*

---

7   Alexy (Fn. 1), S. 100-104.
8   Larry Alexander, Legal Objectivity and the Illusion of Legal Principles, Ms. 2008.
9   Ralf Poscher, Einsichten, Irrtümer und Selbstmißverständnis der Prinzipientheorie, in: Jan-R. Sieckmann (Hg.), Die Prinzipientheorie der Grundrechte, Baden-Baden 2007, S. 65, 70.
10   Jan Henrik Klement, Vom Nutzen einer Theorie, die alles erklärt, JZ 2008, S. 760.
11   Poscher (Fn. 9), S. 73 f.
12   Jürgen Habermas, Faktizität und Geltung, 4. Aufl., Frankfurt am Main 1994, S. 315; Bernhard Schlink, Der Grundsatz der Verhältnismäßigkeit, in: Peter Badura/Horst Dreier (Hg.), Festschrift 50 Jahre Bundesverfassungsgericht, Bd. 2, Tübingen 2001, S. 460.
13   Vgl. Habermas (Fn. 12), S. 315, der geltend macht, daß mit der Prinzipienkonstruktion eine „Brandmauer" falle.

tischen" Einwänden reden. Während die grundrechtsdogmatischen Einwände ein Zuwenig an Grundrechtsschutz geltend machen, zielen die der vierten Gruppe auf ein Zuviel an Grundrechten. Sie machen geltend, daß die Optimierungsthese zu einer Aufblähung der Grundrechte führe, die eine Überkonstitutionalisierung der Rechtsordnung zur Folge habe, was institutionell einen „Übergang vom parlamentarischen Gesetzgebungsstaat zum verfassungsgerichtlichen Jurisdiktionsstaat"[14] nach sich ziehe. Hier kann von „*institutionellen*" Einwänden gesprochen werden. Dem schließen sich als fünfte Gruppe die *interpretationstheoretischen Einwände* an. Bei ihnen geht es um die Frage, ob und wie die Prinzipienkonstruktion als Interpretation der Grundrechte eines positivrechtlichen Grundrechtskataloges begründet werden kann.[15] Läßt sich eine universelle Geltung der Prinzipien- oder Verhältnismäßigkeitskonstruktion darlegen[16] oder kann sie allenfalls mal hier und mal da zur Anwendung kommen? Bei der sechsten Gruppe geht es um *geltungstheoretische* Einwände. Diese Einwände halten der Prinzipientheorie vor, daß sie den Geltungsvorrang der Verfassung und die Gesetzesbindung von Exekutive und Judikative in Frage stelle.[17] Der Stufenbau des Rechts breche im Wirbel der Abwägung zusammen.[18] Zur siebten Gruppe schließlich vereinen sich *wissenschaftstheoretische* Einwände. Die Prinzipientheorie bestehe aus „in ihrer Abstraktheit nichtssagende(n) Sätze(n)",[19] die jede getroffene Entscheidung erklären könnten, aber keine „anleitende Kraft für zukünftige Entscheidungen" hätten.[20] Sie reiche deshalb als Grundrechtsdogmatik nicht aus.[21]

IV. Die Rationalität der Abwägung

1. Die Zentralstellung des Rationalitätsproblems

Die argumentationstheoretischen Einwände, bei denen es um die Rationalität der Abwägung geht, bilden die wichtigste Gruppe. Wäre die Abwägung notwendig irrational, könnten mit der Abwägung zugleich die Prinzipien als etwas Irrationales fordernde Normen verworfen werden.[22] Die normtheoretische Debatte verlöre ihre Bedeutung.

---

14 Ernst-Wolfgang Böckenförde, Grundrechte als Grundsatznormen, in: ders., Staat, Verfassung, Demokratie, Frankfurt am Main 1991, S. 190.
15 Matthias Jestaedt, Die Abwägungslehre – ihre Stärken und ihre Schwächen, in: Otto Depenheuer/Markus Heintzen/Matthias Jestaedt/Peter Axer (Hg.), Staat im Wort. Festschrift für Josef Isensee, Heidelberg 2007, S. 260, 262 f., 275; Poscher (Fn. 9), S. 79, Klement (Fn. 10), S. 761, 763.
16 So etwa David M. Beatty, The Ultimate Rule of Law, Oxford 2004, S. 162: „Proportionality is a universal criterion of constitutionality."
17 Jestaedt (Fn. 15), S. 268, 274; Poscher (Fn. 9) S. 76; Klement (Fn. 10), S. 759.
18 Jestaedt (Fn. 15), S. 269 f.
19 Jestaedt (Fn. 15), S. 269.
20 Klement (Fn. 10), S. 756; Ralf Poscher, Grundrechte als Abwehrrechte, Tübingen 2003, S. 76; Jestaedt (Fn. 15), S. 269.
21 Poscher (Fn. 20), S. 77 f.
22 Das gälte jedenfalls für die Optimierung relativ auf die rechtlichen Möglichkeiten. An der Optimierung relativ auf die tatsächlichen Möglichkeiten könnte man auch bei Irrationalität der Abwägung festhalten.

Zudem könnte man bei Irrationalität der Abwägung nicht mehr für die Abwägung als Maßstab der Grundrechtsbegrenzung eintreten. Die grundrechtsdogmatischen Einwände hätten ein leichtes Spiel. Entsprechendes gälte für die institutionelle Kritik. Was die interpretationstheoretischen Einwände betrifft, so wäre, wenn die Abwägung sich als irrational erweisen sollte, allenfalls dann an ihr festzuhalten, wenn die Verfassung die Verhältnismäßigkeitsprüfung, wie etwa Art. 52 Abs. 1 der Europäischen Grundrechtscharta, ausdrücklich anordnet. Selbst hier könnte man fragen, ob man eine Irrationales fordernde Norm nicht korrigierend interpretieren muß. Auch die geltungstheoretischen Einwände würden obsiegen. Wer käme auf die Idee, irgendeiner irrationalen Einschränkung der Geltung einer Rechtsnorm zuzustimmen? Schließlich wäre die Irrationalität der Abwägung Wasser auf die Mühlen aller wissenschaftstheoretischen Einwände. Im weiteren soll daher das Rationalitätsproblem im Vordergrund stehen. Das heißt freilich nicht, daß eine Widerlegung des Irrationalismuseinwandes die Widerlegung aller anderen Einwände impliziert. Die Rationalität der Abwägung ist keine hinreichende Bedingung der Ausräumung der anderen Einwände; immerhin aber ist sie hierfür eine notwendige Bedingung.

2. Der Irrationalismuseinwand

Es gibt viele, die die Rationalität und mit ihr die Objektivität der Abwägung bestreiten. Mit besonderem Nachdruck tun dies Habermas und Schlink. Der zentrale Punkt bei Habermas ist, daß es keine „rationale(n) Maßstäbe" für das Abwägen gibt:

> „Weil dafür rationale Maßstäbe fehlen, vollzieht sich die Abwägung entweder willkürlich oder unreflektiert nach eingewöhnten Standards und Rangordnungen."[23]

Wo Habermas von Willkür oder unreflektierter Gewohnheit spricht, ist bei Schlink von Subjektivität und Dezision die Rede:

> „In den Prüfungen der Verhältnismäßigkeit im engeren Sinn kann letztlich nur die Subjektivität der Prüfenden zur Geltung kommen ... Die Wertungs- und Abwägungsoperationen der Verhältnismäßigkeitsprüfung im engeren Sinn sind ... letztlich nur dezisionistisch zu leisten."[24]

Trifft dies zu? Ist die Abwägung tatsächlich nicht- oder irrational, willkürlich, subjektiv und dezisionistisch? Bedeutet abzuwägen wirklich, auf Rationalität, Richtigkeit und Objektivität zu verzichten? Es ist kaum möglich, diese Frage zu beantworten, ohne zu wissen, was Abwägung ist. Um zu wissen, was Abwägung ist, muß man deren Struktur kennen.

23 Habermas (Fn. 12), S. 315 f.
24 Bernhard Schlink, Freiheit durch Eingriffsabwehr – Rekonstruktion der klassischen Grundrechtsfunktion, in: EuGRZ 11 (1984), 462. Vgl. ferner dens. (Fn. 12), S. 460.

3. Pareto-Optimalität

Es ist bereits bemerkt worden, daß die Abwägung Gegenstand des dritten Teilgrundsatzes des Verhältnismäßigkeitsgrundsatzes, des Grundsatzes der Proportionalität oder der Verhältnismäßigkeit im engeren Sinne ist, und daß es bei der Proportionalität um die Optimierung relativ auf die rechtlichen Möglichkeiten geht. Gegenstand der ersten beiden Teilgrundsätze, der Teilgrundsätze der Geeignetheit und Erforderlichkeit, ist demgegenüber die Optimierung relativ auf die tatsächlichen Möglichkeiten. Hierbei geht es darum, ob aufgrund der tatsächlichen Möglichkeiten Kosten für Grundrechte vermieden werden können, ohne daß Kosten für die Ziele des Gesetzgebers entstehen, also um Pareto-Optimalität.[25] Das ist wesentlich unproblematischer als die Abwägung, bei der es darum geht, welche Seite die Kosten zu tragen hat. Die Grundsätze der Geeignetheit und Erforderlichkeit sollen deshalb hier nicht behandelt werden.[26] Immerhin ist die bloße Tatsache, daß die Prinzipienkonstruktion auch diesen Aspekt erfassen kann, ein starkes Argument für ihre Richtigkeit.

4. Das Abwägungsgesetz

Die Grundidee der Optimierung relativ auf die rechtlichen Möglichkeiten, also der Proportionalitätsprüfung, läßt sich in eine Regel fassen, die man „Abwägungsgesetz" nennen kann. Dieses lautet:

> Je höher der Grad der Nichterfüllung oder Beeinträchtigung des einen Prinzips ist, desto größer muß die Wichtigkeit der Erfüllung des anderen sein.[27]

Das Abwägungsgesetz zeigt, daß die Abwägung in drei Schritte oder Stufen eingeteilt werden kann. Auf der ersten Stufe geht es um den Grad der Nichterfüllung oder Beeinträchtigung des einen Prinzips. Dem folgt auf der nächsten Stufe die Feststellung der Wichtigkeit der Erfüllung des gegenläufigen Prinzips. Schließlich wird auf der dritten Stufe festgestellt, ob die Wichtigkeit der Erfüllung des gegenläufigen Prinzips die Nichterfüllung oder Beeinträchtigung des anderen Prinzips rechtfertigt. Wenn es nicht möglich sein sollte, rationale Urteile über, erstens, die Intensität von Eingriffen, zweitens, den Grad der Wichtigkeit des den Eingriff rechtfertigenden Grundes und, drittens, deren Beziehung zueinander zu fällen, würden die von Habermas und Schlink erhobenen Einwände zutreffen.

5. Die Gewichtsformel

Um zu zeigen, daß rationale Urteile über die Intensität von Eingriffen und Grade der Wichtigkeit möglich sind, soll zunächst eine Entscheidung des Verfassungsgerichts der

---

25 Alexy (Fn. 1), S. 101-103.
26 Vgl. dazu Laura Clérico, Die Struktur der Verhältnismäßigkeit, Baden-Baden 2001, S. 26-139.
27 Alexy (Fn. 1), S. 146.

Bundesrepublik Deutschland zu Gesundheitswarnungen in den Blick genommen werden.[28] Das Gericht stuft die Pflicht der Produzenten von Tabakwaren, auf ihren Erzeugnissen Hinweise auf die Gefahren des Rauchens für die Gesundheit anzubringen, als einen relativ leichten Eingriff in die Berufsfreiheit ein. Ein vollständiges Verbot aller Tabakprodukte wäre demgegenüber als schwerer Eingriff zu beurteilen. Zwischen derartigen leichten und schweren Fällen lassen sich Fälle von mittlerer Eingriffsintensität einordnen. Auf diese Weise entsteht eine Skala mit den Stufen „leicht", „mittel" und „schwer". Das Beispiel zeigt, daß die Intensität des Eingriffs mit Hilfe dieser Skala bestimmt werden kann.

Dasselbe ist auf der Seite der gegenläufigen Gründe möglich. Die Gesundheitsrisiken des Rauches sind hoch. Die den Eingriff rechtfertigenden Gründe wiegen deshalb schwer. Steht auf diese Weise erst einmal die Eingriffsintensität als leicht und der Grad der Wichtigkeit des Eingriffsgrundes als hoch fest, kann das Ergebnis der Proportionalitätsprüfung durchaus mit dem Bundesverfassungsgericht als „offensichtlich" bezeichnet werden.[29]

Die Lehre der Tabak-Entscheidung bestätigt sich, wenn man auf andere Fälle blickt. Ein Fall recht verschiedener Art ist der Titanic-Beschluß. Das verbreitete Satiremagazin Titanic hatte einen querschnittsgelähmten Reserveoffizier, der trotz seiner Behinderung seine Einberufung zu einer Wehrübung durchgesetzt hatte, erst als „geb. Mörder" und dann als „Krüppel" bezeichnet. Ein deutsches Gericht verurteilte die Titanic zu einem Schmerzensgeld von 12.000 DM. Die Titanic erhob Verfassungsbeschwerde. Das Bundesverfassungsgericht nahm eine „fallbezogene(n) Abwägung"[30] zwischen der Meinungsfreiheit des Magazins und dem Persönlichkeitsrecht des Offiziers vor. Auch dieser Fall kann mit Hilfe der triadischen Skala leicht, mittel und schwer rekonstruiert werden.

Die Bildung einer solchen triadischen Skala reicht freilich nicht aus um darzulegen, daß das Abwägen rational ist. Hierfür ist es notwendig zu zeigen, daß derartige Einstufungen sich in ein inferentielles oder Schlußsystem einbetten lassen, das als Ganzes mit dem Begriff der Richtigkeit verbunden ist. Im Fall der Subsumtion unter eine Regel kann das zugrundeliegende Schlußsystem durch ein deduktives Schema, das Schema der „internen Rechtfertigung", ausgedrückt werden, das sich mit Hilfe der Aussagen-, der Prädikaten- und der deontischen Logik formulieren und in eine Theorie des juristischen Diskurses einfügen läßt.[31] Es ist von zentraler Bedeutung sowohl für die Theorie des juristischen Diskurses als auch für die Theorie der Grundrechte, daß für die Abwägung ein Gegenstück zu diesem deduktiven Schema existiert.[32] Es ist die Gewichtsformel.

Der Kern und zugleich die einfachste Form der Gewichtsformel lautet wie folgt:

---

28   BVerfGE 95, 173.
29   BVerfGE 95, 173 (187).
30   BVerfGE 86, 1 (11).
31   Alexy (Fn. 2), S. 273-283.
32   Robert Alexy, On Balancing and Subsumption. A Structural Comparison, in: Ratio Juris 16 (2003), S. 448.

$$G_{i,j} = \frac{I_i}{I_j}$$

In dieser Formel fehlen noch die Variablen für die abstrakten Gewichte der kollidierenden Prinzipien (G_i, G_j) und für die Sicherheit der empirischen Annahmen darüber, was die jeweilige Maßnahme für die Nichtrealisierung des einen und die Realisierung des anderen Prinzips im konkreten Fall bedeutet (S_i, S_j). Doch davon kann hier abgesehen werden, so daß die eben angegebene einfachste Form die vollständige Form[33]

$$G_{i,j} = \frac{I_i \cdot G_i \cdot S_i}{I_j \cdot G_j \cdot S_j}$$

vertreten kann.

Sowohl in der einfachsten als auch in der vollständigen Form steht I_i für die Intensität des Eingriffs in das Prinzip P_i, das in unserem Fall das die Meinungsfreiheit der Titanic garantierende Prinzip ist. I_j steht für die Wichtigkeit der Erfüllung des gegenläufigen Prinzip P_j, hier also des Prinzips, das das Persönlichkeitsrecht des gelähmten Offiziers zum Gegenstand hat. $G_{i,j}$ schließlich steht für das konkrete Gewicht des Prinzips, dessen Verletzung geprüft wird, also für das von P_i. Die Gewichtsformel bringt zum Ausdruck, daß das konkrete Gewicht eines Prinzips ein relatives Gewicht ist. Das tut sie, in der einfachen Form, indem sie das konkrete Gewicht als Quotient der Intensität des Eingriffs in dieses Prinzip (P_i) und der konkreten Wichtigkeit des gegenläufigen Prinzips (P_j) definiert.

Es drängt sich der Einwand auf, daß man nur im Zusammenhang mit Zahlen von Quotienten sprechen kann und daß Zahlen bei den Abwägungen im Verfassungsrecht nicht verwendet werden. Die Antwort auf diesen Einwand kann mit der Feststellung beginnen, daß die logischen Formeln, die verwendet werden, um die Struktur der Subsumtion auszudrücken, auch nicht in der juristischen Argumentation gebraucht werden, was nichts daran ändert, daß sie das beste Mittel sind, die inferentielle Struktur der Anwendung von Regeln explizit zu machen. Dasselbe trifft für die Darstellung der inferentiellen Struktur der Anwendung von Prinzipien mit Hilfe von Zahlen, die für die Variablen der Gewichtsformel eingesetzt werden, zu.

Die drei Werte des triadischen Modells – leicht, mittel, schwer – können durch l, m und s repräsentiert werden. Das triadische Modell erschöpft keineswegs die Möglichkeiten der Skalierung. Die Abwägung kann beginnen, wenn eine Skala mit zwei Werten, l und s, zur Verfügung steht. Nur wenn alles denselben Wert hat, ist Abwägen unmöglich.[34] Zudem gibt es zahlreiche Möglichkeiten der Verfeinerung der Skala. Von besonderem Interesse ist eine doppeltriadische Skala, die mit neun Stufen arbeitet: (1) ll, (2) lm, (3) ls, (4) ml, (5) mm, (6) ms, (7) sl, (8) sm, (9) ss. Von allergrößter Bedeutung ist, daß der

33   Vgl. hierzu Robert Alexy, Die Gewichtsformel, in: Joachim Jickeli/Peter Kreutz/Dieter Reuter (Hg.), Gedächtnisschrift für Jürgen Sonnenschein, Berlin 2003, S. 783-791.
34   Vgl. dazu Aharon Barak, The Judge in a Democracy, Princeton/Oxford, 2006, S. 166: „One cannot balance without a scale".

Verfeinerung Grenzen gesetzt sind. Alle Einstufungen sind Urteile. Jeder versteht Sätze wie „Der Eingriff ist leicht (l)" oder „Der Eingriff ist ein schwerer mittlerer Eingriff (ms)". Was aber sollte man unter dem Satz „Der Eingriff ist ein schwerer leichter Eingriff mittlerer Art (lsm)" verstehen, der bei Hinzufügung einer dritten Triade möglich werden würde? Begründen kann man nur das, was man versteht. Die Begründbarkeit der Sätze über Intensitäten aber ist Voraussetzung der Rationalität der Abwägung. Hieraus folgt, daß Skalierungen im Bereich der Grundrechte nur mit relativ groben Skalen arbeiten können. Es ist letztlich die Natur des Rechts, hier des Verfassungsrechts, die der Feinheit der Skalierung Grenzen setzt und vollends Skalierungen infinitesimaler Art ausschließt.[35] Verrechenbare Messungen mit Hilfe des Kontinuums von Punkten zwischen 0 und 1 kommen daher nicht in Frage.

Auch grobe Skalen kommen freilich nicht ohne die Zuordnung von Zahlen aus, wenn die Gewichtsformel die inferentielle Struktur der Abwägung ausdrücken soll. Es gibt zahlreiche Möglichkeiten, den drei Werten unseres triadischen Modells Zahlen zuzuordnen. Eine recht einfache und zugleich höchst instruktive Möglichkeit ist die geometrische Folge 2^0, 2^1 und 2^2, also 1, 2 und 4.[36] Im Titanic-Beschluß hat das Bundesverfassungsgericht die Intensität des Eingriffs (I_i) in die Meinungsfreiheit (P_i) als schwer (s) eingestuft. Der Wichtigkeit des Schutzes des Persönlichkeitsrechts (P_j) des Offiziers (I_j) im Fall der Bezeichnung als „geb. Mörder" hat es wegen des höchstsatirischen Kontextes nur einen mittleren (m) Wert zugeordnet, der eher zu einem leichten hin tendiert. Wenn wir die entsprechenden Werte unserer geometrischen Folge für s und m einsetzen, dann nimmt das konkrete Gewicht von P_i ($G_{i,j}$) in dieser Fallkonstellation den Wert 4/2, also 2 an. Wenn, umgekehrt, I_i m und I_j s wäre, würde der Wert 2/4, also 1/2 sein. Der Vorrang von P_i wird so durch ein konkretes Gewicht größer als 1 ausgedrückt, der von P_j durch ein konkretes Gewicht kleiner als 1. In allen Fällen des Gleichranges oder des Patts ist der Wert 1.

Die Bezeichnung des Offiziers als „Krüppel" wurde von dem Gericht demgegenüber als schwere (s) Beeinträchtigung der Persönlichkeit angesehen. Dadurch entstand ein Patt, was zur Folge hatte, daß die Verfassungsbeschwerde der Titanic keinen Erfolg hatte, soweit sie sich gegen die Auferlegung des Schmerzensgeldes wegen der Bezeichnung „Krüppel" richtete. Bei der Bezeichnung „geb. Mörder" ging demgegenüber die Meinungsfreiheit vor, so daß das Schmerzensgeld insofern unverhältnismäßig, also verfassungswidrig, und die Verfassungsbeschwerde in diesem Umfang begründet war.

Die Rationalität eines inferentiellen Schemas hängt wesentlich von der Frage ab, ob es Prämissen verknüpft, die als solche wiederum begründet werden können. In der Gewichtsformel werden die Prämissen durch Zahlen repräsentiert, die für Urteile stehen.

---

35 Robert Alexy, Verfassungsrecht und einfaches Recht – Verfassungsgerichtsbarkeit und Fachgerichtsbarkeit, in: VVDStRL 61 (2002), S. 25 f.

36 Der größte Vorteil der geometrischen Folge besteht darin, daß sie am besten die steigende Widerstandskraft der Rechte bei steigender Eingriffsintensität darstellt, was die Basis der Widerlegung des grundrechtsdogmatischen Einwandes der Auflösung der Kraft der Grundrechte ist; vgl. Alexy (Fn. 32), S. 787.

Ein solches Urteil ist die Behauptung, daß die öffentliche Beschreibung einer schwer-behinderten Person als „Krüppel" eine schwere Verletzung des Persönlichkeitsrechts darstellt. Mit dieser Behauptung wird ein Anspruch auf Richtigkeit erhoben, der in einem Diskurs gerechtfertigt werden kann. Die Kommensurabilität der Einstufungen auf beiden Seiten der Abwägung wird dabei dadurch gesichert, daß der Diskurs von einem einheitlichen Standpunkt aus geführt wird: dem Standpunkt der Verfassung.[37] Das Bundesverfassungsgericht begründet seine Einstufung damit, daß die Bezeichnung als „Krüppel" heute als Ausdruck von Mißachtung und Demütigung verstanden werde.[38] Natürlich kann man hierüber wie über so vieles im Recht streiten. Doch Bestreitbarkeit impliziert nicht Irrationalität. Wäre dies so, wäre nicht nur die Abwägung, sondern die juristische Argumentation als solche weitgehend irrational. Vielmehr gilt, daß Begründbarkeit unbeschadet der Tatsache, daß sie nicht mit Beweisbarkeit gleichgesetzt werden kann, Rationalität und damit eine Objektivität, die zwischen Sicherheit und Willkür an-gesiedelt ist, impliziert.

Das Ziel ist erreicht. Die Abwägung erweist sich als eine Argumentform[39] des rationalen juristischen Diskurses,[40] was ausreicht, den Irrationalismuseinwand als speziell gegen die Abwägung gerichteten Einwand zu entkräften. Natürlich könnte man weiter ganz allgemein nach der Möglichkeit rationalen juristischen Argumentierens fragen, und man könnte auch daran denken, auf der Basis des bislang Ausgeführten an die Widerlegung der Einwände der sechs anderen Gruppen zu gehen. Dafür ist hier aber keine Gelegen-heit mehr. Es muß ausreichen festzustellen, daß jedenfalls der Irrationalismuseinwand, von dem alles weitere abhängt, ausgeräumt werden kann. Damit ist der wichtigste Schritt zur Verteidigung der Prinzipienkonstruktion der Grundrechte getan.

---

37 Alexy (Fn. 32), S. 781 f.
38 BVerfGE 86, 1 (13).
39 Alexy (Fn. 2), S. 123. Dasselbe klingt an, wenn es bei Barak (Fn. 33), S. 173, heißt: „balancing introduces order into legal thought". Vgl. ferner dens., a.a.O., S. 164.
40 Als ein durch die Gewichtsformel ausgedrücktes inferentielles Schema ist die Abwägung eine forma-le Struktur, die als solche keine Substanz enthält. Die Anwendung der Gewichtsformel verlangt freilich, daß Inhalt – der durch Urteile über die Intensität von Eingriffen, abstrakte Gewichte und die Sicherheit empirischer Annahmen explizit gemacht wird – in die Variablen der Gewichtsformel eingesetzt wird. Aus diesem Grund kann man sagen, daß das Abwägen prozedural substantiell ist.

Ideales Sollen

Robert Alexy

Gegen die Prinzipienkonstruktion der Grundrechte, wie auch ganz allgemein gegen die Prinzipientheorie als System rechtstheoretischer Aussagen, sind zahlreiche Einwände erhoben worden. Diese sind einerseits höchst unterschiedlicher Art, hängen aber andererseits trotz ihrer Verschiedenheit mehr oder weniger eng zusammen. Um in dieser Situation nicht den Überblick zu verlieren, empfiehlt sich eine Klassifikation. Zweckmäßig erscheint eine Einteilung in sieben Gruppen oder Arten, und zwar in (1) normtheoretische Einwände, bei denen es um die Existenz und die Struktur von Prinzipien sowie ihre Unterscheidung von Regeln geht, (2) argumentationstheoretische Einwände, die sich um die Frage drehen, ob die Abwägung eine rationale Begründung oder Argumentation ist, (3) grundrechtsdogmatische Einwände, etwa solche, die in der Abwägung die Gefahr der Grundrechtsauflösung oder der Grundrechtsschrumpfung sehen, (4) institutionelle Einwände, die umgekehrt eine Grundrechtsaufblähung befürchten, welche die institutionelle Konsequenz habe, daß der parlamentarische Gesetzgebungsstaat sich in einen verfassungsgerichtlichen Jurisdiktionsstaat verwandele, (5) interpretationstheoretische Einwände, bei denen es darum geht, ob und wie begründet werden kann, daß die Prinzipienkonstruktion die richtige Interpretation eines positivrechtlichen Grundrechtskataloges ist, (6) geltungstheoretische Einwände, die der Prinzipientheorie vorhalten, daß sie die Bindung an Verfassung und Gesetz aufhebe und den Stufenbau des Rechts auflöse, und schließlich (7) wissenschaftstheoretische Einwände, die geltend machen, daß die Prinzipientheorie als Grundrechtsdogmatik untauglich oder unzureichend sei. Es ist nicht nur unmöglich, Einwände aller dieser Arten hier zu behandeln. Auch innerhalb der Gruppen muß eine Auswahl getroffen werden. Ich werde mich auf zwei normtheoretische und zwei argumentationstheoretische Einwände konzentrieren.

I. Zwei normtheoretische Einwände

1. Ideales Sollen

Ein früher normtheoretischer Einwand läßt sich in die Frage fassen, ob die für die Prinzipientheorie zentrale Definition der Prinzipien als Optimierungsgebote[1] nicht die für

---

[1] Robert Alexy, Theorie der Grundrechte, 3. Aufl., Frankfurt am Main 1996 (2. Nachdr. 2006), S. 75 f.

21

die Prinzipientheorie ebenfalls zentrale Unterscheidung von Regeln und Prinzipien[2] aufhebe. Sieckmann und Aarnio haben zu Recht hervorgehoben, daß Optimierungsgebote insofern Regeln, also definitive Gebote, sind, als sie definitiv die Optimierung und nicht ein durch Abwägung je nach den Umständen zu bestimmendes optimales Maß der Optimierung fordern.[3] Poscher glaubt hier eine „rechtstheoretische (Selbst-)Widerlegung" der Prinzipientheorie sehen zu können.[4] Ich habe versucht, das Problem durch die Unterscheidung zwischen *zu optimierenden Geboten* und *Geboten zu optimieren* zu lösen.[5] Die Optimierungsgebote als Gebote zu optimieren drücken ein definitives und in diesem Sinne reales Sollen aus. Demgegenüber enthalten die Prinzipien als zu optimierende Gebote nur ein ideales[6] oder Prima-facie-Sollen. Poscher hält dem entgegen, daß die Vorstellung eines idealen Sollens überflüssig sei, „weil es zur Rekonstruktion von Optimierungsgeboten keiner zu optimierenden Gebote, sondern nur zu optimierender Gegenstände" bedürfe.[7] Die Optimierungsgebote bezögen sich „in der Regel"[8] nicht auf normative, sondern auf empirische Gegenstände, im Falle des Art. 2 Abs. 2 Satz 1 GG etwa auf das Leben und die körperliche Unversehrtheit. Diesem Einwand der rekonstruktiven Überflüssigkeit wird der Einwand ontologischer Obskurität an die Seite gestellt. Das ideale Sollen soll einer „geheimnisvollen Sphäre"[9] zuzuordnen sein. Zudem wird die Verknüpfung von Optimierungsgeboten und zu optimierenden idealen Geboten als ein „sehr bemüht wirkende(r) Rettungsversuch" eingestuft.[10] Der Einwand gipfelt schließlich in einer negativen Existenzbehauptung. Die Prinzipientheorie könne die „Existenz ihres Gegenstands" nicht beweisen. Sie sei deshalb eine „Theorie ohne Gegenstand".[11]

Der ontologische Einwand ist der radikalere. Wenn er zuträfe, träfe auch der Überflüssigkeitseinwand zu, denn was es nicht gibt, kann nicht nicht überflüssig sein. Die Frage hat demnach zunächst zu lauten, ob es ein ideales Sollen gibt.

---

2   Ders., a.a.O., S. 76 f.
3   Jan-Reinard Sieckmann, Regelmodelle und Prinzipienmodelle des Rechtssystems, Baden-Baden 1990, S. 65; Aulis Aarnio, Taking Rules Seriously, in: Werner Maihofer/Gerhard Sprenger (Hg.), Law and the State in Modern Times, ARSP-Beiheft 42 (1990), S. 187.
4   Ralf Poscher, Grundrechte als Abwehrrechte, Tübingen 2003, S. 78.
5   Robert Alexy, Zur Struktur der Rechtsprinzipien, in: Bernd Schilcher/Peter Koller/Bernd-Christian Funk (Hg.), Regeln, Prinzipien und Elemente im System des Rechts, Wien 2000, S. 38 f.
6   Zur Idee des idealen Sollens vgl. dens., Zum Begriff des Rechtsprinzips, in: Werner Krawietz/Kazimierz Opałek/Aleksander Peczenik/Alfred Schramm (Hg.), Argumentation und Hermeneutik in der Jurisprudenz, Rechtstheorie-Beiheft 1 (1979), S. 79-82.
7   Ralf Poscher, Einsichten, Irrtümer und Selbstmissverständnis der Prinzipientheorie, in: Jan-R. Sieckmann (Hg.), Die Prinzipientheorie der Grundrechte, Baden-Baden 2007, S. 69.
8   Ebd.
9   Ders., a.a.O., S. 70.
10 Ders., a.a.O., S. 69.
11 Ders., a.a.O., S. 70.

a) Die Existenz des idealen Sollens

Ein Sollen ist ein Gedankeninhalt, der sich mit Hilfe der deontischen Modalitäten des Gebots, des Verbots und der Erlaubnis sowie mit Hilfe der hieraus durch Relationierung und Potentialisierung erzeugbaren komplexeren Modalitäten des subjektiven Rechts und der Kompetenz ausdrücken läßt.[12] Die Grundmodalität ist die des Gebots. Die einfachste Gebotsnorm hat die Form:

(1) Es ist geboten, daß p,

was sich mit Hilfe des Gebotsoperators „O" als

(2) Op

notieren läßt. Op nehme den Inhalt

(3) Es ist geboten, Notleidenden zu helfen

an. Wenn (3) Regelcharakter hat, also ein definitives oder reales Sollen ausdrückt, dann verlangt (3), daß in jedem Fall, in dem jemand Not leidet, geholfen wird, ganz gleich, welche anderen Pflichten und Rechte dem entgegenstehen. Wenn (3) demgegenüber Prinzipiencharakter hat, also ein ideales oder Prima-facie-Sollen ausdrückt, dann verlangt (3) nur unter der Bedingung, daß man von allem absieht oder abstrahiert, was dem entgegenstehen könnte, daß geholfen wird. Das ideale Sollen ist damit ein abstraktes, noch nicht auf die begrenzten Möglichkeiten der empirischen und der normativen Welt bezogenes Sollen. Etwas nicht auf die Widerstände der Welt zu beziehen heißt, es so zu behandeln, als ob es für das Ganze oder für alles, was zählt, stünde. Das ideale Sollen kann damit auch als „Pro-tanto-Sollen" bezeichnet werden.[13] Jedes Pro-tanto-Sollen aber ist zugleich ein Prima-facie-Sollen, wenn man den Begriff des Prima-facie-Sollens so versteht, daß er sich auf ein Sollen bezieht, das in den Blick kommt, wenn man sich auf nur einen Aspekt eines Normenkonflikts beschränkt.[14]

Die Frage ist, ob ein ideales Sollen in dem dargestellten Sinne existiert. Es gibt zwei Begriffe der Existenz einer Norm, einen schwachen und einen starken. Nach dem schwachen Begriff existiert eine Norm, wenn sie aus einem Gedankeninhalt besteht, den zu erfassen möglich ist. Das entspricht dem semantischen Normbegriff.[15] Nun ist es möglich, zu verstehen, was der Normsatz (3) ausdrückt, wenn er nicht sagt, daß es schlechthin oder definitiv geboten ist, Notleidenden zu helfen, sondern nur, daß dies an sich, grundsätzlich oder prima facie geboten ist. Daß eine Norm in diesem schwachen Sinne

---

12 Robert Alexy, Alf Ross' Begriff der Kompetenz, in: Andreas Hoyer/Hans Hattenhauer/Rudolf Meyer-Pritzl/Werner Schubert (Hg.), Gedächtnisschrift für Jörn Eckert, Baden-Baden 2008, S. 55-62.

13 Vgl. S. L. Hurley, Natural Reasons, New York/Oxford 1989, S. 130, 261; Nils Jansen, Die Struktur der Gerechtigkeit, Baden-Baden 1998, S. 101.

14 Dieser Begriff des Prima-facie-Sollens hat keinen bloß epistemischen Charakter. Er bezieht sich nicht auf etwas, das nur scheinbar geboten ist, sondern auf etwas, das tatsächlich geboten ist, aber bei Berücksichtigung aller Umstände zurücktreten kann. Vgl. hierzu John Searle, *Prima Facie Obligations*, in: Josef Raz (Hg.), Practical Reasoning, Oxford 1978, S. 81 ff.; Hurley, Natural Reasons (Fn. 13), S. 130 ff.

15 Vgl. dazu Alexy, Theorie der Grundrechte (Fn. 1), S. 42-47.

existiert, also denkbar oder verstehbar ist, sagt freilich nicht viel. Für das Handeln und Entscheiden sind nur Normen interessant, die auch im starken Sinne existieren. Eine Norm existiert im starken Sinne, wenn sie gilt. Bei dieser Geltung kann es sich sowohl um eine juristische als auch um eine soziale als auch um eine moralische Geltung handeln.[16] Es erscheint möglich, daß das grundsätzliche Gebot, Notleidenden zu helfen, moralisch gilt. Es gilt moralisch, wenn es begründbar ist, und es spricht vieles dafür, daß dies der Fall ist. Ist dies der Fall, so reicht das für die Existenz im starken Sinne aus. Kaum Zweifel besteht ferner daran, daß grundsätzliche Gebote sozial wirksam sein und ordnungsgemäß gesetzt werden, also sozial und juristisch gelten können und dies in vielen Fällen auch tun. Das ideale Sollen kann also auch im starken Sinne existieren. Der ontologische Einwand kann damit zurückgewiesen werden. Der Begriff des idealen Sollens ist weder geheimnisvoll noch dunkel, noch leer. Es gibt Prinzipien in Gestalt von Normen, die ein ideales Sollen ausdrücken. Damit hat die Prinzipientheorie einen Gegenstand. Dieser Gegenstand ist zudem nicht irgendein Gegenstand, sondern ein Gegenstand, der im Reich der Normen von erheblicher Bedeutung ist.

b) O$_i$

Es bleibt der Überflüssigkeitseinwand, der geltend macht, daß neben dem Optimierungsgebot und den empirischen Optimierungsgegenständen zu optimierende Normen als Normen, die ein ideales Sollen ausdrücken, überflüssig sind. Auf den ersten Blick scheint dieser Einwand berechtigt zu sein, denn es besteht die Möglichkeit, den Gegenstand eines Gebots wie (3), also die Hilfe für Notleidende (*p*), unmittelbar zum Gegenstand einer Optimierung zu machen. Aus

    (2) O*p*

würde dann

    (4) O*Opt p*

werden. „*p*" in (4) wäre ein empirischer, also nichtnormativer Optimierungsgegenstand. Es gibt jedoch auch die Möglichkeit, das Optimierungsgebot so zu konstruieren, daß der Optimierungsgegenstand einen normativen Charakter erhält. Das ist der Fall, wenn man das Gebot, Notleidenden zu helfen, also (2), zum Optimierungsgegenstand macht. Das Optimierungsgebot nimmt dann die folgende Form an:

    (5) O*Opt* O*p*.

(5) bringt die Idee zum Ausdruck, daß Optimierungsgebote gegenüber den zu optimierenden Geboten auf einer zweiten Ebene, einer Metaebene, angesiedelt sind.[17] Der Gebotsgegenstand, also das, was geboten ist, umfaßt dabei zwei Elemente: die Optimierung (*Opt*) und den Optimierungsgegenstand, die zu optimierende Norm (O*p*). Das Optimierungsgebot entsteht sowohl im Falle von (4) als auch im Falle von (5) aus der

---

16   Vgl. hierzu Robert Alexy, Begriff und Geltung des Rechts, 4. Aufl., Freiburg/München 2005, S. 139-143.

17   Alexy, Zur Struktur der Rechtsprinzipien (Fn. 5), S. 39.

24

Qualifikation des Gebotsgegenstandes als Optimierung. Ein Unterschied besteht nur im Optimierungsgegenstand. Das Optimierungsgebot als solches bleibt in beiden Fällen ein definitives oder reales Gebot.

Der entscheidende Punkt ist nun, daß sich nicht nur der Gebotsgegenstand qualifizieren läßt. Auch die Modalität des Gebots selbst ist einer Qualifikation zugänglich.[18] Besteht die Qualifikation in einer Idealisierung, so führt dies zum idealen Sollen.[19] Die Idealisierung der Modalität des Gebotes läßt sich durch „O_i" ausdrücken.[20] „Idealisierung" bedeutet dabei, daß von entgegenstehenden Rechten und Pflichten abstrahiert wird. Daß (3) als Ausdruck eines idealen Sollens zu verstehen ist, kann man wie folgt notieren:

(6) $O_i p$.

Zwischen Optimierungsgeboten als Regeln und dem idealen Sollen, also dem Prinzip als solchem, besteht ein gegenseitiges Implikationsverhältnis. Das ideale Sollen impliziert das Optimierungsgebot, und dieses impliziert, umgekehrt, jenes.[21] Dieses gegenseitige Implikationsverhältnis läßt sich, was die Beziehung von (6) zu (5) betrifft,[22] wie folgt notieren:

(7) $OOpt\ Op \leftrightarrow O_i\, p$.

Diese Äquivalenz bringt zum Ausdruck, daß das Optimierungsgebot und das ideale Sollen zwei Seiten einer Sache sind.[23] Die Frage lautet nunmehr, ob eine solche Kon-

---

18 Damit ziehe ich die 1979 geäußerte These, daß das ideale und das reale Sollen eine Frage des Gebotsgegenstandes sei und die deontische Modalität als solche nicht betreffe, zurück. Vgl. Alexy, Zum Begriff des Rechtsprinzips (Fn. 6), S. 81, Fn. 94.

19 Neben der hier betrachteten Qualifikation des Gebotsgegenstandes und der deontischen Modalität gibt es eine dritte Qualifikationsmöglichkeit: die der Geltung oder des Geltungsoperators. Eine interessante Variante hierzu findet sich bei Maximilian Reßing, Prinzipien als Normen mit zwei Geltungsebenen. Zur Unterscheidung von Regeln und Prinzipien, in: ARSP 95 (2009), 28 ff. Einen vierten Weg schlägt Sieckmann ein, indem er auf eine Indexierung verzichtet und auf die Iteration von Gebots- und Geltungsoperator setzt. Vgl. Jan Sieckmann, Recht als normatives System. Die Prinzipientheorie des Rechts, Baden-Baden 2009, S. 26 ff., 51 ff.

20 Die hier vorgenommene Indexierung unterscheidet sich grundlegend von der Susan Hurleys. Bei Hurley geht es um eine konkrete Indexierung. Sie führt als Beispiel eine Kollision zwischen der Gerechtigkeit und der Freundlichkeit an. Wenn die Gerechtigkeit $\neg q$ und die Freundlichkeit q fordere, könne ein Widerspruch dadurch vermieden werden, daß für jedes der beiden Prinzipien ein eigener deontischer Operator kreiert werde: „we are in effect operating with as many distinct deontic operators as there are discrete kinds of reason". Hurley, Natural Reasons (Fn. 13), S. 127. Die Kollision der Gerechtigkeit mit der Freundlichkeit würde so zu „$O_k q$ and $O_j \neg q$" führen, was sich in der Tat nicht widerspricht. Dies., a.a.O., S. 130. „O_i" hat demgegenüber einen abstrakten Charakter. Er fände sich sowohl in der Rekonstruktion des Prinzips der Gerechtigkeit als auch in der des Prinzips der Freundlichkeit. Daß dabei auf idealer Ebene ein Widerspruch entsteht, wie noch zu zeigen sein wird, aus systematischen Gründen notwendig.

21 Alexy, Zur Struktur der Rechtsprinzipien (Fn. 5), S. 39.

22 Zum Verhältnis von (6) zu (4) vgl. unten, S. 22.

23 Alexy, Zur Struktur der Rechtsprinzipien (Fn. 5), S. 39. Jan Sieckmann hat gegen die Gegenüberstellung von Optimierungsgeboten und zu optimierenden Geboten eingewandt, daß das, was zu optimieren sei, nicht nur Gebote umfasse, sondern auch „Verbote, Erlaubnisse oder Kompetenzen". Sieckmann, Recht als normatives System (Fn. 19), S. 23. Dem ist entgegenzuhalten, daß „O_i" alle deontischen Modalitäten vertritt. Daß von einem zu optimierenden „Gebot" gesprochen wird, hat seinen Grund nicht nur in der Vereinfachung der Rede, sondern auch darin, daß sich aus dem

struktion und mit ihr der Begriff des idealen Sollens überflüssig ist. Diese Frage kann nur beantwortet werden, wenn klar ist, was $O_i\,p$ bedeutet. Dabei hat es zunächst darum zu gehen, ob $O_i\,p$ überhaupt etwas Sinnvolles ausdrückt. Sollte das nicht der Fall sein, könnte das durch $O_i\,p$ ausgedrückte ideale Sollen kaum nicht überflüssig sein.

Jan Sieckmann hat jüngst die Auffassung vertreten, daß die „Indexierung deontischer Operatoren" zur Rekonstruktion von „Normkonflikte(n), die zu Abwägungen führen" nicht tauge.[24] Träfe dies zu, verlöre der indexierte Operator seine Bedeutung für die Prinzipientheorie. Er könnte in ihr keine sinnvolle Rolle mehr spielen. Nach Sieckmann gibt es zwei Möglichkeiten. Die erste besteht darin, daß nicht gefordert wird, daß die unvereinbaren indexierten Gebote zugleich erfüllt werden. Dann gebe es „aus der Perspektive des Handelnden kein Problem".[25] Damit scheint Sieckmann sagen zu wollen, daß es unter dieser Bedingung keinen lösungsbedürftigen und in diesem Sinne echten Normenkonflikt gibt. Umgekehrt aber könne ein Gebot, „sämtliche indexierten Gebote zu erfüllen, … kein indexiertes Sollen sein, da es auf jede Form eines indexierten Sollens bezogen" sei.[26] Letzteres scheint so zu verstehen zu sein, daß ein auf alle indexierten Gebote bezogenes Erfüllungsgebot den Index beseitige oder aufhebe. Sieckmanns Alternative verfehlt jedoch den entscheidenden Punkt einer Indexierung deontischer Operatoren, wie sie hier vorgenommen wird. Nach Sieckmann scheint es darauf anzukommen, ob hinter den indexierten Geboten noch ein weiteres, nicht indexiertes Gebot steht oder nicht, also ob eine Gebotsiteration gegeben ist oder nicht. In der ersten Alternative soll das indexierte Sollen „kein Problem" bereiten, wenn hinter ihm kein Erfüllungsgebot steht. Dies klingt so, als ob das indexierte, also das ideale Sollen ein Nichts wäre, solange hinter ihm kein weiteres Sollen stünde. Das würde jedoch die eigenständige Bedeutung des idealen Sollens verkennen. Jedes Prinzip fordert als ideales Sollen eine ihm entsprechende Lösung des Falles, also ein ihm entsprechendes konkretes Sollen. Dafür ist kein weiteres, hinter ihm stehendes Erfüllungsgebot erforderlich. In der zweiten Alternative wird ein hinter jedem indexierten, also idealen Sollen stehendes Erfüllungsgebot angenommen. Wenn dieses Erfüllungsgebot als definitives Erfüllungsgebot gedeutet wird, das direkt auf den Norminhalt p bezogen ist, dann beseitigt es mit dem Index in der Tat zugleich den idealen Charakter. Wieder gilt jedoch, daß die Annahme eines solchen Erfüllungsgebotes die Eigenständigkeit des durch den Index zum Ausdruck gebrachten idealen Sollens verkennt. Das durch den indexierten Gebotsoperator ausgedrückte ideale Sollen ist ein echtes Sollen, das im Konfliktfall konkretes Sollen impliziert, welches sich freilich noch an den Möglichkeiten dieser Welt, so wie sie ist, messen lassen muß. Das abstrakte ideale Sollen ist ein Grund für dieses konkrete Sollen. Genau deshalb ist das ideale Sollen geeignet, Normkonflikte, die durch Abwägungen zu lösen sind, zu rekonstruieren. Das sei an einem Beispiel gezeigt.

Gebotsoperator alle anderen Modalitäten über die Operationen der Negierung, der Relativierung und der Potentialisierung gewinnen lassen.

24   Sieckmann, Recht als normatives System (Fn. 19), S. 45.
25   Ebd.
26   Ebd.

Als Beispiel kann der Titanic-Beschluß des Bundesverfassungsgerichts[27] dienen. Das Satiremagazin Titanic hatte einen querschnittsgelähmten Reserveoffizier, der sich erfolgreich um seine Einberufung zu einer Wehrübung bemüht hatte, erst als „geb. Mörder" und dann, in einer späteren Ausgabe, als „Krüppel" bezeichnet. Auf Klage des Reserveoffiziers hin verurteilte das Oberlandesgericht Düsseldorf die Titanic zu 12.000 DM Schmerzensgeld. Die Verfassungsbeschwerde der Titanic hatte insoweit Erfolg, als es um die Bezeichnung „geb. Mörder" ging. Sie blieb ohne Erfolg, was die Bezeichnung „Krüppel" betraf.

Keine Norm, also auch kein Prinzip, kann ohne Subsumtion angewandt werden.[28] Der Begriff der Meinungsäußerung definiert zugleich den Schutzbereich des Grundrechts der Meinungsfreiheit und den Tatbestand des Prinzips der Meinungsfreiheit. Dieses Prinzip kann sowohl als grundrechtliche Erlaubnisnorm als auch als an den Staat adressierte, auf Eingriffe bezogene grundrechtliche Verbotsnorm konstruiert werden.[29] Hier soll es nur um die Erlaubnisnorm gehen. Sie läßt sich wie folgt ausdrücken:

(8) $\forall x \, (T_1 x \rightarrow P_i \, Rx)$.

(8) liest sich wie folgt: Für alle x gilt ($\forall x$), wenn x eine Meinungsäußerung (T_1) ist, dann ($\rightarrow$) ist es prima facie erlaubt (P_i), daß x vollzogen (R) wird.[30] Sowohl die Bezeichnung des querschnittsgelähmten Reserveoffiziers als „geb. Mörder" als auch die als „Krüppel" hat das Bundesverfassungsgericht zu Recht als Meinungsäußerung (T_1) eingestuft. Hier soll es zunächst nur um ersteres gehen. Setzt man „a" für die Bezeichnung als „geb. Mörder", so gilt:

(9) $T_1 a$.

Aus (8) und (9) aber folgt nach dem Grundschema der Subsumtion

(10) $P_i \, Ra$.

(10) sagt: Es ist prima facie erlaubt (P_i), den Reserveoffizier als „geb. Mörder" zu bezeichnen (Ra). Das Besondere an (10) ist, daß (10) sowohl einen konkreten als auch einen idealen Charakter hat, der durch den Index zum Ausdruck gebracht wird.

Das durch (8) ausgedrückte Prinzip der Meinungsfreiheit kollidiert mit dem durch Art. 2 Abs. 1 i.V.m. Art. 1 Abs. 1 GG garantierten allgemeinen Persönlichkeitsrecht. Auch dessen logische Struktur ist komplex. Hier reicht eine grobe Vereinfachung aus, die zu einem Gegenstück zu dem kollidierenden Prinzip der Meinungsfreiheit führt:

(11) $\forall x \, (T_2 x \rightarrow \neg P_i \, Rx)$

(11) ist wie folgt zu lesen: Für alle x gilt ($\forall x$), wenn x eine Beeinträchtigung des Persönlichkeitsrechts (T_2) ist, dann ($\rightarrow$) ist es prima facie nicht erlaubt ($\neg P_i$), daß x vollzogen (R) wird. Faßt man die Bezeichnung „geb. Mörder" (a) unter T_2:

(12) $T_2 a$,

---

27 BVerfGE 86, 1.
28 Robert Alexy, Two or Three?, Ms.
29 Vgl. Alexy, Theorie der Grundrechte (Fn. 1), S. 273-278.
30 In der das Optimierungsgebot mit dem idealen Sollen verknüpfenden Äquivalenz (7) findet sich der indexierte Gebotsoperator O_i und nicht der Erlaubnisoperator P_i. O_i könnte ohne weiteres auch in (8) Verwendung finden. Man müßte P_i nur durch $\neg O_i \neg$ ersetzen.

so folgt, wieder nach dem Grundschema der Subsumtion,

(13) $\neg P_i\, Ra$.

Das aber bedeutet, daß auf der Ebene der konkreten rechtlichen Sollensurteile ein Widerspruch entsteht: Da nicht nur (13), sondern auch (10) gilt, gilt:

(14) $P_i\, Ra \wedge \neg P_i\, Ra$.

Es stellt sich die Frage, ob dieser Widerspruch zeigt, daß die Rekonstruktion des idealen Sollens mit Hilfe indexierter deontischer Operatoren inadäquat oder sogar sinnlos ist. Die Antwort lautet: Nein.

Es gibt freilich Äußerungen Sieckmanns, die anders klingen. So heißt es, daß dann, wenn „Abwägungen Verfahren rationaler Normbegründung darstellen" sollen, „sie nicht zu logischen Widersprüchen führen" dürfen.[31] Sieckmann demonstriert dies anhand eines Beispiels, in dem es ebenfalls um die Kollision der Meinungsfreiheit mit dem Persönlichkeitsrecht geht. Aufschlußreich ist sein Argument dafür, daß ein „Widerspruch nicht akzeptabel" ist.[32] Er soll nicht akzeptabel sein, „weil ein widersprüchliches Normensystem seine handlungsleitende Funktion nicht erfüllt".[33] Genau damit aber wird der entscheidende Punkt verkannt. Es geht auf der Ebene des idealen Sollens noch nicht direkt um definitive Handlungsgebote, sondern um Gründe für solche definitiven Gebote. Der durch (14) ausgedrückte Widerspruch wäre deshalb nur dann nicht akzeptabel, wenn es in (14) bereits um das definitive oder reale Sollen ginge, was mit Hilfe des entsprechend indexierten deontischen Operators „P_r" wie folgt ausgedrückt werden kann:

(15) $P_r\, Ra \wedge \neg P_r\, Ra$.

Sieckmann ist freilich der Auffassung, daß nur der in der Tat inakzeptable Widerspruch im Bereich des definitiven Sollens (15) das Ergebnis sein kann, wenn, wie das hier geschieht, Prinzipien als Aussagen oder Propositionen aufgefaßt werden. Der Grund dafür soll sein, daß Aussagen stets die „definitive Geltung" behaupten.[34] Aus dem „idealen, über das definitiv Gebotene hinausgehenden Charakter" der Prinzipien als Argumente folge, „dass sie nicht direkt in Form von Aussagen dargestellt werden können".[35] Dem ist zu widersprechen. Der Satz, daß grundsätzlich oder pro tanto jede Meinungsäußerung erlaubt ist, kann richtig oder wahr sein. Er drückt deshalb eine normative Aussage aus, der, wenn sie richtig oder wahr ist, eine normative Tatsache entspricht. Der Satz „X ist in einem idealen Sinne gesollt" ist wahr genau dann, wenn X in einem idealen Sinne gesollt ist.[36] Idealität ist also mit Propositionalität vereinbar.

---

31 Sieckmann, Recht als normatives System (Fn. 19), S. 42.

32 Ders., a.a.O., S. 43.

33 Ebd.

34 Ders., a.a.O., S. 41.

35 Ders., a.a.O., S. 48.

36 Vgl. hierzu Robert Alexy, Recht, Vernunft, Diskurs, Frankfurt am Main 1995, S. 118. Ist der Satz "X ist in einem idealen Sinne gesollt" wahr, so kann man sagen, daß er definitiv sagt, daß etwas prima facie gesollt ist.

Daran ändert auch die Tatsache nichts, daß der Kontakt der idealen Welt mit der realen zu Widersprüchen führt. Im Gegenteil, diese Widersprüche sind notwendig, um die Kollisionsfähigkeit und die Abwägungsbedürftigkeit der Prinzipien zu erklären.[37] Der Widerspruch

(14) $P_i\,Ra \wedge \neg\,P_i\,Ra$

bringt zum Ausdruck, was Sieckmann ein „praktische(s) Dilemma" nennt.[38] Er entsteht aus dem ersten Kontakt der idealen Ebene mit der realen, der sich in Gestalt der beiden oben dargestellten Subsumtionen vollzieht, und er zeigt, was wäre, wenn man das Ideal für Realität nähme, also von (14) zu

(15) $P_r\,Ra \wedge \neg\,P_r\,Ra$

überginge.[39] Das Ideale führt, wenn es ungebrochen mit dem Realen verbunden wird, zu inakzeptablen Widersprüchen. Deshalb muß es gebrochen werden. Damit wird nicht nur die Kollisionsfähigkeit der Prinzipien zum Ausdruck gebracht, sondern auch ihre Abwägungsbedürftigkeit. Sieckmann bezeichnet es treffend als ein Postulat der Rationalität,[40] die Prinzipienkollision und damit den Widerspruch aufzulösen. Das fordert eine Abwägung, also eine Optimierung. Es ist diese notwendige Verknüpfung von idealem Sollen und Optimierung, die durch die Äquivalenz

(7) $OOpt\,Op \leftrightarrow O_i\,p$

zum Ausdruck gebracht wird. Die gegenseitige Implikation zeigt, daß die Natur des idealen Sollens sich auch in den Regeln spiegelt, die sagen, wie die Optimierung auf rationale Weise vorzunehmen ist. Zu diesen Regeln gehören das Kollisionsgesetz[41] und das Abwägungsgesetz[42] in der Gestalt, die es in der Gewichtsformel[43] gefunden hat.[44] Überblickt man vor diesem Hintergrund das zum idealen Sollen in Gestalt von O_i Ausgeführte, so kann man sagen, daß diese Rekonstruktion nicht nur sinnvoll ist, sondern auch die Vorzüge der Einfachheit und praktischen Brauchbarkeit hat.

c) Die Normativität der Abwägungsgegenstände

Daß etwas sinnvoll, einfach und praktikabel ist, bedeutet nicht, daß es nicht überflüssig

37 Vgl. Searle, *Prima Facie* Obligations (Fn. 14), S. 85: „the notion of a genuine moral conflict is a notion of a situation where there is no possible world which satisfies all one's obligations".
38 Sieckmann, Recht als normatives System (Fn. 19), S. 49.
39 In Dichterworten klingt das so:
    „Leicht beieinander wohnen die Gedanken,
    Doch hart im Raume stoßen sich die Sachen".
    Friedrich Schiller, Wallensteins Tod, 2. Aufzug, 2. Auftritt.
40 Sieckmann, Recht als normatives System (Fn. 19), S. 49.
41 Alexy, Theorie der Grundrechte (Fn. 1), S. 83 f.
42 Ders., a.a.O., S. 146.
43 Ders., Die Gewichtsformel, in: Joachim Jickeli/Peter Kreutz/Dieter Reuter (Hg.), Gedächtnisschrift für Jürgen Sonnenschein, Berlin 2003, S. 790.
44 Vielleicht könnte man hier von einer Art von Gebrauchsdefinition oder impliziter Definition des idealen Sollens sprechen. Vgl. dazu Walter Dubislav, Die Definition, 4. Aufl. (unveränd. Nachdr. d. 3. Aufl. von 1931), Hamburg 1981, S. 39 f.

ist. Es könnte sein, daß die mit Prinzipien verbundenen Probleme noch einfacher gelöst werden können, wenn man nur auf Optimierungsgebote abstellte und ganz auf den Begriff der zu optimierenden Gebote und damit ganz auf das durch O_i rekonstruierbare ideale Sollen verzichtete. In diese Richtung geht Poschers These, daß es neben dem Optimierungsgebot, jedenfalls in der Regel, nur empirische Gegenstände wie die Gesundheit und das Leben als Optimierungsgegenstände gebe.[45] „Optimieren lässt sich alles, auch Krankheit und Tod, Länge, Breite, Höhe, Temperatur, Zeit etc."[46] Entscheidend sei allein, daß zu derartigen Dingen ein auf sie bezogenes Optimierungsgebot hinzutrete. Das Optimierungsgebot hätte danach die schon erwähnte Form

(4) O*Opt p*.

Wenn das bedeuten soll, daß es sich bei der Grundrechtskollision nicht um eine Normenkollision, sondern lediglich um ein normales Präferenzproblem handelt, dann ist dem entgegenzuhalten, daß Grundrechte aus Normen bestehen und daß ihre Kollision deshalb adäquat nur als Normenkollision rekonstruiert werden kann. Eine Rekonstruktion, bei der nicht bereits die Kollision als solche eine normative Dimension aufweist, die sich im Normwiderspruch zeigt, würde der Normativität der Grundrechte nicht gerecht werden.

Man könnte nun meinen, daß das Normativitätsproblem auch dann lösbar sei, wenn man sich auf die Optimierungsgebote beschränke. Das wäre der Fall, wenn das Optimierungsgebot ein Sollen auf den als solchen nicht normativen Abwägungsgegenstand, etwa das Leben oder die Gesundheit, übertrüge. Eine solche Übertragung findet nun in der Tat statt. Wenn es gesollt ist, die Gesundheit zu optimieren, dann ist die Gesundheit gesollt. Das aber begründet keinen Einwand gegen die These vom idealen Sollen. Im Gegenteil, es stützt sie. Das, was übertragen wird, kann nur ein ideales Sollen sein. Es gilt also der Satz

(16) O*Opt p* → $O_i p$.

(16) bringt zum Ausdruck, daß die Existenz eines Optimierungsgebots eine hinreichende Bedingung für die Existenz eines idealen Sollens ist.

d) Die Unversehrtheit des zurücktretenden Prinzips

Die Adäquatheit und damit die Nichtüberflüssigkeit des Begriffs des idealen Sollens zeigt sich zudem an seiner Kraft, zahlreich weitere Phänomene zu erklären. Von besonderer Bedeutung ist das der Unversehrtheit des zurücktretenden Prinzips. Im Fall der Bezeichnung als „Krüppel" tritt im Titanic-Beschluß die Meinungsfreiheit zurück. Setzt man „*b*" für die Bezeichnung als „Krüppel", so gilt

(17) P*Rb*

also nicht. Nun scheint diese konkrete Fallnorm aber nach dem Schema der Subsumtion aus dem Prinzip der Meinungsfreiheit (8) zusammen mit der Beschreibung des Sachver-

---

45 Poscher, Einsichten, Irrtümer und Selbstmissverständnis der Prinzipientheorie (Fn. 7), S. 69.
46 Ebd.

halts

(18) $T_1 b$

logisch zu folgen. Wenn nun aber die Konklusion (17) nicht gilt, müßte nach dem modus tollendo tollens mindestens eine der Prämissen nicht gelten. Da an der Beschreibung des Sachverhalts (18) kein Zweifel besteht, könnte die Nichtgeltung nur das Prinzip der Meinungsfreiheit (8) treffen. Es käme sowohl eine vollständige als auch eine durch die Einfügung einer Ausnahmeklausel hergestellte teilweise Nichtgeltung in Frage. Nun ist es aber kennzeichnend für Prinzipienkollisionen, daß das zurücktretende Prinzip weder durch einen vollständigen noch durch einen teilweisen Geltungsverlust versehrt wird. Genau das kann mit Hilfe des Begriffs des idealen Sollens erklärt werden.

(17) PRb

ist zweideutig. „PRb" kann sowohl für die ideale oder Prima-facie-Erlaubnis

(17′) $P_i Rb$

also auch für die reale oder definitive Erlaubnis

(17″) $P_r Rb$

stehen. Das Prinzip der Meinungsfreiheit (8) kann vor einer Abwägung nur eine ideale Erlaubnis begründen. Eine definitive oder reale Erlaubnis vermag dies Prinzip erst dann zu begründen, wenn es in der Abwägung obsiegt. Seine ideale Kraft erstarkt dann zu einer realen Kraft. Unterliegt das Prinzip in der Abwägung, kann es kein definitives Sollen begründen. Ideales Sollen impliziert es jedoch trotz der Niederlage weiter.[47] Die Abwägungsniederlage bedeutet also nicht, daß nun

(18) $\neg P_i Rb$

gilt. Das Prinzip der Meinungsfreiheit impliziert vielmehr nach wie vor die ideale Erlaubnis

(17′) $P_i Rb$.

Zwar gilt nach der Niederlage in der Abwägung

(19) $\neg P_r Rb$.

Die Negation von (19)

(17″) $P_r Rb$

wird aber nicht durch das Prinzip der Meinungsfreiheit (8) als solches, also vor der Abwägung, impliziert. Damit kann es aufgrund von (19) nicht zu einer Versehrung des Prinzips der Meinungsfreiheit (8) im Wege des modus tollendo tollens kommen.

e) Ideales Sollen und Grundrechtskonstruktion

Bislang ging es um normtheoretische Vorzüge des Begriffs des idealen Sollens. Nicht minder wichtig ist seine grundrechtsdogmatische Bedeutung. Das zeigt sich etwa bei der Konstruktion des Verhältnisses von Grundrecht und Grundrechtsschranke. Nach der außentheoretischen Konstruktion gibt es zwei Dinge, erstens das Recht an sich, das

---

47 Da auch das gegenläufige Prinzip weiter ideales Sollen impliziert, kann man sagen, daß das ideale Sollen ein Sollen ist, das Widersprüche verträgt.

nicht eingeschränkt oder beschränkt ist, und zweitens das, was von dem Recht nach Hinzufügung der Schranke übrig bleibt, das eingeschränkte Recht.[48] Dem Recht an sich entspricht das ideale, dem eingeschränkten Recht das reale Sollen. Nach der innentheoretischen Konstruktion gibt es demgegenüber nicht zwei Dinge, das Recht und dessen Schranke, sondern nur eines: das Recht mit einem bestimmten Inhalt. Bei dieser Konstruktion kommt nur das reale Sollen zum Tragen. Dieses Ausblenden der idealen Dimension hat die Elimination der Abwägung zur Folge. Sie wird durch Fragen wie die „what the human right in question really is"[49] ersetzt. Ob die Feststellung des definitiv Gesollten mittels derartiger Begriffsbestimmungen seiner Feststellung durch eine Abwägung vorzuziehen ist, hängt von der argumentationstheoretischen Frage ab, ob die Abwägung ein rationales Verfahren ist. Bevor auf zwei Aspekte dieser Frage eingegangen wird, sei zunächst noch ein weiterer normtheoretischer Einwand betrachtet.

2. Der Normcharakter des idealen Sollens

Der zweite hier zu betrachtende normtheoretische Einwand richtet sich nicht gegen die Existenz des idealen Sollens oder seine Erfaßbarkeit mit Hilfe von indexierten deontischen Modalitäten, sondern gegen seinen Normcharakter. So hat Klement geltend gemacht, daß eine Norm erstens „die Verknüpfung eines Norminhalts mit einem Sollen" ist und daß zweitens auf „der Ebene des Normbegriffs ... deshalb kein Raum für eine Differenzierung zwischen einem ‚definitiven' Sollen und einem Prima-facie-Sollen" sei,[50] denn „(d)as Sollen einer Norm ist stets ‚definitiv'".[51] Ersterem, also der These, daß Normen aus der Verknüpfung eines Norminhalts mit einem Sollen bestehen, ist zuzustimmen. Daraus, daß Normen wesentlich aus einem Sollen bestehen, folgt freilich noch nicht Letzteres, also daß eine Unterscheidung zwischen einem definitiven oder realen und einem idealen oder Prima-facie-Sollen auszuschließen ist. Auch das ideale Sollen ist, wie dargelegt, ein Sollen. Um das ideale Sollen aus dem Normbegriff auszuschließen, sind deshalb weitere Argumente erforderlich.

Nach Klement lautet das entscheidende, an Esser orientierte weitere Argument, daß Prinzipien keine Normqualität hätten, weil sie nur „Vorstufen auf dem Weg ... zur Norm" seien.[52] Sie seien „nur Elemente der weiteren gedanklichen Operation, Faktoren in einer Rechnung, an deren Ende eine Norm steht".[53] Sie seien keine „Normen, denn sie ermöglichen für sich genommen nicht unmittelbar die Identifikation von rechtswidrigem Verhalten".[54] Wer Prinzipien als Normen einstufe, breche daher mit dem „ein-

---

48 Alexy, Theorie der Grundrechte (Fn. 1), S. 250.
49 Ronald Dworkin, Is Democracy Possible Here?, Princeton 2006, S. 49.
50 Jan Henrik Klement, Vom Nutzen einer Theorie, die alles erklärt, in: JZ 2008, S. 760.
51 Ebd.
52 Ebd.
53 Ebd.
54 Ebd.

heitlichen Normbegriff".[55] Man kann dies Argument als „Vorstufenargument" bezeichnen.[56]

Um die Kraft dieses Arguments einzuschätzen, ist zu fragen, was das für den Begriff der Norm essentielle Merkmal ist. Es muß eine Eigenschaft sein, die den verschiedenen Arten von Normen gemeinsam ist. Es ist bereits dargelegt worden, daß dies nur der Begriff des Sollens sein kann. Klements Vorstufenargument sagt, daß nur definitives oder reales Sollen Normcharakter haben kann, nicht aber ideales oder Prima-facie-Sollen. Wenn man dem folgen würde, träte eine interessante Verschiebung im Verhältnis der Begriffe der Norm und des Sollens ein. Die beiden Begriffe bekämen einen unterschiedlichen Umfang. Es gäbe zwar keine Norm ohne Sollen, wohl aber Sollen ohne Norm. Das Sollen würde zwar ein notwendiges Element des Normbegriffs bleiben, es verlöre aber den Charakter eines hinreichenden Elements. Seine dominierende Stellung würde durch den Begriff der Definitivität besetzt werden.

Nun mag es Gründe geben, den Begriff der Norm mit dem der Definitivität zu verknüpfen. Es gibt aber auch Gründe, seine Verknüpfung mit dem Begriff des Sollens in seinen beiden Varianten nicht zu zertrennen. So gibt es zahlreiche Normsetzungsakte, deren Ergebnis kein definitives, sondern nur ein Prima-facie-Sollen ist. So statuiert etwa „Jeder hat das Recht auf Leben und körperliche Unversehrtheit", also Art. 2 Abs. 2 Satz 1 GG, ausweislich der Schrankenklausel des Art. 2 Abs. 2 Satz 3: „In diese Rechte darf nur auf Grund eines Gesetzes eingegriffen werden" kein definitives Sollen. Hat Art. 2 Abs. 2 Satz 1 GG deshalb keinen Normcharakter?

Wichtiger als dies ist ein zweiter Punkt. Das Recht ist ein Normensystem. Verknüpfte man die Definitivität mit dem Normbegriff, so käme man zu dem Ergebnis, daß das Rechtssystem ausschließlich aus solchen Ergebnissen von Entscheidungsprozeduren besteht, die definitiven Charakter haben. Damit aber verlöre man die Natur des Rechts aus dem Blick. Diese ist wesentlich dadurch definiert, daß das Recht notwendig nicht nur eine reale, sondern auch eine ideale Dimension besitzt.[57] Wenn das Recht aber zwei Dimensionen besitzt, dann erscheint es adäquat, beide als normativ anzusehen. Dem korrespondiert am besten ein Normbegriff, der sowohl das reale als auch das ideale Sollen einschließt.

II. Zwei argumentationstheoretische Einwände

Bei den argumentationstheoretischen Einwänden geht es um die Frage, ob die Abwägung eine rationale Begründung oder Argumentation ist. Diese Frage ist für die Prin-

---

55 Ebd.
56 Vgl. hierzu Raz' Unterscheidung zwischen „the deliberative and the executive stages". Joseph Raz, Ethics in the Public Domain, rev. Ausg., Oxford 1995, S. 208.
57 Robert Alexy, On the Concept and the Nature of Law, in: Ratio Juris 21 (2008), S. 292 ff. Die Zweidimensionalität reicht bis zum Begriff der Rechtswidrigkeit. Prinzipien vermögen, für sich genommen, zwar nicht zu sagen, was definitiv rechtswidrig ist, sie sagen aber, was prima facie rechtswidrig ist.

zipientheorie von zentraler Bedeutung, denn wenn das Abwägen nicht- oder irrational sein sollte, würde es sich kaum lohnen, den Problemen der Prinzipientheorie auf den Feldern der anderen Einwände nachzugehen. So stürzte das Gewicht der Frage nach dem idealen Sollen tief. Diese zentrale Stellung im Problemfeld ist der Grund dafür, daß ich in den letzten Jahren die Frage der Rationalität oder, wie man auch sagen kann, der Objektivität der Abwägung wiederholt behandelt habe. Das Ergebnis ist die Gewichtsformel[58] und deren Interpretation als Argumentform des rationalen praktischen Diskurses.[59] Das hat freilich die Einwände nicht verstummen lassen. Zwei sollen hier betrachtet werden.

1. Intuitionismus

Alexander Somek hat dem Abwägungsgesetz, das, wenn auch nicht ganz eindeutig,[60] den Kern der Gewichtsformel enthält, entgegengehalten, daß es über eine „Formalisierung des moralischen Intuitionismus" nicht hinauskomme.[61] Dem haben sich Jestaedt[62] und Poscher[63] angeschlossen.

Die Entgegnung auf den Intuitionismuseinwand hängt davon ab, was unter „Intuitionismus" zu verstehen ist. Es lassen sich zwei Bedeutungen unterscheiden: eine metaethische und eine methodologische. In der metaethischen Variante[64] sagt der Intuitionismuseinwand, daß die von der Gewichtsformel geforderten Einstufungen der Eingriffsintensitäten und der abstrakten Gewichte nichts anderes als Manifestationen von letzthin subjektiven Evidenzerlebnissen sind. Diese Version klingt bei Poscher an, wenn er von „nicht weiter aufklärbaren Intuitionen über das relative Gewicht der abzuwägenden Prinzipien"[65] spricht. Dem ist entgegenzuhalten, daß die Einstufungen den Charakter von Urteilen haben, die einen Anspruch auf Richtigkeit erheben, der mit Argumenten, dem Gegenstück zu Evidenzen, einzulösen ist. Die Rationalität der Abwägung beruht wesentlich auf dieser Propositionalität.[66]

Natürlich kann man behaupten, daß es keine rationale Argumentation über praktische

---

58 Alexy, Die Gewichtsformel (Fn. 43), S. 790.
59 Ders., On Balancing and Subsumption. A Structural Comparison, in: Ratio Juris 16 (2003), S. 448.
60 Vgl. dens., Die Gewichtsformel (Fn. 43), S. 778-780, 788.
61 Alexander Somek, Rechtliches Wissen, Frankfurt am Main 2006, S. 135; vgl. ferner dens., Abwägungsregeln. Ein didaktischer Beitrag zur Grundrechtsdogmatik, in: Christian Hiebaum/Peter Koller (Hg.), Politische Ziele und juristische Argumentation, ARSP-Beiheft 92 (2003), S. 114.
62 Matthias Jestaedt, Die Abwägungslehre – ihre Stärken und ihre Schwächen, in: Otto Depenheuer/Markus Heintzen/Matthias Jestaedt/Peter Axer (Hg.), Staat im Wort. Festschrift für Josef Isensee, Heidelberg 2007, S. 267.
63 Poscher, Einsichten, Irrtümer und Selbstmissverständnis der Prinzipientheorie (Fn. 7), S. 76.
64 Vgl. hierzu Robert Alexy, Theorie der juristischen Argumentation, 3. Aufl., Frankfurt am Main 1996 (3. Nachdr. 2008), S. 58-60.
65 Poscher, Einsichten, Irrtümer und Selbstmissverständnis der Prinzipientheorie (Fn. 7), S. 76.
66 Robert Alexy, Abwägung, Verfassungsgerichtsbarkeit und Repräsentation, in: Michael Becker/Ruth Zimmerling (Hg.), Politik und Recht, Politische Vierteljahresschrift, Sonderheft 36 (2006), S. 254.

Richtigkeit gebe. Das aber hätte weitgehende Folgen für alle Formen der juristischen Argumentation, in denen Wertungen erforderlich sind, die nicht zwingend dem autoritativen Material entnommen werden können. Zudem richtete sich der Einwand nicht mehr speziell gegen die Rationalität der Abwägung. Der metaethischen Variante des Intuitionismuseinwandes kann deshalb entgegengehalten werden, daß es nicht um Evidenzerlebnisse, sondern um Urteile geht, und daß diese in dem Maße rational sind, in dem rationale praktische Diskurse möglich sind.[67]

Die methodologische Variante des Intuitionismuseinwandes ist von Rawls geprägt worden, auf den Somek sich auch bezieht.[68] Nach Rawls ist bereits derjenige ein Intuitionist, der Prinzipienkollisionen statt anhand von „priority rules" durch Abwägung löst.[69] Rawls' bedeutendste Prioritätsregel ist der strikte oder, wie er es ausdrückt, „lexical"[70] Vorrang seines ersten Gerechtigkeitsgrundsatzes, der die Freiheit zum Gegenstand hat, vor dem auf soziale und ökonomische Gleichheit zielenden zweiten Gerechtigkeitsgrundsatz. Bei der methodologischen Variante des Intuitionismus geht es also unmittelbar um das Problem, ob Kollisionen der Freiheit mit anderen Rechten und Gütern anhand strikter Regeln oder anhand einer Abwägung zu lösen sind. Das aber führt von dem allgemeinen Problem, ob und in welchem Maße die Abwägung rational ist, zu der davon zwar abhängigen, aber damit nicht identischen Frage, ob eine Regelkonstruktion der Grundrechte rationaler ist als eine Prinzipienkonstruktion. Um diese Frage zu beantworten, wären die Rationalitätskosten und -gewinne der Regelkonstruktion denen der Prinzipienkonstruktion gegenüberzustellen. Auf die Liste der Kosten der Rawlsschen Regelkonstruktion wären etwa der Verzicht auf das kollisionsträchtige Grundrecht auf allgemeine Handlungsfreiheit und der auf soziale Grundrechte zu setzen.[71] Derartiges soll hier jedoch nicht verfolgt werden. Es kann die Feststellung ausreichen, daß hinter der methodologischen Variante des Intuitionismuseinwandes nichts anderes als die an den allgemeinen Irrationalismuseinwand anknüpfende These steht, daß die Regelkonstruktion rationaler ist als die Prinzipienkonstruktion. Dazu ist in anderen Zusammenhängen genug gesagt worden.[72]

2. Skalierung

Bei dem zweiten argumentationstheoretischen Einwand geht es um Probleme der Skalierung. Die Gewichtsformel setzt die Möglichkeit der Skalierung von Eingriffsintensitäten (I_i, I_j) und abstrakten Gewichten (W_i, W_j) wie auch der Sicherheit der empirischen

---

67 Ebd.
68 Somek, Rechtliches Wissen (Fn. 60), S. 135.
69 John Rawls, A Theory of Justice, Cambridge, Mass. 1971, S. 34.
70 Ders., a.a.O., S. 302.
71 Vgl. Robert Alexy, John Rawls' Theorie der Grundfreiheiten, in: Philosophische Gesellschaft Bad Homburg/Wilfried Hinsch (Hg.), Zur Idee des politischen Liberalismus, Frankfurt am Main 1997, S. 273 f.
72 Vgl. etwa Alexy, Theorie der Grundrechte (Fn. 1), S. 104-125.

Annahmen darüber, was die jeweilige Maßnahme für die Nichtrealisierung des einen und die Realisierung des anderen Prinzips im konkreten Fall bedeutet (S_i, S_j), voraus.[73] Als eine keinesfalls stets, aber doch oft geeignete Skala habe ich die Skala „leicht" (l), „mittel" (m) und „schwer" (s) vorgeschlagen und ihr die Werte der geometrischen Folge 2^0, 2^1 und 2^2, also 1, 2 und 4, zugeordnet.[74] Riehm hält dies für ein „untaugliches Mittel zur Präzisierung des Abwägungsvorganges".[75] Im Zentrum seiner Kritik steht die Unterscheidung von Punktwert und Wertbereich. Die drei Werte für „leicht", „mittel" und „schwer", 1, 2 und 4, seien in Wahrheit keine Punktwerte, sondern stünden jeweils für einen Wertbereich oder ein Wertspektrum. Auf der geometrischen Skala decke der durch 2^0, also 1, ausgedrückte Wert „leicht" den Bereich von 0 bis etwa $2^{0,49}$, also 1,41, ab, der durch 2^1, also 2, ausgedrückte Wert „mittel" den Bereich von $2^{0,5}$, also 1,42, bis etwa $2^{1,49}$, also 2,82, und der durch 2^2, also 4, ausgedrückte Wert „schwer" den Bereich von $2^{1,5}$, also 2,83, bis 4 ab.[76] Das bedeute, daß die Punktwerte 1, 2, 4 keinesfalls stets den „‚wahren' Grad" oder den „‚eigentliche(n)' Punktwert"[77] ausdrücken. Dies aber sei eine Verletzung des für Skalen fundamentalen Postulats der Identität gleicher Werte[78] und habe fatale Konsequenzen. Die Gewichtsformel, verbunden mit der triadischen Skalierung, verstoße gegen das Kommutativgesetz, also gegen die Regel a · b = b · a, weil der Wert einer leichten (l) Beeinträchtigung eines Prinzips mit hohem (s) abstrakten Gewicht keinesfalls mit dem einer schweren (s) Beeinträchtigung eines Prinzips mit geringem (l) abstrakten Gewicht identisch sein müsse.[79] Das trifft, wenn man die drei Werte l, m und s für Wertbereiche stehen läßt, in der Tat zu. Wenn man für die leichte Beeinträchtigung des Prinzips P_i einen unteren Wert des Spektrums leichter Beeinträchtigungen, etwa 0,1, und für dessen abstraktes Gewicht einen unteren Wert des Spektrums hoher Gewichte, etwa 2,9, setzt, so erhält man auf der Seite von P_i durch die von der Gewichtsformel geforderte Multiplikation den Wert 0,29. Greift man bei P_j demgegenüber in den oberen Bereich der jeweiligen Spektren, indem man für s etwa 3,9, und für l etwa 1,4 setzt, so erhält man 5,46. Die Kommutativität ist damit zusammengebrochen. Riehm spitzt die Sache noch dadurch zu, daß er geltend macht, daß auch das Gesetz der Linearität verletzt wird. Dieses sagt, daß aus a > b für alle c > o folgt, daß a · c > b · c. Wenn l und m für Wertbereiche stehen und dies so verstanden wird, daß für l und m jeweils beliebige Werte aus dem Wertbereich eingesetzt werden können, dann kann eine Multiplikation von l mit m in der Tat ein größeres Ergebnis erzielen als eine Multiplikation von m mit m. Geht man bei $l \cdot m$ an die obere Grenzen, so kann bis zu etwa 3,98 erzielt werden. Wendet man sich demgegenüber bei $m \cdot m$ der unteren Grenze zu, so

73 Alexy, Die Gewichtsformel (Fn. 43), S. 790.
74 Ders., a.a.O., S. 785.
75 Thomas Riehm, Abwägungsentscheidungen in der praktischen Rechtsanwendung. Argumentation – Beweis – Wertung, München 2006, S. 66.
76 Ders., a.a.O., S. 67.
77 Ebd.
78 Ebd.
79 Ders., a.a.O., S. 73.

kann man durchaus bis zu etwa 2,02 hinabsteigen.[80] 1 · 2 wären also 3,98 und 2 · 2 wären 2,02. Die Welt der Mathematik bräche zusammen.

Die Antwort auf diesen Einwand lautet, daß die von Riehm aufgezeigten Probleme aus Annahmen über die Skalierbarkeit im Recht folgen, die man nicht teilen muß. Dabei geht es um Fragen der mathematischen Darstellung der Struktur des Rechts. Es ist eine Grundannahme der mit der Gewichtsformel verbundenen Skalierung, daß im Recht, was dieses selbst betrifft, nur grobe diskrete Skalen und keine Infinitesimalskalen, also keine kontinuierlichen Skalen, möglich sind. Der Grund hierfür liegt in der argumentativen Natur des Rechts, die ihren Ausdruck im Postulat der Propositionalität findet. Einstufungen sind Propositionen oder Urteile, die der Begründung bedürfen. Begründen kann man nur, was man versteht. Man kann den Satz „Der Eingriff in die Meinungsfreiheit ist leicht" verstehen. Entsprechendes gilt für den auf der Basis einer doppeltriadischen Skalierung formulierten Satz „Der Eingriff in die Meinungsfreiheit ist ein schwerer mittlerer Eingriff". Was aber soll man mit dem Satz „Der Eingriff in die Meinungsfreiheit ist ein mittlerer leichter schwerer Eingriff" anfangen? Wenn bestritten werden sollte, daß dieser Satz unverständlich ist, braucht nur zu einer vierten Triade weitergeschritten zu werden, so daß wir zu Äußerungen wie „Der Eingriff ist ein mittlerer leichter schwerer leichter Eingriff" kommen. Vielleicht gibt es psychische Mechanismen, die es erlauben, hierauf, etwa bei Repräsentation durch Zahlen, zustimmend oder ablehnend zu reagieren. Gegenstand einer rationalen Begründung aber kann dieser Satz nicht sein.

Damit wird das Ergebnis deutlich. Es läßt sich dahin zusammenfassen, daß der Punktwert der „wahre Wert" ist und nicht nur der „zentrale(n) Punkt eines Wertbereiches auf einer eigentlich fließenden Werteskala".[81] Alle von Riehm ins Spiel gebrachten mathematischen Probleme entfallen. Dies Ergebnis ist zudem durchaus damit vereinbar, das es Fälle gibt, in denen es sich empfiehlt, eine verfeinerte, etwa eine doppeltriadische Skala zu verwenden.[82] Auch eine doppeltriadische Skala ist keine „fließende" Skala.

Natürlich entstehen bei der Verfeinerung Probleme, wenn auf der Seite von P_i eine feinere Skalierung möglich ist, auf der Seite von P_j demgegenüber nicht. Doch auch solche Probleme scheinen lösbar zu sein. Auf der Seite von P_i sei ein sehr schwerer (ss) Eingriff feststellbar, auf der von P_j demgegenüber nur schlicht ein schwerer (s). Der nur schlicht schwere (s) Eingriff in P_j kann auf der doppeltriadischen Skala dadurch zu dem sehr schweren (ss) Eingriff in P_i ins Verhältnis gesetzt werden, daß ihm im Bereich der schweren Eingriffe der Mittelwert, also ms, zugeordnet wird. P_i obsiegt dann wegen des Wertes ss.

Das Letztere erlaubt, auf einen weiteren Einwand Riehms zu antworten. Riehm macht geltend, daß ein „verdeckte(r) Übergang von der Ordinal- zur Kardinalskala" stattfinde.[83] Er knüpft dabei an den von mir als Beispiel verwendeten Titanic-Beschluß an. Ich

---

80 Ders., a.a.O., S. 73 f.
81 Ders., a.a.O., S. 73.
82 Alexy, Die Gewichtsformel (Fn. 43), S. 786 f.
83 Riehm, Abwägungsentscheidungen in der praktischen Rechtsanwendung (Fn. 74), S. 66.

stufe dort, in Übereinstimmung mit dem Bundesverfassungsgericht, die Bezeichnung des querschnittsgelähmten Reserveoffiziers als „Krüppel" als schwer ein. Riehm macht geltend, daß dies nur eine *„relative(n)* Gewichtung" und keine *„absolute* Gewichtung", wie eine Kardinalskala sie fordere, sei.[84] Das zeige sich daran, daß derartige „Verbalinjurien" im Vergleich zu einer „grausame(n) psychische(n) Folter" als „‚leichte' Persönlichkeitsverletzungen" einzustufen seien.[85] Nun trifft es ohne weiteres zu, daß die Bezeichnung als „Krüppel" ein leichterer Eingriff ist als eine psychische Folter. Insofern ist eine klare ordinale Einstufung möglich. Doch das ändert nichts an der Möglichkeit einer kardinalen Skalierung. So kann man die in dem gegebenen Kontext entwürdigende Bezeichnung als „Krüppel" auf einer doppeltriadischen Skala durchaus als einen zwar schweren, aber im Bereich der schweren Eingriffe doch noch leichten Eingriff (*ls*) einstufen und der psychischen Folter den Wert eines sehr schweren Eingriff (*ss*) geben. Die Sache wäre damit, ausgehend von ordinalen Überlegungen, kardinalisiert. Der von Riehm geforderte „Quantifizierungsmaßstab(es)"[86] ist bei alledem der Kommensurabilität herstellende Standpunkt der Verfassung.[87] Damit sind die Skalierungsprobleme in ihrer Gesamtheit zwar keinesfalls gelöst, es wird aber vielleicht sichtbar, wie eine Lösung gefunden werden könnte.

---

84 Ebd.
85 Ders., a.a.O., S. 66 f.
86 Ders., a.a.O., S. 67.
87 Alexy, Die Gewichtsformel (Fn. 43), S. 781 f.

Probleme der Prinzipientheorie der Grundrechte

Jan-R. Sieckmann

Die Prinzipientheorie der Grundrechte ist, insbesondere in der von Robert Alexy entwickelten Variante,[1] Gegenstand einer intensiven Diskussion. Dies zeigt ihre Relevanz und Nützlichkeit für die Rekonstruktion des Rechts und der Rechtsanwendung, verweist aber auch auf eine Reihe offener Fragen und ungelöster Probleme. Ein erstes Problem ist bereits, was unter der Prinzipientheorie verstanden werden soll. Alexy charakterisiert sie durch die Definition von Prinzipien als Optimierungsgebote,[2] d.h. als Normen, die in einem - relativ auf die tatsächlichen und rechtlichen Möglichkeiten - möglichst hohen Maß zu erfüllen sind. Diese Definition ist jedoch umstritten.[3] Weitere Probleme betreffen die Abwägung als spezifische Methode der Anwendung von Prinzipien, die Abgrenzung gerichtlicher Kontrollkompetenzen, die Begründung der verfassungsrechtlichen Geltung grundrechtlicher Prinzipien und deren Adäquatheit für die Interpretation von Grundrechten. Im folgenden soll es darum gehen, die Kernthesen der Prinzipientheorie der Grundrechte zu präzisieren und einige ihrer Probleme zu diskutieren.

I. Zur Konzeption der Prinzipientheorie der Grundrechte

1. Grundannahmen der Prinzipientheorie

Bei der "Prinzipientheorie" handelt es sich genau genommen nicht um eine einzige, sondern um eine Gruppe von Theorien, die Prinzipien als eine Klasse mit besonderen logischen Eigenschafen verstehen und auf dieser Grundlage Rechtssysteme insgesamt oder einzelne Rechtsbereiche, insbesondere den der Grundrechte, rekonstruieren. Trotz mancher Divergenzen lässt sich die Prinzipientheorie der Grundrechte durch folgende Grundannahmen charakterisieren:

(1) Die Normativitätsthese: Die Prinzipientheorie zielt auf eine Konzeption des Rechts, die dessen normativen Charakter und damit die Notwendigkeit der Rechtfertigung des

---

1   *R. Alexy*, Theorie der Grundrechte, Baden-Baden 1985; ders., Postscript, in: ders., Theory of Constitutional Rights, Oxford 2002; ders., Verfassungsrecht und einfaches Recht - Verfassungsgerichtsbarkeit und Fachgerichtsbarkeit, in: VVDStRL 61 (2002), S. 7ff.
2   R. *Alexy*, Zur Struktur der Rechtsprinzipien, in: B. Schilcher/P. Koller/B.-C. Funk (Hg.), Regeln, Prinzipien und Elemente im System des Rechts, Wien 2000, S. 31.
3   Dazu *J. Sieckmann*, Grundrechte als Prinzipien, in: ders. (Hg.), Die Prinzipientheorie der Grundrechte, Baden-Baden 2007, S. 15ff.

Rechts ernst nimmt. Recht als zwangsbewehrte Ordnung muss in einer Weise konzipiert werden, die seine Anwendung und Durchsetzung als gerechtfertigt erscheinen lässt.[4]

(2) Die Rechte-These: Die Rechtfertigung des Rechts erfordert die Anerkennung individueller Rechte, insbesondere von Grundrechten.[5]

Es genügt also nicht eine rechtspositivistische, formale Konzeption des Rechts, die dessen Geltung allein auf Kompetenzen zur Rechtsetzung stützt. Sie könnte nicht sicherstellen, dass die Anwendung des Rechts stets moralisch gerechtfertigt ist. Dies zum einen wegen der Möglichkeit extrem ungerechten Rechts.[6] Zum anderen aber, weil Recht nach dem Verständnis demokratischer Verfassungsstaaten der Realisierung von Grundrechten dienen muss. Konsequenz ist, dass die materielle Rechtfertigung von Rechtsnormen ein Element des positiven Rechts selbst wird.

(3) Die Abwägungsthese: Die Anwendung von Grundrechten erfordert die Abwägung rechtlicher Prinzipien.

Grundrechte bilden kein wohlgeordnetes, konfliktfreies System. Sie können untereinander sowie mit anderen Belangen kollidieren. Ihre Anwendung macht daher Abwägungen notwendig.[7]

In diesem Sinne kann die Prinzipientheorie als Versuch verstanden werden, das Recht von seinen normativen Grundlagen her zu reflektieren und zu rekonstruieren. Ihre zentrale These ist, dass dies die Lösung normativer Konflikte im Wege der Abwägung von Prinzipien erfordert. Die Idee der Abwägung ist allerdings nicht spezifisch für die Prinzipientheorie. Abwägungen könnten durchgeführt werden, ohne den abzuwägenden Normen besondere strukturelle Eigenschaften zuzuschreiben.[8] Es bliebe dann jedoch ungeklärt, welche logische Relation zwischen den Abwägungsgründen und den Abwägungsergebnissen besteht, und damit, ob die Abwägung als Verfahren rationaler Normbegründung angesehen werden kann. Die Klärung dieser Relation ist das spezifische Anliegen der Prinzipientheorie.

---

4   Vgl. insbesondere *R. Dworkin*, Law's Empire, London 1986, S. 190.

5   Die Bezeichnung "Rechte-These" ist nicht unproblematisch, da sie mit der These *Dworkins*, Gerichte müssten ihre Entscheidungen stets auf existierende Rechte stützen, verbunden ist. Dazu *R. Dworkin*, Taking Rights Seriously, 2. Aufl., 1978, S. 87. Sie wird hier jedoch nicht im *Dworkinschen* Sinne verstanden.

6   Vgl. *R. Alexy*, Begriff und Geltung des Rechts, 2. Aufl., 1994, S. 70.

7   In welchem Umfang tatsächlich Abwägungen vorzunehmen sind, hängt allerdings davon ab, in welchem Maß in einem Rechtssystem ungelöste, nicht rechtlich vorentschiedene Konflikte auftreten. Das Prinzipienmodell des Rechts nimmt an, dass jede rechtliche Entscheidung *potentiell* aufgrund einer Abwägung von Prinzipien zu rechtfertigen ist (so *Sieckmann*, Regelmodelle und Prinzipienmodelle des Rechtssystems, Baden-Baden 1990, S. 240, 249ff.). Soweit eine korrekte normative Festsetzung bereits vorliegt, muss eine Abwägung nicht erneut durchgeführt werden.

8   Vgl. etwa *T. Riehm*, Abwägungsentscheidungen in der Rechtsanwendung, 2006, S. 7f., 11, der Abwägung mit Diskurs gleichsetzt. Ferner J.H. *Klement,* Vom Nutzen einer Theorie, die Alles erklärt, in: JZ 2008, S. 757.

2. Die Trennungsthese

Der Versuch, die logische Relation zwischen Abwägungsgründen und Abwägungsergebnissen zu bestimmen, führt zu einer strukturellen Unterscheidung von Prinzipien im Sinne von Gründen für Abwägungsurteile und denjenigen Normen, die aufgrund von Abwägungen festgesetzt werden. Offenbar sind auf der Ebene der Abwägungsgründe Konflikte möglich, während Konflikte auf der Ebene der Abwägungsergebnisse einen Fehler darstellen. Dementsprechend sind kollidierende Prinzipien gleichermaßen gültig, während auf der Ebene der Abwägungsergebnisse unvereinbare Normen nicht zugleich gültig sein können.[9] Als Gründe für Abwägungsurteile haben Prinzipien somit andere logische Eigenschaften als diejenigen Normen, die als Abwägungsergebnis festgesetzt werden. Letztere werden gewöhnlich als "Regeln" bezeichnet.[10] Dies führt zu der für die Prinzipientheorie charakteristischen "Trennungsthese":

> (4) Prinzipien als Gründe für Abwägungsurteile einerseits, Regeln als Ergebnisse von Abwägungen andererseits haben unterschiedliche logische Eigenschaften.

Da diese logischen Eigenschaften relevant für die Bedeutung von Normsätzen sind, aber nicht zum je spezifischen Inhalt einzelner Normsätze gehören, bilden sie strukturelle Eigenschaften der betreffenden Normen. Damit wird eine klassifikatorische, nicht nur graduelle Unterscheidung vorgenommen.

3. Die Interpretation der Trennungsthese

Über die Frage, worin der logische Unterschied zwischen Prinzipien und Regeln besteht, sind sich Prinzipientheoretiker allerdings nicht einig.[11] Die *Alexysche* Prinzipientheorie enthält folgende Annahmen:

---

9   Vgl. *Dworkin* (Fn. 5), S. 24f.; R. *Alexy*, Recht, Vernunft, Diskurs, Frankfurt/M. 1995, S. 193.
10   Die übliche Gegenüberstellung von Prinzipien und Regeln folgt der Terminologie von *Dworkin* (Fn. 5), S. 22ff. Sie ist nicht unproblematisch, da Dworkin mit der Bezeichnung als Regel die Normkonzeption *H.L.A. Harts* meint, die wiederum keinen Bezug zum Abwägungsmodell hat. Jedoch schließt dies nicht aus, Abwägungsergebnisse als Regeln zu bezeichnen.
11   Neben der Definition von Prinzipien als Optimierungsgebote (*Alexy*) sind jedenfalls zu nennen: die Konzeption von Prinzipien als reiterierte Geltungsgebote (*J. Sieckmann*, Logische Eigenschaften von Prinzipien, in: Rechtstheorie 25 (1994), S. 169; ders., Principles as Normative Arguments, in: Rechtstheorie-Beiheft 21 (2005), S. 197ff.; ders., Recht als normatives System, Baden-Baden 2009, S. 51ff.), als prima facie- oder pro tanto-Normen (*N. Jansen*, Die Struktur der Gerechtigkeit, Baden-Baden 1998, S. 81), Regeln als exklusionäre Gründe und Prinzipien als nicht-exklusionäre Gründe (*J. Hage*, Reasoning with Rules, Dordrecht 1996, S. 118), Prinzipien als Normen mit lediglich notwendigen, nicht hinreichenden tatbestandlichen Bedingungen (*M. Atienza/J. Ruiz-Manero*, A Theory of Legal Sentences, Dordrecht 1998, S. 8f., 176; *D. Buchwald*, Prinzipien des Rechtsstaats, Aachen 1996, S. 70ff.), Prinzipien als Normen ohne Festsetzungsgehalt (*K.E. Hain*, Die Grundsätze des Grundgesetzes, Baden-Baden 1999, S. 99ff.) oder die Unterscheidung von Prinzipien als Zweckbestimmungen und Regeln als unmittelbar verhaltensbezogene Normen (*H.B. Ávila*, Theorie der Rechtsprinzipien, Berlin 2006, S. 54).

(5) Unterschiedliches Kollisionsverhalten: Prinzipien sind kollisions- und abwägungsfähige Normen, Regeln nicht.[12]

(6) Die Definition von Prinzipien als Optimierungsgebote: Prinzipien haben die Struktur von Optimierungsgeboten, die fordern, dass etwas in einem relativ auf die tatsächlichen und rechtlichen Möglichkeiten möglichst hohen Maß realisiert werden soll.[13]

(7) Regeln als normative Festsetzungen: Regeln enthalten normative Festsetzungen im Rahmen der tatsächlichen und rechtlichen Möglichkeiten.[14]

(8) Die These gradueller Erfüllbarkeit von Prinzipien: Prinzipien können in mehr oder weniger hohem Maß erfüllt werden, während Regeln nur entweder erfüllt oder nicht erfüllt werden können.[15]

(9) Die strenge Trennungsthese: Jede Norm ist entweder eine Regel oder ein Prinzip.[16]

Jedoch gibt es Einwände insbesondere gegen die Definition von Prinzipien als Optimierungsgebote (6) und gegen die strenge Fassung der Trennungsthese (9),[17] und die übrigen Thesen sind jedenfalls hinsichtlich ihrer Interpretation umstritten.[18]
Trotz dieser Divergenzen lässt sich die Prinzipientheorie als eine gemeinsame Theorierichtung verstehen. Für sie charakteristisch ist die Suche nach einer normtheoretischen Basis für eine Konzeption des Rechts, in der dessen Verbindlichkeitsanspruch gerechtfertigt werden kann sowie für einen rationalen Umgang mit normativen Konflikten im Rechtssystem und - als Konsequenz für den Bereich der Grundrechte - die Forderung nach einem optimalen Grundrechtsschutz. Diese Anliegen bilden den Bezugsrahmen für die Beurteilung der Adäquatheit normtheoretischer Unterscheidungen von Regeln und Prinzipien, aber auch alternativer Ansätze, die die Prinzipientheorie in Frage stellen.

II. Einwände gegen die Prinzipientheorie der Grundrechte

Die Prinzipientheorie der Grundrechte ist nicht nur eine Theorie, sondern bietet eine adä-

---

12 *Alexy* (Fn. 9), S. 193.
13 *Alexy*, Theorie der Grundrechte (Fn. 1), S. 75f.
14 *Alexy*, ebd., S. 76.
15 Ebd.
16 *Alexy*, Theorie der Grundrechte (Fn. 1), S. 77. Vorsichtiger *Alexy* (Fn. 9), S. 184: Jede Norm, die eine Regel oder ein Prinzip sein kann, ist entweder Regel oder Prinzip.
17 Die von der strengen Trennungsthese behauptete Komplementarität von Regel- und Prinzipienbegriff ist zweifelhaft. Für eine logische Unterscheidung genügt es jedenfalls, dass die Eigenschaft, die Prinzipien bzw. Regeln kennzeichnet, bei Nicht-Prinzipien bzw. Nicht-Regeln nicht vorliegt.
18 Dies erschwert es, die Prinzipientheorie - über die Trennungsthese (4) hinaus - generell durch bestimmte Thesen zu charakterisieren. Manche Zuschreibungen sind allerdings unzutreffend. So grenzen "Prinzipientheoretiker" - entgegen *Klement* (Fn. 8), S. 761 - Regeln und Prinzipien nicht nach dem Begriffspaar Konditional- und Finalprogramme ab. Zur Kritik dieser Unterscheidung *J. Steiff*, Rechtsfindung im Umweltrecht, Baden-Baden 2006, S. 45ff. Vgl. auch *D.D. Maitra*, Regeln und Prinzipien, Berlin 2006, S. 87, der feststellt, dass der Prinzipienbegriff enger als der des Zweckprogramms sei. Ebenso trifft nicht zu, dass nach Auffassung der Anhänger der Prinzipientheorie Regeln keine unbestimmten Rechtsbegriffe enthalten könnten. Dagegen ausdrücklich *Sieckmann* (Fn. 7), S. 142; ebenso schon *Dworkin* (Fn. 5), S. 27f.; *Alexy*, Theorie der Grundrechte (Fn. 1), S. 121.

quate Rekonstruktion wesentlicher Teile der Judikatur des Bundesverfassungsgerichts[19] sowie anderer höchster Gerichte, die grundrechtliche Abwägungen nach Maßgabe des Grundsatzes der Verhältnismäßigkeit vornehmen.[20] Die Forderung nach einem optimalen Grundrechtsschutz erscheint in der Sache unabweisbar.[21] Dennoch werden eine Reihe von Einwänden gegen sie erhoben.[22] Fünf Hauptlinien der Kritik lassen sich unterscheiden:[23]

- Einwände der normtheoretischen Inadäquatheit: Prinzipien lassen sich nicht aufgrund ihrer Struktur von Regeln unterscheiden. Insbesondere können sie nicht als Optimierungsgebote definiert werden, denn letztere seien auf mögliche Gegengründe relativiert und daher selbst nicht abwägungsfähig, sondern strikt gültig.

- Einwände der methodologischen Inadäquatheit: Optimierungsgebote erfordern Abwägungen, und diese seien subjektiv, irrational und nicht methodologisch kontrollierbar.

- Einwände der institutionellen Inadäquatheit: Die Optimierungskonzeption der Grundrechte führe zu einer übermäßigen Ausweitung gerichtlicher Kompetenzen und damit zu einem "Jurisdiktionsstaat".

- Einwände der verfassungsrechtlichen Inadäquatheit: Die verfassungsrechtliche Geltung grundrechtlicher Prinzipien müsse positivrechtlich begründet werden und lasse sich nicht generell für alle Grundrechte annehmen.

- Einwände der grundrechtlichen Inadäquatheit: Die Abwägung von Grundrechten mit dem Ziel der Optimierung führe zur Aufweichung des Grundrechtsschutzes und sei mit dem Charakter von Grundrechten als Begrenzungen staatlicher Gewalt nicht vereinbar.

19 Dies wird auch von Kritikern nicht in Frage gestellt. Vgl. *M. Jestaedt*, Die Abwägungslehre - ihre Stärken und ihre Schwächen, in: Festschrift Isensee, 2007, S. 258ff.; *Klement* (Fn. 8), S. 763.

20 Vgl. *S. Greer*, "Balancing" and the European Court of Human Rights: A Contribution to the Habermas-Alexy Debate, in: Cambridge Law Journal 63 (2004), S. 412-434 zum EGMR; ferner *P. Holländer*, Der Verhältnismäßigkeitsgrundsatz: Variabilität seiner Struktur?, 179-195; *C. Bernal Pulido*, Grundrechtsprinzipien in Spanien, 197-213; *J. Rivers*, Grundrechtsprinzipien in England, 231-240, alle in J. Sieckmann (Hg.), Die Prinzipientheorie der Grundrechte, 2007.

21 In diesem Punkt ist es wichtig, zwischen optimalem und maximalem Grundrechtsschutz zu unterscheiden. Optimierung des Grundrechtsschutzes lässt Einschränkungen zu, sofern dies durch Grenzen der tatsächlichen Möglichkeiten oder der rechtlichen Möglichkeiten gerechtfertigt ist. Letztere hängen wiederum davon ab, ob gewichtigere Belange eine Einschränkung des Grundrechtsschutzes rechtfertigen. Wer sich gegen die Optimierungskonzeption wendet, müsste also darlegen, dass Grundrechtsschutz nicht geboten ist, obwohl es keine hinreichende Rechtfertigung für diese Einschränkung gibt. Diese Position erscheint unhaltbar.

22 Zuletzt insbesondere *R. Poscher*, in: J. Sieckmann (Hg.), Die Prinzipientheorie der Grundrechte, 2007, S. 59ff.; *Jestaedt* (Fn. 19), S. 253ff.; *Klement* (Fn. 8), S. 756ff.

23 Vgl. auch die Unterscheidung von sieben Arten von Einwänden bei *Alexy*, Die Konstruktion von Grundrechten (in diesem Band), S. 9ff. Die dort als "interpretations-" und "geltungstheoretisch" bezeichneten Einwände werden hier als Einwände der verfassungsrechtlichen Inadäquatheit zusammengefasst. "Wissenschaftstheoretische" Einwände - insbesondere die These, die Prinzipientheorie sei "wissenschaftstheoretisch verdächtig", weil sich kein Einwand gegen sie finden lasse (Poscher), und der Vorwurf, sie immunisiere sich gegen Kritik, weil ihre Diskussion ein zu hohes Maß an theoretischer Kompetenz erfordere (Klement) - werden hier nicht weiter behandelt. Dazu siehe *J. Sieckmann*, Zum Nutzen der Prinzipientheorie für die Grundrechtsdogmatik. Erwiderung zu Klement, in: JZ 2009 (im Erscheinen).

1. Normtheoretische Inadäquatheit

Die Existenz eines logischen oder strukturellen Unterschieds zwischen Prinzipien im Sinne von Gründen für Abwägungen im Vergleich zu Regeln oder anderen Normen wird von zahlreichen Autoren bestritten.[24] Die Kritik beschränkt sich allerdings in der Regel auf die Diskussion von Schwächen einzelner Konzeptionen dieser Unterscheidung und kann die Möglichkeit dieser Unterscheidung daher nicht in Frage stellen. Gegenstand der Kritik ist vor allem die Konzeption von Prinzipien als Optimierungsgebote.

Gegen diese Konzeption lässt sich einwenden, dass Optimierungsgebote nicht abwägungsfähig seien und die Definition von Prinzipien als Optimierungsgebote daher nicht mit der von Prinzipien als Gründe für Abwägungsurteile zusammenpasse.[25] Alexy versucht, diesem Einwand mit der Unterscheidung von Optimierungsgeboten und zu optimierenden Geboten zu begegnen.[26] Erstere seien Meta-Normen mit Regelcharakter, letztere Abwägungsgegenstände mit prinzipiellem Charakter, die ein ideales Sollen enthalten. Das ideale Sollen wird durch einen indexierten Gebotsoperator O_i ausgedrückt. Gegen eine solche Indexierung ist an sich nichts einzuwenden,[27] nur erklärt sie nicht, welche logischen Eigenschaften dieses ideale Sollen aufweist. Charakterisiert man es durch Optimierungsgebote, geht wiederum die Eigenschaft, Gründe für Abwägungsurteile darzustellen, verloren.[28]

Gleichwohl begründet die Kritik an der Definition von Prinzipien als Optimierungsgebote weder einen Einwand gegen die Trennungsthese noch gegen die Optimierungskonzeption der Grundrechte. Denn es lassen sich Prinzipien als normative Argumente mit der Struktur reiterierter Geltungsgebote charakterisieren.[29] Sie enthalten Meta-Normen, die die Anerkennung bestimmter Normen erster Stufe als definitiv gültig fordern, aber offen lassen, in welcher Form sie angewandt werden. Prinzipien werden somit nicht begrifflich als Optimierungsgebote verstanden. Andererseits ist nicht ausgeschlossen, sie mit einem Gebot der Optimierung zu verbinden, weil und soweit dies die plausibelste und rationalste Konzeption der Anwendung von Grundrechten darstellt.

Andere normtheoretische Einwände sind primär terminologischer Natur. Nicht selten fin-

---

24 Cf. *J. Raz*, Legal Principles and the Limits of Law, in: The Yale Law Journal 81 (1972), S. 823-854; *J.C. Bayón*, La normatividad del derecho, Madrid 1991, S. 357ff.; *A. García Figueroa*, Principios y positivismo jurídico. El no positivismo principialista en las teorias de Ronald Dworkin y Robert Alexy. Madrid 1998, S. 131ff.; *A. Marmor*, Positive Law and Objective Values, Oxford 2001, S. 83f.; *Ávila* (Fn. 11), S. 36ff.; *A. Jakab*, Prinzipien, in: Rechtstheorie 37 (2006), S. 49-65; *Steiff* (Fn. 18), S. 137ff.

25 *Sieckmann* (Fn. 7), S. 63ff.

26 Vgl. auch *Alexy*, Ideales Sollen, in diesem Band, S. 24.

27 Vgl. auch *J. Sieckmann*, Zur Analyse von Normkonflikten und Normabwägungen, in: Analyomen 2, Bd. III, Berlin/New York 1997, S. 356, wo Op zur Bezeichnung prinzipieller Gebote verwendet wird.

28 Allerdings lässt sich gegen Abwägungsgegenstände, die ein indexiertes Sollen enthalten, nicht einwenden, dass sie keine besonderen strukturellen Eigenschaften aufwiesen und die Trennungsthese für sie nicht zuträfe, so *J. Sieckmann*, Grundrechte als Prinzipien, in: ders. (Hg.), Die Prinzipientheorie der Grundrechte, Baden-Baden 2007, S. 19. Diese Kritik nahm an, Abwägungsgegenstände würden durch einfache Normsätze dargestellt.

29 Dazu zusammenfassend *J. Sieckmann*, Recht als normatives System (Fn. 11), S. 51ff.

det sich die Auffassung, Normen müssten strikt gelten oder dies jedenfalls beanspruchen.[30] Prinzipien als Gründe für Abwägungen wären demnach keine Normen. Jedoch besteht kein Grund für eine derartige Einschränkung.[31] Gemäß einem semantischen Normbegriff[32] sind Normen die Bedeutung von Normsätzen, d.h. von Sätzen, die deontische Modalitäten (geboten, verboten, erlaubt) enthalten oder mittels solcher Modalitäten wiedergegeben werden können. Normen im semantischen Sinn enthalten keine Aussage über ihre Geltung und können mit verschiedenen Geltungsweisen verbunden werden. Es erscheint unzweckmäßig, die Differenzierung nach Geltungsweisen bereits mit dem Normbegriff zu verbinden, ohne dass ein anderer Grundbegriff zur Verfügung stände, der den der Norm ersetzen könnte.

Ein weiterer Einwand ist, dass die Beschränkung von Prinzipien auf Abwägungsgründe nicht dem üblichen Sprachgebrauch entspricht.[33] Es werden in der Tat gerade solche Normen, die als besonders grundlegend und daher strikt gültig angesehen werden, als Prinzipien bezeichnet, wie z.B. das Prinzip der Menschenwürde. Zudem lässt sich nicht alles, was als Grund für ein Abwägungsurteil angeführt werden kann, als Prinzip bezeichnen.[34] Jede auf individuelle Interessen gestützte Forderung, sofern sie für andere prinzipiell zustimmungsfähig ist, begründet ein Argument, das gegen andere abzuwägen ist, etwa das Interesse, Tauben zu füttern. Man wird deshalb aber nicht von einem "Prinzip der Taubenfütterungsfreiheit" sprechen. Die Definition von Prinzipien als Optimierungsgebote hat also einen technischen Charakter. Für sie spricht ein Gewinn an Präzision gegenüber der üblichen diffusen Rede von Prinzipien.[35] Die Prinzipientheorie macht sie daher durchaus zurecht zum Ausgangspunkt ihrer Analysen. Dennoch erscheint es nicht sinnvoll, diese technische Verwendungsweise als die einzig mögliche zuzulassen.

Die technische Definition von Prinzipien, sei es als Optimierungsgebote, sei es als reiterierte Geltungsgebote, erfasst demnach nur einen Teil der Normen, die sinnvoll als Prinzipien bezeichnet werden können, allerdings eine Teilklasse, die von besonderer Relevanz für die Interpretation und Anwendung von Grundrechten sowie für die Begründung von Normen im allgemeinen ist. Für die Prinzipientheorie ändert sich aus dem Verzicht auf eine strikte Verknüpfung von Prinzipienbegriff und Abwägungsfähigkeit wenig. Die Trennungsthese lässt sich in dem Sinne aufrechterhalten, dass in Abwägungsprozeduren Normen mit unterschiedlichen logischen Eigenschaften zu finden sind, von denen die eine

---

30 So *J. Esser*, Grundsatz und Norm, 3. Aufl., Tübingen 1974; *O. Weinberger*, Revision des traditionellen Rechtssatzkonzepts, in: B. Schilcher/P. Koller/B.-C. Funk (Hg.), Regeln, Prinzipien und Elemente im System des Rechts, Wien 2000, S. 53-68.

31 Vgl. *F. Riechelmann*, Sind Grundrechte keine Normen?, in: Rechtstheorie 37 (2006), S. 381ff.; *B. Schinkel*, Prinzipien, Regeln und Modelle: Eine Analyse des Kanons der zivilprozessualen Maximen, in: Rechtstheorie 37 (2006), S. 414; *F. Reimer*, Verfassungsprinzipien. Ein Normtyp im Grundgesetz, Tübingen 2001, S. 56.

32 Vgl. *Alexy*, Theorie der Grundrechte (Fn. 1), S. 42ff.; *Sieckmann* (Fn. 7), S. 25ff.

33 Vgl. *Reimer* (Fn. 31), S. 180.

34 Vgl. *J. Sieckmann*, The Theory of Principles - A Semantic Framework for Autonomous Reasoning, in: M. Borowski (Hg.), ARSP-Beih., MS 2009 (im Erscheinen).

35 Vgl. *Reimer* (Fn. 31), S. 21ff. zu unterschiedlichen Verwendungsweisen des Prinzipienbegriffs im Verfassungsrecht.

- die der Gründe für Abwägungen - als Prinzipien, die andere - die der Feststellungen von Abwägungsergebnissen - als Regeln oder definitive Normen bezeichnet werden. Das Prinzipienmodell des Rechts lässt sich ohnehin nicht sinnvoll allein aufgrund der normtheoretischen Unterscheidung von Regeln und Prinzipien definieren, sondern ist durch die Annahme charakterisiert, dass die Begründung definitiver substantieller Normen deren Rechtfertigung aufgrund einer Abwägung von Prinzipien erfordert.[36]

2. Methodologische Inadäquatheit

In methodologischer oder argumentationstheoretischer Hinsicht wird die Irrationalität der Abwägung behauptet. Es fehlten objektive Kriterien für die Bestimmung des Abwägungsergebnisses.[37] Abwägungen seien daher subjektiv und beliebig. Für die Adäquatheit der Prinzipientheorie ist es von zentraler Bedeutung, ob und in welchem Maß oder in welchen Hinsichten eine rationale Begründung normativer Urteile aufgrund der Abwägung von Prinzipien möglich ist.[38] Allerdings sind drei Fragen zu unterscheiden:
(1) Gibt es objektive Kriterien für die Beurteilung der Korrektheit von Abwägungsurteilen?
(2) Sind diese Kriterien entscheidungsdefinit, d.h. erlauben sie die Begründung bestimmter Abwägungsurteile?
(3) Lassen sich Abwägungsurteile rechtfertigen, auch wenn sie nicht objektiv begründbar sind?
Um diese Fragen beurteilen zu können, ist zunächst Klarheit über die Struktur von Abwägungen erforderlich.

2.1. Die Struktur von Abwägungen

Das Grundprinzip der Abwägung ist, dass im Fall einer Kollision zweier Prinzipien das Prinzip mit dem größeren konkreten Gewicht den Vorrang erhält. Das konkrete Gewicht eines Prinzips ist sein Gewicht in einem konkreten Fall. Dieses hängt jedenfalls von zwei Faktoren ab:[39] seinem abstrakten relativen Gewicht und dem Grad seiner Beeinträchtigung oder Erfüllung, der bei der Abwägung in Frage steht. Abwägungsentscheidungen basieren demnach auf zwei Arten von Faktoren: den Graden der Beeinträchtigung bzw. Erfüllung der kollidierenden Prinzipien sowie deren relativen abstrakten Gewichten.

So wird durch Geschwindigkeitsbeschränkungen im Straßenverkehr die allgemeine Handlungsfreiheit zum Schutze von Leben und Gesundheit beschränkt. Dem Prinzip des

36 So bereits *Sieckmann* (Fn. 7), S. 143.
37 So *B. Schlink*, Der Grundsatz der Verhältnismäßigkeit, in: P. Badura/H. Dreier (Hg.), Festschrift 50 Jahre Bundesverfassungsgericht, Bd. 2, Tübingen 2001, S. 460; *ders.*, Freiheit durch Eingriffsabwehr - Rekonstruktion der klassischen Grundrechtsfunktion, in EuGRZ 11 (1984), S. 462; *J. Habermas*, Faktizität und Geltung, 4. Aufl., Frankfurt/M. 1994, S. 315f.
38 Vgl. auch *R. Alexy*, Die Konstruktion von Grundrechten (in diesem Band), S. 13ff.

Schutzes von Leben und Gesundheit wird in diesem Fall mehr Gewicht beigemessen als der allgemeinen Handlungsfreiheit. Dieses Urteil gründet sich zunächst auf Annahmen zum abstrakten relativen Gewicht der kollidierenden Prinzipien. So hat der Schutz von menschlichem Leben und Gesundheit ein relativ hohes Gewicht gegenüber dem der allgemeinen Handlungsfreiheit. Das relative Gewicht dieser Prinzipien zueinander hängt davon ab, wie viel Zugewinn an Realisierung des einen Prinzips gefordert ist, um ein bestimmtes Maß an Einbuße hinsichtlich der Realisierung des anderen Prinzips zu rechtfertigen. Das hohe relative Gewicht von Lebens- und Gesundheitsschutz gegenüber Forderungen der Handlungsfreiheit zeigt sich also daran, dass eine relativ geringe Einbuße an Lebens- oder Gesundheitsschutz nur zu rechtfertigen ist, wenn ihr ein relativ großer Gewinn an Handlungsfreiheit gegenübersteht. So wird man die üblichen Geschwindigkeitsbeschränkungen im Straßenverkehr, z.B. 50, 40 oder 30 km pro Stunde im innerstädtischen Verkehr, aus Gründen des Schutzes von Leben und Gesundheit hinnehmen. Jedoch ist der Vorrang des Lebens- oder Gesundheitsschutzes nicht absolut. Eine generelle Geschwindigkeitsbeschränkung auf 10 km pro Stunde auf innerstädtischen Straßen würde wohl kaum jemand als gerechtfertigt ansehen, obwohl dadurch - wenn auch nur in geringem Maß - Gesundheitsgefahren vermindert und sogar Leben gerettet werden könnten. Lebens- und Gesundheitsschutz rechtfertigen also Einbußen an Handlungsfreiheit, aber nicht jeder noch so geringe Gewinn an Lebens- oder Gesundheitsschutz rechtfertigt jeden noch so hohen Verlust an Handlungsfreiheit.

Jeder, der in solchen Kollisionsfällen normativ urteilt, wird Festlegungen treffen müssen, welches Maß des Zugewinns hinsichtlich des einen Prinzips einen bestimmten Verlust hinsichtlich des anderen Prinzips rechtfertigt. Er muss also ein normatives Austauschverhältnis zwischen den kollidierenden Prinzipien festlegen - nicht unbedingt für jeden möglichen Fall, aber jedenfalls für bestimmte Fälle oder Fallbereiche. Dieses normative Austauschverhältnis bestimmt das relative Gewicht der Prinzipien zueinander. Es wird als "abstrakt" bezeichnet, weil es sich ohne Bezug auf einen konkreten, tatsächlich gegebenen Kollisionsfall bestimmen lässt.

Nun hängt eine Abwägungsentscheidung nicht nur vom abstrakten relativen Gewicht der kollidierenden Prinzipien ab, sondern auch von dem Grad, in dem ihre Realisierung durch eine bestimmte Entscheidung, d.h. ein bestimmtes Abwägungsergebnis, gefördert oder beeinträchtigt wird.

> Wäre es etwa der Fall, dass eine länger dauernde Fortbewegung mit einer Geschwindigkeit von mehr als 10 km pro Stunde bei Menschen zu schweren Gehirnschäden führen würde, würde wohl kaum jemand eine Geschwindigkeitsbeschränkung auf 10 km pro Stunde für ungerechtfertigt halten.

Das Abwägungsergebnis hängt also davon ab, in welchem Verhältnis das tatsächliche Austauschverhältnis hinsichtlich der Realisierung der kollidierenden Prinzipien zu dem geforderten, normativen Austauschverhältnis steht. Erreicht eine Entscheidung, die ein Prinzip einschränkt, jedenfalls soviel an Realisierung des kollidierenden Prinzips, wie gefordert ist, um die Einschränkung des ersten Prinzips auszugleichen, ist sie gerecht-

---

39   Vgl. *J. Sieckmann*, Zur Begründung von Abwägungsurteilen, in: Rechtstheorie 26 (1995), S. 45-69.

fertigt. Es ist dann gerechtfertigt, dem kollidierenden Prinzip im konkreten Fall den Vorrang zu geben. Genügt der tatsächliche Zugewinn hinsichtlich des kollidierenden Prinzips im Hinblick auf das im konkreten Fall geforderte Maß an Zugewinn hingegen nicht, ist die Einschränkung nicht gerechtfertigt.

Diese Relation lässt sich auch in Bezug auf das konkrete Gewicht der kollidierenden Prinzipien formulieren. Das konkrete Gewicht eines Prinzips ergibt sich aus seinem abstrakten relativen Gewicht sowie dem Grad der Beeinträchtigung oder Erfüllung, das bei der Abwägung in Frage steht.[40] Vorrang verdient das Prinzip mit dem größeren konkreten Gewicht.[41] Festzuhalten sind demnach folgende Beziehungen:

(1) In einem Kollisionsfall soll das Prinzip mit dem größeren konkreten Gewicht den Vorrang erhalten.

(2) Das konkrete Gewicht eines Prinzips hängt von seinem abstrakten relativen Gewicht und dem im konkreten Fall zur Entscheidung stehenden Erfüllungs- oder Beeinträchtigungsgrad ab.

2.2. Die Möglichkeit rationaler Abwägungskritik

Hinsichtlich der Möglichkeit objektiver Beurteilung der Korrektheit von Abwägungsurteilen ist zwischen positiven Abwägungsurteilen und bloßer Abwägungskritik zu unterscheiden. Während positive Abwägungsurteile ein bestimmtes Ergebnis festlegen, beschränkt sich Abwägungskritik auf negative Aussagen, dass bestimmte Abwägungsurteile fehlerhaft sind. Die zentrale Frage ist, ob eine rationale Kontrolle von Abwägungen möglich ist. Eine Kritik von Abwägungsentscheidungen anhand von Rationalitätskriterien ist in der Tat in verschiedenen Hinsichten möglich:

- im Hinblick auf nicht normative Faktoren, insbesondere die Feststellung von Beeinträchtigungs- oder Erfüllungsgraden der abzuwägenden Prinzipien;

- im Hinblick auf das Kriterium der Pareto-Optimalität;

---

40 Soll diese Beziehung in Form einer mathematischen Funktion ausgedrückt werden, liegt es nahe, das Produkt aus der Größe des abstrakten Gewichts und des Grades der Beeinträchtigung bzw. Erfüllung zu bilden. Vgl. *R. Alexy*, Die Gewichtsformel, in: J. Jickeli/P. Kreutz/D. Reuter (Hg.), Gedächtnisschrift für J. Sonnenschein, Berlin 2003, S. 771ff. (im Sinne eines Abwägungskalküls, das die Begründung von Abwägungsurteilen erlaubt). Vgl. auch *Alexy,* Theorie der Grundrechte (Fn. 1), S. 141, der diese Vorgehensweise dort allerdings wegen Problemen der Metrisierung verworfen hat. Vgl. ferner *Sieckmann* (Fn. 38), S. 52 (im Sinne einer Rationalisierung von Abwägungsurteilen).

41 Bei Verwendung einer ökonomischen Terminologie könnte dies als Kriterium der geringeren Grenzkosten formuliert werden, d.h. den Kosten, den die Realisierung eines Gutes um eine weitere Einheit für andere Güter verursacht. Vgl. *S. Gosepath*, Gleiche Gerechtigkeit, Frankfurt/M. 2004, S. 304; *P. Koller*, Grundlinien einer Theorie gesellschaftlicher Freiheit, in: J. Nida-Rümelin/W. Vossenkuhl (Hg.), Ethische und politische Freiheit, Berlin/New York 1997, S. 499f. Dies setzte allerdings einen Maßstab voraus, aufgrund dessen die Grenzkosten bestimmt werden könnten. Für die Konzeption autonomer Abwägung ist ein derartiger Maßstab nicht notwendig. Die relativen Gewichte der kollidierenden Prinzipien ergeben sich aus Festsetzungen im aktuellen Fall oder früheren Fällen oder aus sonstigen normativen Vorgaben, die den Bereich autonomer Festsetzung begrenzen.

- im Hinblick auf die Zustimmungsfähigkeit (Universalisierbarkeit) möglicher Abwägungsergebnisse;

- im Hinblick auf die Kohärenz wertender Gewichtungen;

- im Hinblick auf das Kriterium vernünftiger Konvergenz als Voraussetzung für den Anspruch auf Verbindlichkeit für die als Abwägungsergebnis festgesetzten Normen.

Zunächst kommen in Abwägungen auch Kriterien zur Anwendung, die nicht wertende Abwägungen erfordern. So ist die Bestimmung von Graden der Beeinträchtigung oder der Erfüllung eines Prinzips in manchen Fällen aufgrund deskriptiver Urteile möglich. Z.B. lässt sich feststellen, dass eine Besteuerung des Einkommens von 80 % einen schweren Eingriff, von 40 % einen mittleren und von 10 % einen geringen Eingriff in die Erwerbsfreiheit und damit zusammenhängende Grundrechte darstellt. Die Kriterien für diese Einordnung sind ohne normative Wertung anwendbar.[42] Aber auch soweit Wertungen für die Festlegung einer Skala von Beeinträchtigungsgraden oder deren Anwendung erforderlich sind, haben sie einen anderen Charakter als den einer Vorrangfestsetzung aufgrund einer Abwägung. Es gibt also abwägungsrelevante Prämissen mit empirischem oder deskriptivem Charakter. Für sie gilt:

(1) Die abwägungsrelevanten empirischen Annahmen müssen korrekt sein.

Darüber hinaus gibt es verschiedene Rationalitätskriterien für die in Abwägungen erforderlichen normativen Beurteilungen. Das Kriterium der Pareto-Optimalität[43] besagt, bezogen auf die Abwägung von Prinzipien:

(2) Eine Einbuße an Erfüllung eines Prinzips ist nicht gerechtfertigt, wenn sie ohne Verlust für das kollidierende Prinzip vermeidbar ist.

Seine Anwendung ist aufgrund der Bestimmung von Beeinträchtigungs- und Erfüllungsgraden der kollidierenden Prinzipien möglich, erfordert also keine Abwägung im Sinne einer Gewichtung der kollidierenden Prinzipien.

Hinsichtlich der als Abwägungsergebnis festzusetzenden Norm gilt das Kriterium der Zustimmungsfähigkeit:

(3) Die als Abwägungsergebnis festgesetzte Norm muss von allen Adressaten als allgemeinverbindliche Norm anerkannt werden können.[44]

Ausgeschlossen werden damit Ergebnisse und entsprechende Forderungen, für die von vornherein ausgeschlossen werden kann, dass sie die Zustimmung aller Betroffenen finden.

---

42   Zwar enthält die Einordnung selbst eine Wertung, jedoch nicht eine mit normativem Charakter. Es handelt sich lediglich um die Anwendung vorgegebener, aber nicht exakter Kriterien.

43   Dazu bereits *B. Schlink*, Abwägung im Verfassungsrecht, Berlin 1976, S. 181ff.; *Alexy,* Theorie der Grundrechte (Fn. 1), S. 149; *L. Clérico*, Die Struktur der Verhältnismäßigkeit, Baden-Baden 2001, S. 112f.

44   Ausgeschlossen werden damit lediglich diskursiv unmögliche Abwägungsergebnisse. Es geht nicht um eine kontrafaktische Aussage darüber, was von allen als Abwägungsergebnis aufgrund eines rationalen Diskurses akzeptiert würde. Verfehlt wäre es allerdings, aus der Zustimmungsfähigkeit auf die definitive Geltung einer Norm zu schließen.

Hinsichtlich der Rationalität der Gewichtung der kollidierenden Forderungen oder Prinzipien gilt ein Gebot der Kohärenz.

(4) Jeder Urteilende muss in seinen individuellen Gewichtungen kohärent sein.

Die Festsetzung eines bestimmten relativen Gewichts der kollidierenden Prinzipien in einem Fall muss auch in anderen Fällen angewandt werden, sofern es keine Rechtfertigung für eine Abweichung gibt. Entsprechendes gilt für Annahmen über Beeinträchtigungs- oder Erfüllungsgrade.[45]

Ferner erfordert die Begründung der verbindlichen Geltung einer Norm mehr als ein bloß individuelles normatives Urteil. Ein einzelner kann nicht aufgrund individueller Urteile verbindliche Normen für andere autonome Subjekte aufstellen. Andererseits kann, wenn eine verbindliche Norm für das gesellschaftliche Zusammenleben erforderlich ist, deren verbindliche Geltung nicht von der Anerkennung jedes einzelnen abhängen. Sofern eine kollektiv verbindliche Norm erforderlich ist, wird man sich am Kriterium vernünftiger Konvergenz[46] orientieren.

(5) Bildet sich als Ergebnis einer rationalen Argumentation und der intersubjektiven Reflektion verschiedener Positionen eine weitgehende Zustimmung zu einer bestimmten Norm heraus, ist es gerechtfertigt, diese als objektiv verbindlich anzusehen.

Diese Anforderungen an rationale Normbegründungen eröffnen - neben den nicht abwägungsspezifischen Regeln und Formen des rationalen praktischen Diskurses - die Möglichkeit einer rationalen Kontrolle von Abwägungsentscheidungen. Demnach sind Abwägungen rationale Begründungsverfahren, insofern sie den Kriterien der Korrektheit der empirischen Annahmen, der Pareto-Optimalität, Universalisierbarkeit, Kohärenz und vernünftigen Konvergenz entsprechen. Sie lassen sich anhand dieser Kriterien von irrationalen Abwägungen unterscheiden.

Rationalität bedeutet dabei die Überprüfbarkeit an Maßstäben, denen jeder Beteiligte vernünftigerweise zustimmen muss.[47] Diese Maßstäbe hängen selbst nicht von substantiellen normativen Annahmen ab, sondern haben als notwendige Voraussetzungen der Normbegründung den Charakter formaler Rationalitätsanforderungen. Ihr formaler Charakter bedeutet allerdings auch, dass Abwägungen inhaltlich, d.h. hinsichtlich der Gewichtung der kollidierenden Prinzipien oder Argumente, nicht determiniert sind. Dies begründet den Charakter von Abwägungen als autonome Entscheidungen. Sie sind zwar normativ gebunden, aber im Ergebnis nicht determiniert.[48]

45   Vgl. *Sieckmann* (Fn. 39), S. 66f.; *ders.*, Recht als normatives System (Fn. 11), S. 91f.; *J. Hage*, Formalizing legal coherence, Proceedings of the 8th. International Conference on Artificial Intelligence, New York: ACM 2001.

46   Dazu *Sieckmann*, Recht als normatives System (Fn. 11), S. 35ff., 184ff.

47   Es geht also um rationale Notwendigkeit, nicht nur um Zustimmungsfähigkeit eines Ergebnisses.

48   Zu dieser Konzeption der Autonomie *J. Sieckmann*, The Concept of Autonomy, in: Law and Legal Cultures in the 21st Century: Diversity and Unity, Cracow 2007, S. 149-170.

2.3. Objektivität von positiven Abwägungsurteilen

Eine andere Frage ist, inwiefern Abwägungen ein bestimmtes Ergebnis als richtig in dem Sinne ausweisen können, dass jeder vernünftig Urteilende dem zustimmen muss. Es geht um die objektive Begründbarkeit von positiven Abwägungsurteilen, nicht nur um die Begründbarkeit von Abwägungskritik. In dieser Frage unterscheiden sich kognitivistische Konzeptionen der Abwägung von der der autonomen Abwägung.[49]

Erstere sehen Abwägungen als ein Erkenntnisverfahren an. Dies entspricht dem verbreiteten Verständnis von Normbegründungen als ein kognitives Problem.[50] Es geht um Ansprüche auf Wahrheit oder rationale Notwendigkeit der Anerkennung bestimmter Normen.[51] Abwägungen müssen nach diesem Verständnis auf bestimmten, objektiv feststellbaren Faktoren sowie einem Maßstab oder ein Funktion basieren, der das Abwägungsergebnis aufgrund der gegebenen Faktoren bestimmt. Das Problem der Kommensurabilität, d.h. der Existenz eines gemeinsamen Maßstabs für die Bewertung der kollidierenden Belange, ist für diese Konzeption zentral. Nur soweit ein Abwägungsmaßstab sowie die relevanten Faktoren bestimmbar sind, kann ein Abwägungsergebnis begründet werden.

Die Konzeption autonomer Abwägung versteht Abwägungsentscheidungen als autonome Urteile.[52] Sie sind nicht durch vorgegebene Kriterien determiniert und insofern frei, andererseits aber durch normative Argumente gebunden, so dass der Urteilende die von ihm bestimmte Norm stets als durch die im zu entscheidenden Fall stärkeren Gründe geboten vertreten muss. Autonome Entscheidungen sind stets möglich. Das Problem der Kommensurabilität der abzuwägenden Belange besteht nicht.[53] Eine andere Frage ist, ob und welche autonomen Urteile objektive Geltung beanspruchen können. Der Charakter eines autonomen Urteils schließt eine objektive Begründbarkeit in dem Sinn, dass jeder vernünftigerweise diesem Urteil zustimmen müsste, aus. Denn andere autonome Subjekte können ihrerseits eigene Urteile treffen und zu anderen Ergebnissen kommen. Soweit normative Urteile durch Rationalitätsanforderungen, z.B. das der Pareto-Optimalität, objektiv begründbar sind, ist individuelle Autonomie durch sie beschränkt. Objek-

---

49   Zur Konzeption autonomer Abwägung *J. Sieckmann*, Autonome Abwägung, in: ARSP 90 (2004), 66-85. Diese Differenzierung übersieht *Jestaedt* (Fn. 19), S. 273.

50   So auch noch *Sieckmann* (Fn. 7), S. 147, 253. Der Erkenntnischarakter wurde dort damit begründet, dass der Urteilende keine eigenen Festsetzungen treffe, sondern sein Urteil als unabhängig von seiner Entscheidung gültig ansehe. Dies setzt jedoch eine vollständig gebundene Entscheidung mit Normerkenntnis gleich. Bei einer vollständig gebundenen Entscheidung sind die abzuwägenden normativen Argumente vorgeben. Der Urteilende muss sein Urteil als durch die stärkeren Argumente geboten ansehen. Dies ist jedoch eine Implikation aus der Struktur normativer Argumente und bedeutet nicht, dass das Urteil die Erkenntnis einer objektiv existierenden Norm darstellte.

51   Inwieweit solche Ansprüche mit der Idee individueller moralischer Autonomie vereinbar sind, ist allerdings fraglich. Kritisch dazu *Sieckmann* (Fn. 48).

52   Dazu *Sieckmann*, Recht als normatives System (Fn. 11), S. 28ff., 95ff.

53   Das Problem der Nichtabwägbarkeit bestimmter Belange ist demzufolge kein erkenntnistheoretisches, sondern ein normatives. Jemand kann es aus moralischen Gründen ablehnen, etwa Menschenleben gegeneinander abzuwägen. Es ist jedoch nicht theoretisch unmöglich, solche Abwägungen vorzunehmen.

tivität von Abwägungsurteilen ist im Rahmen der Konzeption autonomer Abwägung daher nicht im Sinne rationaler Notwendigkeit oder Wahrheit zu verstehen, sondern als Stützung eines individuellen Abwägungsurteils durch die Konvergenz vernünftig Urteilender auf der Grundlage einer rationalen Argumentation.

Ein Beispiel für eine kognitivistische Konzeptionen der Abwägung ist die von Robert Alexy. Seine Gewichtsformel[54] stellt ein Schlussschema dar, aufgrund dessen aus den relevanten Abwägungsfaktoren, das sind die Beeinträchtigungsgrade und relativen Gewichte der kollidierenden Prinzipien sowie Annahmen über die Verlässlichkeit der relevanten empirischen Prämissen, das Abwägungsergebnis folgen soll. Alexy nimmt ferner an, dass sich Feststellungen über Beeinträchtigungsgrade und relative Gewichte von Prinzipien jedenfalls in manchen Fällen objektiv begründen lassen.

Alexy meint, um rational zu sein, müssten sich in Abwägungen die relevanten Einstufungen hinsichtlich der Intensität von Eingriffen und der Wichtigkeit der den Eingriff rechtfertigenden Gründe in ein inferentielles System einbetten lassen, das als Ganzes mit dem Begriff der Richtigkeit verbunden sei.[55] Dieses inferentielle System sei die "Gewichtsformel". Sie stelle ein Gegenstück zum deduktiven Schema dar.

Die "Gewichtsformel" wirft allerdings verschiedene Fragen auf:

(1) Handelt es sich tatsächlich um ein inferentielles Schema analog dem der Deduktion?

(2) Ist ein solches Schema notwendig für eine rationale Abwägung?

(3) Ist es adäquat, d.h. gibt es die Relation zwischen abwägungsrelevanten Faktoren, konkreten Gewichten und Vorrangrelationen zutreffend wieder?

Zunächst ad (3): Der dritte Punkt ist primär, denn ein inadäquates Schema kann nicht notwendig für eine rationale Abwägung sein und ein Analogon zum deduktiven Schlussschema darstellen. Nun fällt auf, dass für die Abwägung die Festsetzung einer Präferenzrelation notwendig ist, die auf die konkreten Gewichte der kollidierenden Prinzipien Bezug nimmt. Es ist jedoch nicht notwendig, einen Quotienten der konkreten Gewichte zu bilden, um eine Vorrangrelation zu begründen. Die Quotientenbildung ist für die Abwägung überflüssig.

ad (2): Daraus ergibt sich, dass die Gewichtsformel für eine rationale Abwägung nicht notwendig ist. Allenfalls könnte irgendeine Art einer Formel notwendig sein, die Beeinträchtigungsgrade und abstrakte Gewichte der kollidierenden Prinzipien verwendet, um ein Kriterium für den Vorrang unter diesen Prinzipien zu bilden. Ein Gewinn an Rationalität wäre ein solches formales Kriterium korrekter Abwägung sicher. Die These seiner Notwendigkeit für eine rationale Normbegründung wirft allerdings die Frage auf, wie sich ein solches Kriterium zu einer prozeduralen Konzeption der Normbegründung verhält. Prozedurale Normbegründungen sind vorgeschlagen worden, um den Defiziten deduktiver Begründung zu begegnen, die sich insbesondere im "Münchhausen-Trilemma"[56] zeigen.[57] Deduktive Begründungen bleiben stets unvollständig, weil sie notwendi-

---

54 *Alexy* (Fn. 40), S. 771-792.

55 *Alexy*, Die Konstruktion von Grundrechten, (in diesem Band), S. 16.

56 Zum Münchhausen-Trilemma *H. Albert*, Traktat über kritische Vernunft, 4. Aufl., Tübingen 1980, S.

gerweise in Zirkularität, einen infiniten Regress oder einen Begründungsabbruch führen. Wenn prozedurale Normbegründungen eine Alternative zu deduktiven Begründungen bieten, dann in Form einer Rationalität, die nicht eine deduktive oder inferentielle Begründung voraussetzt. Die These, Abwägungen seien nur rational begründbar, wenn sich ein inferentielles Schlussschema wie die "Gewichtsformel" angeben lässt, steht damit in Widerspruch zu prozeduralen Ansätzen der Normbegründung.

Ein weiteres Problem ist, dass die Adäquatheit einer solchen Formel von der Definition der Werte, die den Abwägungsfaktoren zugeordnet werden, abhängt. Alexy verwendet eine geometrische Skala, um die überproportional zunehmende Widerstandskraft von Grundrechten bei wachsendem Beeinträchtigungsgrad wiederzugeben. Dies kann die Garantie eines Wesensgehalts in der Prinzipientheorie der Grundrechte rekonstruieren.[58] Es stellt jedoch keine allgemeingültige Formel dar - es sei denn, allen Interessen, Belangen, Zielen oder Werten käme ein Wesensgehalt zu, der bei praktischen Entscheidungen zu respektieren sei, eine kaum haltbare und von Alexy auch nicht behauptete These.

ad (1): Ist die Gewichtsformel nicht allgemeingültig, sondern grundrechtsspezifisch, kann sie kein Analogon zum deduktiven Schlussschema darstellen. Ohnehin ist diese Analogie fraglich. Denn deduktive Folgerungen sind formal gültig. Die gegebenen Prämissen vorausgesetzt, ist die Konklusion stets korrekt. Die Korrektheit der Anwendung der Gewichtsformel hängt jedoch von der Definition des Wertebereichs für Beeinträchtigungsgrade und abstrakte Gewichte ab. Ohne Annahme der geometrischen Skalierung funktioniert sie nicht in der von Alexy intendierten Weise.

Für das Projekt rationaler Normbegründung stellt dies allerdings kein Problem dar. Denn das zentrale Thema rationaler Abwägung sind ohnehin die Faktoren und insbesondere die Gewichtungen der kollidierenden Prinzipien. Ähnlich wie deduktive Folgerungen zu falschen Ergebnissen führen können, wenn sie auf unzutreffende Prämissen angewandt werden, hängt auch das Abwägungsergebnis an der zutreffenden Bestimmung der relevanten Abwägungsfaktoren, vor allem der relativen Gewichte der kollidierenden Prinzipien. Somit trägt die "Gewichtsformel" zur Rationalität von Abwägungen nur wenig bei. Wenn aber eine rationale Begründung der Gewichtungen gelingt, dann ist es jedenfalls nicht ausgeschlossen, konkrete Gewichte und Vorrangrelationen ohne eine "Gewichtsformel" zu begründen.

2.4. Rechtfertigung von Abwägung ohne Objektivität

Festzuhalten ist, dass Abwägungsurteile nicht stets objektiv begründbar sind. Dies bedeutet jedoch nicht, dass es irrational wäre, Abwägungsurteile ohne objektive Begrün-

---

13, 15ff.; ferner *C. Bäcker*, Begründen und Entscheiden. Kritik und Rekonstruktion der Alexyschen Diskurstheorie des Rechts, Baden-Baden 2008, S. 166ff.

57 Vgl. *R. Alexy*, Theorie der juristischen Argumentation, Frankfurt/M. 1978, S. 223f. Kritisch dazu Bäcker (Fn. 56), 167f. Bäcker sieht die Lösung in der Aufgabe von Gewissheitsansprüchen und der Anerkennung der Revisibilität von Begründungen. Ob dies ausreicht, ist jedoch fraglich, denn die Grenzen deduktiver Begründungsstrukturen sind unabhängig von Gewissheitsansprüchen.

58 So *N. Jansen*, Die Abwägung von Grundrechten, in: Der Staat 36 (1997), S. 27ff., insb. 43, 52.

dung zu treffen.[59] Sofern in der Situation des Konflikts verschiedener normativer Forderungen eine Entscheidung getroffen werden muss, ist es rational, ein Abwägungsurteil zu treffen, auch wenn es keine objektive Begründung hat.

Allerdings wird geltend gemacht, es gebe Alternativen zur Abwägung.[60] Jedoch bleibt undeutlich, welche dies sein sollen und wie sie Abwägungen vermeiden könnten.[61] Soweit geltend gemacht wird, Abwägungsurteile würden zu Einzelfallentscheidungen führen,[62] ist dies nicht zutreffend oder jedenfalls missverständlich. Abwägungsurteile setzen allgemeine Normen fest, allerdings auf der Grundlage aller relevanten Umstände des zu entscheidenden Falls. Dieser Fallbezug schließt es jedoch nicht aus, dass die als Abwägungsergebnis bestimmten Normen einen generellen Anwendungsbereich haben. Es ist zum einen ein Gebot der Rationalität, als Abwägungsergebnis eine der Form nach allgemeine Regel festzusetzen. Zum anderen kann eine solche Regel auch einen weiten Anwendungsbereich haben. Zunächst ist ein Gebot der Kohärenz, dass sie alle Fälle gilt, in denen die relativen Gewichte der unmittelbar kollidierenden Prinzipien gleich sind. Ferner können sekundäre Forderungen wie die der Einfachheit und Praktikabilität der festgesetzten Normen oder der der Rechtssicherheit dazu führen, dass nicht jede Differenz in den relativen Gewichten zu einer Differenzierung in den anzuwendenden Regeln führt. Möglich ist ferner eine rechtliche Bindung an vergangene Präjudizien. Abwägungen können daher durchaus komplexe Strukturen aufweisen und bestehen nicht lediglich in der intuitiven Gewichtung kollidierender Prinzipien in einem einzelnen Fall. Vor diesem Hintergrund ist keine Alternative zur Abwägung ersichtlich, die ein höheres Maß an Rationalität in der Begründung von Normen oder normativen Aussagen gewährleisten würde.[63]

Eine andere Frage ist, welche Geltungsansprüche mit nicht objektiv begründbaren Abwägungsurteilen verbunden werden können. Rechtsanwendung beansprucht, Konsequenzen aus dem geltenden Recht für den zu entscheidenden Fall zu ziehen. Lässt sich nicht objektiv bestimmen, welches Abwägungsergebnis rechtlich geboten ist, erscheint es problematisch, für ein lediglich subjektives Abwägungsurteil zu beanspruchen, es handele sich um Rechtsanwendung.

---

59 Anders *Alexy*, Die Konstruktion von Grundrechten (in diesem Band), S. 13, der die Rationalität der Abwägung als zentrale Bedingung der Adäquatheit der Prinzipientheorie ansieht. Es ist jedoch zu unterscheiden zwischen der Rationalität, abzuwägen, und der Möglichkeit, ein Abwägungsergebnis objektiv zu begründen.

60 *Poscher* (Fn. 22), S. 78; *Klement* (Fn. 8), S. 762; auch *N. Jansen*, Die normativen Grundlagen rationalen Abwägens im Recht, in: J. Sieckmann (Hg.), Die Prinzipientheorie der Grundrechte, Baden-Baden 2007, S. 46ff., 51.

61 Sofern *Poscher* (Fn. 22), S. 78, auf einen Katalog herkömmlicher juristischer Argumentformen verweist, können Abwägungen damit nicht vermieden werden. Auch das Kriterium der Effizienz (*Jansen* (Fn. 60), S. 51) führt wiederum auf das der Optimierung, und damit auf Abwägungen. Vgl. *A. van Aaken*, "Rational Choice" in der Rechtswissenschaft, Baden-Baden 2003, S. 312, 315ff.

62 So *Klement* (Fn. 8), S. 759 Fn. 49; *Jestaedt* (Fn. 19), S. 259f., 267f.

63 Es bleibt allerdings stets die Möglichkeit, normative Festsetzungen oder Aussagen in Frage zu stellen und zu revidieren. Die Revidierbarkeit von Aussagen ist jedoch gerade ein Gebot der Rationalität, nicht ein Rationalitätsverlust.

Meint jemand etwa, eine Einkommensteuer von mehr als 33 % sei ein unverhältnismä-
ßiger Eingriff in Eigentums-, Berufs- oder allgemeine Handlungsfreiheit, wäre es möglich, dies als Behauptung über den Inhalt des Grundgesetzes auszudrücken: "Das Grundgesetz verbietet eine Besteuerung von mehr als 33 % Prozent." Eine derartige Aussage
einer Privatperson wäre jedoch merkwürdig. Korrekt wäre es, diese Auffassung als
eigene Interpretation des Grundgesetzes auszuweisen.

Dennoch führt dies nicht dazu, dass Abwägungsergebnisse, die auf subjektiven Urteilen
beruhen, nicht als Rechtsanwendung angesehen werden könnten. In diesem Punkt muss
die Struktur von normativen Argumenten als Geltungsgebote beachtet werden. Sie führt
dazu, dass jedes Abwägungsergebnis als aufgrund des als vorrangig bestimmten Prinzips geboten behauptet werden muss.[64] Auch subjektive Abwägungsurteile müssen, soweit sie aufgrund von Rechtsprinzipien begründet sind, als Rechtsanwendung verstanden und vertreten werden. Zunächst folgt allerdings nur eine normative Forderung, dass
eine bestimmte Norm als definitiv gültig anerkannt werden soll. Der Übergang zu der
Aussage, dass die betreffende Norm definitiv rechtlich gültig sei, ist damit noch nicht
gerechtfertigt.[65] Dieser Übergang erfordert den Nachweis, dass die betreffende Aussage
objektiv begründbar ist - aufgrund des Kriteriums vernünftiger Konvergenz - oder dass
der Urteilende die rechtliche Kompetenz besitzt, eine normative Festsetzung zu treffen.
So können Gerichte die Kompetenz besitzen, rechtliche Urteile zu treffen, auch wenn
sie nicht objektiv begründbar sind. Ob dies der Fall ist, hängt allerdings von der rechtlichen Gestaltung der Entscheidungskompetenzen von Gerichten ab. Dies führt zur Frage
der institutionellen Adäquatheit der Prinzipientheorie.

3. Institutionelle Inadäquatheit

Das Problem der Rationalität der Abwägung steht in engem Zusammenhang mit der
Frage, ob und inwieweit Gerichte die Kompetenz haben sollten, Entscheidungen aufgrund
solcher Abwägungen zu treffen. Dies betrifft insbesondere die gerichtliche Kontrolle anderer staatlicher Entscheidungen,[66] vor allem das Verhältnis von Verfassungsgerichten
und Gesetzgeber. Die Ausweitung verfassungsgerichtlicher Kontrolle wird als Weg in
einen "Jurisdiktionsstaat" kritisiert, der im Hinblick auf die Prinzipien der Demokratie und
der Gewaltenteilung problematisch sei.[67]

---

64 Vgl. *Sieckmann*, Recht als normatives System (Fn. 11), S. 30ff, 101ff.
65 Vgl. *Sieckmann*, a.a.O., S. 135.
66 Bei Entscheidungen über Konflikte zwischen gleichgeordneten Parteien, etwa im Zivilrecht, lassen
    sich Abwägungen einfacher mit der Notwendigkeit einer autoritativen Entscheidung rechtfertigen.
    Bei der Kontrolle staatlicher Entscheidungen liegt hingegen bereits eine autoritative Regelung vor.
    Die Frage ist, aus welchen Gründen Gerichte solche Regelungen korrigieren dürfen.
67 Insbesondere *E.-W. Böckenförde*, Grundrechte als Grundsatznormen, in: ders., Staat, Verfassung,
    Demokratie, 2. Aufl., Frankfurt/M. 1992, S. 190.

3.1. Das Problem des Jurisdiktionsstaats

Die Interpretation von Grundrechten als Prinzipien führt zu einer Ausweitung des Grundrechtsschutzes. Da grundrechtliche Prinzipien nicht strikt gelten, sondern aufgrund verfassungsrechtlich legitimer Eingriffsziele in angemessener Weise beschränkt werden können, können alle schutzwürdigen individuellen Interessen in den Grundrechtsschutz einbezogen werden,[68] z.B. ein Recht auf allgemeine Handlungsfreiheit, d.h. zu tun und zu lassen, was man will, aber auch Prinzipien, die die Anerkennung sozialer Rechte oder von Rechten gegenüber Privaten fordern. Sofern Grundrechte, wie unter dem Grundgesetz, gerichtlich durchsetzbar sind, ergibt sich aus der Erweiterung der grundrechtlichen Schutzbereiche eine Erweiterung der Entscheidungsmöglichkeiten der Gerichte. Sie könnten damit im gesamten Anwendungsbereich grundrechtlicher Prinzipien ihre Auffassung der richtigen Abwägung von Grundrechten als maßgeblich ansehen.

Dies wäre eine in der Tat problematische Konsequenz aus dem Zusammenwirken der Prinzipientheorie und dem Grundsatz der vollständigen gerichtlichen Überprüfbarkeit der Grundrechte. Ihr zu begegnen, erfordert eine Konzeption gerichtlicher Kontrollkompetenzen, die das prinzipielle Gebot gerichtlicher Durchsetzbarkeit von Grundrechten mit den Prinzipien von Demokratie und Gewaltenteilung zu einem angemessenen Ausgleich bringt. Gerichtliche Kontrolle bedeutet also nicht, dass Gerichte jede Abwägungsfrage selbst entscheiden. Wie die Grenzen ihrer Kontrollkompetenzen zu konstruieren sind, bedarf allerdings theoretischer Klärung.

3.2. Formelle Prinzipien

Von zentraler Bedeutung ist in diesem Zusammenhang die Konzeption formeller Prinzipien. Formelle Prinzipien enthalten, wie andere Prinzipien auch, normative Forderungen. Ihr Gegenstand sind Entscheidungen oder normative Festlegungen bestimmter rechtlicher Organe oder Akteure. Es handelt sich somit um auf Kompetenzen bezogene Prinzipien. Für das Problem der Kontrollkompetenzen relevant sind Prinzipien, die von Gerichten die Respektierung von Entscheidungen anderer Organe, insbesondere des Gesetzgebers, fordern.[69] Beispiele sind das Demokratieprinzip und das Gewaltenteilungsprinzip. Mit beiden Prinzipien lässt sich dafür argumentieren, dass Entscheidungen des demokratisch legitimierten Gesetzgebers in verfassungsrechtlichen Fragen zu respektieren sind.

Allerdings bereitet die Bestimmung des Inhalts solcher Prinzipien Probleme.[70] Soll Respekt für jede Entscheidung des Gesetzgebers gefordert sein, gleich ob sie mit verfassungsrechtlichen Anforderungen vereinbar ist oder nicht? Dies wäre mit der Verfassungs-

---

68   Dies ist jedoch keine notwendige Folge aus der Prinzipientheorie, sondern hängt von der Interpretation der grundrechtlichen Schutzbereiche ab. Die Prinzipientheorie begünstigt allerdings eine Ausweitung grundrechtlicher Schutzbereiche und gerichtlicher Kontrolle.

69   *Alexy*, Theorie der Grundrechte (Fn. 1), S. 89, 120; *Sieckmann* (Fn. 7), S. 147ff.; *M. Raabe*, Grundrechte und Erkenntnis, Baden-Baden 1998.

70   Vgl. die Diskussion bei *V. Afonso da Silva*, Grundrechte und gesetzgeberische Spielräume, Baden-Baden 2003.

bindung des Gesetzgebers und der Idee des Verfassungsstaats nicht vereinbar. Gegen eine solche Konzeption wäre mit Recht einzuwenden, dass sie den Grundrechtsschutz unterliefe.[71] Oder soll Respekt lediglich für legislative Entscheidungen gefordert werden, die mit verfassungsrechtlichen Anforderungen vereinbar sind? Dann schiene die Konzeption formeller Prinzipien allerdings überflüssig, denn solche Entscheidungen wären verfassungsgemäß und dürften von Gerichten nicht als verfassungswidrig beanstandet werden.

Formelle Prinzipien scheinen somit eine paradoxe Struktur zu haben. Einerseits müssen sie auf Entscheidungen bezogen sein, die beanspruchen können, verfassungsgemäß zu sein, andererseits finden sie keine Anwendung auf Entscheidungen, die verfassungsgemäß sind. Um einen Anwendungsbereich formeller Prinzipien zu finden, werden zwei Ansätze vertreten, ein epistemischer und ein normativer.

Der epistemische Ansatz stellt darauf ab, dass nicht erkennbar sei, was verfassungsrechtlich geboten sei.[72] Eine Entscheidung des Gesetzgebers könnte Respekt verlangen, sofern sie möglicherweise verfassungsgemäß ist, also nicht zu erkennen ist, dass sie verfassungswidrig ist. Unter dieser Voraussetzung fehlte allerdings bereits eine Grundlage, aufgrund der ein Gericht das betreffende Gesetz für verfassungswidrig erklären könnte. Es wären keine formellen Prinzipien notwendig, die die Respektierung der Entscheidung des Gesetzgebers forderten.

Der normative Ansatz findet sich in der Konzeption konkurrierender Verfassungsinterpretationen.[73] Gerichte wie Gesetzgeber entwickeln (explizit oder implizit)[74] als Grundlage ihrer Entscheidungen eine Interpretation der Verfassung. Gerichte nehmen diese als Grundlage ihrer Entscheidung, der Gesetzgeber beansprucht die Vereinbarkeit des von ihm erlassenen Gesetzes mit der Verfassung, jedenfalls aber, dass es eine korrekte Interpretation der Verfassung gibt, mit der sein Gesetz vereinbar ist. Formelle Prinzipien - einerseits zugunsten der Entscheidungen der Gerichte, andererseits der des Gesetzgebers - fordern, dass diesen Organen die Kompetenz zu solchen Interpretationen zukommen soll und folglich deren Interpretationen als verbindlich angesehen werden sollen.

Abwägungsprobleme ergeben sich zum einen abstrakt im Hinblick auf die Zuordnung von Kompetenzen zu verbindlicher Verfassungsinterpretation, zum anderen konkret, wenn Gericht und Gesetzgeber unvereinbare Interpretationen der Verfassung vertreten. Im letzteren Fall ist ferner vorauszusetzen, dass es nicht möglich ist, objektiv zu entscheiden, welche der konkurrierenden Verfassungsinterpretationen korrekt ist. Wäre dies möglich, wäre gemäß der objektiv richtigen Interpretation der Verfassung zu entscheiden.[75] Sind hingegen die kollidierenden Verfassungsinterpretationen jeweils vertretbar, ist die Frage, welcher von ihnen gefolgt werden soll.

71 Vgl. *A. Scherzberg*, Grundrechtsschutz und Eingriffsintensität, Baden-Baden 1989, S. 176.
72 *Alexy,* VVDStRL 61 (2002) (Fn. 1), S. 29.
73 Dazu *J. Sieckmann*, Das System richterlicher Bindungen und Kontrollkompetenzen, in: R. Mellinghoff/H.H. Trute (Hg.), Die Leistungsfähigkeit des Rechts, Heidelberg 1988, S. 39-60; ders., 1990, S. 160ff.; ders., 2009, S. 200ff.
74 Vgl. zum Problem *M. Kaufmann*, Politische Gestaltungsfreiheit als Rechtsprinzip, in: Staatswissenschaften und Staatspraxis 8 (1997), S. 179.
75 So auch *Alexy*, VVDStRL 61 (2002) (Fn. 1), S. 29.

3.3. Das Konstruktionsproblem

Neben der Frage nach der Konzeption formeller Prinzipien ist weiter fraglich, wie eine Begrenzung gerichtlicher Kontrollkompetenzen zugunsten legislativer Entscheidungskompetenzen zu konstruieren ist. Hier stehen sich die Konzeption der Aggregation materieller und formeller Prinzipien und die Konzeption konkurrierender Verfassungsinterpretationen gegenüber.[76]

Nach der Aggregationskonzeption sind formelle Prinzipien zusätzlich zu den kollidierenden materiellen Prinzipien in die Abwägung einzustellen. Formelle Prinzipien wären dann additiv zu den vom Gesetzgeber geltend gemachten Schrankengründen zu berücksichtigen und würden ihnen zusätzliches Gewicht geben.[77] Zwar lässt sich die Bindung an autoritativ gesetzte Normen in dieser Weise konstruieren. Die Bindung ergibt sich aufgrund der die Norm stützenden materiellen Prinzipien zusammen mit den formellen Prinzipien, die die Autorität des Normsetzungsorgans begründen.[78] Für die Konstruktion einer Begrenzung verfassungsgerichtlicher Kontrollkompetenzen eignet sich dieser Ansatz jedoch nicht.

Es sind zwei Möglichkeiten zu unterscheiden. Entweder die Schrankengründe sind nicht verfassungsrechtlicher Natur. Dann haben sie verfassungsrechtliche Relevanz allein wegen der Entscheidung des Gesetzgebers, sie als Rechtfertigung einer Grundrechtseinschränkung zu verwenden. Ihr Gewicht wird ebenfalls - im Rahmen des verfassungsrechtlich Möglichen[79] - vom Gesetzgeber bestimmt.[80] Das Verfassungsgericht hat zu klären, ob auf dieser Grundlage die fragliche Grundrechtseinschränkung gerechtfertigt ist. Es handelt sich bei einer solchen Grundrechtseinschränkung um einen Fall autoritativer Normbegründung, nicht ein Problem der Kontrollkompetenz.

Oder die Schrankengründe sind allein verfassungsrechtlich begründet. Dann müsste ihr Gewicht verfassungsrechtlich bestimmbar sein, jedenfalls aber müssten Verfassungsgerichte die Kompetenz haben, diese Bestimmung vorzunehmen. Unter dieser Voraussetzung können formelle Prinzipien ihnen jedoch kein zusätzliches Gewicht verleihen. Denn dies führte dazu, dass die Schrankengründe mit einem größeren Gewicht zu berücksichtigen wären als das, das ihnen verfassungsrechtlich zukäme. Damit läge aber eine unzutreffende Gewichtung vor. Für die Bestimmung verfassungsgerichtlicher Kontrollkompeten-

---

76 Siehe dazu auch *M. Borowski*, Die Bindung an Festsetzungen des Gesetzgebers in der grundrechtlichen Abwägung (in diesem Band).

77 So *Alexy*, Theorie der Grundrechte (Fn. 1), S. 427; *ders.*, VVDStRL 61 (2002) (Fn. 1), S. 27f.; *ders.* Postscript (Fn. 1), S. 418; *M. Borowski*, Grundrechte als Prinzipien, Baden-Baden 2007, S. 127f. m.w.N. in Fn. 357.

78 *Sieckmann* 1990, S. 147ff.; 2009, S. 137ff.

79 Man wird annehmen können, dass nicht verfassungsrechtlich gebotene Ziele kein größeres abstraktes Gewicht haben können als verfassungsrechtlich gebotene Ziele mit hohem abstrakten Gewicht. Der Gesetzgeber wird ihnen also ein Gewicht beimessen können, das maximal an das der wichtigsten verfassungsrechtlicher Prinzipien heranreicht. Im übrigen ist es ein Problem rationaler Normbegründung, eine kohärente Gewichtung verschiedener Ziele zu entwickeln.

80 Hierzu gehört auch der Fall, dass der einfache Gesetzgeber einem verfassungsrechtlich gebotenen Ziel ein größeres Gewicht beimisst als verfassungsrechtlich geboten ist.

zen erscheint die Konzeption formeller Prinzipien als additive Gewichtungsfaktoren daher nicht passend.

Die Konzeption konkurrierender Verfassungskonzeptionen konstruiert hingegen den Konflikt als einen zwischen formellen Prinzipien. Es werden nicht nur formelle Prinzipien zugunsten des Gesetzgebers eingeführt, sondern auf beiden Seiten stehen formelle Prinzipien. Dies führt zur Unterscheidung von zwei Abwägungen:

(1) Die Abwägung der materiellen Prinzipien hinsichtlich der verfassungsrechtlichen Rechtfertigung der Grundrechtseinschränkung, aufgrund der die konkurrierenden Verfassungsinterpretationen entwickelt werden.

(2) Die Abwägung der formellen Prinzipien hinsichtlich der Frage, wem die Kompetenz zur Entscheidung über die Abwägungsfrage zukommen soll, und damit, welcher der konkurrierenden Verfassungsinterpretationen gefolgt werden soll.

Beide Ebenen sind zu unterscheiden.[81] Fraglich ist allerdings, welche Rolle materielle Gesichtspunkte bei der Abwägung zweiter Stufe spielen. So scheint die Intensität eines Grundrechtseingriffs durchaus als Argument für eine Entscheidungskompetenz der Gerichte relevant zu sein. Wird mit diesem Argument eine Kontrollkompetenz eines Gerichts begründet, wird jedoch nicht das materielle Prinzip erster Stufe angewandt, sondern der Grad der Beeinträchtigung des materiellen Prinzips stellt ein Element in der Bestimmung des Gewichts eines formellen Prinzips dar.[82]

Hinsichtlich der Konstruktion des Abwägungsproblems zweiter Stufe ist zu unterscheiden, ob Gegenstand ein Konflikt konkreter Verfassungsinterpretationen ist oder aber die Abgrenzung von Kompetenzen zur Verfassungsinterpretation. In einem Verfassungsstaat erscheint die zweite Konzeption vorzugswürdig, da sie zu allgemeineren und einfacheren Abgrenzungskriterien führen kann. Sofern erkennbar ist, dass sich der Gesetzgeber im Rahmen seiner Interpretationskompetenzen bewegt, wird ein Gericht schon gar nicht eine konkurrierende Interpretation entwickeln.

Die Theorie gerichtlicher Kontrollkompetenzen wirft zahlreiche offene Fragen auf, die hier nicht diskutiert werden können. Ein zentrales Thema ist, inwieweit grundrechtliche Abwägungen objektiv entscheidbar sind. Auf der Grundlage dieser Vorfrage ist zu klären, ob und inwieweit Gerichte zur Entscheidung grundrechtlicher Abwägungen berechtigt sein sollen, obwohl diese Entscheidung nicht objektiv begründbar ist und abweichende Beurteilungen, etwa des Gesetzgebers, vertretbar sind, und ob in manchen Fällen Gerichte nicht zur Aufhebung von Gesetzen oder anderen Entscheidungen berechtigt sein sollen,

---

81 Entgegen *Borowski*, Die Bindung an Festsetzungen des Gesetzgebers in der grundrechtlichen Abwägung, in diesem Band, S. 117f. Dass es sich bei der zweiten Abwägung um eine von formellen Prinzipien handelt, ergibt sich aus dem Gegenstand der Abwägung, d.i. die Zuordnung von Kompetenzen. Jedes in dieser Abwägung unmittelbar relevante Prinzip muss sich auf die Zuordnung von Entscheidungskompetenzen beziehen und somit ein formelles Prinzip darstellen.

82 In diesem Sinne sind materielle Prinzipien neben formellen Prinzipien für die Abwägung relevant. Eine offene Frage ist, ob neben den kollidierenden formellen Prinzipien materielle Prinzipien in die Abwägung eingestellt werden können. Denkbar wäre, dass ein Gericht neben den seine Entscheidungskompetenz stützenden formellen Prinzipien das Gewicht seiner materiellen Rechtsauffassung in der Abwägung berücksichtigt.

obwohl nicht ausgeschlossen werden kann, dass diese auf einer objektiv fehlerhaften Abwägung beruhen.

4. Verfassungsrechtliche Inadäquatheit

Die Anwendbarkeit des Prinzipienmodells setzt das Vorhandensein von Prinzipienkollisionen voraus. Ohne Konflikte zwischen Prinzipien gibt es keine Abwägung.[83] Der Einwand der verfassungsrechtlichen Inadäquatheit richtet sich gegen die Interpretation von Grundrechten als Prinzipien, d.h. gegen die Annahme der verfassungsrechtlichen Geltung grundrechtlicher Prinzipien.[84] Dies hat zwei Aspekte: Die Erweiterung grundrechtlicher Gehalte einerseits und deren durchgängige, das gesamte Rechtssystem durchdringende Anwendung andererseits.

4.1. Die verfassungsrechtliche Geltung von Prinzipien

Der erste Aspekte betrifft die Begründung der verfassungsrechtlichen Geltung grundrechtlicher Prinzipien. Verfassungen wie das Grundgesetz enthalten dazu keine ausdrückliche Festlegung. Die Zuordnung von Prinzipien zu einzelnen Grundrechtsbestimmungen ist eine Frage juristischer Interpretation.[85] Dies bedeutet andererseits nicht, dass für jede einzelne Grundrechtsbestimmung eine je spezifische Argumentation erforderlich wäre. Es gibt durchaus allgemeine Argumente für eine generelle Interpretation von Grundrechten als Prinzipien. Dies schließt definitive Grundrechtsgehalte nicht aus, besagt aber, dass jeder grundrechtliche Gehalt jedenfalls auch in Form eines Prinzips gilt und jeder definitive grundrechtliche Gehalt aufgrund einer Abwägung grundrechtlicher Prinzipien gerechtfertigt werden kann.

Argumente für diese These sind:
- ein systematisches Argument: Grundrechte sind nicht normativ neutral, sondern haben eine moralische Rechtfertigung. Ihr Sinn ist, menschenrechtliche Forderungen im positi-

---

83 Eine Kritik an der Prinzipientheorie lautet, sie gebe keine Kriterien an, wann eine Regel oder ein Prinzip vorliege, wann eine Prinzipienkollision vorliegt, wann zu subsumieren und wann abzuwägen sei, z.B. *Jestaedt* (Fn. 19), S. 261. Diese Fragen sind jedoch relativ leicht zu beantworten. Normen sind als Prinzipien zu behandeln, sofern ihre Gültigkeit im Sinne ihrer Relevanz für die Abwägung begründet werden kann, aber keine Festsetzung einer definitiven Norm vorliegt. Eine Normkollision liegt vor, wenn Normen nicht zugleich definitiv gelten können, also unvereinbare normative Gehalte haben. Die Existenz einer Regel setzt voraus, dass die betreffende Norm als definitiv gültig festgesetzt worden ist, wobei die Festsetzung selbst gültig sein muss. Lassen sich unvereinbare Normen als jeweils prinzipiell gültig begründen und liegt keine gültige Festsetzung vor, ist über eine Prinzipienkollision zu entscheiden.

84 Vgl. *M. Jestaedt*, Grundrechtsentfaltung im Gesetz, Tübingen 1999, S. 216, 218; *ders.*, 2007, S. 262f., 275; *Hain* (Fn. 11), S. 116f.; *M. Gellermann*, Grundrechte im einfachrechtlichen Gewand, Tübingen 2000, S. 70; *W. Cremer*, Freiheitsgrundrechte, Tübingen 2003, S. 19; *F.J. Lindner*, Theorie der Grundrechtsdogmatik, Berlin 2005, S. 15, 167; *Poscher* Fn. 22), S. 79; *Klement* (Fn. 8), S. 761, 763.

85 Vgl. *Borowski*, Grundrechte als Prinzipien, 2007, S. 86.

ven Recht zu realisieren.[86] Mit der Positivierung geht dieser ideale moralische Gehalt nicht verloren, sondern ist bei der Interpretation des positiven Verfassungsrechts zu berücksichtigen.

- ein subjektiv-teleologisches Argument: Jedenfalls für das Grundgesetz lässt sich feststellen, dass der Verfassungsgeber eine überpositive Wertordnung, zu der insbesondere die Menschenrechte gehören, anerkannt und die Positivierung der Grundrechte als Ausdruck dieser Wertordnung verstanden hat.[87] Die Prinzipientheorie stellt eine rationale Rekonstruktion dieser Idee einer Wertordnung dar. Eine Interpretation nach dem historischen Willen des Verfassungsgebers bestätigt daher die Interpretation der Grundrechte als Prinzipien.

- ein rechtstheoretisches Argument: Rechtsgeltung ist nicht unabhängig von moralischer Geltung. Jede Form normativer Geltung muss aufgrund der Idee individueller Autonomie begründet werden. Autonome Subjekte haben das Recht, interessenbasierte normative Forderungen im Hinblick auf die Gestaltung ihres Lebens geltend zu machen. Diese sind grundsätzlich legitim und vom politischen System zu berücksichtigen. Sie sind auch bei juristischen Entscheidungen zu berücksichtigen, soweit das positive Recht dies nicht ausschließt.[88] Es ist somit ein Grundrecht auf persönliche Autonomie anzuerkennen.

4.2. Konsequenzen für die Rechtsordnung

Die Geltung grundrechtlicher Prinzipien hat weitreichende Konsequenzen für die Rechtsanwendung. Sie führt zunächst zu einer Ausweitung des Grundrechtsschutzes. Jeder verfassungsrechtlich relevante Fehler bei der Beeinträchtigung von Grundrechten führt zur Verfassungswidrigkeit der Maßnahme. Der Zwang zur Optimierung bedeutet allerdings nicht, dass Grundrechte absolut gelten würden und Einschränkungen nicht möglich wären. Er schließt es lediglich aus, die Realisierung von Grundrechten ohne ausreichende Rechtfertigung zu unterlassen.[89] Optimierung bedeutet auch nicht, dass stets nur eine einzig mögliche Lösung verfassungsrechtlich zulässig wäre. Ob dies der Fall ist, hängt von der Struktur des Problems ab. Schließlich hat es auch nicht zwangsläufig zur Folge, dass Gerichte zu bestimmen hätten, ob eine Lösung optimal ist. Grundrechtsprinzipien richten sich zunächst an den Gesetzgeber. Inwieweit Gerichte dessen Entscheidungen überprüfen können, ist eine Frage der Abgrenzung von Interpretations- oder Abwägungskompetenzen, also eine institutionelle Frage.

---

86 *R. Alexy*, Die Institutionalisierung der Menschenrechte im demokratischen Verfassungsstaat. In: Stephan Gosepath/Georg Lohmann (Hg.), Philosophie der Menschenrechte, Frankfurt/M. 1998, S. 244ff.

87 Vgl. *T. Rensmann*, Wertordnung und Verfassung, Tübingen 2007, S. 25ff.

88 *Sieckmann* (Fn. 3), S. 27f.; ders., Recht als normatives System (Fn. 11), S. 130ff., 225ff. Mit dem Bezug der Prinzipientheorie zur Idee der Autonomie ist auch die Kritik zurückzuweisen, die Prinzipientheorie stelle nur eine sektorale Theorie der Grundrechte dar und könne keinen universellen Anspruch erheben, so *Jestaedt* (Fn. 19), S. 275.

89 Zum Zusammenhang zwischen Prinzipien und Notwendigkeit der Rechtfertigung von Beeinträchtigungen *Sieckmann* (Fn. 7), S. 232. Siehe auch oben Fn. 21.

Grundrechtsprinzipien haben ferner Auswirkungen auf die gesamte Rechtsordnung, auch auf die Rechtsbeziehungen zwischen Privaten. Sie können als Definition individueller Güter oder Interessen verstanden werden, auf die von allen, auch von Privaten, Rücksicht genommen werden muss und die vom Staat auch gegenüber Handlungen anderer Privater zu schützen sind. Es könnte allerdings die Position vertreten werden, Private sollten nicht von Rechts wegen prinzipiell verpflichtet sein, auf grundlegende Güter oder Interessen ihrer Mitmenschen Rücksicht zu nehmen. Inwieweit diese Position rechtliche Anerkennung findet, hängt von der Ausgestaltung des jeweiligen Rechtssystems durch Gesetzgebung und Rechtsprechung ab.

Eine weitere Konsequenz der Annahme grundrechtlicher Prinzipien ist, dass normative Festsetzungen des historischen Verfassungsgebers in Frage gestellt werden können.[90] Wiederum ist zu beachten, dass die Prinzipientheorie nicht dazu zwingt, vorhandene verfassungsrechtliche Festsetzungen zu modifizieren. Hat etwa der Verfassungsgeber eine Drittwirkung von Grundrechten unter Privaten nicht vorgesehen, könnte dies als ausreichendes Argument angesehen werden, ihre verfassungsrechtliche Geltung abzulehnen. Allerdings erlaubt die Interpretation von Grundrechten als Prinzipien es, diese Position anzugreifen, und zwingt dazu, über sie verfassungsrechtlich zu argumentieren.

In diesem Punkt wird gegen die Prinzipientheorie eingewandt, mit ihr gehe die Bindung an den Normtext verloren. Denn ihr zufolge könne eine Grundrechtsnorm niemals für sich allein darüber entscheiden, was in einem bestimmten Fall von Verfassung wegen gesollt sei.[91] Die Unmöglichkeit, eine Norm isoliert, ohne Rücksicht auf andere Normen, als verbindlich zu begründen, ist in der Tat eine Konsequenz der Prinzipientheorie. Sie ist zugleich eine Konsequenz aus der Notwendigkeit, den Verbindlichkeitsanspruch des Rechts zu rechtfertigen. Die Ausübung von Rechten, selbst wenn sie in der Verfassung explizit statuiert sind, kann zu gravierenden Verletzungen der Rechte anderer führen. Die Verbindlichkeit verfassungsrechtlicher Festsetzungen setzt voraus, dass es nicht zu solchen Verletzungen kommt. Unzutreffend ist allerdings, dass damit die Bindung an die Verfassung oder den Verfassungstext verloren ginge.[92] Soweit verfassungsrechtliche Festsetzungen existieren, demokratisch legitimiert sind und nicht zu gravierenden Ungerechtigkeiten oder schweren Verletzungen von Menschenrechten führen, sind sie für die Rechtsanwendung verbindlich. Ohne diese Voraussetzungen lässt sich ihre Verbindlichkeit hingegen nicht begründen. Die Prinzipientheorie gibt insofern nichts auf, was in einem an Legitimität und Rationalität orientierten Rechtssystem gefordert werden kann.

Schließlich wird eingewandt, die Prinzipientheorie zerstöre den Stufenbau der Rechts-

---

90 Kritisch zu dieser Konsequenz *Klement* (Fn. 8), S. 759.
91 Ebd.
92 Allerdings lässt sich kein Vorrang für explizit in der Verfassung statuierte Prinzipien begründen. Das Prinzipienmodell drängt insofern auf eine Berücksichtigung aller normativ relevanten Prinzipien in verfassungsrechtlichen Abwägungen. Verfassungsrechtliche Geltung eines Prinzips schließt lediglich die Entscheidungsfreiheit des Gesetzgebers aus, dieses Prinzip zu berücksichtigen oder nicht. Erst auf Festsetzungen von Abwägungsergebnissen lässt sich der Vorrang der Verfassung anwenden. Dazu *Sieckmann* (Fn. 3), S. 34.

ordnung und führe zu einer "Entstufung" des Rechts.[93] Richtig ist, dass im Verhältnis kollidierender Rechtsprinzipien die Annahme einer Stufenfolge, d.h. von strikten Vorrängen, nicht passt.[94] Vorränge zwischen kollidierenden Prinzipien sind gerade erst aufgrund von Abwägungen festzusetzen und nicht ihnen vorgegeben. Daraus folgt jedoch nicht, dass es keinen Stufenbau des Rechts geben könnte. Soweit Vorrangfestsetzungen aufgrund von Prinzipienabwägungen begründet werden, entsteht eine Vorrangordnung, und soweit definitive Rechtsetzungskompetenzen begründet werden, die zur Setzung von Normen niederer Stufe ermächtigen, entsteht ein Stufenbau des Rechts. Die Prinzipientheorie besagt nicht, dass keine strukturierte Rechtsordnung existierte. Sie erfordert lediglich deren Begründung aufgrund der Abwägung von Prinzipien.

5. Grundrechtliche Inadäquatheit

Indem Grundrechten Prinzipiencharakter zugeschrieben wird, wird ihr Geltungsanspruch relativiert. Ihr definitiver Gehalt kann erst unter Abwägung mit kollidierenden Prinzipien bestimmt werden. Dies entspricht nicht der Vorstellung, Grundrechte seien eine dem staatlichen Zugriff entzogene Rechtssphäre.[95]

5.1. Die Abwägungsresistenz von Grundrechten

Grundrechte sollen nach verbreiteter Auffassung in irgendeiner Form resistent gegenüber Abwägungen sein. Die Interpretation als Prinzipien scheint dem zuwiderzulaufen. Allerdings ist in diesem Punkt eine differenziertere Betrachtung erforderlich.
Bei Grundrechten mit Gesetzesvorbehalt ist die Möglichkeit staatlicher Beschränkung ausdrücklich vorgesehen. Der Prinzipiencharakter wirkt sich bei diesen Grundrechten in der Weise aus, dass überhaupt erst ein substantieller Schutz gegenüber dem Gesetzgeber möglich und ein "Leerlaufen" dieser Grundrechte verhindert wird.
Bei vorbehaltlos gewährleisteten Grundrechten trifft es allerdings zu, dass die Interpretation als prinzipielle Rechte Abwägungs- und Einschränkungsmöglichkeiten eröffnet. Jedoch lässt sich dies nicht ohne weiteres als Schwächung des grundrechtlichen Schutzes ansehen. Denn sofern diese Grundrechte in Konflikt mit anderen Prinzipien geraten und keine Möglichkeit der Abwägung bestünde, wäre eine durchaus reale Gefahr für den Grundrechtsschutz, dass eine enge Interpretation des Schutzbereichs der vorbehaltlos gewährleisteten Grundrechte gewählt wird und der Grundrechtsschutz damit von vornherein

---

93 *Jestaedt* (Fn. 19), S. 269. Vgl. auch *C. Jabloner*, Stufung und 'Entstufung' des Rechts, in: ZöR 60 (2005), S. 163ff.
94 Daher lässt sich kein strikter Vorrang für die explizit in der Verfassung statuierten Prinzipien gegenüber anderen begründen. Das Prinzipienmodell drängt auf eine Berücksichtigung aller normativ relevanten Prinzipien in verfassungsrechtlichen Abwägungen. Die verfassungsrechtliche Geltung eines Prinzips schließt lediglich die Entscheidungsfreiheit des Gesetzgebers aus, dieses Prinzip zu berücksichtigen oder nicht. Erst auf Festsetzungen von Abwägungsergebnissen lässt sich der Vorrang der Verfassung anwenden. Dazu *Sieckmann* (Fn. 3), S. 34ff.
95 Vgl. *Habermas* (Fn. 37), S. 315: Grundrechte als "Brandmauern".

verkürzt wird.[96] Darüber hinaus gibt es auch im Rahmen der Prinzipientheorie eine Reihe von Vorschlägen, wie dem Einwand der Aufweichung der Grundrechte begegnet werden kann.

5.2. Die progressive Interpretation des Abwägungsgesetzes

Alexy selbst vertritt die Idee des überproportional steigenden konkreten Gewichts von Prinzipien mit abnehmendem Grad ihrer Realisierung.[97] Diese Konzeption hat zur Konsequenz, dass sehr starke Beeinträchtigungen von Grundrechten praktisch nicht zu rechtfertigen sind. Ob diese Annahme einerseits zutrifft und andererseits ausreicht, um Grundrechte als dem staatlichen Zugriff prinzipiell entzogene Rechte zu konzipieren, ist allerdings wiederum eine offene Frage.

So scheint es Grundrechte oder jedenfalls Grundrechtsgehalte zu geben, deren relatives Gewicht nicht mit zunehmendem Beeinträchtigungsgrad steigt. Dies gilt für Grundrechte, die funktionalen Charakter haben, also Voraussetzungen für andere Güter oder Belange gewährleisten sollen.[98] So soll privates Eigentum die materiellen Voraussetzungen einer eigenverantwortlichen Lebensführung schützen. Wird es stark beschränkt, kann es diese Funktion nicht oder nur noch in geringem Maß erfüllen. Dies führt jedoch nicht dazu, dass stark beschränkte Eigentumsrechte ein überragendes Gewicht gegenüber weiteren Beschränkungen hätten. Vielmehr verliert das Eigentumsrecht in dem Maß an Gewicht, wie seine Bedeutung für die Bereitstellung der materiellen Voraussetzungen einer eigenverantwortlichen Lebensführung verloren geht. Ist z.B. die Nutzung von Grundeigentum in zulässiger Weise aus Gründen des Naturschutzes so stark beschränkt, dass eine Nutzung praktisch nicht möglich ist, fiele eine weitere Beschränkung, die auch noch das Betreten des Grundstücks durch den Eigentümer untersagt, kaum noch ins Gewicht.

Auch Grundrechtsgehalte, die mit dem Schutz von Vertrauen zu tun haben, gewinnen mit zunehmender Beeinträchtigung nicht an Gewicht. Es scheint eher im Gegenteil, dass mit zunehmender Durchbrechung des Vertrauensschutzes die Grundlage für schutzwürdiges Vertrauen verloren geht, das Gewicht des Vertrauensschutzes also mit zunehmender Beeinträchtigung des Vertrauens abnimmt.

---

96 Vgl. die frühere Rechtsprechung des BVerfG zu Art. 9 III GG, die zunächst nur einen Kernbereich als geschützt ansah. Für einen umfassenden Schutz hingegen BVerfGE 93, 352, 358f.

97 *Alexy*, Theorie der Grundrechte (Fn. 1), S. 271. Vgl. auch *Clérico* (Fn. 43), S. 168.

98 Entsprechendes gilt für funktionale Argumente in anderen Zusammenhängen, z.B. das der Funktionsfähigkeit von Institutionen. Sie erreichen ein Maximum an relativem Gewicht nicht erst bei extremer Beeinträchtigung, sondern dann, wenn die Erfüllung ihrer Aufgaben ernsthaft in Frage gestellt wird. Die Besonderheiten funktionaler Argumente in der Abwägung rechtfertigen jedoch nicht den Schluss von *Jestaedt* (Fn. 19), S. 264f., es würde gar nicht abgewogen, sondern eine Regel angewandt. Sofern die Funktionsfähigkeit bestimmter Einrichtungen - wie Schulen oder Universitäten - verfassungsrechtlich gewährleistet wird, ist nicht nur - wie Jestaedt annimmt - ein Minimum gefordert, unterhalb dessen eine solche Einrichtung gar nicht mehr funktionieren könnte. Nimmt man die verfassungsrechtliche Gewährleistung ernst, fordert sie, dass die betreffenden Einrichtungen möglichst gut funktionieren können. Diese prinzipielle Forderung ist wiederum gegen andere verfassungsrechtlich relevanten Belange abzuwägen.

Ferner zeigen Grundrechte mit einem perfektionistischen Gehalt ein anderes Abwägungsverhalten. So geht es bei der Wissenschaftsfreiheit um Gewinnung und Vermittlung wissenschaftlicher Erkenntnisse. Dies erfordert Forschungen, die sich auf dem gegenwärtigen Stand der Wissenschaft bewegen und darüber hinaus gelangen können. Machen Beschränkungen der Wissenschaftsfreiheit dies unmöglich, liegt darin bereits ein sehr schwerer Eingriff. Weitere Beschränkungen führen nicht zu einem Ansteigen des relativen Gewichts der Wissenschaftsfreiheit, sondern scheinen von eher geringerem Gewicht.

Dennoch scheint es, dass die These des steigenden relativen Gewichts grundrechtlicher Prinzipien bei zunehmendem Beeinträchtigungsgrad jedenfalls im Fall elementarer Grundrechte zutrifft, d.h. von Grundrechten, die unmittelbar den Schutz fundamentaler Interessen zum Gegenstand haben und nicht der Gewährleistung weiterer Güter oder Belange dienen. Eine andere Frage ist, ob sich mit diesem Ansatz der Charakter oder der "Wesensgehalt"[99] von Grundrechten angemessen rekonstruieren lässt. Die Intuition, dass Grundrechte nicht abwägungsfähig seien, wird damit nicht erfasst. Diese Intuition stützt sich wiederum auf den Zusammenhang von Grund- und Menschenrechten. Menschenrechte sind der Idee nach staatlicher Verfügung entzogen, also nicht abwägungsfähig. Grundrechte ergeben sich aus der Transformation moralisch begründeter Menschenrechte in verfassungsmäßige Rechte. Diese Transformation bliebe defizitär, wenn dabei das Merkmal der Nicht-Verfügbarkeit und Nicht-Abwägungsfähigkeit verloren ginge.[100]

5.3. Alternativen zur optimierenden Abwägung

Zur Rekonstruktion des Merkmals der Nicht-Abwägungsfähigkeit gehen verschiedene andere Konstruktionen von Grundrechten über den Optimierungsansatz hinaus:
- Die Idee von Grundrechten als prinzipielle Abwägungsverbote, die es grundsätzlich ausschließen, Grundrechte Abwägungen mit anderen Belangen zu unterwerfen.[101]
- Die Idee von Grundrechten als Bedingungen der Legitimität des Rechts, die es erfordern, dass staatliche Eingriffe aus Sicht jedes Einzelnen zu rechtfertigen sind und nicht einen legitimen Grund bieten dürfen, die Anerkennung der rechtlichen Geltung zu verweigern.[102]
- Die Idee der Zumutbarkeit im Sinne eines individualisierten, auf die Situation des Betroffenen bezogenen Kriteriums der Abwägung.[103]
Diese Ansätze nehmen Differenzierungen hinsichtlich der Konzeption der Abwägung vor. Ihnen zufolge bestehen grundrechtliche Abwägungen nicht stets und allein in der Optimierung kollidierender Prinzipien, sondern folgen jedenfalls in manchen Fällen anderen Kriterien.

---

99   Dies versucht *N. Jansen*, Die Abwägung von Grundrechten, in: Der Staat 36 (1997), S. 43, 52, zu zeigen.
100 Offen ist allerdings, was unter Nicht-Verfügbarkeit der Menschenrechte zu verstehen ist. Dazu *J. Sieckmann*, Art. Fundamentalität, in: Lohmann/Pollmann (Hg.), Handbuch Menschenrechte, Ms. 2008, im Erscheinen.
101 *Sieckmann*, Recht als normatives System (Fn. 11), S. 241ff.
102 *Sieckmann*, a.a.O., S. 244ff. Vgl. auch *Habermas* (Fn. 37), S. 151.
103 Vgl. dazu die Diskussion bei *Clérico* (Fn. 43), S. 223ff.

Auch diese Ansätze bleiben jedoch im Rahmen der Prinzipientheorie der Grundrechte und ersetzen nicht die Forderung optimaler Realisierung von Grundrechten, sondern ergänzen diese. Das Gebot der Optimierung von Grundrechten stellt insofern einen Minimalgehalt grundrechtlicher Garantien dar, nicht aber eine vollständige Konzeption dieser Garantien.

III. Fazit

Trotz zahlreicher Probleme und offener Fragen, auch innerhalb der Prinzipientheorie der Grundrechte, werden sich plausible und rational begründete Antworten auf grundrechtliche Probleme eher mit der Prinzipientheorie der Grundrechte finden lassen als mit anderen Konzeptionen der Grundrechte.

Allerdings zeigt die Alexysche Konzeption der Prinzipientheorie einige Inkohärenzen: die Unvereinbarkeit der Definition als Optimierungsgebot mit der Eigenschaft der Abwägungsfähigkeit, die Spannung zwischen einer kognitivistischen Abwägungskonzeption und einer prozeduralen Konzeption der Rationalität sowie der unklare Status der "Gewichtsformel" als allgemeines Gesetz rationaler Abwägung oder als Explikation der spezifischen Widerstandskraft von Grundrechten bei schwerwiegenden Beeinträchtigungen.

Diese Probleme lassen sich jedoch vermeiden, insbesondere mit der Konzeption normativer Argumente mit der Struktur reiterierter Geltungsgebote, der Konzeption autonomer Abwägung sowie einer normativen Interpretation von Richtigkeits- und Objektivitätsansprüchen für Abwägungsurteile. Allerdings erfordert dies Modifikationen gegenüber einer auf propositionale und kognitive Strukturen fixierten Konzeption rationaler Argumentation. Die Prinzipientheorie ist damit weit mehr als eine weitere normtheoretische Unterscheidung. Es geht um das Verständnis der Idee von Autonomie als Selbstgesetzgebung, und damit der normativen Grundlage neuzeitlicher Moralphilosophie wie auch des demokratischen Verfassungsstaats.

Deontologische und teleologische Grundrechtskonzeptionen

Rodolfo Arango

Einleitung

Bekannt ist Habermas' Einwand gegen Alexy, daß bei der Konzeption der Grundrechte als Optimierungsgebote der deontologische Gehalt der Rechte verloren gehe. Die teleologische Deutung der Grundrechte würde die Widerstands- und Durchsetzungskraft der grundrechtlichen Positionen des Einzelnen relativieren, so daß die Grundrechte keine "Trumpfkarten" im Sinne Dworkins gegenüber staatlichen Zielen, sondern lediglich "Werte" sein könnten, die mit anderen Werten abgewogen werden dürfen. Die teleologische Deutung der Grundrechte würde die verfassungsrechtlichen Garantien des Einzelnen zerstören.[1]

Fraglich ist, ob Prinzipien als Optimierungsgebote und Grundrechte als Prinzipien aufzufassen sind. Die teleologischen Auffassung der Grundrechte würde –so Habermas– die Garantie der Grundrechte des Einzelnen zugunsten der Verfolgung politisch beliebiger Ziele schwächen oder zerstören. Andererseits spricht für die von Alexy konzipierte Grundrechtsauffassung, daß Grundrechte graduell, d.h. schrittweise zu verwirklichen sind, was mit einer rein liberalen Grundrechtsauffassung nicht vereinbar ist. Welche Konzeption der Grundrechte angemessen ist, dem Prinzip des demokratischen und sozialen Verfassungsstaates Rechnung zu tragen, insbesondere welche Grundrechtskonzeption am besten diesem politischen System dient, ist eine Frage von zentraler Bedeutung. Je nach dem, wie die Grundrechte konzipiert und praktiziert werden, wird die Beziehung zwischen Bürger und Staat, Freiheit und Zwang, festgestellt.

Die Frage nach der angemessensten Grundrechtsauffassung wird im Folgenden anhand der Putnam-Habermas-Diskussion über die Beziehung zwischen Normen und Werten (I. 1) und anhand des Habermas'schen Einwands gegen Alexys Grundrechtskonzeption erörtert (I. 2). Die rechtsphilosophische Forschung mit analytischen Zügen lehnt eine strenge Unterscheidung zwischen deontologischen und axiologischen/teleologischen Auffassungen der Grundrechte ab, was von Alexy schon vor 20 Jahren vorausgesetzt wurde, als er Prinzipien als Optimierungsgebote und Grundrechte als Prinzipien aufgefaßt hat (II.). Die Ablehnung der strengen Unterscheidung beider Konzeptionen wird hier gegen Habermas anhand der Lösung eines verfassungsrechtlichen Falles über kollidierende soziale Grund- und Freiheitsrechte verteidigt. Es wird dargelegt, daß die

---

1   Habermas ist nicht allein in seiner Kritik an dem teleologischen Verständnis der Rechte. Auch Robert Nozick teilt diese Auffassung in seinem Buch Anarchy, State, and Utopia, Oxford 1974.

Gefahren einer nicht rein deontologischen Theorie der Grundrechte vermieden werden können und daß ihre Vorteile größer als ihre Nachteile sind, wenn die Rolle der Vernunft im Recht adäquat verstanden wird.

I. Der philosophische Hintergrund: Putnam vs. Habermas und Habermas vs. Alexy

Der philosophische Hintergrund der Frage nach der korrekten (angemessensten) Konzeption der Grundrechte kann anhand zweier Debatten dargestellt werden. Vorher ist aber wichtig, Habermas' Unterscheidung zwischen Normen und Werten zu betrachten.

1. Habermas' Unterscheidung von Normen und Werten

In seinem Buch *Die Einbeziehung des Anderen* (1996) behauptet Habermas, daß Normen sich von Werten in verschiedenen Hinsichten unterscheiden:

Thema/Normative Aussage	Normen	Werte
Inhalt	N. besagen, was zu tun geboten (verboten) ist.	W. besagen, welches Verhalten sich empfiehlt.
Verpflichtungsweite	N. verpflichten ihre Adressaten ausnahmslos und gleichermaßen. (Normen sind absolut [kategorisch] und allgemeingültig).	W. drücken die Vorzugswürdigkeit von Gütern aus und gelten nur in bestimmten Kollektiven, für die diese Güter erstrebenswert sind (Werte sind relativ [hypothetisch] und nicht allgemeingültig).
	Das Gesollte beansprucht, gleichermaßen gut für alle (bzw. für alle Adressaten) zu sein.	Wertentscheidungen beanspruchen anzugeben, was gut für uns (mich) ist.
Art der Erfüllung	N. werden durch generalisierte Verhaltenserwartungen erfüllt.	Werte oder Güter werden durch zielgerichtetes Handeln entweder realisiert oder erworben.
Geltungsanspruch (GA)	N. sind binär codiert. Sie sind entweder gültig oder ungültig. Stellungnahme ähnlich wie bei assertorischen Sätzen: Stellungnahme mit Ja oder Nein (wahrheitsanaloger GA).	W. legen Vorzugsrelationen fest. Sie besagen, daß bestimmte Güter attraktiver als andere sind. Stellungnahme ist graduell wie bei evaluativen Sätzen, denen wir mehr oder weniger zustimmen (Gradueller GA).
Sollgeltung	N. haben den absoluten Sinn unbedingter und universeller Verpflichtungen.	W. haben den relativen Sinn einer bedingten und konkreten Attraktivität. W. sind lebensform- und kulturrelativ.

2. Die Habermas/Putnam-Debatte

Hinsichtlich Habermas' Gegenüberstellung von Normen und Werten ist Putnams Entgegensetzung lehrreich. Hier kann ich aber nur den Standpunkt des amerikanischen Philosoph kurz skizzieren. Putnam lehnt die von Habermas postulierte strikte Trennung zwischen Werten und Normen ab.[2] Habermas' Behandlung von Normen –so Putnam– ist »kantisch«, d.h. mit der verbindlichen Kraft rationalen Denkens und rationaler Kommunikation gleichgestellt, aber seine Behandlung von Werten ist naturalistisch. "Sie (Werte) werden als kontingente soziale Produkte angesehen, die sich ändern, sobald sich die verschiedenen >Lebenswelten< verändern".[3] Putnam wirft Habermas vor, daß seine Wertedarstellung –im Gegensatz zu »Normen«– ebenso nicht-kognitiv wie die der positivistischen Darstellung ist.

Zuletzt fragt sich Putnam, worin das Interesse besteht, Werte zu relativieren oder zu "naturalisieren", was nicht ausschließlich für die Habermassche praktische Philosophie charakteristisch ist. Die Antwort findet Putnam in einer Strategie gegen den Skeptiker, die auch zum logischen Positivismus führt, und die lautet: "Gib dem Skeptiker fast alles, was er verlangt, solange du ein gewisses absolutes Minimum wahren kannst".[4] Obwohl behauptet wird, daß Habermas weder ein logischer Positivist noch ein Reduktionist ist (nicht einmal ein Naturalist), sieht es für Putnam tatsächlich so aus, "als läge seinem Wunsch, jeden Diskurs über Werte außerhalb der engen Grenzen der Diskursethik als bloße Verhandlung von Differenzen zwischen »Lebenswelten« zu behandeln, und auch dem Grund, weshalb er hier fürchtet, irgendeine Objektivität zuzugestehen, die sich darüber hinaus auf einen solchen Wertediskurs erstreckt – der Furcht nämlich, ein solches Zugeständnis würde mit der »Moderne« nicht vereinbar sein (hier ist das der moderne Verdacht gegenüber allem, was für »metaphysisch« gehalten wird) –, als lägen alledem positivistische Wünsche und Gründe zugrunde".[5] So glaube man die Objektivität retten zu können, indem den Positivisten sehr vieles eingeräumt, und trotzdem ein kleines bißchen zurückbehalten wird, um die gesamte ethische Objektivität wiederherzustellen. Dies sei aber ein Irrtum, so Putnam. Daß liberale Gesellschaften ablehnen, "sich auf die Offenbarung als Grundlage ihres ethischen und politischen Lebens zu berufen", hat uns zu ethischen Fallibilisten gemacht.

Putnam wendet ebenfalls gegen Habermas ein, daß seine Diskurstheorie formalistisch ist[6]. Nach Putnam gibt es keinen Grund zu glauben, das Ergebnis einer idealen und hinreichend lange geführten Diskussion ethischer Fragen werde unvermeidlich richtig sein (Beispiel des grausamen Vaters, der keine Menschenkenntnis hat). Nach ihm sei

---

2   Hilary Putnam, Werten und Normen, in: Wingert, L./Günther, K. Die Öffentlichkeit der Vernunft und die Vernunft der Öffentlichkeit, Suhrkamp, Frankfurt a.M. 2001, S. 280.
3   Hilary Putnam, a.a.O., S. 281.
4   Hilary Putnam, a.a.O., S. 307.
5   Hilary Putnam, a.a.O., S. 311.
6   Hilary Putnam, Antwort auf Jürgen Habermas, in: Raters, L.M./Willaschek, M. Hilary Putnam und die Tradition des Pragmatismus, Suhrkamp, Frankfurt a.M. 2002, S. 306-321.

der Begriff einer idealen Sprechsituation in Ermangelung dichter ethischer Begriffe (wie Grausamkeit, Demütigung oder rücksichtsvoll, usw.) leer. „Wenn nicht zugegeben wird, daß Aussagen, die dichte ethische Begriffe enthalten, der »Geltung« *tout court* fähig sind, daß sie richtig und nicht lediglich unter *Voraussetzung* des von einer bestimmten Gemeinschaft geteilten »Begriffs des Guten« vernünftig sind, dann wird die Diskursethik wie der Kantianismus überhaupt ein leerer Formalismus sein."[7] Nach Putnam wird die Geltung einer Norm durch dichte ethische Begriffe ausgedrückt, die keineswegs absolut oder binär sind, sondern graduell: eine Person kann mehr oder wenig grausam oder großzügig handeln oder sein.

Putnam kommt zu dem Schluß, daß Habermas' Diskursethik minimalistisch sei, weil die einzige Anforderung, die diese stellte, laute, "Diskutiere jede Frage so, wie die Diskursethik vorschreibt".[8]

Putnams Antwort auf Habermas Erwiderung kann in drei Hauptthesen zusammengestellt werden:

a. Zur Wahrheit von empirischen Aussagen und Werturteilen

Habermas nimmt an, daß Putnam bezüglich der Objektivität von Werturteilen die These vertritt, daß alle korrekten empirischen Aussagen ein und dieselbe Art von Geltung haben; daß das Wort wahr ein Name für diese Art von Geltung ist; und daß alle ethischen Aussagen (d.h. sowohl Normen als auch Werturteile), die Geltung empirischer Aussagen haben. Putnam dagegen behauptet, daß selbst empirische Aussagen keine homogene Klasse bilden. "Sie korrespondieren der Realität nicht in ein und demselben Sinn. Sie treten in einer Fülle von verschiedenen Sprachspielen auf. Folglich verwerfe ich die Idee, daß alle wirklich wahren Aussagen auf ein und dieselbe Art funktionieren".[9]

Putnam bestreitet die wahrheitsanaloge binäre (wahr/falsch) Codierung oder den Geltungssinn empirischer Aussagen selbst, wenn er behauptet, daß er nicht glaubt, daß alle empirischen Aussagen wissenschaftliche Aussagen sind oder durch eine einzige Methode überprüft werden können. Es gibt Aussagen, wie „die Behandlung von Eingeborenen durch europäische Kolonisatoren war häufig grausam" oder „John ist von Liebe zu Mary erfüllt", die gleichzeitig empirische Aussagen und Werturteile sind. Aber das bedeutet nicht – so führt Putnam weiter aus –, daß eine allgemeine deontologische Aussage – wie: man sollte niemals Unschuldige absichtlich grausam behandeln – »empirisch« sei. Putnam gibt zu, daß er bereit dazu ist, das Wort *wahr* für richtige Urteile *aller* dieser verschiedenen Arten zu verwenden. Trotzdem glaubt er, daß das *nicht* zeigt, "Normen *seien* (nicht-deontologische) Werturteile, oder Werturteile (deontologisch oder nicht) seien *alle* »empirische Aussagen« oder alle empirischen Aussagen seien wissenschaftliche Aussagen, sondern einfach, daß ich mit Habermas nicht darin

---

7   Hilary Putnam, Antwort auf Jürgen Habermas, S. 308.
8   Hilary Putnam, a.a.O., S. 309.
9   Hilary Putnam, a.a.O., S. 310.

übereinstimme, daß »wahr« ein Geltungsbegriff in seinem Sinn ist, ein Terminus für den Typ von Geltung, der »empirischen Aussagen« eigentümlich ist".[10] Hier bekennt sich Putnam als ein Pluralist, der anerkennt, daß es richtige Aussagen in vielen verschiedenen Arten von Sprachspielen gibt, und der mit »richtig« nicht einfach »richtig« meint, wenn man das Projekt der und der Gemeinschaft teilt.

b. Das grammatische Prädikat »wahr«

Putnam verbindet die Diskussion der Mehrdeutigkeit des Prädikates »wahr« mit der Diskussion der Wahrheitstheorien, konkret mit den »Zitattilgungs«-Theorien. Nach ihm gibt es mindestens drei sehr verschiedene Versionen der Zitattilgung: Eine »deflationäre Version«, die von Carnap repräsentiert wird; eine »Fregesche Version«; und die Version, die Putnam verteidigt und die er dem späten Wittgenstein zuschreibt. Was alle diese Theorien gemeinsam haben, ist, daß sie die Betonung auf das Äquivalenzprinzip legen. "(D)aß die Aussage oder das Urteil, daß es wahr ist, daß Schnee weiß ist, oder daß es wahr ist, daß Mord unrecht ist, oder daß es wahr ist, daß Zwei die einzig gerade Primzahl ist (...) dem Urteil äquivalent ist, daß Schnee weiß ist bzw. daß Mord unrecht ist bzw. daß Zwei die einzige gerade Primzahl ist".[11]

Die Unterschiede zwischen den verschiedenen Versionen der Zitattilgung sind nach Putnam folgende: Für Frege ist »wahr« ein Prädikat von »Gedanken« und »Gedanken« bestehen nicht aus Wörtern (ob Gedanken platonische Gegenstände sind oder nicht, ist selbst unter Fregeexperten umstritten). Für Tarski ist »wahr« ein Prädikat von Sätzen, und Sätze sind bloße Zeichenfolgen auf dem Papier. Für Wittgenstein (sowie für Putnam) ist »wahr« ein Prädikat von Sätzen, die auf gewisse Weise gebraucht werden, das heißt, »wahr« ist ein Prädikat von Objekten, "die weder lediglich syntaktisch (wie Tarski-Sätze) noch von der Verwendung syntaktischer Objekte in einer besonderen Sprachgemeinschaft total unabhängig sind".[12]

c. Wertepluralismus und allgemeingültige Normen

In jedem Fall hält Putnam Habermas' Befürchtung, daß die Rede von objektiver Richtigkeit oder Falschheit irgendwie den Pluralismus verletzen würde, für unbegründet. Er meint, daß Habermas' Objektivitätsanspruch ausschließlich für allgemeingültige Normen und nicht für konkrete Werturteile zu eng gefaßt ist. Für Putnam ist die »posttraditionelle« Geltungsauffassung, die für moralische Aussagen verfügbar ist, die »allgemeine Anerkennungswürdigkeit«, im besten Fall ein rein formales Kriterium. Nach Putnam zeigt Habermas ein unbegründetes Mißtrauen und Furcht gegenüber der von Putnam

---

10   Hilary Putnam, a.a.O., S. 312.
11   Hilary Putnam, a.a.O., S. 313.
12   Hilary Putnam, a.a.O., S. 314-315.

vertretenen These, daß Ansichten richtig und falsch sein können, selbst wenn wir niemals alle zu einer einheitlichen Ansicht darüber gelangen werden, welche sie sind.[13]
Wie gesehen, hat die Diskussion über deontologische oder teleologische Grundrechtskonzeptionen mit tiefgreifenden Fragen der Ethik und der Ontologie zu tun. Die Absicht dieses Beitrags ist aber nicht, auf diese Fragen einzugehen, sondern Klarheit zu schaffen, so daß ein Forschritt in der Diskussion um die angemessenste Grundrechtsauffassung erreicht werden kann. Vor der Hintergrund der Habermas/Putnam-Debatte über Normen und Werte können wir die Habermasschen Einwände gegen Alexy besser verstehen und analysieren.

3. Habermas' Einwand gegen die Alexysche Grundrechtskonzeption

Da Habermas die von Alexy vertretene Prinzipientheorie unter anderen mit dem Argument abgelehnt hat, daß sowohl Rechte wie Normen nicht als Werte oder Güter konzipiert werden dürfen, weil damit ihr deontologischer Gehalt verloren gehe, halte ich es für nützlich, Habermas' Hauptthesen über die Unterschiede zwischen Normen und Werten sowie ihre Relevanz für die Grundrechtsauffassung vor Augen zu haben. Diese Unterscheidung sollte nach Habermas aufrechterhalten werden, um zu vermeiden, daß das säkulare moderne Recht nicht mit ethischen wertbelasteten gemeinschaftsbegrenzten Ansprüchen verwechselt wird. Aus diesem Blickpunkt wird es offensichtlich, daß, während es bei Alexy um die Beziehung zwischen Werten und Prinzipien geht, es bei Habermas um ihre Unterscheidung geht.

a. Der Kern des Habermasschen Einwands

In *Faktizität und Geltung* (1992) begründet Habermas seine Ablehnung der von Alexy postulierten Grundrechtsauffassung, der Grundrechte als Prinzipien.[14] Für ihn sollen Prinzipien bzw. Grundrechte nicht teleologisch/axiologisch verstanden werden:

> "Regeln sind konkrete, bereits anwendungsspezifisch bestimmte Normen wie etwa Formvorschriften für die Abfassung von Testamenten, während Prinzipien allgemeine und stets interpretationsbedürftige Rechtsgrundsätze (wie Menschenwürde, Gleichbehandlung, usw.) darstellen. Sowohl Regeln (Normen) wie Grundsätze (Prinzipien) sind Gebo-

---

13 Putnam behauptet über Habermas: "In seinen Augen scheint mich das zu einem extremen moralischen Realismus zu zwingen, eine Art von Platonismus, der tatsächlich mit meinem Pragmatismus unvereinbar wäre. Aber diese Überzeugung stammt nicht vom Platonismus. Sie stammt eher von einer Überzeugung, die gleichzeitig eine pragmatische und eine »Wittgensteinsche« Überzeugung ist, daß es keinen Gottesgesichtspunkt gibt, von dem aus wir sagen können, daß einige der Aussagen, die wir als richtig ansehen und für die wir vernünftige Argumente beibringen, nicht einmal im Prinzip einer >allgemeinen Geltung< fähig sind, sondern nur einer Art von gemeinschaftsrelativer Vernünftigkeit"; Putnam, a.a.O., S. 320.

14 Alexy behauptet in der deutschen Fassung seines Nachworts zur "Theorie der Grundrechte", S. 1: "Im Zentrum dieses Buches steht die These, daß die Grundrechte, unbeschadet ihrer mehr oder wenig präzisen Formulierung, den Charakter von Prinzipien haben und daß Prinzipien Optimierungsgebote sind." Vgl. Alexy, Postscript, Oxford 2002, S. 388.

te (Verbote, Erlaubnisse), deren Sollgeltung den Charakter einer Verpflichtung zum Ausdruck bringt. Die Unterscheidung zwischen diesen Regeltypen darf nicht mit der zwischen Normen und Zielsetzungen verwechselt werden. Prinzipien haben ebenso wenig wie Regeln eine teleologische Struktur. Sie dürfen nicht – wie es die „Güterabwägung" in den üblichen Methodenlehren nahe legt – als Optimierungsgebote verstanden werden, weil damit ihr deontologischer Geltungssinn verloren ginge."[15]

In der Alexyschen Grundrechtstheorie sind Prinzipien als Optimierungsgebote gegenüber Werten neutral. Im Gegensatz dazu wirft Habermas dieser Auffassung der Grundrechte vor, daß sie wertgeladen ist, der Normativität des Rechts widerspreche und die Grundrechte des Einzelnen zu abzuwägenden Werten degradiere, so daß Grundrechte zugunsten kollektiver Güter nach der Prinzipientheorie aufgeopfert werden können.

b. Alexy über die Beziehung zwischen Normen (Prinzipien) und Werten

Alexy beschäftigt sich mit der Beziehung von Prinzip (als eine Art der Normen) und Wert in der Theorie der Grundrechte. Er weist auf Gemeinsamkeiten und Unterschiede hin. Prinzipien, so wie Werte, kollidieren miteinander, werden abgewogen und sind graduell erfüllbar oder realisierbar.[16] Trotz ihrer isomorphen Struktur gehören Prinzipien und Werte zu unterschiedlichen Bereichen und Begriffsgruppen. In Anlehnung an v. Wright teilt Alexy die praktischen Begriffe in deontologische Begriffe – z.B. Gebot, Verbot, Erlaubnis, Recht auf etwas –, axiologische Begriffe – z.B. Gut und Schlecht – und anthropologische Begriffe – z.B. Interessen, Bedürfnisse – ein.[17]

"(D)er entscheidende Unterschied zwischen dem Begriff des Prinzips und dem des Wertes (ist) leicht festzustellen. Prinzipien sind Gebote bestimmter Art, nämlich Optimierungsgebote. Als Gebote gehören sie dem deontologischen Bereich an. Werte demgegenüber sind der axiologischen Ebene zuzuordnen".[18]

Bezüglich des Wertbegriffs stellt Alexy dar, daß dieser Begriff unterschiedlich gebraucht wird. Man muß sich vor Augen halten, daß es einen Unterschied macht, zu sagen oder festzustellen, daß etwas einen Wert hat oder ein Wert ist. Wer das erste behauptet, äußert ein Werturteil, das klassifikatorischen, komparativen oder metrischen Charakter haben kann.[19] Wer das letzte behauptet, benutzt entweder »Wert« als Gegenstand oder als Kriterium einer Bewertung. Als Gegenstand einer Bewertung kann sehr Verschiedenes in Betracht kommen, wie zum Beispiel Objekte, Artefakte, Ereignisse,

---

15 J. Habermas, Faktizität und Geltung, Suhrkamp, Frankfurt 1998, S. 254-255. Siehe auch Jürgen Habermas, Die Einbeziehung des Anderen, Suhrkamp, Frankfurt 1999, S. 42-43 (Fußnote 40), 47.

16 Robert Alexy, Theorie der Grundrechte, 3 Aufl., Suhrkamp, Frankfurt a.M. 1996, S. 125.

17 Robert Alexy, a.a.O., S. 126.

18 Robert Alexy, a.a.O., S. 127.

19 "Mit Hilfe klassifikatorischer Wertbegriffe kann gesagt werden, daß etwas einen positiven, negativen oder neutralen Wert hat, mit Hilfe komparativer Wertbegriffe, daß einem zu bewertenden Gegenstand ein größerer Wert als oder ein gleich größerer Wert wie einem anderen Gegenstand zukommt, und mit Hilfe metrischer Wertbegriffe, daß etwas einen Wert bestimmter Größe hat"; Alexy, a.a.O., S. 129.

Zustände usw. Als Kriterien einer Bewertung kommen verschiedene Werte in Frage. Wichtig ist aber nur, sich zu verdeutlichen, daß "nicht die Gegenstände, sondern die Kriterien der Bewertung das sind, was als »Wert« zu bezeichnen ist".[20] Da Gegenstände einer Bewertung nach verschiedenen Bewertungskriterien (Werte) bewertet werden können und diese Kriterien oft kollidieren, sollen diese ins Verhältnis gesetzt werden, um zu einer Gesamtbewertung zu kommen. Andererseits stellt Alexy fest, daß die Anwendung von Bewertungskriterien, zwischen denen abgewogen werden muß, der Anwendung von Prinzipien entspricht.

Obwohl eine Metrisierung bei der Lösung von Grundrechtskollisionen oder Kollisionen zwischen individuellen Rechte und kollektiven Gütern nicht ausgeschlossen ist, sind komparative Werturteile diejenigen, die für das Verfassungsrecht die größte Bedeutung haben. Das Verhältnis zwischen komparativen Werturteilen und Bewertungskriterien bestimmt das Verhältnis zwischen Prinzip und Wert. Nach dem Bewertungskriterium der Pressefreiheit kann ein Zustand Z_1 besser als Z_2 sein, aber nach dem Bewertungskriterium der äußeren Sicherheit Z_2 besser als Z_1 sein. "Dies aber bedeutet, daß ein Zustand, der nach dem Bewertungskriterium der Pressefreiheit der bessere oder der beste ist, nur *prima facie* der bessere oder beste ist. Den definitiv besseren oder besten Zustand erhält man erst als Ergebnis einer Gesamtbewertung, bei der die geltenden Bewertungskriterien berücksichtig werden".[21]

Gegen die Prinzipien- und Wertetheorie der Grundrechte werden philosophische, methodologische und dogmatische Einwände erhoben. Hier sollen nur die philosophischen Einwände interessieren. Diese betreffen hauptsächlich die Debatte um die Objektivität der Wertordnung. Habermas, wie viele andere Autoren, lehnt die vom Bundesverfassungsgericht angenommene Theorie der »objektiven Wertordnung« ab, weil diese auf zu starken und nicht begründeten ontologischen Annahmen beruhe. Zum Beispiel wird die Theorie der objektiven Wertordnung mit Max Schelers' intuitionistischer Ontologie der Werte assoziiert. Die (sittliche) Existenz von Werten, nicht nur ihre Geltung, wird von Schelers Werttheorie vorausgesetzt. Diese ermöglicht, daß der Satz »A ist gut« wahr ist, weil diesem eine sittliche Tatsache korrespondiert, nach welcher A gut ist. Die Erkenntnis der Werte, verglichen mit der Erkenntnis empirischer Tatsachen, erfolgt durch eine Wertschau oder ein Evidenzerlebnis, hat aber einen anderen Charakter als empirische oder analytische Erkenntnis. Verschiedene Menschen haben unterschiedliche Evidenzerlebnisse von einem und demselben Gegenstand. Da es kein definitives Kriterium gibt, um zu wissen, welche Evidenzen richtig oder falsch, echt oder unecht sind, führe Schelers Werttheorie zum Subjektivismus.

Diesen Einwand gegen die intuitionistische Werttheorie Schelers hält Alexy für gerechtfertigt. Für ihn bedeutet dies aber nicht die Ablehnung aller Werttheorien. Nach Alexy kann die vom Bundesverfassungsgericht behauptete Wertordnungstheorie verteidigt werden, indem man Werte nicht als (sittliche) Gegenstände, die existieren, begreift,

---

20 Robert Alexy, a.a.O., S. 130.
21 Robert Alexy, a.a.O., S. 133.

sondern einfach als Bewertungskriterien, "die, wie Normen, ganz allgemein, entweder gelten oder nicht gelten".[22] Die Geltung der Werte als Bewertungskriterien und die von ihnen ermöglichten Bewertungen sind Gegenstände der Begründung, nicht von irgendwelchen Evidenzen. Die Begründung der Geltung von Werten hängt letztlich davon ab, um welche Art der Geltung es geht: juristische, soziale oder ethische. Alexy ist überzeugt, daß die vorgestellte abgeschwächte, von ontologischen und epistemologischen Annahmen gereinigte Werttheorie genügt, um die strukturelle Kompatibilität zwischen Normen (Prinzipien) und Werten zu akzeptieren und auf ihrer Basis eine Grundrechtstheorie aufzubauen, die modern und demokratisch ist.

Eine Frage soll noch gelöst werden: Warum sollte die Geltung einer Norm binär und nicht graduell sein? Gegen Habermas' Geltungssinn von Normen kann eingewendet werden, daß er unter Normen ausschließlich Regeln versteht, nicht aber Prinzipien. Wenn Normen entweder die Form von Regeln oder Prinzipien annehmen können, kann die Normgeltung ebenfalls binär oder graduell sein. Auch bei gradueller Normgeltung kann von richtigen oder falschen Werturteilen, oder Handlungen, gesprochen werden. Im folgenden soll diese Frage aus einer analytischen Perspektive vertieft werden.

II. Die analytische Perspektive

Aus einer analytischen Perspektive können Grundrechtskonzeptionen in zwei Weisen betrachtet werden: aus verfassungsrechtlicher und aus rechtsphilosophischer Perspektive.

1. Grundrechtskonzeptionen aus verfassungsrechtlicher Perspektive

Aus verfassungsrechtlicher Perspektive sind eine rein deontologische und eine nicht rein deontologische Auffassung der Grundrechte zu unterscheiden.

a. Die rein deontologische Auffassung der Grundrechte und das liberale Modell

Habermas verteidigt eine rein deontologische Grundrechtsauffassung, die seinem liberalen Verständnis der Rechte und seinem epistemischen Kognitivismus entspricht. Für ihn haben Grundrechte absoluten Vorrang vor anderen politischen Zielen oder Gütern. Dies entspricht dem deontologischen Sinn der Grundrechte. Ein Grundrecht zu haben, bedeutet ihm zufolge, daß der Staat und die Anderen rechtlich gehindert sind, die Freiheitssphäre des Einzelnen zu beeinträchtigen. Grundrechte fungieren als *constraints* gegenüber Handlungen von Anderen, daß heißt, als Schranken für Dritte, damit der Einzelne in seinen Freiheiten gesichert ist.

Grundrechte werden durch Normen garantiert, die allgemeingültig sind und eine binäre Struktur haben. Im Unterschied zu Werten gelten Normen für alle und gegenüber allen;

---

22   Robert Alexy, a.a.O., S. 137.

Werte nur in Bezug auf eine konkrete Kultur. Normen haben eine höhere Legitimität als Werte, weil erstere für alle gelten, letztere nur für konkrete Gesellschaftsgruppen, was das Problem mit sich bringt, daß andere Personen oder Gruppen ausgeschlossen werden.

Die deontologische Auffassung von Grundrechten bezieht Habermas auf eine strukturelle Eigenschaft der Normen, und zwar, daß diese binär codiert sind. Normen erlauben oder verbieten Handlungen. Normen werden eingehalten oder nicht. Wenn sie effektiv sein sollen, müssen sie eine Struktur haben, die ein klares und einfaches Verständnis ermöglicht, damit diese eingehalten werden können. Ein Verbot einer Handlung, zum Beispiel, wird nur eingehalten, wenn der Adressat der Norm ganz auf die verbotene Handlung verzichtet, nicht aber, wenn er teilweise die Handlung durchführt, wie es mit der Erfüllung von Werten der Fall ist. Nach Habermas können Grundrechte nur dadurch garantiert werden, daß durch Normen klar geregelt wird, welche Handlungen vorgenommen oder unterlassen werden sollen, damit der Rechtsträger in seiner Freiheitssphäre gesichert werden kann.

In einem vom kolumbianischen Verfassungsgericht entschiedenen Fall[23] würde Habermas wahrscheinlich eine abweichende Meinung vertreten, da er die Abwägung von Grundrechten ablehnt und weil Grundrechte –damit auch das Grundrecht auf die Aufrechterhaltung des Erwerbswertes des Lohnes– für alle Beamten uneingeschränkt gelten sollen, wenn sie echte Grundrechte sind. Dies aber würde zur Folge haben, daß gut bezahlte Beamte eine verhältnismäßig höhere Lohnerhöhung als Beamte mit niedrigeren Gehältern erhalten würden, was einerseits gegen das Gerechtigkeitsprinzip verstößt und andererseits wirtschaftlich nicht zu finanzieren ist. Die besten Gründe sprechen für eine andere Lösung, welche aber nur mit einer nicht rein deontologischen Grundrechtsauffassung vertretbar ist.

b. Die nicht rein deontologische Auffassung der Grundrechte und das progressive Modell

Im Gegensatz zu Habermas vertritt Alexy eine Auffassung der Grundrechte, die als

---

23 Das Haushaltsgesetz in Kolumbien für das Jahr 2003 sah Ressourcen für eine Gehaltserhöhung der Staatsbeamten nicht vor, obwohl die Inflation des Jahres 2002 ca. 6% betrug und die öffentlichen Gehälter den entsprechenden Erwerbswert verloren hatten. Nach ständiger Rechtsprechung des Verfassungsgerichts garantiert die Verfassung in Artikel 53 den Arbeitnehmern (inkl. Beamten) das Recht auf die Aufrechterhaltung des Erwerbswertes des Lohnes. Ein Bürger erhob eine Verfassungsklage gegen das Haushaltsgesetz. Das kolumbianische Verfassungsgericht im Wege einer abstrakten Normenkontrolle gab dem Kläger teilweise Recht. Es wurde bei der Gehaltserhöhung zwischen Beamten mit niedrigen und mit hohen Gehälter differenziert. Erstere haben ein soziales Grundrecht auf Gehaltserhöhung in voller Höhe der Inflation des Jahres 2002, letztere nur auf die Hälfte. Drei Verfassungsrichter waren mit der Entscheidung nicht einverstanden. Nach ihrer Meinung sollten alle Beamten einen Lohnausgleich in voller Höhe der Inflation bekommen. Das Hauptargument der abweichenden Meinung war, daß Grundrechte nicht abwägungsfähig sind bzw. nicht durch ungeschriebene Klauseln eingeschränkt werden dürfen, wenn sie ernst genommen werden sollen.

nicht rein deontologisch zu bezeichnen ist. Diese Auffassung der Grundrechte schließt nicht nur Freiheitsrechte ein, sondern auch soziale Grundrechte. Grundrechte werden (wie bei Habermas) durch Normen garantiert. Diese aber können entweder die Form von Regeln oder Prinzipien einnehmen. Wenn Grundrechte als Prinzipien konzipiert werden, geht ihr deontologischer Sinn nicht verloren. Als Prinzipien werden sie durch Gebote gesichert, d.i. durch Optimierungsgebote. Diese Gebote werden graduell erfüllt. Es handelt sich um ein progressives Modell, das nach der Realisierung der Grundrechte in der Praxis strebt. Die dynamische Konzeption der Grundrechte als Optimierungsgebote hindert die Feststellung ihrer Verletzung nicht. In dieser Weise konzipierte Grundrechte können nach objektiven Maßstäbe gerichtlich geschützt werden.

Die Erkenntnis, daß eine grundrechtsschützende Norm eingehalten worden ist, wird nicht ausgeschlossen, wenn Normen keine »binäre Codierung« haben. Die graduelle Erfüllung oder Realisierung einer Grundrechtsnorm kann rationell bestimmt werden. Der epistemische Zugang zur Bestimmung der Einhaltung von Normen zum Behufe der Gewährleistung der Grundrechte wird nicht nur gesichert, indem man normativen Aussagen den wahrheitsanalogen Sinn von assertorischen Aussagen zuweist. Je nachdem, welches die konkreten Zustände sind, in welchen Grundrechte gewährleistet werden sollen, kann objektiv auf eine vernünftige Weise rekonstruiert werden, ob das Gebot einer Optimierung der in Frage kommenden Grundrechte eingehalten worden ist.

Vorteilhaft ist die nicht rein deontologische Auffassung der Grundrechte gegenüber der rein deontologischen, weil die erste den progressiven Charakter der Grundrechten zum Ausdruck bringt, was mit der zweiten Auffassung nicht der Fall ist. Habermas' liberales Verständnis der Grundrechte als *side constraints* und nicht als *grundrechtliche zu realisierende Positionen* ist für einen Rechtsstaat, nicht aber für einen sozialen Rechtsstaat geeignet. Das Gebot der Grundrechtsoptimierung garantiert, daß Grundrechte auf einer realistische Basis, je nach den der jeweiligen Umständen, graduell erfüllt werden sollen. Zur Bestimmung der Einhaltung dieses Gebotes kommt das Verhältnismäßigkeitsprinzip ins Spiel.

In Bezug auf den besprochenen Fall kann behauptet werden, daß im Licht der nicht rein deontologischen Grundrechtauffassung die Verfassungsentscheidung vertretbar ist. Die Unterscheidung zwischen Beamten mit niedrigen Gehältern und Beamten mit höheren Gehältern hinsichtlich der Gewährleistung des Anspruchs auf Lohnerhöhung angesichts der Inflationsrate und des Erwerbsverlusts kann durch gute verfassungsrechtliche Argumente untermauert werden. Aus einer realistischen Perspektive, die die Wirtschaftslage der Nation (Haushaltsdefizit, Außenverschuldung, Inflation, usw.) zur Kenntnis nimmt, soll die Gewährleistung des Grundrechts auf Lohnerhöhung optimiert werden, indem dieses Recht unterschiedliche Ansprüche rechtfertigt. Andere Lösungen führen zu suboptimalen Ergebnissen und sind deswegen nicht vertretbar. Die allgemeine Gewährleistung des Grundrechts auf Lohnerhöhung für alle Beamten ungeachtet ihres Lohnniveaus würde den mittel- oder langfristigen Bankrott der staatlichen Finanzen bedeuten; die allgemeine Nichtgewährleistung des Grundrechts auf Lohnerhöhung für alle Beamten würde die Beamten mit niedrigeren Gehältern unverhältnismäßig treffen und

ihre Position in der Gesellschaft weiter verschlechtern, was mit einer sozialen rechtsstaatlichen Verfassung unvereinbar ist.[24]

2. Grundrechtskonzeptionen aus analytischer rechtsphilosophischer Perspektive

Verschiedene Autoren vertreten eine nicht rein deontologische Auffassung als die angemessenste Auffassung der Grund- und Menschenrechte.[25] Dieses Thema dringt tief in
die heutige Forschung der politischen Philosophie und der Moralphilosophie hinsichtlich der richtigen Auslegung von Aristoteles, Kant, Bentham und Mill ein.[26] Eine
befriedigende Antwort auf die Frage nach dem angemessensten Modell der Grundrechte
verlangt eine hinreichende Klärung der Beziehung zwischen Normen (das Gesollte) und
Werten (das Gute) sowie zwischen den deontologischen und den teleologischen/axiolo-
gischen Ebenen des praktischen Diskurses. Hier aber soll aufgrund der räumlichen und
zeitlichen Grenzen das Thema lediglich kurz aus einem rechtsphilosophischen Blickpunkt betrachtet werden.

Nach Andrew Halpin in *Rights and Law. Analysis and Theory* ist die Unterscheidung
zwischen deontologischen und teleologischen Auffassungen in der Moralphilosophie
nicht klar. So bezeichnet Rawls zum Beispiel die utilitaristische Auffassung in der
Ethik als teleologisch und erklärt, daß eine deontologische Auffassung als nicht teleologisch zu verstehen ist.[27] Der Unterschied zwischen diesen zwei Sichtweisen ist nach
Rawls auf die Beziehung zwischen zwei Hauptbegriffen der Ethik, das Richtige und das
Gute (*the right and the good*), zurückzuführen. Die teleologische Auffassung basiert auf
dem Guten und versucht diese Position zu maximieren, so daß alles, was das Gute re-
alisiert, als richtig angesehen wird. Im Gegensatz dazu identifiziert eine deontologische
Auffassung das Richtige unabhängig davon, ob das Gute maximiert wird oder nicht.

24 Für eine weitere Entwicklung der Prinzipientheorie, siehe Robert Alexy, Die Gewichtsformel, in:
    Gedächtnisschrift für Jürgen Sonnenschein, hg. V. J. Jickeli, P. Kreutz, D. Reuter, De Gruyter
    Recht, Berlin 2003, S. 771-792.
25 Siehe H.J. McCloskey, Respect for Human Moral Rights versus Maximizing Good, in: Utility and
    Rights, R.G. Frey (Hg.), Basil Blackwell, Oxford (Engl.), 1985, S. 121-136; R.G. Frey, Act-
    Utilitarism, Consequentialism, and Moral Rights, in: ders. (Hg.), Utility and Rights, Basil Black-
    well, Oxford (Engl.), 1985, S. 61-86; A. Sen, Rights as Goals, in: Equality and Discrimination:
    Essays in Freedom and Justice, St. Guest/A. Milne (Hgs.), Franz Steiner Verlag Wiesbaden GmbH,
    Stuttgart 1985, S. 11-25.
26 G. Patzig, Die Begründbarkeit moralischer Forderungen, in: ders., Gesamte Schriften I, Wallstein
    Verlag Göttingen, Göttingen 1994; Julia, Annas. Aristotle and Kant on Morality and Practical
    Reasoning, in: Aristotle, Kant, and the Stoics, S. Engstrom/J. Whiting (Hgs.), Cambridge University
    Press, Cambridge, Mass. 1996, S. 237-257; Ch. Korsgaard. From Duty and the Sake of the Noble:
    Kant and Aristotle on Morally Good Action, in: Aristotle, Kant, and the Stoics, S. Engstrom/J.
    Whiting (Hgs.), Cambridge University Press, Cambridge, Mass. 1996, S. 203-236; D. Cummiskey,
    Kantian Consequentialism, Oxford University Press, Oxford et al 1996; Ch. Lafont, Realismus und
    Konstruktivismus in der Kantischen Moralphilosophie, DZPhil, Berlin 50 (2002) 1; S. 39-52; O.
    O'Neill, Four Models of Practical Reasoning, in: dies., Bounds of Justice, Cambridge University
    Press, Cambridge, UK et al, 2000; Ch. Taylor, Ethics and Ontology, The Journal of Philosophy
    (2003) 100, vol. 6; S. 305-320.
27 Andrew Halpin, Rights and Law. Analysis and Theory, Hart Publishing, Oxford 1997, S. 217.

Halpin stellt mit Recht die scharfe Trennung beider Auffassungen in Frage, indem er die konstitutiven Merkmale der Sprache des Deontologischen und Teleologischen analysiert und herausfindet, daß zwischen diesen Merkmalen keine notwendige Beziehung besteht. Für ihn beziehen sich diese Merkmale auf die Rolle der Konsequenzen der moralischen Beurteilung; die Beziehung zwischen dem Richtigen und dem Guten und die Maximierung des Guten. Von seiner Analyse aus kann man zu dem Schluß kommen, daß eine deontologische Auffassung der Rechte für die Konsequenzen einer Handlung oder Entscheidung sensibel sein kann, ohne das Richtige von einer jeweiligen Konzeption des Guten abhängig zu machen und damit das Richtige zu relativieren. Andererseits kann eine teleologische Auffassung Regeln achten, ohne daß damit der deontologische Gehalt der Rechte verloren geht, wie es bei den Verteidigern des *Act-Utilitarism*[28] oder der *Rule-Consequentialism*[29] der Fall zu sein scheint.

Deontologische wie teleologische Sichtweisen in der Ethik haben die Konsequenzen des menschlichen Handelns zum Gegenstand.[30] Selbst Kant, der normalerweise als ein Befürworter eines starken Deontologismus genannt wird und dem zufolge das moralische Handeln unabhängig von den Konsequenzen der Handlung zu bestimmen ist, würde akzeptieren, daß der moralische Agent seine moralischen Pflichten nicht unabhängig von den daraus folgenden Konsequenzen ableiten würde: "Kant may have rejected a role for the self-interested consequences of the agent, but that is not to reject a role for all consequences".[31]

Halpin interpretiert außerdem den Vorrang des Richtigen vor dem Guten nicht in dem Sinne, daß das moralische Handeln ohne Ansehung des Guten nach moralischen Kriterien zu bestimmen sei. Dagegen verteidigt er eine Konzeption des Richtigen als einen Abwägungsfaktor, daß eine geeignete Auswahl zwischen verschiedenen Konzeptionen des Guten getroffen werden kann: "(T)he question is on what basis the right can determinate a particular balance to be appropriate. We can in fact see this sort of balancing function being performed in the avoidance of excess from among a variety of goods (...)".[32] Dieses Verständnis des Richtigen als Abwägungsfaktor kommt dem von Alexy vorgestellten Begriff der Grundrechte als abzuwägende grundrechtliche Positionen nah. Grundrechte, wie andere Beispiele des Richtigen, müssen in der Praxis mit anderen Grundrechte und gleichwertigen Prinzipien abgewogen werden.

Das dritte Merkmal der Unterscheidung vom Deontologischen und Teleologischen betrifft die Maximierung des Guten. Nach Halpin ist die Idee, daß das Richtige von der Maximalisierung des Guten abzuleiten sei, selbstevident. Wie Rawls angedeutet hat,

28 H.J. McCloskey, Respect for Human Moral Rights versus Maximizing Good, in: Utility and Rights, R.G. Frey (Hg.), Basil Blackwell, Oxford (Engl.), 1985, s. 128; R.G. Frey, Act-Utilitarism, Consequentialism, and Moral Rights, in: ders. (Hg.), Utility and Rights, Basil Blackwell, Oxford (Engl.), 1985, S. 79 f.
29 Brad Hooker, Rule-Consequentialism, in: The Blackwell Guide to Ethical Theory, H. LaFollette (Hg.), Blackwell Publ. Ltd, Oxford, UK 2000, S. 183-204.
30 A. Halpin, Rights and Law, a.a.O., S. 217.
31 A. Halpin, Rights and Law, a.a.O., S. 220.
32 A. Halpin, Rights and Law, a.a.O., S. 222.

entspricht diese Auffassung des Richtigen unseren Intuitionen.[33] Trotzdem ist die Aufklärung dieses Merkmales mit erheblichen Schwierigkeiten belastet, die hier nicht behandelt werden können. Diese haben mit dem Faktum zu tun, daß es verschiedene Konzeptionen –monistische und pluralistische– des Deontologischen sowie des Teleologischen gibt, die zu unterschiedlichen moralischen und ethischen Theorien führen. Wichtig ist es, an dieser Stelle darauf hinzuweisen, daß, wenn das Gute identifiziert worden ist, kein Grund besteht, daran zu zweifeln, daß das Richtige die Maximierung dieses Guten sei.

Aus dem zweiten und dritten Merkmal schließt Halpin, daß es fraglich ist, ob der scheinbar strenge Unterschied zwischen den deontologischen und den teleologischen Auffassungen besteht:

> "There are not grounds for drawing out the distinction in terms of a priority taken by the right over the good, as Rawls does, because such a priority proves untenable on either side. What we are left is the possibility of finding a different form for the conjunction of the right and the good: in a balancing of conflicting goods, or within a grand synthesising conception of the good."[34]

Die rechtsphilosophische Klärung der deontologischen und teleologischen Auffassungen spricht für das Verständnis der Grundrechte als Optimierungsgebote,[35] die nach den faktischen und rechtlichen Möglichkeiten zu realisieren seien. Das angemessenste Modell der Grundrechte aus einer analytischen rechtsphilosophischen Perspektive wäre eines, das eine strenge Trennung zwischen dem Deontologischen und dem Teleologischen ablehnt und das bei der Abwägung der Grundrechte sensibel für die Konsequenzen der Entscheidung bleibt, ohne den deontologischen Gehalt der Rechte zugunsten eines ethischen Konsequentialismus Preis zu geben. Nach Amartya Sen: "But there is a difference between action being *sensitive* to the goodness of states of affairs and such judgements being *exclusively tied* to that goodness. To give substantive content to the inclusion of right(s)-realization among goals, sensitivity is undoubtedly needed, but not an exclusive tie-up. Consequentialism is, in fact, a separate issue altogether."[36]

Aus einer analytischen rechtsphilosophischen Perspektive sind Grundrechte nicht ausschließlich als *side constraints* konzipierte Freiheitsrechte, sondern als Optimierungsgebote zu verstehen. Ein progressives Modell der als Optimierungsgebote verstandenen Grundrechte ist angesichts des sozialen und rechtsstaatlichen Verfassungsstaates, in dem wir leben, angemessener als das liberale, von Habermas privilegierte Modell.

---

33 A. Halpin, Rights and Law, a.a.O., S. 224.
34 A. Halpin, Rights and Law, a.a.O., S. 226.
35 Siehe dazu Robert Alexy, On the Structure of Legal Principles, in: Ratio Juris 13 (2000), S. 294 ff.; ders., Postscript (Nachwort zur Theorie der Grundrechte), Oxford Univ. Press, Oxford 2002, S. 388.
36 Amartya Sen, Rights as Goals, in: Equality and Discrimination: Essays in Freedom and Justice, St. Guest/A. Milne (Hg.), Franz Steiner Verlag Wiesbaden GmbH, Stuttgart 1985, S. 17.

Schlußfolgerungen

Verfassungsrechtliche Fragen hängen mit rechtsphilosophischen Fragen eng zusammen. Dieses ist insbesondere der Fall bei der Konzeption von Grundrechten. Die Diskussion um die deontologische oder teleologische/axiologische Grundrechtsauffassung hat mit tiefgreifenden Problemen der Moral- und der politischen Philosophie zu tun. Eine einfache oder endgültige Beantwortung dieser Fragen ist daher nicht zu erwarten.

Dennoch kann aus einer analytischen rechtsphilosophischen Perspektive behauptet werden, daß weder rein deontologische noch rein teleologische/axiologische Konzeptionen der Grundrechte sich als angemessen erweisen, Herausforderungen und Erwartungen des sozialen und rechtsstaatlichen Verfassungsstaats zu erfüllen.

Die lange und komplexe Diskussion zwischen Putnam und Habermas hinsichtlich der Beziehung von Werten und Normen zeigt, daß diese nicht direkt auf den Bereich der Rechtsphilosophie und der Grundrechtstheorie übertragen werden darf. Dies insbesondere nicht, weil Habermas unter Normen, moralische Normen, d.h. allgemeingültige Normen, versteht, nicht aber rechtspositive Normen. Was aber aus der Debatte deutlich wird, ist, daß die Gewährleistung von Grundrechten nicht Dank ihrer von Habermas vermuteten binären Codierung erfolgen kann. Diese kann im Wege einer rational rekonstruierbaren Weise gesichert werden, u.a. durch die Eliminierung von suboptimalen Ergebnissen bei der Grundrechtsbestimmung oder –abwägung.

Die Überprüfung der Angemessenheit der von Habermas verteidigten rein deontologischen Auffassung der Grundrechte sowie der nicht rein deontologischen Auffassung der Grundrechte als Optimierungsgebote anhand des kolumbianischen Beispieles über das Recht auf Lohnerhöhung hat gezeigt, daß nur die letztere Auffassung vertretbar ist. Diese Schlußfolgerung spricht für die Konzeption der Grundrechte als abwägungsfähige rechtliche Positionen, die nicht als absolute, allgemeingültige Positionen, sondern als vernunftzugängliche und nach faktischen und rechtlichen Möglichkeiten relativierte Positionen zu konzipieren sind

Aus einer analytischen rechtsphilosophischen Perspektive erweist sich der Habermassche Einwand gegen die Grundrechtsauffassung von Alexy als unbegründet. Andererseits unterstützt die durchgesehene Literatur eine Konzeption der Grundrechte als Optimierungsgebote. Diese erweist sich außerdem als die angemessenste Grundrechtsauffassung für einen sozialen und rechtsstaatlichen Verfassungsstaat.

Literatur

Alexy, Robert. Theorie der Grundrechte, 3 Aufl., Suhrkamp, Frankfurt a.M. 1996

___. Die Gewichtsformel, in: Gedächtnisschrift für Jürgen Sonnenschein, hg. V. J. Jickeli, P. Kreutz, D. Reuter, De Gruyter Recht, Berlin 2003

___. On the Structure of Legal Principles, in: Ratio Juris 13 (2000), S. 294-304

___. Postscript (Nachwort zur Theorie der Grundrechte), Oxford Univ. Press, Oxford 2002, S. 388-424

Annas, Julia. Aristotle and Kant on Morality and Practical Reasoning, in: Aristotle, Kant, and the Stoics, S. Engstrom/J. Whiting (Hg.), Cambridge University Press, Cambridge, Mass. 1996

Cummiskey, David. Kantian Consequentialism, Oxford University Press, Oxford et al 1996

Frey, R.G. (Hg.). Utility and Rights, Basil Blackwell, Oxford (Engl.) 1985

Habermas, Jürgen. Eine Theorie des kommunikativen Handelns, Suhrkamp, Frankfurt a.M. 1997

___. Faktizität und Geltung, Suhrkamp, Frankfurt a.M. 1998

___. Die Einbeziehung des Anderen, Suhrkamp, Frankfurt a.M. 1999

___. Wahrheit und Rechtfertigung, Suhrkamp, Frankfurt a.M. 1999

___. Werte und Normen. Ein Kommentar zu Hilary Putnams Kantischem Pragmatismus, in: Raters, L.M./Willaschek, M. Hilary Putnam und die Tradition des Pragmatismus, Suhrkamp, Frankfurt a.M. 2002

Halpin, Andrew. Rights and Law. Analysis and Theory, Hart Publishing, Oxford 1997

Hooker, Brad. Rule-Consequentialism, in: The Blackwell Guide to Ethical Theory, H. LaFollette (Hg.), Blackwell Publ. Ltd, Oxford, UK 2000

Hans Joas, Werte versus Normen. Das Problem der moralischen Objektivität bei Putnam, Habermas und den klassischen Pragmatisten, in: Raters, L.M./Willaschek, M. Hilary Putnam und die Tradition des Pragmatismus, Suhrkamp, Frankfurt a.M. 2002

Korsgaard, Christine. The Sources of Normativity, Cambridge University Press, Cambridge et al., 1996

___. From Duty and the Sake of the Noble: Kant and Aristotle on Morally Good Action, in: Aristotle, Kant, and the Stoics, S. Engstrom/J. Whiting (Hgs.), Cambridge University Press, Cambridge, Mass. 1996

Lafont, Christina. Realismus und Konstruktivismus in der Kantischen Moralphilosophie, DZPhil, Berlin 50 (2002) 1.

McCloskey, H.J. Respect for Human Moral Rights versus Maximizing Good, in: Utility and Rights, R.G. Frey (Hg.), Basil Blackwell, Oxford (Engl.), 1985

Nozick, Robert. Anarchy, State, and Utopia, Basil Blackwell, Oxford 1974

O'Neill, Onora. Four Models of Practical Reasoning, in: dies., Bounds of Justice, Cambridge University Press, Cambridge, UK et al, 2000

Patzig, Günther. Die Begründbarkeit moralischer Forderungen, in: ders., Gesamte Schriften I, Wallstein Verlag Göttingen, Göttingen 1994

Putnam, Hilary. Vernunft, Wahrheit und Geschichte, Suhrkamp, Frankfurt a.M. 1996

___. Werten und Normen, in: Wingert, L./Günther, K. Die Öffentlichkeit der Vernunft und die Vernunft der Öffentlichkeit, Suhrkamp, Frankfurt a.M. 2001

___. Antwort auf Jürgen Habermas, in: Raters, L.M./Willaschek, M. Hilary Putnam und die Tradition des Pragmatismus, Suhrkamp, Frankfurt a.M. 2002

Raters, L.M./Willaschek, M. Hilary Putnam und die Tradition des Pragmatismus, Suhrkamp, Frankfurt a.M. 2002

Sen, Amartya. Rights as Goals, in: Equality and Discrimination: Essays in Freedom and Justice, St. Guest/A. Milne (Hgs.), Franz Steiner Verlag Wiesbaden GmbH, Stuttgart 1985

Taylor, Charles. Ethics and Ontology, The Journal of Philosophy (2003) 100:6

Wingert, L./Günther, K. Die Öffentlichkeit der Vernunft und die Vernunft der Öffentlichkeit, Suhrkamp, Frankfurt a.M. 2001.

Die Fundamentalität der Grundrechte

Carlos Bernal Pulido

I. Einleitung*

Die Grundrechte sind eine Art subjektiver Rechte, deren *differentia specifica* in ihrer Fundamentalität besteht. Eine Untersuchung des Begriffs der Grundrechte setzt damit einerseits eine Klärung des Begriffs der subjektiven Rechte und andererseits des Begriffs der Fundamentalität voraus.

Hier soll ausschließlich der Begriff der Fundamentalität näher in den Blick genommen werden. Im Rahmen dieser Untersuchung wird der von Robert Alexy formulierte Begriff des subjektiven Rechts vorausgesetzt. Nach diesem ist ein subjektives Recht ein Ganzes, das aus drei Entitäten besteht, und zwar der Rechtsbestimmung, der Rechtsnorm und der Rechtsposition. Die Grundrechte als Unterfall subjektiver Rechte teilen diese Struktur. Ein Grundrecht ist ein Ganzes, nämlich das Bündel von Grundrechtsnormen und Grundrechtspositionen, die einer Grundrechtsbestimmung interpretativ zugeordnet werden.[1]

Die Grundrechte sind subjektive Rechte mit spezifischen Eigenschaften. Manche dieser Eigenschaften kommen auch anderen Arten subjektiver Rechte zu – z.B. den einfachgesetzlichen subjektiven öffentlichen Rechten, sonstigen unterverfassungsrechtlichen subjektiven Rechten oder den Menschenrechten des Völkerrechts. Zu diesen Eigenschaften zählen unter anderem die rechtliche Geltung (die Grundrechte gelten nach Maßgabe der spezifischen Bedingungen des Rechtssystems), die Abstraktheit (die Grundrechtsbestimmungen werden in abstrakten Begriffen formuliert) sowie die Allgemeinheit (die Grundrechte gelten vor und unabhängig von ihrer konkreten Anwendung).[2] Dennoch, der fundamentale oder grundlegende Charakter der Grundrechte – kurz: ihre Fundamentalität – scheint die *differentia specifica* der Grundrechte zu sein. Sie wird durch die Vorsilbe „Grund" in „Grundrechte" ausgedrückt. Die Fundamentalität stellt eine exklusive spezifische Eigenschaft der Grundrechte dar.[3]

* Für wertvolle sprachliche Hilfe danke ich Jan Sieckmann und Martin Borowski.

1 R. Alexy, *Theorie der Grundrechte*, Frankfurt am Main 2006, S. 54 ff und 163ff.

2 Zum Begriff der Allgemeinheit der subjektiven Rechte vgl. Frederick Schauer, „The Generality of Rights", *Legal Theory* 6 (2000), S. 323-36.

3 Die Fundamentalität ist zwar auch eine Eigenschaft der Menschenrechte. Trotzdem darf die Fundamentalität der Menschenrechte nicht mit der durch die Vorsilbe „Grund" ausgedrückten Fundamentalität der Grundrechte verwechselt werden. Wie im folgenden zu zeigen sein wird, sind einige materielle Eigenschaften für die Fundamentalität der Menschenrechte und für die Fundamentalität der Grundrechte identisch. Dennoch fehlen der Fundamentalität der Menschenrechte bestimmte formale Eigenschaften, die der Fundamentalität der Grundrechte zukommen. Da die Fundamentalität der Grundrechte ein Ganzes von formalen und materiellen Eigenschaften bildet, kann sie mit der Fundamentalität der Menschenrechte nicht identisch sein. Zur Fundamentalität der Menschenrechte vgl. R. Alexy, „Menschenrechte ohne Metaphysik?", *Deutsche Zeitschrift für Philosophie* 52 (2004), S.

Die zentrale Frage dieser Untersuchung lautet: Worin besteht die Fundamentalität der Grundrechte? Die Fundamentalität ist eine komplexe Eigenschaft, die aus verschiedenen Untereigenschaften gebildet wird. Die Ausgangsfrage kann daher präziser formuliert werden: Welche Eigenschaften bilden die Fundamentalität der Grundrechte und verleihen den Grundrechten auf diese Weise ihre spezifische Natur innerhalb der Klasse der subjektiven Rechte? Dies ist gemeint, wenn im folgenden nach den fundamentalen Eigenschaften der Grundrechte gefragt werden wird.

Die Frage nach den fundamentalen Eigenschaften der Grundrechte ist sowohl von theoretischer als auch von praktischer Bedeutung. Aus theoretischer Perspektive ist die Antwort auf diese Frage notwendig, um die allgemeine Frage zu beanworten, worin die Charakteristika von Grundrechten bestehen. Aus der praktischen Perspektive ist die Erfassung der fundamentalen Eigenschaften der Grundrechte relevant für die Identifikation eines bestimmten subjektiven Rechts als Grundrecht durch die Gerichte, insbesondere durch die Verfassungsgerichtsbarkeit. Diese Einstufung ist auch für die Abwägung bedeutsam. Einerseits muss das Gericht wissen, welche fundamentalen Eigenschaften für Grundrechte charakteristisch sind, um zu bestimmen, ob die in bestimmten Fällen einschlägigen subjektive Rechte als Grundrechte zu klassifizieren sind. Darin besteht die klassifikatorische Funktion der fundamentalen Eigenschaften der Grundrechte. Zum anderen spielen diese Eigenschaften auch eine qualifizierende Rolle. Dass ein Grundrecht bestimmte fundamentale Eigenschaften aufweist, ist ein Grund dafür, diesem Grundrecht ein höheres Gewicht in der Abwägung zuzuerkennen.

Innerhalb der Klasse der Eigenschaften, die als fundamentale Eigenschaften der Grundrechte in Betracht kommen, muss zwischen formalen und materiellen Eigenschaften unterschieden werden.

II. Formale Eigenschaften

Nicht alle subjektiven Rechte des Rechtssystems sind Grundrechte oder können Grundrechte sein. Die Grundrechte binden den Gesetzgeber und ziehen dadurch dem demokratischen Prozess und politischen Entscheidungen eine Grenze. Sie werden auch durch außerordentliche Rechtsbehelfe bewehrt. Daher bilden die Grundrechte eine eher exklusive Klasse subjektiver Rechte. Wäre dies nicht der Fall, würde der demokratische Prozess übermäßig eingeschränkt. Die Grundrechte würden ihre besondere Qualität verlieren, wenn alle subjektiven Rechte mit Hilfe von außerordentlichen Rechtsbehelfen durchgesetzt werden könnten.

Eine erste Strategie, die Klasse der Grundrechte abzugrenzen, basiert auf der Identifikation bestimmter formaler Eigenschaften als fundamentale Eigenschaften der Grundrechte. Diese formalen Eigenschaften beziehen sich auf die Verortung der Grundrechte in einer bestimmten Rechtsquelle. Vier verschiedene formale Eigenschaften werden häufig als fundamentale Eigenschaften der Grundrechte genannt. In der Reihenfolge von den engsten bis hin zu den weitesten Eigenschaften sind dies: (1) die Zugehörigkeit der Grundrechtsbestimmung, die das Grundrecht statuiert, zum Kapitel der Grundrechte der Verfassung; (2) die Zugehörigkeit der Grundrechtsbestimmung, die das Grundrecht statuiert, zum Text der Verfassung; (3) die Zugehörigkeit der Grundrechtsbestimmung, die

15-24; ders. „Discourse Theory and Fundamental Rights", in: A. J. Menéndez/E. O. Eriksen (Hg.), *Arguing Fundamental Rights*, Dordrecht 2006, S. 15-29.

das Grundrecht statuiert, zum Text der Verfassung oder zu einer anderen Rechtsquelle (vor allem Pakten, Konventionen oder sonstigen Verträgen über Menschenrechte), insofern die Verfassung auf diese andere Rechtsquelle verweist; und (4) die Anerkennung nicht einer Grundrechtsbestimmung, sondern der Geltung einer Grundrechtsnorm oder der von ihr gewährten Grundrechtsposition durch die Verfassungsgerichtsbarkeit. Diese vier formalen Eigenschaften gilt es im folgenden näher zu betrachten.

1. Die Zugehörigkeit der Grundrechtsbestimmung zum Grundrechtskapitel der Verfassung

Bezüglich der ersten Eigenschaft, der Zugehörigkeit der Grundrechtsbestimmung zum Grundrechtskapitel der Verfassung, gibt es drei Möglichkeiten. Sie kann entweder (1) als gleichermaßen hinreichende wie notwendige Bedingung für die Klassifikation eines subjektiven Recht als Grundrecht verstanden werden, (2) als bloß notwendige Bedingung hierfür oder (3) als bloß hinreichende Bedingung.
Ein Beispiel für die Deutung dieser Eigenschaft als gleichermaßen hinreichende wie notwendige Bedingung ist die Interpretation des Artikels 53 Absatz 1 Satz 1 der Spanischen Verfassung im Sinne der herrschenden Meinung. Diese Bestimmung lautet:

> "Die in Kapitel 2 dieses Titels anerkannten Rechte und Freiheiten binden die öffentliche Gewalt".

Nach Auffassung der Mehrheit der spanischen Verfassungsrechtler besteht die fundamentale Eigenschaft der Grundrechte darin, dass diese den Gesetzgeber und die anderen öffentlichen Gewalten binden.[4] Nach Artikel 53 Absatz 1 Satz 1 der Spanischen Verfassung ist aber diese Eigenschaft nur die Wirkung einer Ursache, nämlich, dass die Grundrechtsbestimmung, die das Grundrecht statuiert, zum Grundrechtskapitel der Verfassung – bzw. Kapitel II des Titel I der Verfassung – gehört.
Wenn – wie in Spanien – diese Eigenschaft als eine hinreichende und notwendige Bedingung angesehen wird, dann wird implizit gesagt, dass die folgenden Behauptungen zutreffen:

a) Ein subjektives Recht ist ein Grundrecht dann und nur dann, wenn es eine Grundrechtsbestimmung gibt, die das Grundrecht statuiert und zum Grundrechtskapitel der Verfassung gehört.

b) Alle subjektiven Rechte, die von Grundrechtsbestimmungen statuiert werden, die zum Kapitel der Grundrechte der Verfassung gehören, sind Grundrechte.

Diese Konzeption der Fundamentalität der Grundrechte hat den Vorteil, dass sie ein sicheres Urteil darüber erlaubt, welches subjektive Recht ein Grundrecht ist und welches

---

4   Vgl. insbesondere F. Rubio Llorente, „Los derechos fundamentales. Evolución, fuentes y titulares en España", *Claves de la razón práctica* 75 (1997), S. 2 ff.; P. Cruz Villalón, „Formación y evolución de los derechos fundamentales", *Revista Española de Derecho Constitucional*, 25 (1989), S. 40 ff.; ders., „Derechos Fundamentales", *Enciclopedia jurídica básica*, Band II, S. 2399; L. Aguiar de Luque, „Los límites de los derechos fundamentales" *Revista del Centro de Estudios Constitucionales*, 14 (1993), S. 10; G. Peces Barba, *Curso de derechos fundamentales: Teoría general*, Madrid 1995, S. 484; J. Jiménez Campo, *Derechos Fundamentales. Concepto y garantías*, Madrid 1999, S. 15, 17, 21 und 24.

nicht. Sie unterstreicht auch, dass Grundrechten ein parochiales Element zukommt. Dieses besteht darin, dass jede Gesellschaft in der verfassunggebenden Versammlung entscheidet, welche Rechte Gundrechte sind und sie explizit als Grundrechte im Verfassungstext kennzeichnet. Für diese Auffassung spricht außerdem der Auslegungskanon *sedes materiae*. Nach dem Auslegungskanon *sedes materiae* ist die Verortung einer Bestimmung innerhalb eines bestimmten Kapitels einer Rechtsquelle bzw. der Verfassung für ihre Auslegung von Bedeutung.[5] Das auf diesen Kanon gestützte Argument lautete folgendermaßen: (1) die verfassunggebende Versammlung ist rational; (2) um Rationalität zu gewährleisten, teilt der Verfassungsgesetzgeber die Verfassungsrechte in Kapitel ein, so dass in jedem Kapitel der Verfassung alle subjektiven Rechte – und nur die subjektiven Rechte – zusammengefasst werden, die ein und dieselbe Eigenschaft aufweisen, die mit dem Titel jedes Kapitel ausgedrückt wird; (3) das Kapitel der Grundrechte der Verfassung fasst eine Reihe von Bestimmungen zusammen; (4) diese Bestimmungen weisen eine gemeinsame Eigenschaft auf; (5) da der Titel des Kapitels „Grundrechte" lautet, besteht die die gemeinsame Eigenschaft in der Fundamentalität der subjektiven Rechte, die von diesen Bestimmungen statuiert werden; also (a) und (b); also (Ergebnis) ist die Zugehörigkeit der Grundrechtsbestimmung zum Grundrechtskapitel der Verfassung eine hinreichende und notwendige Bedingung für die Fundamentalität der Grundrechte.

Dennoch trifft diese Auffassung nicht zu. Man kann eine ganze Reihe von Gründen gegen sie anführen. Erstens gibt es Verfassungen – z. B. die Verfassung von Mexico[6] – die kein dezidiertes Grundrechtskapitel aufweisen, aber doch Grundrechte gewährleisten. Zweitens trifft die Prämisse (2) des oben angeführten Arguments nicht zu. Es stimmt nicht, dass in jedem Kapitel der Verfassung all die Rechte und nur die Rechte zusammengefasst werden, die ein und dieselbe Eigenschaft aufweisen, die mit dem Titel des jeweiligen Kapitels ausgedrückt wird. In jeder Verfassung gibt es Grundrechte, die außerhalb des Kapitels der Grundrechte liegen. Drittens ist es zwar richtig, dass der Begriff der Grundrechte ein parochiales Element aufweist. Er besitzt aber auch ein universelles Element. Es kommt nicht von ungefähr, dass – unabhängig von den jeweiligen Formulierungen der Grundrechtsbestimmungen – in vielen Ländern Diskriminierungen oder Verletzungen der Freiheit grundrechtlich verboten sind. Die Tatsache dieser Übereinstimmung von Grundrechtsinhalten in den Verfassungen verschiedener Länder ist ein Grund dafür, dem Begriff der Grundrechte, und präziser dem Begriff der Fundamentalität, nicht vollständig parochiale, sondern auch eine universelle Natur zuzuschreiben. Die Annahme der Zugehörigkeit der Bestimmung zu dem Grundrechtskapitel der Verfassung als gleichermaßen hinreichende wie notwendige Bedingung schließt es aus, diese universelle Natur der Fundamentalität der Grundrechte zu erklären. Viertens kann man immer fragen, ob das Grundrechtskapitel einer Verfassung unvollständig ist. Es

---

5   Vgl. zum Argument *sedes materiae*: J. Bengoetxea, „Legal System as a Regulative Ideal", in H.-J. Koch und U. Neumann (Hg.), *Praktische Vernunft und Rechtsanwendung: Legal System and Practical reason: Verhandlungen des 15. Weltkongress der internationalen Vereinigung für Rechts- und Sozialphilosophie (IVR) in Göttingen, August 1991*, ARSP Beiheft 53, Stuttgart 1994, S. 76. Vgl. weiter J. Bengoetxea, *The Legal Reasoning of the European Court of Justice: Towards a European Jurisprudence*, Oxford, 1993. S. vi und 99.

6   Zu den Grundrechten in Mexico vgl. M. Carbonell, *Los derechos fundamentales en México*, México D. F., 2004.

können Grundrechte fehlen. Sätze der Art „Das Grundrechtskapitel der Verfassung des Landes (x) ist unvollständig, weil es kein Grundrecht auf Gleichheit enthält" sind sinnvoll. Das wäre nicht der Fall, wenn die Zugehörigkeit zu dem Grundrechtskapitel der Verfassung eine hinreichende und notwendige Bedingung für die Fundamentalität der Grundrechte wäre. Fünftens gibt es eine *petitio principi* in dem angeführten *sedes materiae*-Argument. Die Prämise (5) ist nur eine Neuformulierung der Konklusion des Arguments. Daher ist nicht dargelegt, dass die Fundamentalität der Grundrechte in der Zugehörigkeit der Grundrechtsbestimmung zum Kapitel der Grundrechte besteht. Und schließlich war die Aufteilung der Verfassung in Kapitel in vielen Ländern keine Aufgabe der verfassunggebenden Versammlung, sondern die Aufgabe der Herausgeber von Publikationen des Verfassungstexts. In diesen Fällen spiegelt die Gliederung der Verfassung in verschiedene Kapitel nicht den Willen der verfassunggebenden Versammlung wider.

All diese Gründe sprechen auch gegen die Deutung der Zugehörigkeit zu dem Grundrechtskapitel der Verfassung als eine notwendige Bedingung. Sie zeigen, dass (a) nicht richtig ist. (b) ist aber auch nicht richtig: nicht alle subjektiven Rechte, die von Bestimmungen im Grundrechtskapitel der Verfassung statuiert werden, sind Grundrechte. In fast jeder Verfassung gibt es subjektive Rechte, die von den im Grundrechtskapitel der Verfassung verorteten Bestimmungen statuiert werden, und keine Grundrechte sind. Als Beispiel hierfür kann Art. 22 der Kolumbianischen Verfassung dienen, der das subjektive Recht auf Frieden statuiert. Dieses subjektive Recht ist kein Grundrecht. Aus materiellen Gründen kann der Frieden nicht Gegenstand eines Grundrechts sein. Angesichts dessen wird das Recht auf Frieden auch durch die Verfassungsgerichtbarkeit nicht als Grundrecht anerkannt. Die These der Zugehörigkeit zum Grundrechtskapitel der Verfassung als hinreichende Bedingung der Fundamentalität der Grundrechte trifft damit nicht zu. Den materiellen Eigenschaften der Grundrechte kommt gegenüber den formalen Eigenschaften Priorität zu. Ein subjektives Recht muss mindestens eine materielle Eigenschaft der Grundrechte aufweisen, um ein Grundrecht zu sein. Es muss aber auch mindestens eine formale Eigenschaft aufweisen, um ein Grundrecht zu sein.

2. Die Zugehörigkeit der Grundrechtsbestimmung zum Verfassungstext

Die Zugehörigkeit der Grundrechtsbestimmung zum Verfassungstext kann wiederum entweder als eine gleichermaßen hinreichende wie notwendige Bedingung oder als bloß notwendige oder bloß hinreichende Bedingung verstanden werden. Die Deutung dieser Eigenschaft als eine notwendige Bedingung oder hinreichende und notwendige Bedingung würde implizieren, dass nur diejenigen subjektiven Rechte, die durch eine Bestimmung im Verfassungstext statuiert sind, als Grundrechte einzustufen wären. Diese Deutung kann jedoch nicht überzeugen. Hierfür gibt es mindestens vier Gründe. Erstens unterstreicht diese Deutung zwar auch die parochiale Natur der Fundamentalität der Grundrechte, wird aber deren universeller Natur nicht gerecht. Zweites ist es durchaus sinnvoll zu fragen, ob der Text einer Verfassung unvollständig ist, weil einige Grundrechte fehlen. Nach der genannten Deutung wäre diese Frage sinnlos. Drittens kann diese Interpretation nicht erklären, warum in vielen Ländern angenommen wird, dass es Bestimmungen außerhalb der Verfassung gibt, die Grundrechte statuieren. Viertens kann diese Deutung den grundrechtlichen Charakter bestimmter subjektiver Rechte nicht erklären, die keine unmittelbare Beziehung zum Verfassungstext haben,[7] sondern durch die Rechtsprechung als Grundrechte anerkannt werden. Berühmte Fälle sind das Grundrecht auf die Privatsphäre in der Rechtsprechung des *Supreme Court* der Vereinigten Staaten[8] und die Anerkennung von Grundrechten in der Rechtsprechung des *Federal High Court* von Australien, dessen Verfassung keinen Grundrechtskatalog enthält.[9]

Aber auch die These, nach der die Zugehörigkeit einer Bestimmung, die ein subjektives Recht statuiert, zu der Verfassung eine hinreichende Bedingung für die Fundamentalität darstellt, ist nicht plausibel. Nicht alle im Verfassungstext statuierten subjektiven Rechte stellen Grundrechte dar. Als Beispiel hierfür kann Art. 38 des Deutschen Grundgesetzes dienen. Art. 38 statuiert die Rechte der Abgeordneten. Diese Rechte sind zwar subjektive Rechte, aber keine Grundrechte.

Ein Grund für die These der Zugehörigkeit einer Bestimmung, die ein subjektives Recht statuiert, zu der Verfassung als hinreichende Bedingung für die Fundamentalität der Grundrechte besteht darin, dass alle subjektiven Rechte der Verfassung vier Wirkungen aufweisen, die zur Natur der Grundrechte gehören, nämlich: (1) die Bindung aller öffentlichen Gewalten, (2) die Durchsetzbarkeit im Wege verfassungsgerichtlicher Verfahren, (3) die Ausstrahlungswirkung und (4) die Drittwirkung. Da erstens alle Verfassungsbestimmungen – und nicht nur die Bestimmungen des Grundrechtskapitels – die öffentliche Gewalt umfassend binden und gleichermaßen Maßstäbe für private Handeln aufstellen, sowie zweitens vor den Verfassungsgerichten durchgesetzt werden können, weisen alle vom Verfassungstext statuierten subjektiven Rechte diese vier Wirkungen gleichermaßen auf.

Gegen die These, dass diese Eigenschaft eine hinreichende Bedingung ist, könnte jedoch der folgende Einwand angeführt werden: Grundrechte sind lediglich diejenigen subjektiven Rechte, die durch den außerordentlichen Rechtsbehelf für die Durchsetzung der Grundrechte – sei es die Individual- oder Verfassungsbeschwerde, das spanische "recurso de amparo"-Verfahren, oder die kolumbianische "acción de tutela" – geltend gemacht werden. Dieser Einwand geht allerdings fehl. Dass diese Rechtsbehelfe als "außerordentlich" spezifisch für die Durchsetzung der Grundrechte zur Verfügung stehen, bedeutet nicht, dass sie den Grundrechten ihre Fundamentalität verleihen. Ganz im Gegenteil, diese Rechtsbehelfe bewehren die Grundrechte, weil die Grundrechte fundamentalen Charakter aufweisen. Die Fundamentalität ist der Grund dafür, dass die Grundrechte mit der Verfassungsbeschwerde bewehrt werden, nicht die Wirkung dieser Tatsache. Die außerordentlichen Rechtsbehelfe bewehren nur einige bestimmte Grundrechte – z. B. die Grundrechte auf das Leben, auf die Freiheit, auf die Gleichheit, u.s.w. – die für die Gesellschaft von besonderer Bedeutung sind. Diese besondere Bedeutung für die Gesellschaft ist aber nicht mit der Fundamentalität identisch.

---

7   Damit ist gemeint, dass sie nicht ohne weiteres als zugeordnete Grundrechtspositionen erkennbar sind, die innerhalb des semantischen Spielraums einer Bestimmung der Verfassung liegen.

8   Zu einer Kritik der Anerkennung des Grundrechtscharakters dieses subjektiven Rechts, vgl. R. Bork, „The Right of Privacy: The Construction of a Constitutional Time Bomb", in ders., *The Tempting of America: The Political Seduction of the Law*, Free Press, 1990. S. 95 ff.

9   Vgl. hierzu T. Campbell, J. Goldsworthy und A. Stone (Hg.), *Protecting Rights Without a Bill of Rights: Institutional Performance and Reform in Australia*, Aldershot, 2006, insbesondere Kapitel I: B. Galligand und F. L. (Ted) Morton, „Australian Exceptionalism: Rights Protection Without a Bill of Rights", S. 17-39.

Trotzdem ist die These unzutreffend, dass die Zugehörigkeit einer Bestimmung, die ein subjektives Recht statuiert, zu der Verfassung eine hinreichende Bedingung für die Fundamentalität der Grundrechte darstellt. Wie im Fall des Art. 38 GG gibt es subjektive Rechte der Verfassung, denen materielle Eigenschaften der Grundrechte nicht zukommen. Deshalb können sie nicht als Grundrechte identifiziert werden.

3. Die Zugehörigkeit der Grundrechtsbestimmung zum Verfassungstext oder zum Verfassungsblock

Die Zugehörigkeit einer Grundrechtsbestimmung zum Verfassungstext oder zu einer anderen Rechtsquelle, auf die die Verfassung verweist, ist auch weder eine hinreichende noch eine notwendige Bedingung für die Fundamentalität des gewährten Grundrechts. In Rechtssystemen einiger einflussreicher Staaten gelten manche der subjektiven Rechte, die von Bestimmungen statuiert werden, die zum sog. Verfassungsblock gehören, als Grundrechte – aber nicht alle. Der Begriff des Verfassungsblocks ist im französischen Verfassungsrecht entwickelt worden. Die Präambel der Verfassung der Französischen Republik vom 4. Oktober 1958 verweist auf andere Dokumente, die den Katalog der Rechte mit verfassungsrechtlichem Rang ergänzen. Der Text der Präambel lautet:

> „Das französische Volk verkündet feierlich seine Verbundenheit mit den Menschenrechten und mit den Grundsätzen der nationalen Souveränität, wie sie in der Erklärung von 1789 niedergelegt und durch die Präambel der Verfassung von 1946 bestätigt und ergänzt wurden, sowie mit den in der Umwelt-Charta von 2004 niedergelegten Rechten und Pflichten".

Das *Conseil Constitutionnel* hat diesen Text dahingehend ausgelegt, dass die subjektiven Rechte im Text der Verfassung selbst mit subjektive Rechten in bestimmten Dokumenten einen Verfassungsblock bilden.[10] Zu diesem Block gehören alle subjektiven Rechte der Verfassung sowie die subjektiven Rechte, die von den Dokumenten statuiert wurden, auf die die Präambel der Verfassung verweist. Die Rechtsprechung des *Conseil Constitutionnel* hat zudem den Verfassungsblock erweitert. Der Verfassungsblock bildet den Maßstab, um die Verfassungsmäßigkeit von gesetzlichen Regelungen zu prüfen.[11]

Der Begriff des Verfassungsblocks wurde in andere Rechtssysteme übernommen. Dabei ist nicht immer klar, ob "Verfassungsblock" im ursprünglichen Sinne verstanden wird. In Spanien beispielsweise wird der Begriff des Verfassungsblocks benutzt, um das Ganze an Normen mit Verfassungsrang zu bezeichnen, die die Kompetenzen des Staats bzw. der selbständigen Gemeinschaften festlegen.[12] Andererseits wird dieser Begriff in einigen lateinamerikanischen Ländern, etwa in Panamá, Costa Rica und Kolumbien[13] verwendet, um ein Ganzes von Bestimmungen zu bezeichnen, die, von der Zugehörig-

---

10 Die erste Entscheidung des Conseil Constitutionnel, in der dieser Begriff verwendet wurde, war die Entscheidung von 8. Juli 1966. Vgl. *Recueil des Décisions du Conseil Constitutionnel*, S. 15.

11 Zum Verfassungsblock in Frankreich vgl. Louis Favoreu, „Bloc de constitutionnalité", in: O. Duhamel und Y. Meny (Hg.), *Dictionnaire constitutionnel*, Paris 1992, S.87.

12 Zum Begriff des Verfassungsblocks in Spanien vgl. F. Rubio Llorente, „El bloque de constitucionalidad", *Revista Española de Derecho Constitucional* (27) 1989, S. 9-37.

13 Zum Verfassungsblock in Costa Rica und Panama vgl. A. Hoyos, „El Control Judicial y el Bloque de Constitucionalidad en Panamá", *Boletín Mexicano de Derecho Comparado*, 25 (75) 1992, S. 785-807.

keit zum Verfassungstext abgesehen, verfassungsrechtlichen Rang aufweisen und einen Maßstab für die Verfassungsmäßigkeit von Gesetzen bilden. Einige der subjektiven Rechte, die dieses Ganze von Bestimmungen statuieren, sind Grundrechte – aber nicht alle. Dieses "Ganze" besteht normalerweise in der Gesamtheit der Bestimmungen des Verfassungstexts und der Bestimmungen der menschenrechtlichen Pakte und Konventionen. In der Kolumbianischen Verfassung bildet Art. 93 die Grundlage des Verfassungsblocks. Nach dieser Bestimmung besitzen die Menschenrechte im Sinne der von Kolumbien abgeschlossenen Staatsverträge Vorrang im kolumbianischen Rechtssystem. Das kolumbianische Verfassungsgericht hat diesen Artikel dahingehend ausgelegt, dass diese Menschenrechte grundrechtlichen Charakter bzw. Fundamentalität aufweisen.[14]

Artikel 93 der Kolumbianischen Verfassung kann als Beispiel dienen, in dem subjektive Rechte, die durch Bestimmungen gewährt werden, die nicht zum Verfassungstext gehören, als Grundrechte anerkannt und behandelt werden. Es gibt aber auch subjektive Rechte, die zum Verfassungsblock gehören, aber keine Grundrechte sind.

4. Die Anerkennung der Fundamentalität durch die Verfassungsrechtsprechung

Die Anerkennung einer Grundrechtsnorm oder einer grundrechtlichen Position durch die Rechtsprechung, insbesondere die Verfassungsrechtsprechung, stellt eine nicht notwendige, aber hinreichende Bedingung für die Fundamentalität dar. Die Verfassungsrechtsprechung spielt in zweierlei Hinsicht eine bedeutsame Rolle bezüglich der Einstufung von Rechtsnormen oder Rechtspositionen als Grundrechtsnormen oder Grundrechtspositionen. Einerseits ordnet die Verfassungsrechtsprechung Rechtsnormen und Rechtspositionen durch Interpretation den Grundrechtsbestimmungen der Verfassung oder des Verfassungsblocks zu. Diese Zuordnung besteht in der autoritativen Feststellung, eine Rechtsnorm oder Rechtsposition sei als Grundrechtsnom oder Grundrechtsposition einzustufen, weil sie im semantischen Spielraum einer Grundrechtsbestimmung liegt. Wenn dies der Fall ist, dann verleiht die Zugehörigkeit der entsprechenden Grundrechtsbestimmung zu der Verfassung oder zum Verfassungsblock zusammen mit der Zuordnung durch die Verfassungsrechtsprechung der Grundrechtsnorm oder Grundrechtsposition ihre Fundamentalität. Andererseits vermag es die Rechtsprechung, bestimmten Rechtsnormen oder Rechtspositionen, die nicht im semantischen Spielraum einer Grundrechtsbestimmung liegen, fundamentalen Charakter zuzuschreiben. Dies ist der Fall der sogenannten Anerkennung von ungeschriebenen Grundrechten durch die Verfassungsrechtsprechung.[15] In diesem Fall geht es nicht um zugeordnete Grundrechte, sondern um Grundrechte ohne Grundrechtsbestimmung. Einige Verfassungen sehen ausdrücklich die Geltung von Grundrechten ohne Grundrechtsbestimmungen vor, also die Geltung von ungeschriebenen Grundrechten. Ein berühmter Fall ist der 9. Zusatzartikel der Verfassung der Vereinigten Staaten von Amerika, der übersetzt lautet: „Die

---

14 Vgl. zum Verfassungsblock in Kolumbien mit Hinweisen auf die wichtigsten Entscheidungen des Kolumbianischen Verfassungsgerichts M. Arango Olaya, „El bloque de constitucionalidad en la jurisprudencia de la Corte Constitucional Colombiana", *Precedente* 2004, S. 79-102.

15 Interessante Beispiele der Anerkennung von ungeschriebenen Rechten durch die Verfassungsrechtsprechung können in Entscheidungen der französischen und italienischen Verfassungsgerichte gefunden werden. Vgl. dazu M. C. Ponteau, *La reconnaissance des droits non écrits pour les courts constitutionnelles italienne et française,* París 1997.

Aufzählung bestimmter Rechte in der Verfassung darf nicht dahingehend ausgelegt werden, dass durch sie andere dem Volke vorbehaltene Rechte versagt oder einge-schränkt werden." Art. 5 LXXVIII § 2° der Verfassung von Brasilien[16] und Art. 94 der Verfassung von Kolumbien enthalten ähnliche Formulierungen.[17]

5. Ergebnis bezüglich der formalen Eigenschaften

Als Ergebnis der Analyse der formalen Eigenschaften gilt es festzuhalten, dass ein sub-jektives Recht Fundamentalität aufweist und damit ein Grundrecht darstellt, wenn es eine der folgenden Bedingungen erfüllt: es wird durch eine Bestimmung statuiert, die (1) zum Grundrechtskapitel der Verfassung oder (2) allgemein zum Verfassungstext oder (3) zum Verfassungsblock gehört; oder (4) die entsprechende Rechtsnorm bzw. Rechtsposition ist durch die Verfassungsrechtsprechung als Grundrechtsposition bzw. Grundrechtsnorm anerkannt worden. (4) ist für sich eine hinreichende Bedingung, und es ist eine notwendige Bedingung, dass das subjektive Recht eine der formalen Be-dingungen (1) zu (4) erfüllt.

Diese vier Bedingungen weisen abnehmende Sicherheitsgrade bezüglich der Frage auf, ob ein subjektives Recht fundamentalen Charakter hat und deshalb ein Grundrecht ist. (1) weist den höchsten relativen Sicherheitsgrad, (4) den niedrigsten relativen Sicher-heitsgrad. Diese Grade sind auch für die Abwägung von Bedeutung. Dass ein in einem bestimmten Fall einschlägiges subjektives Recht ein Grundrecht darstellt, ist eine normative Prämisse, die für die Bestimmung des abstrakten Gewichts des Rechts in der Gewichtsformel relevant ist. Diese normative Prämisse kann als solche entweder sicher oder unsicher sein. Die Sicherheit der Erkenntnis dieser Prämissen ist ein Element der Sicherheit der Erkenntnis der Prämisen der Abwägung, also des dritten Faktors der Ge-wichtsformel.[18]

III. Materielle Eigenschaften

Die formalen Eigenschaften reichen nicht aus, einen ebenso angemessenen wie voll-ständigen Begriff der Fundamentalität der Grundrechte zu formulieren. Die Frage, ob der Verfassungstext, der Verfassungsblock und die Verfassungsrechtsprechung schon alle Grundrechte statuiert bzw. anerkannt hat, oder aber weitere subjektive Rechte als Grundrechte eingestuft werden sollten, bleibt sinnvoll. Um diese für die politische Diskussion jeder Gesellschaft relevante Frage zu beantworten, ist es notwendig, mate-rielle Eigenschaften einzubeziehen.

---

16 Der Text dieses Satzes lautet: "Os direitos e garantias expressos nesta Constituição não excluem outros decorrentes do regime e dos princípios por ela adotados, ou dos tratados internacionais em que a República Federativa do Brasil seja parte".

17 Der Text dieses Artikel lautet: "La enunciación de los derechos y garantías contenidos en la Consti-tución y en los convenios internacionales vigentes, no debe entenderse como negación de otros que, siendo inherentes a la persona humana, no figuren expresamente en ellos".

18 Eingehender zur Struktur der Abwägung im Sinne der Gewichtsformel und zur Sicherheit der Prä-missen als ein Faktor der Abwägung, vgl. R. Alexy, „Die Gewichtsformel", in J. Jickeli/P. Kreutz/D. Reuter (Hg.), *Gedächtnisschrift für Jürgen Sonnenschein*, Berlin 2003, S. 771-792. Zur Sicherheit der normativen Prämissen der Abwägung vgl. C. Bernal Pulido, "The Rationality of Balancing", *Archiv für Rechts- und Sozialphilosophie* 92 (2006), S. 195-208.

Die Frage nach materiellen Eigenschaften für die Feststellung der Fundamentalität der Grundrechte steht in Zusammenhang mit dem schwierigen philosophischen Problem, ob es subjektive Rechte außerhalb des Rechts gibt. Präziser formuliert lautet diese philosophischen Frage, ob es moralische Rechte oder moralische Grundrechte gibt. Die moralischen Grundrechte[19] sind eine Art moralischer Rechte, die – wegen ihres Inhalts – als Grundrechte im Rechtssystem anerkannt und behandelt werden sollen. Da sie zur Klasse der moralischen Rechte gehören, hängt die Annahme ihrer Existenz von der Annahme der Existenz von moralischen Rechten ab. Gäbe es keine moralischen Rechte, könnten materielle Eigenschaften nicht für die Fundamentalität der Grundrechte relevant werden. Geht man hiervon aus, würden nur diejenigen Rechte Grundrechte sein, die die verfassunggebende Versammlung oder das Verfassungsgericht mit ihrer Autorität statuierten. Nimmt man dagegen die Existenz von moralischen Rechten an, dann wären die Grundrechte der Verfassung oder der Verfassungsrechtsprechung das Ergebnis einer Institutionalisierung der moralischen Grundrechte. In diesem Fall würden die formalen Eigenschaften der in den Verfassungen und sonstigen Dokumenten institutionalisierten Grundrechte und die materiellen Eigenschaften der moralischen Grundrechte zusammen die Fundamentalität der Grundrechte bestimmen. Die Grundrechte würden die materiellen Eigenschaften vor und unabhängig von ihrer Institutionalisierung im Rechtssystem aufweisen. Dass ein subjektives Recht eine materielle Eigenschaft der Grundrechte aufwiese, wäre ein Grund dafür, es als Grundrecht zu institutionalisieren.

Hier kann keine vollständige Untersuchung der Frage der Existenz moralischer Rechte erfolgen. Trotzdem sei ein Argument für ihre Existenz angeführt. Ein starker Grund gegen die Existenz solcher Rechte besteht in der Behauptung, dass subjektive Rechte keine besonderen moralischen Ansprüche erheben. In dieser Hinsicht wäre für die Moral die Identifizierung richtiger Handlungen bedeutsam. Die Identifizierung richtiger Handlungen würde sich auf die Identifizierung der richtigen Intentionen oder der richtigen Gründe für Handlungen oder der gewünschten Ergebnisse der Handlungen gründen. Es würde insofern auch behauptet, dass die Beachtung der Rechte des Anderen nicht notwendig ist, um diese Intentionen, Gründe oder Ergebnisse zu ermitteln. In diesem Sinne hat Bentham gesagt: *"natural rights is simple nonsense: natural and imprescriptibly rights, rhetorical nonsense — nonsense upon stilts."*[20] Bentham geht davon aus, dass die komplexe Struktur des Begriffs vom subjektiven Recht im Bereich des Rechts eingegrenzt wird. In seinen Worten: *"Right ... is the child of law: from real laws come real rights; but from imaginary laws, from laws of nature, fancied and invented by poets, rhetoricians, and dealers in moral and intellectual poisons, come imaginary rights, a bastard brood of monsters."*[21]

Diese Auffasung trifft nicht zu. Es ist zwar richtig, dass der Begriff des subjektiven Rechts überwiegend im Bereich des Rechts angewendet wird. Die Theorien der moralischen Rechte haben aber ein klares Ziel. Dies besteht darin, eine Antwort auf die Frage

---

19 Im Bereich der Moral wird üblicherweise von „Menschenrechten" gesprochen. Aus Gründen der Konsistenz wird im folgenden jedoch „moralische Grundrechte" oder ähnlich verwendet werden. Dementsprechend werden im Bereich der Moral Grundrechte und Menschenrechte als Synonyme verstanden.

20 J. Bentham, „Anarchical Fallacies", in J. Bowring (Hg.), *The Works of Jeremy Bentham*, London, 1838-1843; Nachdruck: New York, 1962, Vol. 2, vers 230.

21 Ibid., vers 730.

zu geben, was die subjektiven Rechte im Rechtssystem sein sollen. Es ist immer vernünftig, zu fragen, ob die Rechtsnormen, die subjektive Rechte gewähren, richtig sind oder ob sie daran scheitern, dass sie die moralischen Rechte der Personen nicht gewährleisten. In diesem Sinne heißt es bei Steiner: *„theories of moral rights advance views about how specific other person's valued services should be interpersonally distributed by enforceable systems of rules"*[22].

Aus diesem Grund soll hier von der Existenz moralischer Rechte ausgegangen werden. Dann lautet aber die Frage: Welche materiellen Eigenschaften verleihen einigen moralischen Rechten Fundamentalität , so dass sie als Grundrechte im Bereiche der Moral und des Rechts anzuerkannen sind?

Diese Frage kann nur auf der Grundlage eines Begriffs der politischen Person beantwortet werden. Die Grundrechte schützen die fundamentalen Interessen des einzelnen gegenüber der Gesellschaft und dem Staat. Die politische Person und ihr Schutz gegenüber Gesellschaft und Staat wird dadurch bestimmt, welche fundamentalen Interessen ihr zugeschrieben werden. Um welche fundamentalen Interessen handelt es sich dabei?

Diese fundamentalen Interessen hängen von der wechselseitigen Beziehung zwischen dem Staat und der politischen Person ab. Die materiellen Interessen der politischen Person und die materiellen Eigenschaften des Staates bedingen sich wechselseitig. Seit den Anfängen des demokratischen Verfassungsstaats zielen die Grundrechte darauf, die Freiheit der Person vor Eingriffen des Staats zu schützen, die Mitwirkung des einzelnen in demokratischen Prozessen zu gewährleisten und rechtliche Gleichheit herzustellen.[23]

Nachdem das Prinzip des Sozialstaates in die Definition des Staates einbezogen wurde, wird den Grundrechten auch die Garantie des Existenzminimums entnommen und die Gleichheit auch im Sinne faktischer Gleichheit gedeutet. Die Grundrechte kennzeichnen die politische Person als frei, selbständig im privaten und öffentlichen Bereich, gleich gegenüber anderen Personen und als Träger von bestimmten grundlegenden Bedürfnissen. Der Schutz dieser Freiheit, Autonomie und Gleichheit und die Befriedigung dieser Bedürfnisse ist das Ziel des Staates. Staatliches Handeln wird durch diese Ziele gleichermaßen gerechtfertigt wie gefordert, bedingt durch das Übermaß-und Untermaßverbot.

Danach sind Freiheit, Autonomie und Gleichheit fundamentale Interessen der politischen Person, zu diesen Interessen zählt weiter die Befriedigung bestimmter fundamentaler Bedürfnisse. Diese sollen als materielle Eigenschaften für die Definition der Grundrechte in der Moral und – durch die Institutionalisierung der Moral[24] – im Recht berücksichtigt werden. Sie bilden einen triadischen Begriff der politischen Person, dem hier weiter nachgegangen werden soll. Dieser Begriff weist drei Dimensionen auf: die liberale Dimension der Person, die demokratische Dimension der Person und die sozial-

22 H. Steiner, „Moral Rights", in D. Copp (Hg.), *Oxford Handbook of Ethical Theory*, Oxford, 2006, S. 460.

23 Vgl. M. Stolleis, *Geschichte des öffentlichen Rechts in Deutschland,* München 1992, Band 2, S. 114ff.

24 Zur Institutionalisierung der moralischen Grundrechte im Bereich des Rechts vgl.: R. Alexy, „Die Institutionalisierung der Menschenrechte im demokratischen Verfassungsstaat", in S. Gosepath und G. Lohmann (Hg.), *Philosophie der Menschenrechte,* Frankfurt a. M. 1999, S. 246 ff.; F. I. Michelman, „Brauchen Menschenrechte eine demokratische Legitimation?", in H. Brunkhorst, W. Köhler und M. Lutz-Bachmann (Hg.), *Recht auf Menschenrechte,* Frankfurt a. M. 1999, S. 53; und J. Habermas, „Der interkulturelle Diskurs über Menschenrechte", in *Recht auf Menschenrechte,* S. 216.

staatliche Dimension der Person. Die materiellen Eigenschaften der Fundamentalität der Grundrechte bestehen in weiteren Eigenschaften, die für die Würde des Menschen und die Entfaltung einer liberalen, demokratischen und sozialstaatlichen Person erforderlich sind.

1. Die fundamentalen Interessen der liberalen Person

Nach der liberalen Auffassung der Person oder des Staates besteht das Ziel des Staates darin, dem einzelnen die Ausübung seiner Freiheit zu gewährleisten. In diesem Sinne hat beispielsweise Locke geltend gemacht, die Rechtfertigung der Legitimität der Staatsmacht bestehe im Schutz des Eigentums der Person.[25] Für Locke war das Eigentum ein allgemeiner Begriff, der die Freiheit einschließt. In einem ähnlichen Sinne hat Kant behauptet, die wichtigste Richtlinie der Handlungen des Staates sei das allgemeine Rechtsprinzip. Nach diesem Prinzip gilt: „Das Recht ist also der Inbegriff der Bedingungen, unter denen die Willkür des einen mit der Willkür des anderen nach einem allgemeinen Gesetze der Freiheit zusammen vereinigt werden kann."[26] Dieses Prinzip legt dar, dass die Freiheit ein fundamentales Interesse der Person ist, deren Schutz das wichtigste Ziel des Staates ist. Was ist aber diese Freiheit? Worin besteht sie?

John Rawls hat mit seinem Begriff der liberalen Person eine Antwort auf diese Frage angeboten. Nach Rawls wird die Person durch zwei moralische Eigenschaften gekennzeichnet, die er "moralische Fähigkeiten" nennt. Die erste moralische Fähigkeit liegt in der Fähigkeit, vernünftig ("reasonable") zu sein. Diese Fähigkeit besteht in der Begabung, einen Gerechtigkeitssinn zu haben.[27] Die zweite Fähigkeit ist die Fähigkeit, "rational" zu sein. Diese Fähigkeit zielt auf die Begabung dafür, eine Auffassung des Guten zu haben.[28] Die erste moralische Fähigkeit besteht in der menschlichen Begabung, bewusst an der sozialen Kooperation teilzunehmen. Die zweite moralische Fähigkeit bezieht sich auf die Fähigkeit, Ziele anzustreben, die eine Auffassung des Guten bzw. eine Auffassung von allem, was im Leben wertvoll ist, widerspiegeln.[29] Die beiden Fähigkeiten hängen zusammen. Die erste moralische Fähgkeit bildet die Grundlage des Schutzes der individuellen Voraussetzungen des politischen Lebens, d.h. der politischen Freiheiten und der Rechte auf Teilnahme an demokratischen Prozessen. Die zweite moralische Fähigkeit ist die Grundlage individueller Freiheiten.

Für die liberale Theorie bilden diese zwei Fähigkeiten die Grundlage der materiellen Fundamentalität der Grundrechte. Danach sollen alle subjektiven Rechte, die für die Entwicklung dieser zwei moralischen Fähigkeiten der Person erforderlich sind, als Grundrechte von verfassunggebenden Versammlungen oder Verfassungsgerichten anerkannt werden.[30] Rawls stellt einen Katalog dieser subjektiven Rechte auf, die er als "basic liberties" bezeichnet. Zu diesem Katalog gehören die Freiheiten des Denkens und des Gewissens, die politischen Freiheiten, die körperliche Freiheit, die Unversehrtheit

---

25   J. Locke, *Second Treatise of Government, [on-line Version: http://www.gutenberg.org/etext/7370]*

26   I. Kant, *Grundlegung zur Metaphysik der Sitten*, Berlin 1911, S. 230.

27   J. Rawls, *Political Liberalism*, New York 1993, S. 49 und 338.

28   Ibid., S. 338.

29   Ibid.

30   Ibid., S. 330.

der Person und die Rechte und Freiheiten des Rechtsstaats.[31] Es lassen sich gute Gründe für die These anführen, dass dieser Katalog zu eng ist. Dem kann hier jedoch nicht weiter nachgegangen werden.

2. Die fundamentalen Interessen der demokratischen Person

Die demokratische Theorie impliziert zudem eine Auffassung der Person, die eine zweite Dimension der politischen Person bildet. Nach dieser Auffassung werden der Person auch fundamentale Interessen zugeschrieben. Der Kern dieser Auffassung besteht im Begriff der Autonomie, die das Ideal von Rousseau widerspiegelt, eine Form von politischer Gesellschaft zu finden, in der jede Person und ihre Güter geschützt werden, aber sie trotz ihrer Teilnahme frei bleibt, nur sich selbst zu gehorchen.[32] Nach der demokratischen Theorie soll jeder Person in höchstmöglichem Maße die Fähigkeit zuerkannt werden, sich selbst Normen zu geben.

Die zentrale Idee der demokratischen Theorie wurde in den letzten Jahrzehnten von Habermas mit seiner Diskurstheorie entwickelt. Diese Theorie setzt einen Begriff der demokratischen bzw. deliberativen Person voraus. Wie der Begriff der liberalen Person impliziert der Begriff der demokratischen Person einige fundamentale Fähigkeiten der Person, die die Grundlage für materielle Eigenschaften für die Fundamentalität der Grundrechte spielen können.

Das Prinzip des Diskurses bildet den Kern der Habermasschen Diskurstheorie. Nach diesem Prinzip sollen nur diejenigen Normen als geltend angenommen werden, denen alle Betroffenen – als Teilnehmer in rationalen Diskursen – zustimmen würden.[33] Das Prinzip des Diskurses ist die Grundlage des demokratischen Prinzips. Daraus kann hergeleitet werden, dass der Begriff der Person, den das Diskursprinzip voraussetzt, die Grundlage des Begriffs der demokratischen Person bildet. Anders formuliert: Die fundamentalen Fähigkeiten der demokratischen Person bestehen in den fundamentalen Fähigkeiten eines Teilnehmers an deliberativen Prozessen in einem rationalen Diskurs.

Das Prinzip des Diskurses setzt eine Person voraus, die fähig ist, an der politischen Deliberation teilzunehmen und ihre Zustimmung zu geben. Diese Fähigkeiten können im Begriff der Zurechnungsfähigkeit zusammengefasst werden. Die Zurechnungsfähigkeit ist notwendig, um an der Kommunikation teilzunehmen. Die Zurechnungsfähigkeit besteht in zwei weiteren fundamentalen Fähigkeiten, nämlich (1) der Fähigkeit, Aussagen zu tätigen und sie mit Gründen gegen Einwände zu verteidigen, und (2) die Fähigkeit, sich eigenen Aussagen gegenüber und Aussagen anderer gegenüber kritisch zu verhalten.[34]

Die zwei Fähigkeiten, die in der Zurechnungsfähigkeit zusammengefasst werden, sind der Gegenstand, im Hinblick auf den die demokratische Person durch die Grundrechte geschützt werden soll. Deswegen kann eine hinreichende materielle Eigenschaft für die Fundamentalität der Grundrechte auf den Begriff der demokratischen Person gestützt

---

31   Ibid., S. 328.
32   J. J. Rousseau, *Contrat Social*, Berlin 1922, S. 13.
33   J. Habermas, *Faktizität und Geltung,* Frankfurt a. M. 1992, S. 172.
34   K. Günther, "Welchen Personenbegriff braucht die Diskurstheorie des Rechts? Überlegungen zum internen Zusammenhang zwischen deliberativer Person, Staatsbürger und Rechtsperson", in H. Brunkhorst und P. Niesen (Hg.), *Das Recht der Republik*, Frankfurt a. M. 1999, S. 83 ff.

werden. Ein subjektives Recht stellt ein Grundrecht dar, wenn es die Zurechnungsfähigkeit der Person schützt. Die demokratischen Grundrechte, wie das Wahlrecht und die für den Ablauf demokratischer Prozesse notwendigen Freiheiten, weisen diese Eigenschaft auf.

3. Die fundamentalen Bedürfnisse der sozialstaatlichen Person

Die Theorie des Sozialstaats setzt ebenfalls eine Dimension der politischen Person voraus. Hier stehen fundamentale Bedürfnisse im Vordergrund. Diese Auffasung wendet gegen die liberalen und demokratischen Theorien ein, der Schutz der Freiheit und Autonomie reiche nicht aus, um den Grundstatus der Person zu gewährleisten. In jeder Gesellschaft gibt es eine grosse Zahl von Personen, die durch die Ausübung ihrer Freiheit und Autonomie ihre fundamentalen Bedürfnisse nicht befriedigen kann.[35] Der Gegenstand dieser Bedürfnisse sind die Güter, die für die Führung eines guten Lebens notwendig sind – Essen, Wohnung, Krankenversicherung, das Existenzminimun, und so fort – und die sich für die Ausübung der individuellen und politischen Freiheiten als förderlich erweisen. Das Prinzip der Solidarität begründet die Idee, dass, wenn eine Person diese Bedürfnisse nicht selbst befriedigen kann, die Gesellschaft sie, vermittelt durch den Staat, befriedigen soll.[36]

In diesem Sinne bildet damit die Befriedigung eines fundamentalen Bedürfnisses der Person eine materielle Eigenschaft der Fundamentalität der Grundrechte. Dementsprechend soll ein subjektives Recht, das darauf zielt, fundamentale Bedürfnisse der Person zu erfüllen, als Grundrecht anerkannt werden. Die Grundrechte, die diese Eigenschaft aufweisen, sind oft Rechte auf etwas, die mit Leistungspflichten des Staates korrelieren.

4. Ergebnis bezüglich der materiellen Eigenschaften

Die materiellen Eigenschaften der Fundamentalität der Grundrechte sollen als alternative hinreichende Bedingungen verstanden werden, die ein subjektives Recht aufweisen soll, um als Grundrecht zu gelten. Dementsprechend soll ein subjektives Recht als Grundrecht anerkannt werden, wenn es die moralischen Fähigkeiten der liberalen Person oder ihre Zurechnungsfähigkeit schützt, oder wenn es darauf abzielt, die fundamentalen Bedürfnisse der Person zu befriedigen. Dazu kommt, dass ein subjektives Recht ein Grundrecht darstellt, wenn es die Gleichheit im Bereich ihrer liberalen Fähigkeiten und der Zurechnungsfähigkeit der Personen sichert oder wenn es die Gleichheit in der Verteilung der Güter, die die fundamentalen Bedürfnisse befriedigen, gewährleistet. Ein subjektives Recht muss mindestens eine materielle Eigenschaft aufweisen, um ein Grundrecht zu sein. Damit kommt den materiellen Eigenschaften die Priorität gegenüber den formalen Eigenschaften zu.

Die materiellen Eigenschaften erweisen sich auch in der Abwägung als bedeutsam. Es gilt folgende Regel:

---

35   Vgl. E. Tugendhat, *Vorlesungen über Ethik*, Frankfurt am M. 2003, S. 338 ff.
36   Vgl. zu dieser Rolle des Prinzip der Solidarität: M. Borgetto, *La notion de Fraternité en Droit Public Français,* París 1993, S. 398.

In je stärkerem Maße ein Grundrecht eine materielle Eigenschaft aufweist bzw. je mehr das Recht die moralischen Fähigkeiten der liberalen Person oder die Zurechnungsfähigkeit oder die Bedürfnisse schützt, desto mehr Gewicht soll ihm in der Abwägung gegeben werden.

IV. Schluss

Die Fundamentalität der Grundrechte besteht in einer Gesamtheit von formalen und materiellen Eigenschaften. Um ein Grundrecht zu sein, muss ein subjektives Recht mindestens eine formale und eine materielle Eigenschaft aufweisen. Hierin liegt eine notwendige Bedingung. Zwischen den formalen und materiellen Eigenschaften besteht eine Relation. Diese Relation liegt darin, dass die von der verfassunggebenden Versammlung bzw. vom Verfassungsgericht anerkannten Grundrechte eine Institutionalisierung der moralischen Grundrechte darstellen, so dass die Grundrechte der Verfassung bzw. der Verfassungsrechtsprechung normalerweise auch mindestens eine materielle Eigenschaft aufweisen. Trotzdem gilt es anzuerkennen, dass – da die materiellen Eigenschaften abstrakt sind – die verfassunggebende Versammlung bzw. das Verfassungsgericht einen Spielraum hat, um diese Eigenschaften in der Institutionalisierung zu konkretisieren. Innerhalb dieses Spielraums kann die verfassunggebende Versammlung bzw. das Verfassungsgericht bestimmen, welches die konkreten Grundrechte sein sollen, die die liberalen und demokratischen Interessen und die sozialstaatlichen Bedürfnisse der Person in der fraglichen Gesellschaft gewährleisten. Auch wenn diese Konkretisierung ein Stück weit als ungebunden erscheint, erhebt sie doch einen Anspruch auf Richtigkeit und kann dementsprechend stets vor dem Hintergrund der idealen Dimension kritisiert werden.

Die Bindung an Festsetzungen des Gesetzgebers in der grundrechtlichen Abwägung

Martin Borowski

Dem Gesetzgeber kommt in der Architektur des demokratischen Verfassungsstaates herausragende Bedeutung zu. Der demokratische Prozeß mündet im Verfahren der Gesetzgebung im Parlamentsgesetz und damit in der Dimension des Rechts. Die Exekutive und die Judikative sind an Parlamentsgesetze gebunden. Die direkte demokratische Legitimation der Abgeordneten des Hauptorgans der Legislative, des Parlaments, verleiht dem Parlamentsgesetz besondere Autorität. Jede Rekonstruktion des demokratischen Verfassungsstaates, die diese besondere Autorität des Gesetzgebers nicht angemessen abbildet, muß sich als verfehlt erweisen.

Auf der anderen Seite gehört der effektive Schutz von Grund- und Menschenrechten zu den schlechthin konstituierenden Elementen des demokratischen Verfassungsstaates. Vor dem Hintergrund der Erfahrung auch gesetzlichen Unrechts im Dritten Reich legt das Grundgesetz besonderen Wert auf eine effektive Grundrechtsbindung aller Staatsgewalt, einschließlich der Legislative. Die Einhaltung der Grenzen der substantiellen Grundrechtsbindung wird in letzter Instanz überwacht von einem Verfassungsgericht, dessen Kompetenzen in rechtsvergleichender Hinsicht ihresgleichen suchen.

In der Rechtsprechung des Bundesverfassungsgerichts entwickelte sich der Grundsatz der Verhältnismäßigkeit im weiteren Sinne rasch zum zentralen materiellen Kriterium der wirksamen Einschränkung von Grundrechten. Dieser praktischen Anerkennung der Verhältnismäßigkeit, deren dritter Teilgrundsatz in der Abwägung besteht, folgte die wissenschaftliche Rekonstruktion von Verhältnismäßigkeit und Abwägung.[1] Mit ihrer hohen praktischen Bedeutung und dem tieferen Verständnis ihrer Struktur hat sich die Abwägung als Methode der Rechtsanwendung mittlerweile gleichrangig neben der Subsumtion etabliert,[2] die ganz im Zentrum der klassischen Methodenlehre stand.[3]

---

1   Vgl. aus neuerer Zeit L. Clérico, Die Struktur der Verhältnismäßigkeit, Baden-Baden 2001. Diese Rekonstruktion geht ein ganzes Stück weit auf die Schriften der modernen Prinzipientheorie zurück, nach der die Anwendung des Grundsatzes der Verhältnismäßigkeit charakteristisch für die Anwendung von Prinzipien ist. Vgl. zur modernen Prinzipientheorie R. Alexy, Theorie der Grundrechte, Frankfurt am Main 1996; J.-R. Sieckmann, Regelmodelle und Prinzipienmodelle des Rechtssystems, Baden-Baden 1990; ders., Recht als normatives System, Baden-Baden 2009; M. Borowski, Grundrechte als Prinzipien, 2. Aufl., Baden-Baden 2007.

2   Vgl. R. Alexy, On Balancing and Subsumtion, in: Ratio Juris 16 (2003), S. 433-449 (433). Dementsprechend finden sich in neueren Abhandlungen oder Auflagen von Werken zur rechtswissenschaftlichen Methodenlehre regelmäßig eigene Abschnitte zur Abwägung, vgl. H.-J. Koch /H. Rüßmann, Juristische Begründungslehre, München 1982, S. 244 ff.; K. Larenz/C.-W. Canaris, Methodenlehre der Rechtswissenschaft, 3. Aufl., Berlin et al. 1995, S. 223 ff.

3   Auch wenn sich die Listen verschiedener Autoren unterscheiden, bilden (1) der Wortlaut, (2) die

Was bedeutet die grundrechtliche Abwägung für die Autorität des Gesetzgebers? Aus verschiedenen Richtungen werden Gefahren gesehen. Auf der einen Seite wird befürchtet, die Abwägung stelle einen zu strengen Kontrollmaßstab auf, der dem demokratischen Prozeß nicht den notwendigen Freiraum gewährt. Die besondere Autorität des Gesetzgebers würde ignoriert, der „parlamentarische Gesetzgebungsstaat" gleite ab in einen „verfassungsgerichtlichen Jurisdiktionsstaat".[4] Auf der anderen heißt es in genau entgegengesetzter Richtung, die Degradierung von Verfassungsbestimmungen zu bloßen Gegenständen einer Abwägung raube diesen die Steuerungskraft.[5] Folgt man dem, scheint dies die Autorität des Gesetzgebers eher zu stärken, denn damit verlöre der Maßstab für die Kontrolle von Gesetze seine Steuerungskraft. Dies führte aber wiederum zu dem Problem, daß das Bundesverfassungsgericht bei der Kontrolle von Gesetzen seinerseits nicht an klare Standards gebunden wäre. Ein Verfassungsgericht, das ohne klare Standards ermächtigt ist, Gesetze zu kontrollieren, stellt eine erhebliche Bedrohung der Autorität des Gesetzgebers dar. Beide Einwände – der Einwand der zu starken Bindung des Gesetzgebers und der Einwand der zu schwachen Bindung – sind im Rahmen der Verteidigung einer prinzipientheoretischen Rekonstruktion der Grundrechte bereits verschiedentlich umfassend zurückgewiesen worden.[6]

Der Zweck dieses Beitrages soll darin bestehen, am Beispiel des Grundgesetzes[7] die Rolle des Gesetzgebers in der prinzipientheoretischen Rekonstruktion der Grundrechte im Rahmen des Grundgesetzes näher zu untersuchen. Wie kann die Autorität seiner Entscheidungen respektiert werden, ohne daß die verfassungsgerichtliche Kontrolle vernachlässigt wird? Zunächst gilt es das komplexe Netz strikter und nicht strikter Festsetzungen zu skizzieren, das die Verfassung aufstellt und den Gesetzgeber bindet. Hinsichtlich jeder Festsetzung in der Verfassung kann die Frage nach einem Spielraum des

Systematik des Gesetzes, (3) der Wille des Gesetzgebers und (4) der „Wille des Gesetzes" fraglos den Kern der klassischen rechtswissenschaftlichen Auslegungslehre, vgl. K. Engisch, Einführung in das juristische Denken, 10. Aufl., Stuttgart/Berlin/Köln 2005, S. 73 ff.; Larenz/Canaris, Methodenlehre der Rechtswissenschaft (Fn. 2), S. 141ff.; Koch/Rüßmann, Juristische Begründungslehre (Fn. 2), S. 166 ff.; P. Koller, Theorie des Rechts, 2. Aufl., Wien/Köln/Weimar 1997, S. 211 ff.

4   E.-W. Böckenförde, Grundrechte als Grundsatznormen, in: ders., Staat, Verfassung, Demokratie, 2. Aufl., Frankfurt am Main 1992, S. 159-199 (190); ders., Wie werden in Deutschland die Grundrechte im Verfassungsrecht interpretiert?, in: EuGRZ 2004, S. 598-603 (603); M. Peters, Grundrechte als Regeln und als Prinzipien, in: ZÖR 51 (1996), S. 159-182 (178 ff.); R. Poscher, Grundrechte als Abwehrrechte, Tübingen 2003, S. 83; J. F. Lindner, Theorie der Grundrechtsdogmatik, Tübingen 2005, S. 55; M. Jestaedt, Die Abwägungslehre, in: O. Depenheuer et al. [Hg.], Staat im Wort – Festschrift für Josef Isensee, Heidelberg 2007, S. 253-275 (271 f.).

5   J. Habermas, Faktizität und Geltung, 4. Aufl., Frankfurt am Main 1994, S. 310 ff.; A. Scherzberg, Grundrechtsschutz und Eingriffsintensität, Berlin 1989, S. 176; K. Stern, Das Staatsrecht der Bundesrepublik Deutschland, Band 3/1, München 1988, S. 501-504.

6   Insbesondere R. Alexy, Postscript, in: R. Alexy, A Theory of Constitutional Rights, übersetzt von J. Rivers, Oxford 2002, S. 388-425 (388 ff.); M. Borowski, Prinzipien als Grundrechtsnormen, in: Zeitschrift für Öffentliches Recht 53 (1998), S. 307-335 (321 ff.); ders., Grundrechte als Prinzipien (Fn. 1), S. 114 ff.; 248 ff.

7   Das Grundgesetz steht damit als Anwendungsfall für den demokratischen Verfassungsstaat, und die Rekonstruktion der Autorität des Gesetzgebers kann *mutatis mutandis* auf andere demokratische Verfassungsstaaten übertragen werden. In diesem Sinne möchte sich diese Untersuchung als Beitrag zur Rekonstruktin des demokratischen Verfassungsstaates schlechthin verstanden wissen.

Gesetzgebers gestellt werden. Jeder Spielraum, gleich ob Subsumtionsspielraum oder Abwägungsspielraum, beschreibt einen Bereich, innerhalb dessen der Gesetzgeber letztgültig entscheidet. Die adäquate Rekonstruktion der Autorität des Gesetzgebers ist gegenwärtig die wohl größte Herausforderung des Prinzipienmodells der Grundrechte. Die bisherige Diskussion fokussiert ein ganzes Stück weit auf die Rekonstruktion der Entscheidungsprärogative des demokratisch legitimierten Gesetzgebers hinsichtlich empirischer Prämissen mit Hilfe „formeller Prinzipien", die zu einem Spielraum in der Abwägung führen.[8] Der Blickwinkel soll in dieser Untersuchung auf die gesetzgeberische Gesamtentscheidung erweitert werden, die Entscheidung über empirische Prämissen erweist sich demgegenüber als Teilentscheidung.[9] Anschließend soll insbesondere die Zwecksetzungskompetenz des Gesetzgebers unter dem Gesichtspunkt formeller Prinzipien näher in den Blick genommen werden.

I. Die Festsetzungen in der Verfassung

Die Grundrechte des Grundgesetzes stellen ein komplexes System verschiedenartiger Festsetzungen auf. Aus der strukturellen Perspektive kann man zwischen strikten und nicht strikten Festsetzungen unterscheiden. Nicht strikte Festsetzungen können, anders als strikte Festsetzungen, durch Abwägung überwunden werden. Soweit unter strikte Festsetzungen subsumiert wird, stellt sich die Frage nach dem Subsumtionsspielraum des Gesetzgebers. Soweit nicht strikte Festsetzungen abgewogen werden, geht es dagegen um Abwägungsspielräume.

1. Strikte Festsetzungen

Festsetzungen in der Verfassung, die der Rechtsanwender vor der grundrechtlichen Abwägung zu beachten hat,[10] bestehen insbesondere im Wortlaut der Verfassung und dem

---

8 Vgl. nur Alexy, Theorie der Grundrechte (Fn. 1), S. 120, 267, 427; ders., Verfassungsrecht und einfaches Recht, in: VVDStRL 61 (2002), S. 7-33 (27 f.); ders., Postscript (Fn. 6), S. 418 f.; Raabe, Grundrechtsschutz und gesetzgeberischer Einschätzungsspielraum: Ein Konstruktionsvorschlag, in: C. Grabenwarter et al. [Hg.], Stuttgart et al. 1994, S. 83-100 (83 ff.); ders., Grundrechte und Erkenntnis, Baden-Baden 1998, S. 207 ff.; V. Afonso da Silva, Grundrechte und gesetzgeberische Spielräume, Baden-Baden 2003, S. 113 ff. Vgl. weiter Sieckmann, Regelmodelle und Prinzipienmodelle (Fn. 1), S. 160 ff. sowie die weiteren Nachweise in Fn. 61; vgl. auch Borowski, Grundrechte als Prinzipien (Fn. 1), S. 127 ff.

9 Zur Unterscheidung zwischen der Gesamtentscheidung und Teilentscheidungen siehe II. 2. b).

10 Die Bindungswirkung von Verfassungsbestimmungen kann in verschiedenen Konstellationen in Frage gestellt werden. Erstens kann ein nichtpositivistischer Rechtsbegriff dazu führen, daß einer Verfassungsbestimmung der Rechtscharakter abgesprochen wird. Mit dem Rechtscharakter entfiele auch die bindende Kraft der entsprechenden Verfassungsbestimmung. Zweitens kann ein Konflikt von internationalem oder supranationalem Recht mit einer Verfassungsbestimmung dazu führen, daß letztere zurücktritt – sei es, weil internationales oder supranationales Recht als solches als höherrangig gedeutet wird, sei es, weil eine Bestimmung der nationalen Verfassung den Vorrang internationalen oder supranationalen Rechts vor anderen Bestimmungen der nationalen Verfassung anordnet. Diese beiden und ähnliche Relativierungen der Bindungswirkung von Verfassungsbestimmungen sollen hier jedoch nicht weiter untersucht werden.

Willen des Verfassungsgebers.[11] Beispielsweise Art. 12 Abs. 1 Satz 1 GG lautet: „Alle Deutschen haben das Recht, Beruf, Arbeitsplatz und Ausbildungsstätte frei zu wählen." Die Interpretation von Art. 12 Abs. 1 GG beginnt nicht mit irgendwelchen Abwägungen, sondern mit der Subsumtion unter die Ausdrücke im Wortlaut des Art. 12 Abs. 1 GG, insbesondere unter „Beruf" im Sinne von Art. 12 Abs. 1 Satz 1 GG.[12] Beruf in diesem Sinne ist „jede auf Erwerb gerichtete [...] Tätigkeit, die auf Dauer angelegt ist und der Schaffung und Aufrechterhaltung einer Lebensgrundlage dient".[13] Kann das Verhalten des Grundrechtsträgers unter diesen Begriff subsumiert werden, gilt es das Verhalten des Staates unter den Eingriffsbegriff[14] zu subsumieren. Liegt ein Eingriff in den Schutzbereich des Art. 12 Abs. 1 Satz 1 GG vor, ist die Schrankenseite in den Blick zu nehmen. Auch die Schrankenklausel kann Begriffe enthalten, unter die subsumiert werden muß. Ein Beispiel hierfür bildet Art. 8 Abs. 2 GG, der nur zu Beschränkungen für Versammlungen „unter freiem Himmel" ermächtigt.[15] Art. 12 Abs. 1 Satz 2 GG

---

11 Zum „Gesagten" und „Gewollten" als Pole der Bindung des Rechtsanwenders vgl. Koch/Rüßmann, Juristische Begründungslehre (Fn. 2), S. 169. Man kann die Frage stellen, ob das Gesagte und das Gewollte gleichrangige Bindungspole sind, oder ob das Gewollte nur im Rahmen des Gesagten Berücksichtigung finden kann. Im letzteren Falle zieht die Auslegung nach dem Wortlaut der weiteren Auslegung Grenzen, in diesem Sinne Larenz/Canaris, Methodenlehre der Rechtswissenschaft (Fn. 2), S. 163 f.; Koch/Rüßmann, Juristische Begründungslehre (Fn. 2), S. 182, jeweils für die Gesetzesauslegung. Das Gewollte kann dann nur im Rahmen der Rechtsfortbildung das Gesagte überspielen, Larenz/Canaris aaO, S. 187; Koch/Rüßmann aaO, 257 ff. Im Falle der Gleichrangigkeit von Gesagtem und Gewolltem dagegen könnte auch etwas, was vom Verfassungsgeber gewollt war, sich aber nicht in den möglichen Bedeutungen des Textes der Bestimmung widerspiegelt, Ergebnis der Auslegung sein.

12 Eine Abwägung zur Bestimmung von Begriffen im Schutzbereich ist strukturell unmöglich, wenn man den Schutzbereich als den Bereich versteht, innerhalb dessen ein Grundrecht Rechtswirkungen zeitigen kann. Denn wenn man eine Abwägung zur Bestimmung des Schutzbereiches vornimmt, stellt man in diese Abwägung einen zumindest potentiell weiterreichenden Schutzbereich ein. Vgl. Borowski, Grundrechte als Prinzipien (Fn. 1), S. 155 ff. Diese Argument schließt nicht die methodologische Abwägung von canones der Auslegung im Rahmen der Subsumtion aus (hierzu sogleich in Fn. 18), da hier nicht das Grundrecht selbst, sondern andere normative Gegenstände – Auslegungsgrundsätze – abgewogen werden. Zur Relevanz der Frage, ob eine Norm selbst in die Abwägung zur Bestimmung ihres Geltungsbereiches eingestellt wird oder ob sie bloß abwägungsabhängig ist, siehe Sieckmann, Regelmodelle und Prinzipienmodelle des Rechtssystems (Fn. 1), S. 58, 75; Borowski, aaO, S. 104 f.

13 BVerfG in st. Rspr., zuletzt BVerfGE 111, 10 (28). Zu dieser in der Rechtsprechung des Bundesverfassungsgerichts entwickelten Definition und den diskutierten weiteren Merkmalen siehe K. Stern, Das Staatsrecht der Bundesrepublik Deutschland, Bd. 4/1, München 2006, S. 1787 ff.

14 Der Wortlaut der Verfassung setzt den Eingriff zwar voraus, bestimmt den Eingriffsbegriff jedoch nicht. Die Konkretisierung des Eingriffsbegriffes wurde damit der Rechtsprechung, insbesondere des Bundesverfassungsgerichts, und der wissenschaftlichen Diskussion überlassen. So weit die Grundzüge des Eingriffsbegriffs seit längerem unbestritten sind, dürfte er zudem mittlerweile zu Verfassungsgewohnheitsrecht erstarkt sein. Zum Eingriffsbegriff vgl. statt vieler nur K. Stern, Das Staatsrecht der Bundesrepublik Deutschland, Bd. 3/2, München 1994, S. 75 ff.

15 Zu dieser Qualifizierung vgl. statt vieler Stern, Staatsrecht 4/1 (Fn. 13), S. 1261 f. Allerdings wird die Versammlungsfreiheit für Versammlungen, die nicht „unter freiem Himmel" stattfinden, als dem Wortlaut nach vorbehaltlos im Sinne der Formel des Bundesverfassungsgerichts eingestuft, womit eine Rechtfertigung von Eingriffen durch eine ungeschriebene Schrankenklausel eröffnet wird, siehe I. 3. b) bb). Die dem Wortlaut nach scheinbar getroffene Festsetzung, daß die Freiheit von Ver-

wird allerdings in der Sache als einfacher Gesetzesvorbehalt gedeutet,[16] so daß diese Schrankenklausel keine qualifizierenden Merkmale im Sinne strikter Festsetzungen aufweist. Zudem kann die Schrankenklausel die Klasse der Schrankengründe begrenzen, auf diese Begrenzung wird sogleich gesondert näher einzugehen sein.[17]

Diese Ebene abwägungsfrei anwendbarer Festsetzungen von grundrechtlichen Prinzipien, unter die der Rechtsanwender zu subsumieren hat,[18] zeigt, daß eine Charakterisierung von Regeln als Festsetzungen im Raum des tatsächlich und rechtlich Möglichen,[19] unter die es zu subsumieren gilt, und Prinzipien, bei deren Anwendung der Rechtsanwender in der Begründung der Abwägungsentscheidung Festsetzungen zu treffen habe, unvollständig ist. Normen können nicht nur (1) vollständigen Festsetzungsgehalt oder aber (2) keinerlei Festsetzungsgehalt aufweisen, ihnen kann auch (3) teilweiser Festsetzungsgehalt zukommen.[20] Derartige Normen sind trotz teilweisen Festsetzungsgehalts dann Prinzipien, wenn sie selbst in die Abwägung zur Bestimmung ihres Geltungsbe-

---

sammlungen, die nicht „unter freiem Himmel" stattfinden, nicht einschränkbar und damit absolut ist, wird damit überwunden.

16   Siehe nur Stern, Staatsrecht 4/1 (Fn. 13), S. 1881 ff.

17   Siehe I. 3.

18   Wenn Abwägung und Subsumtion als Grundformen der Rechtsanwendung gegenübergestellt werden, darf der Hinweis nicht fehlen, daß in gewisser Hinsicht auch im Rahmen der Subsumtion Abwägungen vorgenommen werden. Es wurde bereits auf die verschiedenen canones der Auslegung hingewiesen (Fn. 3). Oft führen die verschiedenen canones zu unterschiedlichen Ergebnissen, so daß sich die Frage nach dem Rang der canones stellt. Zur dieser Frage vergleiche nur Larenz/Canaris, Methodenlehre der Rechtswissenschaft (Fn.2), S. 163 ff.; Koch /Rüßmann, Juristische Begründungslehre (Fn. 2), S. 176 ff. Eine einfache Lösung bestünde in einer lexikalischen Ordnung im Sinne von John Rawls. Rawls ordnet seine Gerechtigkeitsgrundsätze derart, daß an einem vorrangigen Grundsatz nicht Abstriche zu Gunsten eines nachrangigen gemacht werden dürfen (J. Rawls, A Theory of Justice, 2. Aufl., Oxford 1999, S. 37 ff., 53 f., 72, 130 f.; ders., Justice as Fairness – A Restatement, Cambridge, Mass./London 2001, S. 104 f. *et passim*). Eine derartige lexikalische Ordnung klingt an, wenn gesagt wird, daß die Auslegung nach dem Wortlaut den Rahmen für alle weiteren Auslegungsgrundsätze zieht, vgl. hierzu bereits Fn. 11. Was jedoch das Verhältnis der anderen canones untereinander angeht, würde eine derart feste Rangfolge den komplexen Verhältnissen nicht ansatzweise gerecht. Verschiedene canones sprechen mit verschiedenem Gewicht für verschiedene Auslegungsergebnisse (vgl. nur die Bezeichnung der canones als „leitende Gesichtspunkte, denen ein unterschiedliches Gewicht zukommt" bei Larenz/Canaris, Methodenlehre der Rechtswissenschaft (Fn. 2), S. 163). Geboten ist daher eine Abwägung von Auslegungsargumenten, die als *methodologische Abwägung* bezeichnet werden kann. So verlangt beispielsweise auch Peter Koller ausdrücklich, die canones „abzuwägen", Koller, Theorie des Rechts, (Fn. 3), S. 216. Die Struktur dieser methodologischen Abwägung folgt den allgemeinen Regeln, aber die Gegenstände der Abwägung sind allein die Auslegungsargumente, nicht die auszulegende Bestimmung bzw. Norm selbst. Vgl. zu dieser methodologischen Abwägung Borowski, Prinzipien als Grundrechtsnormen (Fn. 6), S. 315; ders., Die Glaubens- und Gewissensfreiheit des Grundgesetzes, Tübingen 2006, S. 201 f.; ders., Grundrechte als Prinzipien (Fn. 1), S. 119. Vgl. auch R. Alexy, Theorie der juristischen Argumentation, 3. Aufl., Frankfurt am Main 1996, S. 306; H. Stück, Subsumtion und Abwägung, in: ARSP 84 (1998), S. 405-419 (411, Anm. 56).

19   Alexy, Theorie der Grundrechte (Fn.), S. 76; ders., Zur Struktur der Rechtsprinzipien, in: Regeln, Prinzipien und Elemente im System des Rechts, B. Schilcher/P. Koller/B.-C. Funk [Hg.], Wien 2000, S. 31-52 (32).

20   Sieckmann, Regelmodelle und Prinzipienmodelle (Fn. 1), S. 69; Borowski, Grundrechte als Prinzipien (Fn. 1), S. 98 f.

reiches eingestellt werden.[21] Abwägungsfrei anwendbare Festsetzungsgehalt – unter den subsumiert wird – ist damit durchaus mit dem Prinzipiencharakter einer Norm vereinbar. Vor diesem Hintergrund und auf der Grundlage der starken Trennungsthese[22] sollte man davon absehen, die Ebene abwägungsfrei anwendbarer Festsetzungen in Prinzipien als „Regelebene"[23] zu bezeichnen, da dies in terminologischer Hinsicht irreführenderweise in Richtung einer Hybridform, gebildet aus Regel und Prinzip, weist.

Vor allem aber zeigt der Blick auf diese Ebene abwägungsfrei anwendbarer Festsetzungen von grundrechtlichen Prinzipien, daß die Befürchtung, die Abwägung überwuchere alle gewachsenen Strukturen der Grundrechtsdogmatik, zu Unrecht besteht. In der prinzipientheoretischen Rekonstruktion der Grundrechte werden Abwägung und Subsumtion bestmöglich vereint.[24]

2. Nicht strikte Festsetzungen

Jenseits der strikten Festsetzungen kann eine Verfassung nicht strikte Festsetzungen enthalten. Dies sind Festsetzungen, die ihrerseits nur prima facie gelten, also durch Abwägung zurücktreten können. Ein Beispiel ist das Umweltschutzprinzip gem. Art. 20a GG, welches sich im Fall der Kollision mit der bereits erwähnten Berufsfreiheit nicht strikt durchsetzt. Vielmehr wird in einer Abwägung ermittelt, ob die Berufsfreiheit oder der Umweltschutz unter den konkreten Umständen Vorrang genießt. Innerhalb der Begrenzungen durch strikte Festsetzungen stellen auch die Grundrechte nicht strikte Festsetzungen dar, denn insoweit werden Kollisionen zwischen Grundrechten auch durch Abwägung entschieden. Etwas anderes gilt nur, wenn und soweit man einzelne Grundrechte als „absolut" im Sinne von grundsätzlich der Abwägung nicht unterworfen deutet, wie es beispielsweise für die Menschenwürde gem. Art. 1 Abs. 1 GG verbreitet gefordert wird.[25] Nicht strikte Festsetzungen werfen die Frage nach Spielräumen in der Abwägung auf, hierauf wird zurückzukommen sein.

3. Festsetzungen von Schrankengründen

Eine Verfassungsordnung muß zudem notwendig Festsetzungen hinsichtlich der zulässigen Schrankengründe für Grundrechte enthalten. Diese Festsetzungen sind von erheb-

---

21 Borowski, Grundrechte als Prinzipien (Fn. 1), S. 101 ff.
22 Nach der starken Trennungsthese der Prinzipientheorie besteht zwischen Regeln und Prinzipien ein logischer Unterschied in der Normstruktur. Eine Norm ist entweder eine Regel oder ein Prinzip, niemals aber beides zugleich. Siehe Borowski, Grundrechte als Prinzipien (Fn. 1), S. 70. Zur Unterscheidung von starker Trennungsthese, schwacher Trennungsthese und Übereinstimmungsthese siehe Alexy, Theorie der Grundrechte (Fn. 1), S. 74 f.; Sieckmann, Regelmodelle und Prinzipienmodelle (Fn. 1), S. 53; Borowski, aaO, S. 70 f.
23 Vgl. Alexy, Theorie der Grundrechte (Fn. 1), S. 199 ff., der diese Ebene als „grundrechtsunmittelbare Regelebene" der Grundrechte im Prinzipienmodell bezeichnet.
24 Borowski, Prinzipien als Grundrechtsnormen (Fn. 6), S. 318; ders., Die Glaubens- und Gewissensfreiheit des Grundgesetzes (Fn. 18), S. 217; ders., Grundrechte als Prinzipien (Fn. 1), S. 119.
25 Vgl. statt vieler H. Dreier in H. Dreier [Hg.], Grundgesetz Kommentar, Bd. 1: Präambel, Art. 1-20 GG, 2. Aufl., Tübingen 2004, Art. 1 Abs. 1 GG, Rn 131 ff.

licher Bedeutung für den Gesetzgeber, da sie ihm die Berufung auf bestimmte Schrankengründe verwehren können. Daß der Gesetzgeber nicht einfach auf beliebige Schrankengründe zurückgreifen kann, folgt aus dem Rang der Verfassung im Stufenbau der Rechtsordnung. In die Abwägung der verfassungskräftigen Grundrechte können nur Prinzipien mit Verfassungsrang als Schrankengründe eingestellt werden. Unterverfassungsrechtliche Prinzipien[26] im Sinne von Schrankengründen müßten als *legi inferiori* abwägungsfrei und absolut hinter die Grundrechte zurücktreten. Soll die Klasse der tauglichen Schrankengründe nicht leer sein – womit das grundrechtliche Prinzip unter keinerlei Umständen beschränkbar wäre und sich damit als de facto absolut erwiese[27] – muß die Verfassung die als Schrankengründe tauglichen Prinzipien entweder selbst festsetzen oder diese Entscheidung an den Gesetzgeber[28] delegieren.[29]

Schrankengründe für Grundrechte sind also Prinzipien mit Verfassungsrang.[30] Allerdings ist die Geltung eines Prinzips in einer Verfassungsordnung bloß eine notwendige, nicht eine hinreichende Bedingung der Qualität dieses Prinzips als Schrankengrund für ein bestimmtes Grundrecht. Die Schrankenklausel eines bestimmten Grundrechts kann die Klasse der zulässigen Schrankengründe begrenzen. Das ausgesprochen komplexe Schrankensystem des Grundgesetzes – es kommt nicht von ungefähr, daß von einem

---

26 Als Schrankengründe sollen in dieser Untersuchung rechtliche Prinzipien ganz im Vordergrund stehen. Implikationen eines nichtpositivistischen Rechtsbegriffs, die eine Berücksichtigung moralischer Prinzipien fordern mögen, sollen hier nicht näher in den Blick genommen werden, vgl. auch bereits Fn. 10. Vgl. zum „Prinzipienargument" für einen nichtpositivistischen Rechtsbegriff R. Alexy, Begriff und Geltung des Rechts, 2. Aufl., Freiburg/München 1994, S. 117 ff.; zur Geltung von moralischen Prinzipien als Verfassungsprinzipien vgl. weiter J.-R. Sieckmann, Grundrechte als Prinzipien, in: ders. [Hg.], Die Prinzipientheorie der Grundrechte, Baden-Baden 2007, S. 17-38 (25 ff.).

27 Auch die Festsetzung, daß ein Grundrecht nicht eingeschränkt werden kann, ist eine Festsetzung – die Festsetzung der Nichteinschränkbarkeit oder „Absolutheit" dieses Grundrechts. Aus dem bloßen Fehlen einer Schrankenklausel im Wortlaut eines Grundrechts kann noch nicht ohne weiteres auf dessen Absolutheit geschlossen werden, da – zumindest bei vielen Grundrechten – auch ungeschriebene Schrankenklauseln anerkannt werden. Beim Grundrecht der Menschenwürde in Art. 1 der Charta der Grundrechte der Europäischen Union (GRCh) liegt es sogar nahe, „unantastbar" vor dem Hintergrund der allgemeinen Schrankenklausel in Art. 52 Abs. 1 GRCh als ausdrückliche „Nichteinschränkungsklausel" verstehen, wenn man die These der Absolutheit der Menschenwürde aufrechterhalten will.

28 Grundsätzlich könnten auch andere Organe oder Personen zur Entscheidung über Schrankengründe ermächtigt werden. Da die grundrechtlichen Schrankenklauseln jedoch ganz überwiegend einen Eingriff durch Gesetz oder aufgrund Gesetzes verlangen und nach der Wesentlichkeitstheorie des Bundesverfassungsgerichts (vgl. hierzu F. Ossenbühl, Vorrang und Vorbehalt der Gesetze, in: Handbuch des Staatsrechts der Bundesrepublik Deutschland, Bd. 3, J. Isensee/P. Kirchhof [Hg.], Heidelberg 1988, § 62, Rn 41 ff.) in wesentlichen Fragen eine gesetzliche Grundlage gefordert wird, soll im folgenden aus Gründen der Vereinfachung der Gesetzgeber ganz im Vordergrund stehen.

29 Selbst die bedingungslose Ermächtigung des Gesetzgebers zur Setzung von Schrankengründen wäre eine Festsetzung, weil sie die Ermächtigung in den Händen des Gesetzgebers konzentrierte – eine bedingungslose Ermächtigung aller zur Setzung von Schrankengründen ist aus der Perspektive der Konsistenz und Kohärenz der Rechtsordnung schlecht vorstellbar. Wird die Ermächtigung – sei es in formeller Hinsicht, in materieller Hinsicht oder in beiderlei Hinsicht – bedingt gewährt, kommen weitere Festsetzungen hinzu. Zu diesen vgl. auch I. 3. a) bb).

30 Abgesehen von strikten Festsetzungen auf der Schrankenebene, die sich in qualifizierten Gesetzesvorbehalten jenseits der Festsetzung von Schrankengründen finden. Vgl. bereits I. 1.

„Schrankenwirrwarr"[31] gesprochen wird – nimmt derartige Begrenzungen in verschiedener Hinsicht vor. In diesem Bereich ist vieles umstritten. Hier können nur die Grundzüge skizziert werden, die erforderlich sind, um die verschiedenen Arten von Festsetzungen auf der Schrankenebene zu illustrieren.

a) Die Geltung von Prinzipien mit Verfassungsrang

Wie bereits erklärt, können nur Prinzipien mit Verfassungsrang Grundrechte einschränken. Die ebenfalls bereits erwähnte wichtige strukturelle Unterscheidung besteht darin, ob das Prinzip inhaltlich auf eine Verfassungsbestimmung zurückgeführt werden kann, so daß es unabhängig von einer Entscheidung des Gesetzgebers gilt, oder ob es durch eine Entscheidung des Gesetzgebers allererst konstituiert wird.

Diese fundamentale Unterscheidung ist keineswegs neu. Das Bundesverfassungsgericht meint nichts anderes, wenn es im Handwerksbeschluß „„absolute', d.h. allgemein anerkannte und von der jeweiligen Politik des Gemeinwesens unabhängige Gemeinschaftswerte" den Gemeinschaftsinteressen gegenüberstellt, die sich „erst aus seinen [des Gesetzgebers] besonderen wirtschafts-, sozial- und gesellschaftspolitischen Vorstellungen und Zielen ergeben, die er also erst selbst in den Rang wichtiger Gemeinschaftsinteressen erhebt."[32] Es geht ebenfalls in diese Richtung, wenn Alexy zwischen Prinzipien mit Verfassungsrang 1. Grades und 2. Grades[33] oder zwischen verfassungsunmittelbaren oder verfassungsmittelbaren Schranken[34] unterscheidet. Die beiden letztgenannten Un-

---

31 Dieser häufig zitierte Ausdruck wurde geprägt von K. A. Bettermann, Grenzen der Grundrechte, 2. Aufl., Berlin/New York 1976, S. 3.

32 BVerfGE 13, 97 (107).

33 Alexy, Theorie der Grundrechte (Fn. 1), S. 118 ff. Ein Prinzip weise Verfassungsrang 2. Grades auf, wenn es „nur zusammen mit einer in einer Vorbehaltsbestimmung statuierten Kompetenznorm ein Grundrecht einschränken kann" – hier wird auf Gesetzesvorbehalte und die konstitutive Rolle des Gesetzgebers Bezug genommen. Verfassungsrang 1. Grades weise dagegen ein Prinzip auf, „wenn es ein vorbehaltlos gewährleistetes Grundrecht einschränken kann", ibid., S. 119. Daneben stellt Alexy auf die Unterscheidung zwischen inhaltlicher Zuordnung eines Prinzips zu einer Verfassungsbestimmung und einer bloß formellen Zuordnung ab, vgl. ibid., S. 118-120. Das Problem dieser Unterscheidung besteht in diesem Kontext darin, daß Thesen über die konstitutive Rolle des Gesetzgebers für die Geltung von Prinzipien mit der Frage vermengt werden, welche Schrankenklauseln welche Schrankengründe zulassen (besonders deutlich beim Zusammenhang zwischen Prinzip mit Verfassungsrang 1. Grades, welchem allein die Kraft zugeschrieben wird, vorbehaltlose Grundrechte einzuschränken. Beide Fragen sollen in dieser Untersuchung aber gerade sauber getrennt werden.

34 Alexy, Theorie der Grundrechte (Fn. 1), S. 258 ff. Kennzeichnend für verfassungsmittelbare Schranken soll ihr „Unterverfassungsrang" sein, während verfassungsunmittelbare Schranken Verfassungsrang aufwiesen, ibid., S. 259. Nach dem bereits im Text Ausgeführten kommen Schranken mit Unterverfassungsrang aus Gründen des Stufenbaus der Rechtsordnung – *lex superior derogat legi inferiori* – aber gar nicht in Betracht. Freilich: Verbindet man die verfassungsmittelbaren Schranken mit dem Gedanken, daß hinter ihnen ein verfassungskräftiges Stützungsprinzip steht (Alexy deutet dies am Ende der genannten Passage an, wenn er von einer Kollision der Berufsfreiheit mit einem ordnungspolitischen Prinzip spricht, letzteres wäre das Stützungsprinzip; vgl. zur Rekonstruktion im Sinne von Stützungsprinzipien auch Borowski, Grundrechte als Prinzipien (Fn. 1), S. 144), kann dieser Einwand ausgeräumt werden. Dies vermag aber nichts daran zu ändern, daß die Definition von „verfassungsmittelbaren Schranken" die Stützungsprinzipien, um die es hier maßgeblich gehen soll, eher in den Hintergrund rückt.

terscheidungen werfen jedoch beide zumindest im vorliegenden Kontext gewisse Probleme auf, so daß hier terminologisch zwischen verschiedenen Arten von Verfassungszielen unterschieden werden soll.[35] Aufgrund ihrer teleologischen Natur kann man Prinzipien durchaus auch als Ziele bezeichnen.[36] Je nachdem, ob die Verfassung ein Ziel selbst statuiert, zu seiner Statuierung ermächtigt oder seine Verfolgung untersagt, kann zwischen positiven, relativen und negativen Verfassungszielen unterschieden werden.

aa) Positive Verfassungsziele

Die bereits oben erwähnten nicht strikten Festsetzungen in Verfassungen,[37] wie beispielsweise das Umweltschutzprinzip gem. Art. 20a GG, sind Prinzipien im Sinne von positiven Verfassungszielen. Aus der Perspektive eines bestimmten Grundrechts werden andere Grundrechte oder sonstige nicht strikte Festsetzungen in der Verfassung zu möglichen Schrankengründen. Beispielsweise Umweltschutz wird als Ziel festgesetzt, welches die Staatsgewalt prima facie so weit wie möglich zu erreichen hat. Aufgrund seiner prima facie-Natur ist dieses Ziel gegen alle anderen relevanten gegenläufigen Ziele abzuwägen. In dieser Abwägung können Spielräume für den Gesetzgeber entstehen, worauf noch zurückzukommen sein wird. Entscheidend ist jedoch, daß die grundsätzliche Entscheidung darüber, ob das Ziel prima facie verfolgt und erreicht werden muß oder nicht, von der Verfassung selbst positiv entschieden worden ist.

bb) Relative Verfassungsziele

Dem stehen Verfassungsziele gegenüber, für die die Verfassung nicht selbst positiv entschieden hat, daß sie prima facie verfolgt und erreicht werden müssen. Der Gesetzgeber kann aber ermächtigt werden, derartige Verfassungsziele im Sinne von Prinzipien zu setzen und in bestimmten Grenzen in der unterverfassungsrechtlichen Rechtsordnung zu realisieren. Das Standardbeispiel sind „Erhaltung des Leistungsstandes und der Leistungsfähigkeit des Handwerks" im Sinne des Handwerksbeschlusses des Bundesverfassungsgerichts,[38] kurz gesagt : Mittelstandsschutz.[39] Zu den Bedingungen der Setzung

---

35 Diese „positiven Verfassungsziele" entsprechen den „positiv absoluten Zielen" im Sinne der Unterscheidung zwischen positiv absoluten Zielen, negativ absoluten Zielen und relativen Zielen, siehe hierzu Borowski, Grundrechte als Prinzipien (Fn. 1), S. 179. Auch das Bundesverfassungsgericht bezeichnet in der Sache das, was mit „positiv absolutes Ziel" in Bezug genommen worden ist, als „absolute[n] ... Gemeinschaftswert", BVerfGE 13, 97 (107). Das „absolut" in dieser Terminologie bildet lediglich das begriffliche Gegenüber von „relativ". Dies kann aber zu Mißverständnissen führen, da in der Grundrechtsdogmatik „absolut" häufig verwendet wird, um auszudrücken, daß eine Norm bzw. ein Ziel nicht abgewogen werden kann. Positive Ziele bzw. positiv absolute Ziele sind aber, wie im Text ausgeführt, durchaus der Abwägung fähig und bedürftig. Zur Vermeidung dieses Mißverständnisses empfiehlt es sich, das „absolut" zu vermeiden und statt dessen zwischen positiven Zielen, relativen Zielen und negativen Zielen zu unterscheiden. Soweit es um Ziele mit Verfassungsrang geht, kann man dies klarstellen, indem man von „Verfassungszielen" spricht.

36 Borowski, Grundrechte als Prinzipien (Fn. 1), S. 179.

37 Siehe I. 2.

38 BVerfGE 13, 97 (107).

39 Die Unterscheidung zwischen positiven, relativen und negativen Verfassungszielen kann in ver-

des Prinzips im Sinne eines relativen Verfassungsziels zählen die verfassungsrechtlichen Anforderungen an das Gesetzgebungsverfahren hinsichtlich des Gesetzes, das das hinter ihm stehende Stützungsprinzip impliziert. Zu den Grenzen der Realisierung in der unterverfassungsrechtlichen Rechtsordnung zählen insbesondere andere positive und relative Verfassungsziele, mit denen das relative Verfassungsziel nach Maßgabe des Verhältnismäßigkeitsgrundsatzes gegebenenfalls abgewogen werden muß. Relative Verfassungsziele weisen Verfassungsrang auf, und zwar formellen Verfassungsrang, da sie in Ausübung der Ermächtigung in der Verfassung geschaffen gesetzt werden.[40] Ist dieser Akt der Setzung des Prinzips als relatives Ziel erfolgt, kann es sich als Schrankengrund dem grundrechtlichen Prinzip entgegenstemmen – allerdings nur, wenn die einschlägige grundrechtliche Eingriffsermächtigung dies zuläßt.

cc) Negative Verfassungsziele

Die Klasse der Verfassungsziele wird komplettiert durch die negativen Verfassungsziele. Ihre Verfolgung und Erreichung ist von Verfassungs wegen an und für sich verboten. Diese negativen Verfassungsziele stehen hinter der eingangs der Verhältnismäßigkeitsprüfung gestellten Frage, ob das vom Gesetzgeber verfolgte Ziel „legitim" ist. Dies ist nur der Fall, wenn es nicht von der Verfassung verboten ist, also nur im Fall positiver oder relativer Verfassungsziele.[41] Unabhängig von der Frage, welche Mittel gewählt werden und ob und inwieweit diese Mittel negative Auswirkungen auf Rechte und Güter haben, wäre dieses Gesetz schon aufgrund seines verfassungswidrigen Ziels verfassungswidrig.

b) Die Festsetzung zulässiger Schrankengründe in Schrankenklauseln

Das System der Grundrechtsschranken im Grundgesetz ist, wie bereits angedeutet, recht komplex. Zur Untersuchung der verschiedenen Arten von Festsetzungen auf der Schrankenebene soll es hier ausreichen, zwischen drei verschiedenen Grundtypen von Schrankenklauseln zu unterscheiden.[42]

---

schiedenen Verfassungen unterschiedlich ausfallen. So bestimmte die Weimarer Reichsverfassung in Art. 164: „Der selbständige Mittelstand in Landwirtschaft, Gewerbe und Handel ist in Gesetzgebung und Verwaltung zu fördern und gegen Überlastung und Aufsaugung zu schützen." Anders als im Grundgesetz, in dem der Mittelstandsschutz ein relatives Verfassungsziel darstellt, handelte es sich unter der Weimarer Reichsverfassung um ein positives Verfassungsziel.

40 Diese Unterscheidung zwischen inhaltlichem und formellem Verfassungsrang, die Alexy im Rahmen der Unterscheidung von Prinzipien mit Verfassungsrang 1. und 2. Grades trifft (Alexy, Theorie der Grundrechte (Fn. 1), S. 118 ff.), kann auch bei der Unterscheidung positiver und relativer Verfassungsziele fruchtbar gemacht werden.

41 Vgl. zu dieser Frage Clérico, Die Struktur der Verhältnismäßigkeit (Fn. 1), S. 64 ff.; Stern, Staatsrecht 3/2 (Fn. 14), S. 777 mit weiteren Nachweisen.

42 Zur „Nichteinschränkungsklausel" siehe bereits Fn. 27. Zudem soll die Betrachtung hier aus Gründen der Vereinfachung auf Abwehrrechte begrenzt bleiben – auf eine Erörterung der Schrankenklauseln von grundrechtlichen Leistungsrechten und Gleichheitsrechten sei daher verzichtet.

aa) Der einfache Gesetzesvorbehalt

Nach dem einfachen Gesetzesvorbehalt wird nur verlangt, daß eine Einschränkung durch Gesetz oder aufgrund Gesetzes erfolgt, die Klasse der Schrankengründe wird nicht eingegrenzt. Damit stellen alle positiven Verfassungsziele und alle relativen Verfassungsziele Schrankengründe für das jeweilige Grundrecht dar. Beispiele sind etwa Art. 2 Abs. 1, 10 Abs. 2 Satz 1, 12 Abs. 1 Satz 2 und 14 Abs. 1 Satz 2 GG.

bb) Die Formel des Bundesverfassungsgerichts zur Einschränkung von im Wortlaut vorbehaltlos gewährleisteten Grundrechten

Weist eine Grundrechtsbestimmung keine geschriebene Schrankenklausel auf,[43] kommen nach der Formel des Bundesverfassungsgericht zur Einschränkung von im Wortlaut vorbehaltlosen Grundrechten, die das Gericht seit dem 28. Band in ständiger Rechtsprechung anwendet, als Schrankengründe ausschließlich „kollidierende Grundrechte Dritter und andere mit Verfassungsrang ausgestattete Rechtswerte" in Betracht.[44] Bei „Grundrechten Dritter" handelt es sich immer um positive Verfassungsziele. Es stellt sich die Frage, ob auch die „andere[n] mit Verfassungsrang ausgestattete[n] Rechtswerte" stets positive Verfassungsziele sein müssen, oder ob auch zumindest bestimmte Arten relativer Verfassungsziele in Betracht kommen. Der dem Wortlaut nach geforderte „Verfassungsrang" kommt ja, und zwar in formeller Hinsicht, auch relativen Verfassungszielen zu.[45] Allerdings muß man sehen, daß der Unterschied gegenüber dem einfachen Gesetzesvorbehalt vollständig nivelliert würde, wenn alle relativen Verfassungsziele als Schrankengründe nach der Formel taugten. Die Formel ist gerade für Grundrechte entwickelt worden, die keinen geschriebenen Vorbehalt aufweisen und dementsprechend schwerer einschränkbar zu sein scheinen. Dementsprechend formuliert das Bundesverfassungsgericht ausdrücklich, die genannten Schrankengründe seien nur „*ausnahmsweise* imstande, auch uneinschränkbare Grundrechte in einzelnen Beziehungen zu begrenzen".[46]

Auch wenn dem Ausgangspunkt nach eine eher enge Deutung der bundesverfassungsgerichtlichen Formel nahezuliegen scheint, sind viele Interpreten – einschließlich des Bundesverfassungsgerichts selbst – wesentlich großzügiger. Den zahlreichen umstrittenen Einzelheiten kann hier nicht weiter nachgegangen werden.[47] Es soll ausreichen, das besondere Problem des „Rechtswerts mit Verfassungsrang" *qua* Kompetenzbestimmung

---

43 Siehe insbesondere Art. 4 Abs. 1, 2 GG, Art. 5 Abs. 3 Satz 1 1. bis 3. Fall, Art. 7 Abs. 2, Abs. 3 Satz 2, 3, Abs. 4 Satz 1 Art. 8 Abs. 1 (für Versammlungen in geschlossenen Räumen), Art. 9 Abs. 1 (jenseits Art. 9 Abs. 2), Art. 9 Abs. 3 GG, Art. 16 Abs. 1 Satz 1, Abs. 2 GG. Hinzu kommen zahlreiche grundrechtsgleiche Rechte, vgl. die Auflistung bei C. Bamberger, Verfassungswerte als Schranken vorbehaltloser Freiheitsgrundrechte, Frankfurt am Main et al. 1999, S. 18. Nicht anwendbar ist die bundesverfassungsgerichtliche Formel dagegen auf absolute Grundrechte, dies wird verbreitet für die Menschenwürde gemäß Art. 1 Abs. 1 GG geltend gemacht.

44 St. Rspr. seit BVerfGE 28, 243 (261). Nachweise zu nachfolgenden Entscheidungen bei Borowski, Die Glaubens- und Gewissensfreiheit des Grundgesetzes (Fn. 18), S. 506 f.

45 Siehe I. 3. a) bb).

46 BVerfGE 28, 243 (261) (Hervorhebung von M.B.).

47 Vgl. nur Borowski, Die Glaubens- und Gewissensfreiheit des Grundgesetzes (Fn. 18), S. 513 ff.; Stern, Staatsrecht 3/2 (Fn. 14), S. 550 ff.

kurz zu skizzieren. Das Bundesverfassungsgericht hat ausgeführt, daß „auch aus Kompetenzvorschriften der Verfassung eine grundsätzliche Anerkennung und Billigung des darin behandelten Gegenstandes durch die Verfassung selbst folgt".[48] Auf der gleichen Seite dieser Entscheidung heißt es jedoch im paar Zeilen weiter, „zur Grundsatzentscheidung für oder gegen die friedliche Nutzung der Kernenergie [sei] allein der Gesetzgeber berufen".[49] Mit anderen Worten wird diese Grundsatzentscheidung nicht schon von der Verfassung getroffen, sondern steht als relatives Verfassungsziel in der Entscheidung des Gesetzgebers. Verallgemeinert man diese Sichtweise, werden mit der Deutung von Kompetenzbestimmungen als Anerkennungen von „Rechtswerten mit Verfassungsrang" im Wortlaut der Verfassung erwähnte relative Verfassungsziele als taugliche Schrankengründe im Sinne der bundesverfassungsgerichtlichen Formel anerkannt.[50] Es wird kontrovers beurteilt, ob dies eine zutreffende Deutung der bundesverfassungsgerichtlichen Formel darstellt, was aber hier nicht weiter verfolgt werden soll. Es soll ausreichen, dargelegt zu haben, daß nach einer verbreiteten Deutung der bundesverfassungsgerichtlichen Formel diese neben positiven Verfassungszielen zumindest auch bestimmte relative Verfassungsziele als Schrankengründe zuläßt.

cc) Der qualifizierte Gesetzesvorbehalt

Bei qualifizierten Gesetzesvorbehalten kann die Qualifizierung in der Festsetzung der Klasse der Schrankengründe bestehen. Diese Lösung wurde insbesondere in Art. 8 Abs. 2, 9 Abs. 2, 10 Abs. 2 und 11 Abs. 2 der Europäischen Menschenrechtskonvention gewählt. Sie findet sich, wenn auch vergleichsweise selten, verschiedentlich im Text von Grundrechtsbestimmungen im Grundgesetz, etwa in Art. 5 Abs. 2, 11 Abs. 2 und 13 Abs. 7 GG. Derartige Listen statuieren nicht selbst Prinzipien im Sinne von Verfassungszielen. Sie legen vielmehr nur fest, welche Prinzipien für das jeweilige Grundrecht als Schrankengründe zählen. Es liegt auf der Hand, daß in der Begrenzung der Schrankengründe durch Auflistung die Festsetzung liegt, daß relative Verfassungsziele jenseits der Liste nicht zugelassen werden. Hierin liegt ja gerade der Unterschied gegenüber dem einfachen Gesetzesvorbehalt, der sonst gewählt worden wäre. Nach verbreiteter Ansicht soll aber neben dem geschriebenen qualifizierten Gesetzesvorbehalt zusätzlich die obengenannte Formel des Bundesverfassungsgerichts anwendbar sein.[51] Folgt man dem, wird die Klasse der Schrankengründe entsprechend erweitert. Da die Klasse der Schrankengründe nach der Formel aber selbst wiederum begrenzt ist, bleibt die Klasse der insgesamt zulässigen Schrankengründe dennoch begrenzt.

---

48 B VerfGE 53, 30 (56).
49 B VerfG aaO.
50 Vgl. hierzu Borowski, Die Glaubens- und Gewissensfreiheit des Grundgesetzes (Fn. 18), S. 518 ff.
51 B VerfGE 66, 116 (136); vgl. aus der Literatur nur P. Lerche, Ausnahmslos und vorbehaltlos geltende Grundrechtsgarantien, in: H. Däubler-Gmelin et al., Festschrift für Ernst Gottfried Mahrenholz, Baden-Baden 1994, S. 522. Dagegen Borowski, Die Glaubens- und Gewissensfreiheit des Grundgesetzes (Fn. 18), S. 511 ff.

c) Strikte oder nicht strikte Festsetzungen

Es bleibt abschließend die Frage zu beantworten, ob und inwiefern die auf Schranken-gründe bezogenen Festsetzungen strikter oder nicht strikter Natur sind und inwieweit sie auf die Verfassung selbst oder auf den Gesetzgeber zurückgehen. Die Schrankengründe selbst sind nicht strikter Art, da sie in Abwägungen mit grundrechtlichen Prinzipien zurücktreten können. Dies gilt gleichermaßen für positive wie für relative Verfassungs-ziele. Positive Verfassungsziele werden durch die Verfassung selbst gesetzt. Relative Verfassungsziele werden dagegen vom Gesetzgeber gesetzt. Diese Festsetzung durch den Gesetzgeber ist allerdings wiederum in vielfältiger Hinsicht durch Festsetzungen in der Verfassung eingerahmt. Zunächst muß die Verfassung dem Gesetzgeber die Rechts-macht gewähren, relative Verfassungsziele überhaupt zu setzen. Formelle und materielle Kriterien für das Gesetzgebungsverfahren und sein Ergebnis werden in der Verfassung aufgestellt, hierzu zählen negative Verfassungsziele, die die Klasse der relativen Ver-fassungsziele begrenzen.

Die Festsetzungen der Zulässigkeit von Schrankengründen in Schrankenklauseln – sei es durch die bundesverfassungsgerichtliche Formel zu im Wortlaut vorbehaltlosen Grundrechten, sei es durch die Auflistung von Schrankengründen im Wortlaut der Schrankenklausel – können dagegen, anders als die Schrankengründe selbst, nicht durch Abwägung überspielt werden. Wenn ein Schrankengrund von einer Schrankenklausel ausgeschlossen wird, liegt hierin eine strikte Festsetzung.[52]

II. Autoritative Festsetzungen des Gesetzgebers

Der soeben unter I. dargelegte Rahmen von Festsetzungen in der Verfassung bindet den Gesetzgeber. Innerhalb dieses Rahmens ist er ermächtigt, Festsetzungen zu treffen.[53] Die Festsetzungen des Gesetzgebers[54] können als autoritativ bezeichnet werden, soweit sie von einem Rechtsanwender nicht in Zweifel gezogen werden können, weil sie im Spielraum des Gesetzgebers liegen.

Autoritativen Festsetzungen kann strikte oder nicht strikte Geltung zukommen. Wenn ihnen strikte Geltung zukommt, ist der Rechtsanwender nicht ermächtigt, von ihnen ab-

---

52 Es kommt nicht von ungefähr, daß die Argumente, die gegen eine enge Deutung des Grundrechtstat-bestandes sprechen, gleichermaßen gegen eine enge Deutung der Schrankenklauseln angeführt wer-den können, vgl. Borowski, Grundrechte als Prinzipien (Fn. 1), S. 261 ff.

53 Natürlich kann er wiederum Festsetzungen weiter delegieren, insbesondere an die Verwaltung. Aus Günden der Vereinfachung soll diese Delegation hier jedoch nicht weiter untersucht werden.

54 Auch Festsetzungen des Richters werden, vor allem in den Rechtssystemen des common law, als autoritative Festsetzungen verstanden. In der kontinentaleuropäischen Methodenlehre wird aller-dings kontrovers diskutiert, ob Präjudizien überhaupt rechtliche Bindungswirkung zukommt oder ob sie bloß faktische Wirkung entfalten. Für bloß faktische Wirkung Larenz/Canaris, Methodenlehre der Rechtswissenschaft (Fn. 2), S. 255; ähnliche Tendenz bei Koch/Rüßmann, Juristische Begründ-ungslehre (Fn. 2), S. 188. Für eine begrenzte rechtliche Bindungswirkung in Form einer Argumen-tationslast R. Alexy, Theorie der juristischen Argumentation, 3. Aufl., Frankfurt am Main 1996, S. 334 ff. Vgl. weiter R. Alexy/R. Dreier, Precedent in the Federal Republic of Germany, in: D. N. MacCormick/R. S. Summers, Interpreting Precedents, Aldershot et al. 1997, S. 17-64 (26 ff.). Der autoritativen Dimension von Präjudizien soll hier nicht weiter nachgegangen werden.

zuweichen. Angesichts der Grundrechtsbindung aller Staatsgewalt, die Art. 1 Abs. 3 GG postuliert, liegt es jedoch fern, grundrechtlich relevante Entscheidungen der Staatsgewalt als strikt geltende autoritative Festsetzungen anzusehen, die gegen die Überprüfung mittels einer grundrechtlichen Abwägung immun wären. Da das Grundgesetz mit der allgemeinen Handlungsfreiheit gem. Art. 2 Abs. 1 GG als Auffanggrundrecht zudem in weiten Bereichen Grundrechtsschutz eröffnet, sind nahezu alle gesetzgeberischen Entscheidungen zumindest ein Stück weit grundrechtsrelevant.

Es liegt nahe, den notwendigen Kompromiß zwischen der effektiven Grundrechtsbindung auch des Gesetzgebers und der Autorität des Gesetzgebers in der grundrechtlichen Abwägung zu suchen. Hier können nur die zwei wichtigsten Aspekte in den Blick genommen werden.

1. Im Zweifel für den Gesetzgeber

Der erste wichtige Aspekt besteht darin, daß bei Zweifeln über das Ergebnis der Abwägung – wenn weder ein Überwiegen des Grundrechts noch der Schrankengründe festgestellt werden kann[55] – die Entscheidung des Gesetzgebers respektiert werden muß. Diese Zweifelsregel folgt keineswegs aus der Struktur des Gleichrangs in der Abwägung. Bei Gleichrang in der Abwägung ist es schlicht offen, ob letztendlich der Gesetzgeber oder das Bundesverfassungsgericht ermächtigt ist, die endgültige Entscheidung zu treffen. Daß im „Abwägungszweifel" für den Gesetzgeber entschieden werden muß, ist eine normative Erwägung, die der Struktur der Abwägung hinzugefügt wird. Sie folgt aus dem Demokratiegebot gem. Art. 20 Abs. 1 GG.

Diese „Zweifelsregelung" hat auch einen Sitz im Leben. Dies zeigt nicht zuletzt die im Rahmen der Prüfung der Verhältnismäßigkeit im engeren Sinne verwendete Formulierung, die Intensität des Eingriffs dürfe das Gewicht der rechtfertigenden Gründe nicht überwiegen. Sie impliziert, daß im Falle des gleichen Gewichts des Eingriffs und der rechtfertigenden Gründe keine Unverhältnismäßigkeit vorliegt. Eine verfassungsprozessuale Parallele zur der materiell-rechtlichen Zweifelsregelung findet sich in § 15 Abs. 4 Satz 3 BVerfGG, der für die verfassungsgerichtlichen Verfahrensarten, in denen die einfache Mehrheit der Richterstimmen entscheidet, festlegt: „Bei Stimmengleichheit kann ein Verstoß gegen das Grundgesetz oder sonstiges Bundesrecht nicht festgestellt werden." Soweit diese prozedurale Zweifelsregel zugunsten des Gesetzgebers wirkt, wird auch sie durch das Demokratiegebot gem. Art. 20 Abs. 1 GG gestützt.

Diese Form der Berücksichtigung der Autorität des Gesetzgebers in der grundrechtlichen Abwägung wird nicht selbst gegen andere Normen abgewogen, was dafür spricht, sie als Ausdruck einer strikten Festsetzung ansehen.[56] Allerdings ist sie in Abwägungsstrukturen eingebettet, was sie von typischen strikten Festsetzungen unterscheidet. Mit

---

55 Alexy bezeichnet diese Konstellation als „Abwägungspatt", vgl. Alexy, Verfassungsrecht und einfaches Recht (Fn. 8), S. 22; ders., Postscript (Fn. 6), S. 408.

56 Insofern erscheint es zweifelhaft, ob man, wie Virgilio Afonso da Silva, von einem entsprechenden „formellen Prinzip" sprechen sollte, V. Afonso da Silva, Prinzipientheorie, Abwägungskompetenzen und Gewaltenteilung, in: J.-R. Sieckmann, Die Prinzipientheorie der Grundrechte, S. 215-230 (224).

dem durch die Zweifelsregelung entstehenden Abwägungsspielraum[57] strukturell verwandt ist der Mittelwahlspielraum, der im Rahmen der Abwägung verschiedener Handlungsalternativen des Staates bei grundrechtlichen Handlungsrechten im Zweifel für die Handlung spricht, für die der Gesetzgeber sich entschieden hat.[58]

2. Die Autorität des Gesetzgebers als formelles Prinzip

Diese Zweifelsregelung dürfte jedoch nicht ausreichen, die Autorität gesetzgeberischer Entscheidungen vollständig und umfassend zu rekonstruieren. Es wird vorgeschlagen, den Entscheidungen des Gesetzgebers darüber hinaus prinzipielle autoritative Geltung zuzuschreiben.[59] Prinzipien, die Bindungen an frühere fremde Entscheidungen statuieren, werden als formelle Prinzipien bezeichnet.[60]

a) Zwei verschiedene Modelle der Rekonstruktion der Abwägung

Die genaue Rekonstruktion der Berücksichtigung der prinzipiellen Geltung der Entscheidung des Gesetzgebers in der grundrechtlichen Abwägung wird gegenwärtig lebhaft diskutiert. Es soll in dieser Untersuchung ausreichen, zwei grundlegende Modelle zu unterscheiden. Nach dem ersten Modell stehen sich unterschiedliche Rechtskonzeptionen mit prinzipiellem Geltungsanspruch gegenüber, was zur Abwägung zweier formeller Prinzipien miteinander führt. Nach dem zweiten Modell wird der prinzipielle Geltungsanspruch der Entscheidung des Gesetzgebers als formelles Prinzip in die Abwägung der inhaltlichen oder materiellen Prinzipien eingestellt.

aa) Das Modell konkurrierender Rechtskonzeptionen

Nach dem Modell konkurrierender Rechtskonzeptionen sind zwei Rechtskonzeptionen gegeneinander abzuwägen, die Rechtskonzeption des Rechtsanwenders auf der einen Seite und die Rechtskonzeption des Gesetzgebers auf der anderen.[61] Jede der beiden Rechtskonzeptionen berücksichtigt alle einschlägigen Rechtsnormen unter den konkreten Umständen des Falles und enthält ein Urteil über das rechtlich Gesollte. Die beiden

---

57 Alexy, Verfassungsrecht und einfaches Recht (Fn. 8), S. 22; ders., Postscript (Fn. 6), S. 408. Die Größe des Abwägungsspielraums hängt maßgeblich davon ab, wie fein man in Abwägungen skaliert, Borowski, Grundrechte als Prinzipien (Fn. 1), S. 83 f., 125 mit weiteren Nachweisen.

58 Alexy, Verfassungsrecht und einfaches Recht (Fn. 8), S. 17; ders., Postscript (Fn. 6), S. 396. Zu typischen Begrenzungen der Reichweite dieses Spielraums siehe Borowski, Grundrechte als Prinzipien (Fn. 1), S. 126.

59 Vgl. statt vieler Alexy, Theorie der Grundrechte (Fn. 1), S. 120, 267, 427; Raabe, Grundrechte und Erkenntnis (Fn. 8), S. 208 ff.

60 Vgl. Alexy, Theorie der Grundrechte (Fn. 1), S. 89, 120, 267, 427; Sieckmann, Regelmodelle und Prinzipienmodelle (Fn. 1), S. 147; Raabe, Grundrechte und Erkenntnis (Fn. 8), S. 184 ff.; Borowski, Prinzipien als Grundrechtsnormen (Fn. 6), S. 321 f.; ders., Grundrechte als Prinzipien (Fn. 1), S. 127.

61 Vgl. insbesondere Sieckmann, Regelmodelle und Prinzipienmodelle (Fn. 1), S. 160 ff.; ders., Grundrechtliche Abwägung als Rechtsanwendung. Das Problem der Begrenzung der Besteuerung, in: Der Staat 41 (2002), S. 385-405 (397 ff.); ders., Recht als normatives System (Fn. 1), S. 200 ff.

Rechtskonzeptionen können jedoch zu verschiedenen Urteilen über das im konkreten Fall rechtlich Gesollte kommen. Der unbestreitbare Vorteil dieser Konzeptualisierung besteht darin, daß die Entscheidungssituation, vor der der Rechtsanwender steht, vollkommen unverfälscht abgebildet wird. Der Rechtsanwender wägt in der verfassungsrechtlichen Überprüfung der Entscheidung des Gesetzgebers alle einschlägigen Verfassungsprinzipien von Grund auf ab. Dabei muß sich der Rechtsanwender zunächst von der gesetzgeberischen Entscheidung, die zu überprüfen er berufen ist, lösen. Er gelangt zu einem bestimmten Abwägungsergebnis, das er für richtig hält. Dem steht das Ergebnis der gesetzgeberischen Entscheidung gegenüber. Wenn diese beiden Ergebnisse übereinstimmen, erweist sich das Gesetz aus der Perspektive des Rechtsanwenders ohne weiteres als verfassungsgemäß. Die Probleme beginnen, wenn die beiden Ergebnisse nicht übereinstimmen. Nimmt man die Notwendigkeit eines Kompromisses zwischen einerseits dem Geltungsanspruch der „richtigen" Entscheidung nach der Rechtskonzeption des Rechtsanwenders und andererseits dem autoritativen Geltungsanspruch der gesetzgeberischen Entscheidung ernst, und bestimmt den Kompromiß durch Abwägung, dann ist es unausweichlich, den Geltungsanspruch der „richtigen" Entscheidung nach der Rechtskonzeption des Rechtsanwenders als bloß prinzipiellen Geltungsanspruch zu verstehen. Dies führt zur Unterscheidung zweier Arten von Richtigkeit, nämlich der „eigentlichen" Richtigkeit – der Richtigkeit jenseits der gesetzgeberischen Entscheidung – und der „letztendlichen" Richtigkeit – der Richtigkeit auch unter angemessener Berücksichtigung der gesetzgeberischen Entscheidung. Es verdient hervorgehoben zu werden, daß die Theorie der konkurrierenden Rechtskonzeptionen – die für diese explizite Unterscheidung verschiedener Arten von Richtigkeit einiges an Kritik erfahren hat[62] – damit nur offen rekonstruiert, was in der Sache unausweichlich ist. Auch das zweite Modell (sogleich unter bb)), bei dem ein formelles Prinzip in die Abwägung materieller Prinzipien eingestellt wird, kennt eine Repräsentation der „eigentlichen" Richtigkeit. Es handelt sich um das Ergebnis der Abwägung aller einschlägigen materiellen Prinzipien ohne das formelle Prinzip, das die autoritative Kraft gesetzgeberischer Entscheidungen abbildet. Diese „eigentliche" Richtigkeit wird bei diesem zweiten Modell jedoch weniger in den Vordergrund gestellt, da nicht zunächst alle materiellen Prinzipien gegeneinander abgewogen werden und dann das Ergebnis dieser Abwägung auf einer weiteren Stufe gegen das formelle Prinzip. Letzteres wäre ohne weiteres möglich, da Abwägungen je nach der Anzahl berücksichtigter Prinzipien stufenweise durchgeführt werden können.[63] Vielmehr werden von vornherein alle Prinzipien miteinander abgewogen, so daß die „letztendliche" Richtigkeit sofort im Vordergrund steht.

Ein wichtiges Charakteristikum der Rekonstruktion des Spielraumes des Gesetzgebers

---

62 Vgl. nur Raabe, Grundrechte und Erkenntnis (Fn. 8), S. 155 ff., 265, 271; M. Jestaedt, Grundrechtsentfaltung im Gesetz, Tübingen 1999, S. 223.

63 Eine Norm weist vollständigen Festsetzungsgehalt auf, wenn alle relevanten Prinzipien und alle relevanten tatsächlichen Umstände der Kollision berücksichtigt wurden. Der Festsetzungsgehalt kann in zweierlei Hinsicht unvollständig sein, entweder wurden (1) nicht alle relevanten Prinzipien berücksichtigt und/oder (2) nicht alle relevanten tatsächlichen Umstände. In beiden Hinsichten kann eine Abwägung stufenweise durchgeführt werden, der Festsetzungsgehalt nimmt dabei in mindestens einer der beiden genannten Hinsichten zu. Vgl. Borowski, Grundrechte als Prinzipien (Fn. 1), S. 99; vgl. weiter Sieckmann, Regelmodelle und Prinzipienmodelle (Fn. 1), S. 77 f.

im Sinne konkurrierender Rechtskonzeptionen besteht allerdings darin, daß sich in der Abwägung zur Bestimmung des gesetzgeberischen Spielraums zwei formelle Prinzipien gegenüberstehen.[64] Nach verbreiteter Intuition in Rechtsprechung und Literatur hängt die Größe des Spielraums für den Gesetzgeber insbesondere davon ab, welche Intensität der Grundrechtseingriff aufweist.[65] Diese entscheidet in der grundrechtlichen Abwägung über das Gewicht des grundrechtlichen Prinzips, das gegen die Schrankengründe abgewogen wird. Folgt man der erwähnten verbreiteten Intuition, muß das Gewicht des grundrechtlichen Prinzips – das üblicherweise als materielles Prinzip verstanden wird – das Gewicht zumindest eines der beiden formellen Prinzipien beeinflussen, welche die konkurrierenden Rechtskonzeptionen repräsentieren. Da es zudem jenseits des Gewichts materieller Prinzipien andere Faktoren für die Bestimmung des Gewichts formeller Prinzipien gibt,[66] wird die Bestimmung des Gewichts der beiden genannten formellen Prinzipien zu einer recht komplexen Angelegenheit.

bb) Das Modell der Abwägung von materiellen und formellen Prinzipien

Dem Modell der konkurrierenden Rechtskonzeptionen steht das Modell der Abwägung von materiellen und formellen Prinzipien gegenüber. Ausgangspunkt ist hier die Abwägung zwischen den materiellen Prinzipien, also die Abwägung zwischen dem grundrechtlichen Prinzip und den materiellen Schrankengründen. Aus der Perspektive des Rechtsanwenders, der zur Überprüfung der Verfassungsmäßigkeit der gesetzgeberischen Entscheidung berufen ist, wird die autoritative Kraft der gesetzgeberischen Entscheidung als formelles Prinzip in die Abwägung materieller Prinzipien eingestellt.[67] Der

---

64 Dies scheint relativiert bei Sieckmann, Recht als normatives System (Fn. 1), S. 204, wo die Bedeutung materieller Prinzipien für die Abwägung der gegenüberstehenden formellen Prinzipien betont wird: „Zum anderen können materielle Prinzipien neben formellen Prinzipien relevant werden." Diese Relevanz muß allerdings nicht darin bestehen, daß die materiellen Prinzipien in die Abwägung der formellen Prinzipien mit eingestellt werden. Sie kann auch darin bestehen, daß die materiellen Prinzipien die Gewichtung der formellen Prinzipien beeinflussen. Wollte Sieckmann tatsächlich materielle Prinzpien in die Abwägung formeller Prinzipien einführen, stellte sich die Frage, inwieweit sich sein Modell noch von dem der Abwägung materieller und formeller Prinzipien unterscheidet. Es ginge dann allein um die angemessene Formulierung des formellen Prinzips bzw. der formellen Prinzipien, die in die Abwägung der materiellen Prinzipien mit eingestellt werden.

65 Zur Rechtsprechung des Bundesverfassungsgerichts in diesem Sinne K. Schlaich/S. Korioth, Das Bundesverfassungsgericht, 7. Aufl., München 2007, Rn. 307 ff. In der Literatur für die Eingriffsintensität als Kriterium für die Kontrollintensität Alexy, Theorie der Grundrechte (Fn. 1), S. 496 f.; Borowski, Grundrechte als Prinzipien (Fn. 1), S. 411, Anm. 75; Sieckmann, Recht als normatives System (Fn. 1), S. 204.

66 Beispielsweise wird üblicherweise davon ausgegangen, daß die gesetzgeberische Entscheidung ihre Autorität im Laufe der Zeit zumindest ein Stück weit verliert. Zu diesem Aspekt im Kontext einer prinzipientheoretischen Rekonstruktion Sieckmann, Recht als normatives System (Fn. 1), S. 204. Dieses Phänomen findet man auch in der klassischen Methodenlehre beschrieben, vgl. statt vieler R. Zippelius, Juristische Methodenlehre, 9. Aufl., München 2005, S. 24 ff.

67 Vgl. die Nachweise von Alexy, Raabe, Afonso da Silva und Borowski in Fn. 8. Zudem: Borowski, Prinzipien als Grundrechtsnormen (Fn. 6), S. 321 f.; ders., Die Glaubens- und Gewissensfreiheit des Grundgesetzes (Fn. 18), S. 213 ff.; W. Enderlein, Abwägung in Recht und Moral, Freiburg/München 1992, S. 338; M. Kaufmann, Politische Gestaltungsfreiheit als Rechtsprinzip, in: Staatswissenschaften und Staatspraxis 1997, S. 161-186 (175 ff.).

Vorteil dieser Rekonstruktion besteht darin, daß die materielle Ebene und die formelle Ebene von vornherein in der Abwägung verbunden sind.[68] Auch steht die von vielen als kontraintuitiv empfundene Unterscheidung zwischen einer bloßen prima facie-Bindung des Rechtsanwenders an die eigene Rechtsauffassung, die mit der Rechtsauffassung des Gesetzgebers abgewogen wird, nicht im Vordergrund.[69] Allerdings wirft auch dieses Modell eine ganze Reihe von Fragen auf.

Zunächst ist nicht zu übersehen, daß die Rekonstruktion des gesetzgeberischen Spielraums im Modell der Abwägung materieller und formeller Prinzipien wesentlich auf die Perspektive der verfassungsgerichtlichen Überprüfung ausgerichtet ist. Es bleibt aber die Frage, was aus der Perspektive des Gesetzgebers verfassungsrechtlich richtig sein soll. Bestimmt sich die verfassungsrechtliche Richtigkeit aus dieser Perspektive allein aus der Abwägung materieller Prinzipien? Dann wäre diese Richtigkeit in aller Regel[70] verschieden von der Richtigkeit, die aus der Perspektive der verfassungsgerichtlichen Überprüfung relevant ist. Eine derartige Divergenz erscheint nicht glücklich.[71] Will man sie vermeiden, kommt man kaum umhin einzuräumen, daß auch aus der Perspektive des Gesetzgebers die Autorität seiner eigenen Entscheidung als formelles Prinzip die verfassungsrechtliche Richtigkeit des Gesetzes beeinflußt. Damit werden auch aus dieser Perspektive Fälle möglich, in denen ein Gesetz verfassungswidrig erscheint, wenn allein die materiellen Prinzipien abgewogen werden, das aber verfassungsgemäß wird, wenn zusätzlich das formelle Prinzip berücksichtigt wird, welche die autoritative Kraft der Entscheidung des Gesetzgebers abbildet. Pointiert gesagt: „Eigentlich" – aus der Perspektive der Abwägung allein materieller Prinzipien – ist eine Lösung verfassungswidrig, wenn sie jedoch vom Gesetzgeber getroffen wird, ist sie wegen der besonderen Autorität seiner Entscheidungen dennoch „letztendlich" verfassungsgemäß. Dies scheint an Baron Münchhausen zu erinnern, der sich vermeintlich am eigenen Schopf aus dem Sumpf konnte. Letztlich kommt aber keine Rekonstruktion der rechtlichen Autorität der Entscheidungen des Gesetzgebers an derartigen Phänomenen vorbei. Wenn man der gesetzgeberischen Entscheidung im Rahmen der Bestimmung des rechtlich Gebotenen autoritative Kraft einräumt, verändert diese Kraft notwendig das rechtlich Gebotene oder zumindest seine Erkenntnis.[72]

---

68 In dem Modell konkurrierender Rechtskonzeptionen wird die Verbindung von formeller und materieller Ebene dagegen erst dadurch hergestellt, daß die Gewichte der formellen Prinzipien von den materiellen Prinzipien und ihrem Gewicht abhängig gemacht werden, siehe soeben II. 2. a) aa).

69 In der Sache enthält das Modell der Abwägung von materiellen und formellen Prinzipien eine derartige Unterscheidung allerdings auch, vgl. bereits die Ausführungen zur „eigentlichen" und „letztendlichen" Richtigkeit unter II. 2. a) aa).

70 Diese Richtigkeit wäre immer dann verschieden, wenn das formelle Prinzip in der Abwägung mit materiellen Prinzipien ein Gewicht größer Null aufweist.

71 Zu „Divergenzlösungen" allgemein Raabe, Grundrechte und Erkenntnis (Fn. 8), S. 148 ff.

72 Im Modell konkurrierender Rechtskonzeptionen gilt – wenn man die gesetzgeberische Rechtskonzeption außer Betracht läßt – die eigene Rechtsauffassung des Rechtsanwenders absolut, weil ihr kein Gegengrund gegenübersteht, der sie einschränkt. Im Modell der Abwägung materieller und formeller Prinzipien entspricht dem die Abwägung bloß materieller Prinzipien, die – wie alle Abwägungen in diesem Modell – aus der Perspektive des Rechtsanwenders vorgenommen wird. In beiden Modellen verändert die gesetzgeberische Entscheidung das Ergebnis – im Modell konkurrierender Rechtskonzeptionen kann die gesetzgeberische Abwägung materieller Prinzipien einen Geltungs-

b) Die bloße Ergebniskontrolle der Gesamtentscheidung

In der Überprüfung einer Entscheidung des Gesetzgebers muß zwischen einer Überprüfung der Gesamtentscheidung und der Überprüfung von Teilentscheidungen unterschieden werden. Zudem kann eine bloße Ergebniskontrolle oder darüber hinausgehend eine Vorgangskontrolle durchgeführt werden.

aa) Die Gesamtentscheidung und Teilentscheidungen

Die Entscheidung des Gesetzgebers besteht im Erlaß des Gesetzes. Nimmt man eine Kontrolle des Gesetzes anhand des dargestellten Schemas der grundrechtlichen Prüfung vor, ist ein ganzes Bündel verschiedenartiger Teilentscheidungen zu treffen. Dies betrifft zunächst alle Fragen hinsichtlich des Eingriffs in den Schutzbereich und strikter Festsetzungen auf der Schrankenebene. Insofern hier unter strikte Festsetzungen subsumiert und das Ergebnis mit der entsprechenden Teilentscheidung verglichen wird, geht es um Subsumtionsspielräume.[73] Soweit darüber hinaus nicht strikte Festsetzungen getroffen sind, stellt sich die Frage nach Abwägungsspielräumen. Diese beiden Arten von Spielräumen sind zudem ein Stück weit verbunden – ein Spielraum bei der Subsumtion unter strikte Festsetzungen kann zugleich ein Spielraum hinsichtlich der Frage sein, welche Prinzipien in eine Abwägung einzustellen sind, was notwendig einen Spielraum bei der Abwägung begründet. Bei Abwägungsspielräumen geht es grundsätzlich um die Frage, welche Prinzipien in die Abwägung eingestellt und wie diese gewichtet werden müssen. Im Hinblick auf das Gewicht einzelner Prinzipien gilt es ihr abstraktes Gewicht, den Grad ihrer Nichterfüllung und das Maß der Sicherheit der empirischen und normativen Prämissen zu ermitteln.[74] Hinsichtlich all dieser Fragen sind jeweils Teilentscheidungen zu treffen, und man kann für jede dieser Teilentscheidungen jeweils einen Spielraum einräumen, den man in Abgrenzung vom Gesamtspielraum als Teilspielraum bezeichnen kann.

Das Modell der konkurrierenden Rechtskonzeptionen stellt grundsätzlich die Gesamtentscheidung des Rechtsanwenders der Gesamtentscheidung des Gesetzgebers gegen-

anspruch im Sinne eines formellen Prinzips entfalten, der das formelle Prinzip der Befolgung der Rechtsauffassung des Rechtsanwenders einzuschränken vermag. Im Modell der Abwägung materieller und formeller Prinzipien tritt entsprechend das formelle Prinzip in die Abwägung materieller Prinzipien ein und verändert die Abwägungslage. Derartige Parallelen legen die Frage nahe, ob die beiden genannten Modelle gleichermaßen mögliche, potentiell ergebnisäquivalente Modelle darstellen. Sollte dies zutreffen, wäre die Entscheidung zwischen diesen Modellen eher eine Frage der Zweckmäßigkeit der Rekonstruktion als eine Frage der Richtigkeit der Rekonstruktion.

73 Soweit die Subsumtion jedoch wiederum eine methodologische Abwägung der Auslegungsargumente verlangt, kann der Subsumtionsspielraum seinerseits auf einen Abwägungsspielraum zurückgeführt werden. Zu dieser methologischen Abwägung siehe bereits Fn. 18. Da die methodologische Abwägung sich strukturell nicht von der grundrechtlichen Abwägung unterscheidet, können alle für die grundrechtliche Abwägung anerkannten Spielräume auch bei der methodologischen Abwägung relevant werden.

74 Zu den einzelnen Aspekten des Gewichts von Prinzipien siehe nur R. Alexy, Die Gewichtsformel, in: J. Jickeli/P. Kreutz/D. Reuter [Hg.], Gedächtnisschrift für Jürgen Sonnenschein, Berlin 2003, S. 771-792 (790); ders., Postscript (Fn. 6), S. 419.

über. Die bisherige Diskussion im Rahmen des Modells der Abwägung von formellen und materiellen Prinzipien dagegen zeigt eine gewisse Tendenz, auf Teilentscheidungen zu fokussieren. Besonders sichtbar wird dies, wenn sich Untersuchungen ganz überwiegend auf den empirisch-epistemischen Spielraum konzentrieren.

Ein erstes Problem der Überprüfung von Teilentscheidungen des Gesetzgebers besteht darin, daß die Erkenntnis seiner Teilentscheidungen oft schwierig sein dürfte. Die Gesamtentscheidung ist leicht zu ermitteln, da sie in dem Gesetz besteht, mit dessen Erlaß der Gesetzgeber dessen Verfassungsmäßigkeit zumindest implizit behauptet. Welches abstrakte Gewicht eines in die grundrechtliche Abwägung eingestellten Prinzips, welchen Nichterfüllungsgrad und welches Maß an Sicherheit der Erkenntnis er jeweils zugrundegelegt hat, wird oft nicht bekannt sein. Man könnte daran denken, auf diese Prämissen indirekt zu schließen, indem man bekannte Größen einsetzt und dann, die Verfassungsmäßigkeit der Gesamtentscheidung vorausgesetzt (die der Gesetzgeber mit dem Erlaß des Gesetzes ja behauptet), auf die unbekannten Größen zu schließen versucht. Dieses indirekte Verfahren versagt jedoch rasch, wenn mehrere Größen unbekannt sind, was die Regel darstellen dürfte. Jenseits des Problems der Erkenntnis der gesetzgeberischen Teilentscheidungen gibt es jedoch ein noch tieferes Problem. Dies ist das Problem, ob die Teilentscheidungen des Gesetzgebers als solche überhaupt überprüft werden, oder ob sich die Überprüfung allein auf die Gesamtentscheidung bezieht.

bb) Ergebniskontrolle und Vorgangskontrolle

Die formellen Kriterien der Verfassungsmäßigkeit von Gesetzen schließen die klassischen Anforderungen an das Gesetzgebungsverfahren, Art. 76 ff. GG, ein. Insoweit ist die Kontrolle der gesetzgeberischen Entscheidung unbestritten auch eine Vorgangskontrolle. Unabhängig von der Frage, ob ein bestimmtes Gesetz in der Sache gerechtfertigt werden kann, stellt es sich als formell verfassungswidrig dar, wenn das Gesetzgebungsverfahren nicht ordnungsgemäß durchgeführt wurde. Es stellt sich die Frage, ob auch die Kontrolle der grundrechtlichen Abwägung im Rahmen der materiellen Verfassungsmäßigkeit auch eine Vorgangskontrolle einschließt.

Gesetzt den Fall, ein Gesetz wird vom Gesetzgeber schlicht mit „politischer Notwendigkeit" begründet, ohne daß eine Abwägung des betroffenen Grundrechts mit den Schrankengründen erkennbar wäre. Zudem sei davon ausgegangen, daß sich diese gesetzgeberische Entscheidung als verhältnismäßig erweist, wenn man eine Abwägung der kollidierenden verfassungsrechtlichen Rechte und Güter durchführt. Stellt sich dieses Gesetz bloß deswegen als verfassungswidrig dar, weil der Gesetzgeber – soweit erkennbar – keine Abwägung durchgeführt hat? Ist der „Abwägungsausfall" bei der Gesetzgebung entsprechend dem „Ermessensausfall"[75] im Sinne der Ermessensfehlerlehre ein Fehler, der für sich die Verfassungswidrigkeit des betreffenden Gesetzes zu begründen vermag? Es sprechen gewiß gute Gründe für eine Abwägung bei der Gesetzgebung. Die parlamentarische Gesetzgebung ist Anwendung der Verfassung, die teils in Subsumtionen,

---

75 Vgl. zum Ermessensausfall nur H. J. Wolff/O. Bachof/R. Stober, Verwaltungsrecht, Bd. 1, 11. Aufl., München 1999, S. 463 f.

teils in einer Abwägung besteht. Wenn der Gesetzgeber nicht über die Verfassungsmäßigkeit des Gesetzentwurfs reflektiert, sondern ihn als bloß „politisch notwendig" pro-
klamiert, geht er das große Risiko ein, daß das Bundesverfassungsgericht das erlassene
Gesetz als verfassungswidrig aufheben wird.[76] Ein solches Risiko einzugehen verstößt
gegen das Gebot politischer Klugheit. Wenn ein Gesetzgeber davon ausgehen muß, daß
Gesetze vom Verfassungsgericht mittels einer Abwägung überprüft werden, und er nicht
will, daß seine Gesetze aufgehoben werden, wird dieses Risiko geringer sein, wenn er
selbst seine Gesetze mittels Abwägung findet und begründet. Ein Verstoß gegen politische Klugheit allein macht ein Gesetz aber noch nicht verfassungswidrig. Insoweit man
die Abwägung als Rechtsanwendungsmethode – auch die Gesetzgebung ist Anwendung
der Verfassung – gegenüber ad hoc getroffenen Entscheidungen ohne strukturierte Begründung für die rationalere Methode hält, begeht der Gesetzgeber zudem einen metho-
dischen Fehler. Er wählt eine unterlegene oder schlechte Methode. Aber auch daraus
folgt nicht ohne weiteres, daß das bloß mit „politischer Notwendigkeit" begründete Gesetz als verfassungswidrig eingestuft werden muß. Dies wäre nur dann der Fall, wenn
eine Pflicht zur Wahl der bestmöglichen Methode besteht und die Sanktion im Fall der
Verletzung dieser Pflicht in der Verfassungswidrigkeit des Gesetzes besteht. Man kann
jedoch in einem idealen Sinne vom Gesetzgeber rechtlich die Wahl des bestmöglichen
Entscheidungsverfahrens verlangen, aber dennoch davon ausgehen, daß ein in bestimmten Hinsichten[77] mangelhaftes Verfahren das Ergebnis des Verfahrens lediglich als nicht
ideal qualifiziert, aber nicht als verfassungswidrig klassifiziert.[78]
Der grundlegenden Frage nach der Reichweite prozeduraler Pflichten kann hier nicht
weiter nachgegangen werden. Es spricht allerdings einiges für die These, daß solange
sich der Gesetzgeber im Rahmen der verfassungsrechtlich zulässigen Ergebnisse hält,
die Qualität der inhaltlichen Begründung eher eine Frage der politischen Verantwortlichkeit in einer Demokratie darstellt als eine Frage der Verfassungsmäßigkeit des Ge-

---

76 Die Reflektion hinsichtlich der verfassungsrechtlichen Anforderungen, insbesondere unter Berück-
    sichtigung des Bundesverfassungsgerichts, kann im Hinblick auf die Verfassungsmäßigkeit bedenk-
    liche Aspekte des fraglichen Gesetzentwurfs offenbaren. Dann wird es möglich, den Kontrollmaß-
    stab, den das Bundesverfassungsgericht anlegen wird, genauer zu prognostizieren und das Gesetz so
    formulieren, daß es nicht aufgehoben wird. Dies bedeutet natürlich nicht, daß der wahrscheinliche
    Kontrollmaßstab des Verfassungsgerichts in einem normativen Sinne richtig ist, es handelt sich aus
    der Perspektive des Gesetzgebers um eine empirische Prognose. Ein Gesetzgeber kann sich auch aus
    politischen Gründen gegen die vermutliche Auffassung des Bundesverfassungsgerichts stellen. Man
    wird es jedoch als politisch klüger ansehen müssen, dies sehenden Auges zu tun.
77 Dies schließt natürlich nicht aus, daß Verfahrensmängel in anderen Hinsichten das Ergebnis als ver-
    fassungswidrig klassifizieren, vgl. den Text eingangs dieses Abschnittes.
78 Wählt der Gesetzgeber nicht die bestmögliche Methode, ist sein Ergebnis jedoch objektiv begründ-
    bar, wird das Ergebnis als verfassungsmäßig klassifiziert, aber als nicht ideal qualifiziert. Zur Unter-
    scheidung von klassifizierendem und qualifizierendem Zusammenhang in anderen Kontexten siehe
    Alexy, Begriff und Geltung des Rechts (Fn. 26), S. 48 f.; Borowski, Die Glaubens- und Gewissens-
    freiheit des Grundgesetzes (Fn. 18), S. 102; M. Borowski, Classifying and Qualifing Properties of
    Fundamental Rights, in: A. Ollero [Hg.], Human Rights and Ethics, Stuttgart 2007, S. 37-45 (43 ff.).

setzes.[79] Dann macht eine schlechte inhaltliche Begründung, eine Begründung ohne Abwägung oder mit einer schlechten Abwägungsbegründung, ein Gesetz noch nicht verfassungswidrig.

Folgt man dem, stellt die Kontrolle der Grundrechtsgemäßheit von Gesetzen – jenseits der oben erwähnten klassischen Anforderungen an das Gesetzgebungsverfahren – eine bloße Ergebniskontrolle der Gesamtentscheidung dar. Eine Kontrolle von Teilentscheidungen des Gesetzgebers steht dagegen nicht im Vordergrund. Dies findet seinen Grund darin, daß sich mehrere falsche Teilentscheidungen – insbesondere in einer Abwägung – in ihren Wirkungen aufheben können, so daß sich die gesetzgeberische Gesamtentscheidung zumindest im Rahmen des Vertretbaren[80] hält. Wenn etwa das abstrakte Gewicht eines grundrechtlichen Prinzips grob zu niedrig angesetzt wird, aber auch das Maß der Sicherheit der Erkenntnis empirischer Prämissen hinsichtlich eines Schrankengrundes grob zu gering, kann sich dies in der Abwägung ausgleichen. Wer auf die Teilentscheidungen blickte, fände zwei grobe Fehler. Wer nur auf die Gesamtentscheidung blickt, sieht ein zumindest vertretbares Ergebnis. Noch deutlicher wird dies, wenn das Fehlen jeglicher gesetzgeberischer Abwägung nicht die Verfassungswidrigkeit des Gesetzes nach sich zieht. Wenn es keine gesetzgeberische Abwägung gibt, gibt es auch gar keine Teilentscheidungen in einer Abwägung, die man kontrollieren könnte.

cc) Der Gesamtspielraum und Teilspielräume

Damit liegt es nahe, die Geltung der gesetzgeberischen Gesamtentscheidung als Gegenstand der prima facie-Bindung anzusehen. Dies bedeutet nicht, daß Teilentscheidungen und die auf die einzelnen Teilentscheidungen jeweils entfallenden Spielräume bedeutungslos würden. Aus der Perspektive des kontrollierenden Rechtsanwenders ist eine Abwägung durchzuführen, und im Rahmen dieser Abwägung sind alle notwendigen Teilentscheidungen aus seiner Perspektive zu treffen. Bei einer Teilentscheidung können verschiedene Ergebnisse vertretbar sein, was zu einem Teilspielraum führt. Die Verknüpfung[81] aller Teilspielräume führt zum Gesamtspielraum für die Gesamtentscheidung.[82] Der Gesamtspielraum entscheidet darüber, wie weit man von dem Ergebnis, das

---

79 Gegen eine Pflicht zur Durchführung einer Abwägung im Rahmen der grundrechtlichen Leistungsrechte vgl. auch Borowski, Grundrechte als Prinzipien (Fn. 1), S. 311 f. Vgl. allerdings Sieckmann, Recht als normatives System (Fn. 1), S. 202 f. zur Pflicht des Gesetzgebers zur Verfassungsinterpretation.

80 „Vertretbar" soll hier und im folgenden in dem Sinne verstanden werden, daß sich das Ergebnis im Spielraum des Gesetzgebers hält. Dies trifft keine Aussage darüber, wie groß dieser Spielraum anzusetzen ist. Insbesondere soll damit nicht gesagt werden, daß im Sinne der Unterscheidung dreier Kontrollstufen – Evidenzkontrolle, Vertretbarkeitskontrolle, voll intensivierte Kontrolle – die mittlere Kontrollstufe zu wählen ist.

81 Vgl. auch den Hinweis bei Alexy, Verfassungsrecht und einfaches Recht (Fn. 8), S. 17, 24, Anm. 93, auf die „Spielraumverknüpfung".

82 Die genaue Rekonstruktion der Verknüpfung von Spielräumen ist ein Problem für sich. Es stellt sich vor allem die Frage, ob die Verknüpfung von Teilspielräumen diese – um es metaphorisch zu sagen – eher addiert oder eher potenziert.

der die gesetzgeberische Entscheidung kontrollierende Rechtsanwender für richtig hält, abweichen darf, ohne daß die gesetzgeberische Entscheidung verfassungswidrig wird. An diesem Maßstab – Richtigkeit aus der Perspektive des kontrollierenden Rechtsanwenders und Bestimmung der höchstzulässigen Abweichung hiervon – wird das Gesetz dann gemessen.

c) Fazit

Es dürfte insgesamt deutlich geworden sein, daß die Rekonstruktion der autoritativen Kraft der gesetzgeberischen Entscheidung in einem Abwägungsmodell nach wie vor eine ganze Reihe grundlegender Fragen aufwirft.[83] Diese können im Rahmen dieses Beitrages nicht weiter behandelt werden. Vielmehr soll im folgenden vor dem Hintergrund der skizzierten Grundstruktur der Bindung an autoritative Festsetzungen des Gesetzgebers einer Frage nachgegangen werden, der in der Diskussion um formelle Prinzipien bislang wenig Aufmerksamkeit zuteil geworden ist. Dies ist die gesetzgeberische Festsetzung relativer Verfassungsziele.

III. Die gesetzgeberische Festsetzung relativer Verfassungsziele

Zu den soben erwähnten[84] Teilentscheidungen in der grundrechtlichen Abwägung gehört die Entscheidung des Gesetzgebers über die Geltung relativer Verfassungsziele. Die Ermächtigung des Gesetzgebers zur Festsetzung relativer Verfassungsziele wird auch in Bezug genommen, wenn von der Zwecksetzungskompetenz des Gesetzgebers gesprochen wird.

Nicht jedes Gesetz impliziert ein relatives Verfassungsziel. Läßt sich eine gesetzgeberische Gesamtentscheidung vollständig als vertretbares Ergebnis einer Abwägung von ausschließlich positiven Verfassungszielen rekonstruieren, kommt es auf relative Verfassungsziele nicht an. Als Beispiel kann eine Berufsausübungsregelung dienen, die um des Umweltschutzes willen erlassen wurde. Dies kann erschöpfend als Abwägung der

---

83 Hierzu zählt auch die Frage, ob die Rekonstruktion der Autorität der gesetzgeberischen Entscheidung als formelles Prinzip allein die Frage der Erkenntnis und epistemischer Spielräume betrifft. Hiervon geht Alexy aus, wenn er sagt, daß der entsprechende Spielraum in dem Moment, in dem die Erkenntnisunsicherheit beseitigt sei – also die richtige Lösung gefunden sei –, verschwinde, vgl. Alexy, Postscript (Fn. 6), S. 424. Damit wird vorausgesetzt, daß die Richtigkeit unabhängig von der gesetzgeberischen Entscheidung bestimmt werden kann. Dies scheint für empirische Prämissen, die in Untersuchungen der gesetzgeberischen Spielräume bislang im Vordergrund standen, auf der Hand zu liegen. Allerdings kennen beispielsweise Prozeßordnungen durchaus formelle Wahrheitsbegriffe. Wenn die Verfahren der Einführung bzw. Ermittlung von Tatsachen, von empirischen Prämissen, korrekt durchgeführt worden sind, gelten diese für den Prozeß als wahr. Eine entsprechende Relativierung könnte auch durch den Spielraum des Gesetzgebers bewirkt werden. Dann würde die gesetzgeberische Entscheidung ein Stück weit die Richtigkeit der empirischen Prämissen konstituieren. Dies wirft nicht zuletzt die Frage auf, ob für die Frage der Richtigkeit empirischer und normativer Prämissen die gleichen Regeln gelten. Dieser tiefgehenden Frage kann hier jedoch nicht weiter nachgegangen werden.

84 Siehe II. 2. b).

Berufsfreiheit gem. Art. 12 Abs. 1 GG mit dem Umweltschutzprinzip gem. Art. 20a GG – beides gleichermaßen positive Verfassungsziele – rekonstruiert werden. Soweit die positiven Verfassungsziele aber nicht zur Rekonstruktion ausreichen, wird die Frage nach relativen Verfassungszielen aufgeworfen. Wie bereits ausgeführt, gehört es zu den klassischen Befugnissen des Gesetzgebers im demokratischen Verfassungsstaat, daß er innerhalb eines von der Verfassung gesetzten Rahmens ermächtigt ist, Gesetzeszwecke oder relative Verfassungsziele zu setzen.[85]

1. Der Erlaß von Gesetzen und die Implikation von relativen Verfassungszielen

Der wirksame Akt der Gesetzgebung auf der Ebene einfachen Rechts impliziert gleichzeitig auf der Verfassungsebene ein Prinzip, und zwar das Prinzip, das das einfache Gesetz inhaltlich stützt. Diese in der Gesetzgebung enthaltene „Implikation" stellt den Akt der Setzung eines Prinzips im Sinne eines relativen Verfassungsziels dar. Zur Setzung eines Prinzips kommt es nur dann nicht, wenn das entsprechende Prinzip bereits als positives Verfassungsziel gilt oder bereits als relatives Verfassungsziel mit exakt dem gleichen Inhalt durch ein früheres Gesetz impliziert, also gesetzt, wurde.[86] Das Gesetz auf der einfachrechtlichen Stufe der Rechtsordnung und das relative Verfassungsziel im Sinne eines Prinzips auf der verfassungsrechtlichen Stufe sind also dadurch verbunden, daß die Bedingungen der einfachen Gesetzgebung zu den Erzeugungsbedingungen des Prinzips gehören. Erweist sich das einfachrechtliche Gesetz, aus welchem Grund auch immer, als nicht wirksam, erlangt das implizierte relative Verfassungsziel keine Geltung.

Bei dieser Implikation des relativen Verfassungsziels ist es letztlich gleichgültig, ob der Gesetzgeber die Setzung eines entsprechenden Prinzips beabsichtigte oder ihm die Setzung auch nur bewußt war. Es reicht aus, daß das Gesetz aus einer objektiven Perspektive dahingehend zu deuten ist, daß es verfassungsrechtlich ein Prinzip im Sinne eines relativen Verfassungsziels impliziert.

2. Die Verselbständigung des relativen Verfassungsziels

Auch wenn die Wirksamkeit des einfachrechtlichen Gesetzes die Bedingung der Geltung des relativen Verfassungsziels im Sinne eines Prinzips darstellt, kann sich dieses Prinzip, wenn es einmal in Geltung getreten ist, gegenüber dem Gesetz verselbständigen.[87]

---

85 Siehe bereits I. 3. a) bb).

86 Bei vorheriger Setzung bzw. Implikation durch ein vorher erlassenes Gesetz kann man in dem zweiten Gesetz nur eine Bestätigung des Stützungsprinzips sehen, die nicht mehr konstitutiv für die Geltung des Stützungsprinzips werden kann. Diese Bestätigung kann aber entscheidende Bedeutung erlangen, wenn das erste Gesetz aufgehoben werden sollte. Mit der Aufhebung des ersten Gesetzes wird dann nicht auch das Prinzip im Sinne eines relativen Verfassungsziels aufgehoben, weil es nunmehr in einem konstitutiven Sinne auf das zweite Gesetz gestützt werden kann.

87 Man könnte eine Verselbständigung von vornherein ablehnen, indem man darauf verweist, daß die

Eine Verselbständigung könnte darin bestehen, daß dieses Prinzip im Sinne eines relativen Verfassungsziels „andere Grundrechtseinschränkungen" bewirken könnte. Mit „andere Grundrechtseinschränkungen" sind damit Grundrechtseinschränkungen jenseits derjenigen gemeint, zu denen das Gesetz, welches das relative Verfassungsziel impliziert, ermächtigt. Grundrechtseinschränkungen können jedoch nicht allein auf Schrankengründe gestützt werden. Aufgrund der grundrechtlichen Gesetzesvorbehalte bedarf es eines Parlamentsgesetzes, welches Grundrechtseinschränkungen in formeller Hinsicht legitimiert.[88] Soweit sich das relative Verfassungsziel gegenüber dem Gesetz, durch welches es impliziert wird, verselbständigt, sind Grundrechtseinschränkungen nicht durch Parlamentsgesetz gedeckt.

Diese Argumentation schließt aber nicht aus, daß andere Prinzipien mit Verfassungsrang, für die der grundrechtliche Gesetzesvorbehalt nicht gilt, eingeschränkt werden. Beispielsweise kann man die Frage stellen, ob Prinzipien im Sinne relativer Verfassungsziele jenseits der sie implizierenden Gesetze Staatszielbestimmungen wie Art. 20a GG – nichtgrundrechtliche positive Verfassungsziele – einschränken können.[89] Wenn etwa durch die Handwerksordnung die Führung eines Handwerksbetriebes grundsätzlich von dem Bestehen der Meisterprüfung abhängig gemacht wird, impliziert dies das Prinzip der „Erhaltung des Leistungsstandes und der Leistungsfähigkeit des Handwerks".[90] Kann sich dieses Prinzip im Sinne eines relativen Verfassungsziels derart gegenüber der Handwerksordnung verselbständigen, daß es sich auch gegen umweltschützende Gesetze, die durch Art. 20a GG gestützt werden, stemmen kann, wenn diese umweltschützenden Gesetze aufgrund ihrer finanziellen Auswirkungen die „Erhaltung des Leistungsstandes und der Leistungsfähigkeit des Handwerks" beeinträchtigen? Geht man hiervon aus, hätte eine Berufswahlregelung[91] mittelbar zur Folge, daß in Konstellationen jenseits des Berufszuganges umweltschützende Gesetze aus ökonomischen Gründen in Frage gestellt werden. Dies kann man als eigentümliches Vagabundieren eines Prinzips im Sinne eines relativen Verfassungsziels ansehen, oder schlicht für einen Ausdruck von Kohärenz halten. Der Schlüssel zum Problem der Verselbständigung von Prinzipien im Sinne relativer Verfassungsziele dürfte in der präzisen Bestimmung des implizierten Prinzips liegen – geht es wirklich um die „Erhaltung des Leistungsstandes und der Leistungsfähigkeit des Handwerks" schlechthin, oder nur insoweit der Berufszugang betroffen wird? Maßgebend ist, ob das Prinzip der „Erhaltung des Leistungsstandes und

Kompetenz zum Erlaß des Gesetzes und der Setzung des Prinzips im Sinne eines relativen Verfassungsziels allein auf der grundrechtlichen Eingriffsermächtigung bzw. Schrankenklausel des betreffenden Grundrechts beruht. Damit könnte das Prinzip im Sinne eines relativen Verfassungsziels nur gegenüber Grundrechten mit Gesetzesvorbehalt einschränkend wirken, nicht gegenüber anderen Prinzipien. Dies würde aber bedeuten, daß eine Einschränkung eines Grundrechts unmöglich wäre, wenn und soweit ein nichtgrundrechtliches Prinzip in der Abwägung verstärkend zu einem Grundrecht hinzutritt. Dies wäre ein merkwürdiges, in der Sache kaum zu rechtfertigendes Ergebnis.

88   Man kann erwägen, in extremen Fällen die formellen Anforderungen zurücktreten zu lassen, vgl. Borowski, Grundrechte als Prinzipien (Fn. 1), S. 337 f.
89   Entsprechendes gilt für Einschränkungen von Prinzipien im Sinne relativer Verfassungsziele durch andere Prinzipien im Sinne relativer Verfassungsziele.
90   BVerfGE 13, 97 (107).
91   Vgl. BVerfGE 13, 97 (105 f.).

der Leistungsfähigkeit des Handwerks" entweder umfassend vom Gesetzgeber gesetzt worden ist oder nur sektoral und damit bereits tatbestandlich präformiert. Grenzen für derartige Differenzierungen ergeben sich im demokratischen Verfassungsstaat aus dem allgemeinen Gleichheitssatz, was hier aber nicht eingehender untersucht werden soll.

3. Das Prinzip im Sinne eines relativen Verfassungsziels als materielles oder formelles Prinzip

Die Unterscheidung von materiellen und formellen Prinzipien wurde bereits skizziert.[92] Um die Prinzipien im Sinne relativer Verfassungsziele als materielle oder formelle Prinzipien einstufen zu können, erweist sich jedoch ein genauerer Blick auf die Unterscheidung als hilfreich.

a) Die Unterscheidung von materiellen und formellen Prinzipien

Bereits in der „Theorie der Grundrechte" weist Alexy im Rahmen der Erläuterung der Prinzipienebene des Regel/Prinzipienmodells „auf eine Unterscheidung von zwei grundsätzlich verschiedenen Arten von Prinzipien" hin, „die von weitreichender Bedeutung ist, nämlich auf die von inhaltlichen oder materiellen und formellen oder prozeduralen Prinzipien."[93] An Stelle einer Definition materieller oder formeller Prinzipien folgt ein Beispiel für ein formelles Prinzip: „Ein formelles oder prozedurales Prinzip ist das Prinzip, das sagt, daß der demokratische Gesetzgeber die für die Gemeinschaft wichtigen Entscheidungen treffen soll."[94]

Eine eingehendere Untersuchung formeller Prinzipien findet sich bei Jan-Reinard Sieckmann. Kennzeichnend für formelle Prinzipien sei, daß sie eine prima facie-Bindung „an das Ergebnis früherer Prozeduren statuieren".[95] Später wird „in der Regel fremde Entscheidungen" hinzugefügt.[96] Sieckmann betont ebenso wie Alexy,[97] daß formelle Prinzipien der Rekonstruktion autoritativer Strukturen im Rechtssystem dienten und deshalb „ein wesentliches, begrifflich notwendiges Merkmal von Rechtssystemen" bildeten.[98]

Das Charakteristikum formeller Prinzipien besteht damit darin, daß derjenige, der eine Prinzipienkollision zu entscheiden hat, prima facie an eine frühere Entscheidung gebunden wird. Das von materiellen Prinzipien prima facie Gebotene dagegen ist von derarti-

---

92 Siehe II. 2.
93 Alexy, Theorie der Grundrechte (Fn. 1), S. 120 (Hervorhebung ausgelassen).
94 Ibid.
95 Sieckmann, Regelmodelle und Prinzipienmodelle (Fn. 1), S. 147. Vgl. Afonso da Silva, Grundrechte und gesetzgeberische Spielräume (Fn. 8), S. 145, 150; Borowski, Grundrechte als Prinzipien (Fn. 1), S. 88, 127.
96 Sieckmann, Regelmodelle und Prinzipienmodelle (Fn. 1), S. 152. Die Bindung an frühere eigene Entscheidungen wird vor allem in der Rekonstruktion der autoritativen Bindungswirkung von Präjudizien erheblich, denn Gerichte können an frühere eigene Entscheidungen gebunden werden. Ein weiterer Anwendungsfall ist Sieckmanns Modell konkurrierender Rechtskonzeptionen (siehe bereits II. 2. a) aa)), da hier eine bloße prima facie Bindung an die eigene Rechtskonzeption angenommen wird.
97 Vgl. insbesondere Alexy, Theorie der Grundrechte (Fn. 1), S. 89.
98 Sieckmann, Regelmodelle und Prinzipienmodelle (Fn. 1), S. 148.

gen Entscheidungen unabhängig, ihr Optimierungsgegenstand liegt in inhaltlicher Hinsicht von vornherein fest.

b) Die Festsetzung des Prinzips im Sinne eines relativen Verfassungsziels als Ausübung eines formellen Prinzips

Alexy geht in der „Theorie der Grundrechte" davon aus, daß die in der Gesetzgebung liegende Implikation des Prinzips im Sinne eines relativen Verfassungsziels die Setzung eines materiellen Prinzips darstellt. Nachdem er das formelle Prinzip, Entscheidungen des Gesetzgebers so weit als möglich zu realisieren, angesprochen hat, heißt es kontrastierend: „Dies formelle Prinzip kann zusammen mit einem nur relativen Gemeinschaftsinteressen dienenden *inhaltlichen* Prinzip gegen ein individuelle Rechte gewährendes grundrechtliches Prinzip abgewogen werden."[99] „Inhaltlich" wird von Alexy im Kontext der Unterscheidung von formellen und materiellen Prinzipien als Synonym für „materiell" gebraucht.[100] Nimmt man jedoch die obengenannte Charakterisierung formeller Prinzipien ernst, liegt es nahe, die Entscheidung des Gesetzgebers über den Erlaß des Gesetzes, das das Prinzip im Sinne eines relativen Verfassungsziels impliziert, als „frühere Entscheidung" im Sinne dieser Charakterisierung anzusehen. Die Erzeugung des entsprechenden Optimierungsgegenstandes erscheint dann eher als Ausübung eines formellen Prinzips denn als Setzung eines materiellen Prinzips.[101]

Allerdings ist diese Gegenüberstellung weniger scharf als es auf den ersten Blick scheinen mag. Die Ausübung eines formellen Prinzips führt immer dazu, daß der Optimierungsgegenstand des formellen Prinzips inhaltlich konkretisiert wird.[102] Während bei der „Setzung" eines materiellen Prinzips die klassifikatorische Dimension im Vordergrund steht, verweist die „Konkretisierung" eher auf etwas Graduelles. In beiden Fällen werden jedoch inhaltliche Festsetzungen hinzugefügt. Pointiert gesagt können ein ausgeübtes formelles Prinzip und ein gesetztes materielles Prinzip in inhaltlicher Hinsicht vollkommen identische Optimierungsgegenstände aufweisen. Sie unterscheiden sich dann nur in der Methode der Erzeugung dieses Optimierungsgegenstandes.

Die Erzeugung der Optimierungsgegenstände im Sinne von Prinzipien als relative Verfassungsziele als die Ausübung eines formellen Prinzips zu deuten erscheint insofern eleganter, als das formelle Prinzip auf der Verfassungsebene bereits vor der gesetzgeberischen Aktivität existiert und gleichsam darauf wartet, mit Inhalt – Optimierungsgegenständen – angefüllt zu werden.[103] Vor dem Hintergrund des Stufenbaus der Rechtsord-

---

99 Alexy, Theorie der Grundrechte (Fn. 1), S. 120 (Hervorhebung von M.B.). Dem entspricht es, daß er im „Postscript" im Abschnitt „End-Setting Discretion", der dem gesetzgeberischen Zwecksetzungsspielraum gewidmet ist, formelle Prinzipien überhaupt nicht erwähnt, Alexy, Postscript (Fn. 6), S. 395 f. Formelle Prinzipien werden erst im Abschnitt über epistemische Spielräume eingeführt, ibid., S. 414-425.
100 Vgl. das bei Fn. 93 wiedergegebene Zitat. Vgl. weiter die Gegenüberstellung formeller und „inhaltlicher" Prinzipien bei Alexy, Theorie der Grundrechte (Fn. 1), S. 267.
101 Vgl. hierzu auch Afonso da Silva, Prinzipientheorie, Abwägungskompetenzen und Gewaltenteilung (Fn. 56). S. 223, der die Zwecksetzungskompetenz mit Hilfe eines formellen Prinzips rekonstruiert.
102 Borowski, Grundrechte als Prinzipien (Fn. 1), S. 127.
103 Bedenken gegen diese Deutung könnten sich daraus ergeben, daß alle von Gesetzen implizierten re-

nung ist dies leichter zu rechtfertigen als die Kompetenz der einfachrechtlichen Gesetz-gebers, Verfassungsprinzipien allererst zu setzen.

Schließlich spricht für eine Deutung der Setzung des Prinzips im Sinne eines relativen Verfassungsziels als Ausübung eines formellen Prinzips, daß es sich um einen Teil-aspekt der gesetzgeberischen Gesamtentscheidung handelt, ohne den die gesetzgeri-sche Gesamtentscheidung nicht verfassungsgemäß wäre. Das formelle Prinzip der Reali-sierung der Entscheidungen des demokratisch unmittelbar legitimierten Gesetzgebers gebietet die Annahme aller notwendigen Voraussetzungen der Geltung des Gesetzes.

4. Das abstrakte Gewicht des Prinzips im Sinne relativen Verfassungsziels

Die Entscheidung des Gesetzgebers bezieht sich nicht nur auf die Existenz und die ge-nauen Grenzen eines Optimierungsgegenstandes im Sinne eines relativen Verfassungs-ziels, sondern auch auf das abstrakte Gewicht des Optimierungsgegenstandes in Abwä-gungen. Sicherlich stellt eine Verfassungsordnung wie die des Grundgesetzes das Ge-wicht relativer Verfassungsziele nicht vollständig in das Belieben des Gesetzgebers. So wird seine Entscheidung über die Realisierung des Mittelstandsschutzes nicht derart zu rekonstruieren sein dürfen, daß der Mittelstandsschutz ein höheres abstraktes Gewicht in Abwägungen besitzt als die Menschenwürde gemäß Art. 1 GG. Auf der anderen Seite besitzt der Mittelstandsschutz auch kein vollständig von der gesetzgeberischen Ent-scheidung unabhängiges objektives Gewicht in einer Verfassungsordnung. Der Gesetz-geber kann sich entscheiden, den Mittelstandsschutz so weit zu realisieren, wie die Ver-fassung es zuläßt. Er stattet dieses relative Verfassungsziel dann mit dem höchstmöglich zulässigen abstrakten Gewicht aus. Er kann sich aber auch entscheiden, den Mittel-standsschutz nur ein wenig zu realisieren. Es kann durchaus seinen politischen Vorstel-lungen entsprechen, Mittelstandsschutz eine gewisse, gegenüber positiven Verfassungs-zielen und anderen relativen Verfassungszielen aber eher untergeordnete Rolle zuzuwei-sen. Ein vernünftiger Grund, den Gesetzgeber darauf zu verweisen, ein relatives Verfas-sungsziel entweder mit dem maximal möglichen Gewicht auszustatten oder gar nicht zu verfolgen, ist nicht ersichtlich. Das abstrakte Gewicht relativer Verfassungsziele liegt damit zumindest ein Stück weit in seiner Hand.[104] Um den Unterschied zwischen der

lative Verfassungsziele als konkretisierte Optimierungsgegenstände ein und desselben höchst ab-strakten formellen Prinzips – dem prima facie Gebot, die Entscheidungen des demokratisch unmit-telbar legitimierten Gesetzgebers zu realisieren – erschienen. Solange man allerdings interne Kolli-sionen von Prinzipien – Kollisionen verschiedener Optimierungsgegenstände innerhalb eines Prin-zips – genauso behandelt wie Kollisionen verschiedener Prinzipien, folgen daraus keinerlei struktu-relle Probleme. Ob man beispielsweise dem allgemeinen Gleichheitssatz zwei Prinzipien interpre-tativ zuordnet – das Prinzip rechtlicher Gleichheit und das Prinzip faktischer Gleichheit – oder dem allgemeinen Gleichheitssatz nur ein Prinzip der Gleichheit, diesem Prinzip aber zwei Optimierungs-gegenstände – nämlich rechtliche und faktische Gleichheit – interpretativ zuordnet, begründet kei-nen erheblichen strukturellen Unterschied. Zum internen Spannungsverhältnis zwischen rechtlicher und faktischer Gleichheit beim allgemeinen Gleichheitssatz als „Paradox der Gleichheit" siehe Bo-rowski, Grundrechte als Prinzipien (Fn. 1), S. 395 ff.

104 Diese Frage der abstrakten Gewichtung wird bei Borowski, Grundrechte als Prinzipien, S. 125 mit „Maß der Realisierung" in Bezug genommen. Alexy behandelt die Bestimmung des „Maßes der Realisierung" von Zwecken als Teil des Zwecksetzungsspielraums, vgl. Alexy, Verfassungsrecht

Entscheidung über den Optimierungsgegenstand und der Entscheidung über sein abstraktes Gewicht auszudrücken, kann zwischen dem *Zwecksetzungsspielraum* (Spielraum hinsichtlich der Entscheidung über die relativen Verfassungsziele und ihre genaue Formulierung) und *Zweckgewichtungsspielraum* (Spielraum hinsichtlich der Entscheidung über das abstrakte Gewicht relativer Verfassungsziele) unterschieden werden.

5. Zusammenfassung

Damit bleibt festzuhalten, daß die Entscheidung des Gesetzgebers für relative Verfassungsziele zu einer prinzipiellen Festsetzung führt, die man als Ausübung eines formellen Prinzips deuten kann. Diese Festsetzung eines relativen Verfassungsziels ist eine Teilentscheidung im Rahmen der gesetzgeberischen Gesamtentscheidung, für deren Geltung das formelle Prinzip der Realisierung der Entscheidungen des demokratisch unmittelbar legitimierten Gesetzgebers spricht.

IV. Ergebnis

In der verfassungsgerichtlichen Kontrolle von Gesetzen wird überprüft, ob der Gesetzgeber sich an die strikten und nicht strikten Festsetzungen der Verfassung gehalten hat. Dabei sind angemessene Spielräume zu berücksichtigen. Soweit unter strikte Festsetzungen subsumiert wird, geht es um Subsumtionsspielräume. Jenseits strikter Festsetzungen, soweit nicht strikte Festsetzungen bestehen, stellt sich die Frage nach Abwägungsspielräumen.

Grundrechtseingreifende Gesetze müssen unter anderem in einer Abwägung gerechtfertigt werden. Der Rechtsanwender hat bei der Durchführung der Abwägung eine ganze Reihe von Teilentscheidungen zu treffen, insbesondere hinsichtlich der Frage, welche Prinzipien in die Abwägung eingestellt werden und wie diese zu gewichten sind. Bei diesen Teilentscheidungen sind Spielräume zu berücksichtigen, die Verknüpfung aller dieser Teilspielräume führt zum Gesamtspielraum. Das Ergebnis der Abwägung unter Berücksichtigung des Gesamtspielraums weist den Bereich verfassungsmäßiger Ergebnisse aus. Abschließend wird überprüft, ob das Gesetz innerhalb des Rahmens verfassungsmäßiger Gesetze liegt.

Die prima facie-Bindung an die Entscheidung des demokratisch legitimierten Gesetzgebers im Sinne eines formellen Prinzips bezieht sich in erster Linie auf die gesetzgeberische Gesamtentscheidung. Es spricht einiges dafür, die Kontrolle der Abwägung im Sinne der Verhältnismäßigkeit als reine Ergebniskontrolle durchzuführen. Wenn der Gesetzgeber sein Gesetz im Wege der Abwägung findet und begründet, können sich mehrere falsche Teilentscheidungen gegenseitig aufheben, so daß falsche Teilentscheidungen zu einem richtigen oder zumindest gut vertretbaren Gesamtergebnis führen.

Eine in vielen Fällen für die Gesamtentscheidung ausschlaggebende Teilentscheidung besteht in der gesetzgeberischen Entscheidung über relative Verfassungsziele, die durch

---

und einfaches Recht (Fn. 8), S. 17. Es ist nicht ganz klar, ob Alexy sich mit eben diesem Ausdruck, „Maß der Realisierung", auf die genaue Zuschneidung des Optimierungsgegenstandes, auf das abstrakte Gewicht des erzeugten Optimierungsgegenstandes oder auf beides bezieht.

das erlassene Gesetz objektiv impliziert werden. Auch diese Teilentscheidung kann als Ausübung eines formellen Prinzips verstanden werden. Der kontrollierende Rechtsanwender wird an eine frühere Entscheidung gebunden, und die Bindung weist prima facie-Natur auf. Erweist sich das Gesetz wegen Unverhältnismäßigkeit als grundrechtswidrig, folgt daraus dessen ipso iure-Nichtigkeit. Mit der Nichtigkeit des Gesetzes verliert es die Kraft, relative Verfassungsziele zu implizieren. Das relative Verfassungsziel verliert mit dem Gesetz seine Geltung.[105]

---

105 Oder, um es etwas präziser im Sinne der *ex tunc* Nichtigkeit *ipso iure* zu formulieren: Es steht nunmehr fest, daß das relative Verfassungsziel niemals Geltung erlangt hat, weil das dieses Prinzip implizierende Gesetz seinerseits wegen Unverhältnismäßigkeit niemals Geltung erlangen konnte.

Über die demokratische Legitimität der Justiz – Bemerkungen zu Alexys These der argumentativen Repräsentation[*]

A. Daniel Oliver-Lalana

Sowohl das Demokratie- als auch das Rechtsstaatsprinzip bieten einen guten Grund, den Entscheidungsspielraum der Justiz einzuschränken. Wir befinden uns jedoch in konstitutionalistischen Zeiten, bei denen Richter nicht nur die parlamentarische Gesetzgebung kontrollieren, sondern auch allmählich immer weniger an diese gebunden zu sein scheinen: Nicht zuletzt sind sie Hüter der Grundrechte und Experten in der Handhabung von Prinzipien geworden. Obgleich die Legislative immer wieder beansprucht, den politischen Willen der Bürger auszudrücken, wird sie dann von einer Art Juristokratie herausgefordert, die sich gegen die politischen Mehrheiten letztendlich durchsetzen könnte. Zweifelsohne zeichnen sich tatsächliche Gesetzgebungsvorgänge nicht durch ihre rationalen Qualitäten aus; weder die Verfassungsgerichtsbarkeit noch das prinzipiengeprägte Richterrecht bleiben jedoch unumstritten. Neben dem immer wiederkehrenden Problem der Rechtsunsicherheit bzw. der richterlichen Willkür lautet der gängigste Einwand, dass es Richtern an einer genuin demokratischen Legitimität mangelt. Dieser Kritik lässt sich zwar aus unterschiedlichen Blickwinkeln begegnen, hier sei aber nur auf jene Antwort eingegangen, die versucht, gerichtliche und insbesondere verfassungs- oder obergerichtliche Entscheidungen an das Demokratieprinzip selbst anzuschließen. Bezüglich der Verfassungsgerichtsbarkeit stellt Robert Alexys These der argumentativen Repräsentation ein anregendes Beispiel dieser Versöhnung dar. Während die politische Vertretung der Bürger im Parlament zu suchen ist, wird dem Verfassungsgericht deren argumentative Repräsentation zugesprochen, womit es sich nun auf eine demokratische Basis zur Kontrolle grundrechtseingreifender Gesetze stützen könnte (1). Ein ähnlicher Gedanke schlägt sich in einer Reihe von Auffassungen nieder, die die Judikative mit der öffentlichen Deliberation in Verbindung bringen, was die Verfassungsgerichtsentscheidungen sowie die „schöpferischen“, aus den Gesetzestexten nicht direkt abgeleiteten Gerichtsurteile demokratisch legitimieren würde (2). Ein solcher Ansatz beruht auf einem nicht unproblematischen normativen Zusammenhang zwischen Justiz und Öffentlichkeit, dessen empirische Plausibilität zu diskutieren ist (3). Hierzu sollen einige Merkmale der medialen Rezeption von Gerichtsentscheidungen hervorgehoben

[*] Herzlich danken möchte ich allen Teilnehmern an der Tagung *Grundrechte, Diskurs und praktische Vernunft: Die Rechtstheorie Robert Alexys* (Universität Buenos Aires, 2008) für die Diskussion einer früheren Fassung des vorliegenden Aufsatzes. Dessen Ausarbeitung wurde vom Spanischen Wissenschaftsministerium durch den „Plan Nacional I+D+I 2008-2011" unterstützt.

werden (4), die darauf hindeuten, dass die öffentliche Kommunikation allenfalls eine zu schwache Grundlage für eine demokratische Rechtfertigung der „quasi-legislativen" Richtermacht darstellt. Überdies soll zum Schluss gezeigt werden, dass die These der argumentativen Repräsentation, wie sie von Alexy entwickelt wurde, noch kein definitives Argument in dem Legitimitätsstreit zwischen Verfassungsgericht und Parlament bildet (5).

1. Die These der argumentativen Repräsentation

Die demokratische Schwachstelle des Konstitutionalismus ergibt sich nicht primär aus irgendeinem Grundrechtskatalog oder *bill of rights*, der der politischen Willensbildung entzogen wird, sondern vielmehr daraus, wer – und wie – seine Reichweite letztendlich bestimmt. Denn worüber der Gesetzgeber nicht entscheiden darf, ist in Wirklichkeit das, was *die Verfassungsrichter* als den Inhalt der Grundrechte betrachten.[1] Befürwortern der Demokratie erscheint dies kaum akzeptabel.

Alexy vertritt einen Ansatz zur Verfassungsgerichtsbarkeit, der auf die Lösung dieses Problems zielt. Danach kann die Verfassungsgerichtsbarkeit in demokratischen Rechtssystemen – in denen alle Staatsgewalt „vom Volke ausgeht" – nur dann legitim sein, wenn sie mit dem Demokratieprinzip vereinbar ist. Daher sei der einzige Weg, der zu einer solchen Vereinbarkeit führt, die Verfassungsgerichtsbarkeit als Sonderform der Volksvertretung zu begreifen.[2] Dies bereitet allerdings zwei Schwierigkeiten. Einerseits wäre zu klären, wie eine Repräsentation der Bürger ohne Wahlen erfolgen kann. Es drängt sich andererseits die Frage auf, warum eine Zweitform der Vertretung notwendig und der parlamentarischen Repräsentation unter Umständen vorzuziehen ist.[3]

Nach einer dezisionistischen Konzeption der Demokratie mag die politische Vertretung der Bürger allein darin bestehen, dass es eine faire Wahlprozedur gibt und die kollektive Entscheidungsbildung auf der Mehrheitsregel basiert. Demgegenüber geht aber Alexy von einer deliberativen Idee der Demokratie aus, die eine argumentative oder diskursive Dimension voraussetzt. Das bedeutet, dass die politische Vertretung im Parlament auch und gerade auf Argumente angewiesen ist. Parlamentarier werden wohl nicht dazu gewählt, beliebige Maßnahmen zu treffen, und daher erwartet man normativ, dass diese möglichst gut begründet sind. Freilich ist die diskursive Seite der demokratischen Repräsentation nicht nur im Parlament zu finden. Weitaus bedeutender ist sie für jedes Staatsorgan, dessen Legitimität nicht auf eine direkte politische Wahl zurückgeführt werden kann, wie es beim Verfassungsgericht der Fall ist. Und genau im Wege der Argumentation wäre der Gegensatz zwischen Demokratie und Grundrechten abzubauen.

Nach Alexy läuft das Legitimitätsproblem auf folgenden Punkt hinaus: Was halten die Bürger in einem Kontext von rationalem Pluralismus für so wichtige Bedingungen eines

---

1 Vgl. etwa Bayón 2003: S. 215.
2 Alexy 2006: S. 256 sowie 2005: S. 71. Vgl. auch Troper 2003: S. 68 f. Fn. 19, m.w.N. Zu einer „virtuellen Repräsentation" der Bürger durch das Verfassungsgericht siehe Ely 1980: S. 82 f.
3 Siehe dazu unten § 5.

gerechten Zusammenlebens, dass der Gesetzgeber darüber nicht entscheiden darf? Ein Verfassungsgericht, das diese Frage ernsthaft beantworten will, könnte nicht schlicht seine eigenen Grundrechtsauffassungen gegen eine legislative Entscheidung anführen. Vielmehr sollte es auf eine argumentative Repräsentation der Bürger abzielen, die ihre politische Vertretung im Parlament verstärkt und ergänzt. Gelingt es ihm, eine solche argumentative Repräsentation zum Ausdruck zu bringen, dann werden Grundrechte mit dem Demokratieprinzip versöhnt.[4]

Der Einwand liegt nahe, eine solche These führe dazu, jede verfassungsgerichtliche Entscheidung zu rechtfertigen: Auf welche Begründung sie sich stützt und ob diese mit dem Willen der Bürger übereinstimmt oder nicht, wäre gleichgültig. Dies sei also nichts anderes als ein schlauer Umweg, die paternalistische und undemokratische Neigung des Verfassungsgerichts zu verbergen. Laut Alexy lässt sich jedoch dieser Einwand dadurch ausräumen, dass man zugibt, dass der verfassungsgerichtliche Diskurs nicht unbegrenzt ist, und weiterhin zeigt, dass dieser Diskurs dem entspricht, was die Bürger wirklich denken. Ersteres führt zu einer Debatte um die Möglichkeit vernünftigen verfassungsrechtlichen Argumentierens, die jetzt in den Hintergrund rückt: Es genügt anzunehmen, dass ein Verfassungsgericht bessere oder schlechtere Gründe zur Gesetzesüberprüfung vorbringen kann. Verfassungsrichtern wird übrigens der Charakter von diskursiven Stellvertretern der Bürger nicht ohne weiteres zugesprochen: Ihre Argumentation muss sich nach demokratischer Maßgabe als repräsentativ erweisen. Das geschieht, so Alexy, wenn sie von einer hinreichenden Zahl der Bürger mindestens langfristig als richtig akzeptiert wird.[5] Eine Verknüpfung der Verfassungsgerichtsbarkeit mit der öffentlichen Deliberation wird somit vorausgesetzt:

„Die Gefahr eines verfassungsgerichtlichen Paternalismus kann letzthin nur dadurch vermieden werden, dass die Argumente des Verfassungsgerichts und die Diskurse der Bürger *faktisch* verknüpft werden. Wenn ein Verfassungsgericht seine grundrechtlichen oder sonstigen verfassungsrechtlichen Argumente gegen die Ergebnisse des demokratischen Prozesses richtet, dann wird nicht nur *negativ* geltend gemacht, dass dieser nach Maßstäben rationaler diskursiver Willensbildung misslungen ist, sondern auch positiv beansprucht, dass die Bürger den Argumenten des Gerichts zustimmen würden, wenn sie sich auf einen rationalen verfassungsrechtlichen Diskurs einlassen würden. (...) Jener Anspruch bedeutet allerdings puren Paternalismus, wenn er mit der Realität nichts zu tun hat. Findet er demgegenüber ein Echo in der Öffentlichkeit und den politischen Institutionen, das zu Diskursen führt, die in überprüften Überzeugungen resultieren, so kann, wenn sich dieser Reflexionsprozess dauerhaft stabilisiert, von einer gelungenen Institutionalisierung diskursiver Rationalität im demokratischen Verfassungsstaat gesprochen werden".[6]

---

4   Alexy 2003: S. 40.
5   Alexy 2006: S. 257. Hierbei muss weiterhin unterstellt werden, dass es vernünftige Menschen gibt und dass ein bestimmtes Urteilsvermögen auf Seiten der Bürger besteht. Vgl. Alexy 1995: S. 120 sowie 1996: S. 346. Siehe auch unten § 5.
6   Alexy 1996: S. 360 – Hervorhebung im Original. „Die argumentative Repräsentation gelingt, wenn das Verfassungsgericht als Reflexionsinstanz des politischen Prozesses akzeptiert wird" (Alexy 2005: S. 72). Umgekehrt gelesen bedeutet das, dass sie dann scheitert, wenn die verfassungsgerichtlichen

Demnach handelt es sich hier nicht um das Selbstverständnis des Verfassungsgerichts als Stellvertreter der Bürger, sondern zunächst darum, inwiefern sowie unter welchen Bedingungen die verfassungsgerichtliche Argumentation gesellschaftliche Zustimmung findet. Wenn diese Argumentation angemessen in die Öffentlichkeit transportiert und im Rahmen eines vernünftigen sozialen Diskurses sorgfältig beurteilt wird, dann könnte dem Verfassungsgericht eine gewisse repräsentative Legitimität und dessen Entscheidungen ein demokratischer Wert zugewiesen werden.

2. Zur demokratischen Legitimität der Justiz

Die Frage nach der demokratischen Rechtfertigung der Judikative ist sowohl wegen der politischen Brisanz der Verfassungsgerichtsbarkeit als auch bezüglich des Richterrechts im allgemeinen beharrlich erörtert worden. In beiden Fällen kommt der Öffentlichkeit, und damit auch einer mittelbaren und diskursiven Vertretung der Bürger, eine zentrale Legitimationsfunktion zu.

Der Versuch, die Argumente des Verfassungsgerichts mit der öffentlichen Deliberation zu verknüpfen, ist bekanntlich nicht neu. Ein frühes Beispiel dafür ist Häberles Theorie der offenen Gesellschaft der Verfassungsinterpreten.[7] Danach wird die Auslegung der Verfassung als ein kollektiver und inklusiver Prozess verstanden, an dem sich neben den Staatsorganen die Bürger, die Medien, die Verbände sowie andere soziale Akteure beteiligen. Durch ihre Beiträge in der Öffentlichkeit würden all diese „Vorinterpreten" die notwendigen Materialien und Gesichtspunkte zur letztverbindlichen Auslegung von Verfassungsnormen – darunter insbesondere von Grundrechten – liefern. Daher machen sie eine wenn auch weit gefasste, so doch echte interpretative Gemeinschaft aus.[8] Beim verfassungsgerichtlichen Verfahren werden solche pluralistischen Deutungen bearbeitet bzw. rationalisiert. Der Verfassungsgerichtsbarkeit wird die Rolle eines „Katalysators" des sozial erzeugten und dogmatisch verfeinerten Auslegungsmaterials beigemessen, und insofern könnte der Diskurs der Verfassungsrichter einen gewissen repräsentativen Wert beanspruchen.

In dieselbe Richtung geht die These der gerichtlichen Vertrauenswürdigkeit, die Garzón Valdés in einem anderen Zusammenhang formuliert hat.[9] Da Richter politischen Verantwortlichkeitsanforderungen grundsätzlich nicht unterworfen werden, sollte stattdessen eine demokratische Gesellschaft von ihnen doch wenigstens verlangen können,

---

Argumente abgelehnt bzw. die parlamentarischen vorgezogen werden. Wenn aber alles nur auf eine empirische Frage – die der sozialen Akzeptanz – ankommt, erscheint es fragwürdig, dass diese These eine allgemeingültige Rechtfertigung der Verfassungsgerichtsbarkeit liefern kann: siehe unten § 5.

7 Häberle 1980: S. 79 ff. Wie bei Alexy bringt dieser Ansatz zur „demokratietheoretischen Legitimation der Verfassungsrechtssprechung" (Häberle 1980: S. 93) normative und empirische Teilstücke zusammen: „Verfassungsinterpretation soll öffentlicher Prozeß sein", doch „ist [sie] unter dem GG schon zum Teil öffentlicher Prozeß" (Häberle 1980: S. 45).

8 Verfassungsinterpretation geht „potentiell jeden und alle" an; solche Akteure können als „mittelbare" oder „langfristig wirkende Verfassungsinterpreten bezeichnet werden" (Häberle 1980: S. 84).

9 Garzón Valdés 2003: S. 30 ff.

dass sie „vertrauenswürdig" (*reliable*) sind – das gilt jedenfalls für die obersten Gerichte bzw. die Verfassungsgerichte. Nach Garzón Valdés bedeutet dies, dass ihre Interpretationen des Verfassungstextes mit der allgemeinen Meinung (*communis opinio*) der Bürger, so wie diese sich in einem möglichst rationalen sozialen Diskurs entwickelt, weithin konsistent sein sollten. Eine solche Übereinstimmung könne aber in aller Regel nur dann erreicht werden, wenn die Argumente, die den gerichtlichen Entscheidungen zugrunde liegen, in die Öffentlichkeit hineingebracht und anhand eines deliberativen Begründungsprozesses evaluiert worden sind.

Selbst Autoren, die ansonsten gegen die Verfassungsgerichtsbarkeit Bedenken hegen, sind dazu gelangt, diese mit dem Demokratieprinzip auf einer ähnlichen Basis zu versöhnen. So kann sich etwa Habermas zwar gegen die abstrakte Kontrolle der Gesetze als eine Verdrängung legislativer Kompetenzen wenden, gleichzeitig aber doch für ein selbstbeschränktes Verfassungsgericht plädieren, das für die Gewährleistung eines diskursiven Gesetzgebungsverfahrens sorgt.[10] Dieser Ansatz ist freilich kontrovers.[11] Doch sei es in unserem Kontext nur hervorgehoben, dass für Habermas die Abgrenzung der Grundrechte nicht als eine ausschließliche Aufgabe der Richter, sondern eher als das Ergebnis einer inklusiven öffentlichen Argumentation anzusehen ist. Bei der Forderung einer „offensiven" Verfassungsrechtsprechung zur Durchsetzung der „deliberativen" politischen Meinungs- und Willensbildung betont er daher, dass das Verfassungsgericht keineswegs „die Rolle eines Regenten übernehmen" darf, der an die Stelle unmündiger Bürger tritt: bestenfalls könne er die Rolle eines Tutors ausfüllen, der unter den „kritischen Augen" einer politisierten Öffentlichkeit und einer breiten gesellschaftlichen Gemeinschaft der Verfassungsinterpreten handelt.[12]

Die abstrakte Gesetzgebungskontrolle bringt den politischen Einfluss der Judikative am klarsten zum Ausdruck. Demokratische Vorwürfe begegnen aber den Richtern immer dann, wenn sie „schöpferische", vom Gesetzeswortlaut abweichende oder sogar *contra legem* Entscheidungen treffen, welche auf Prinzipien basieren. In solchen Fällen wird allerdings das Problem ihrer Legitimität durch die gleiche Lösung beantwortet als bei der Verfassungsgerichtsbarkeit. Nochmals an Habermas anlehnend: Da Richter sich hin und wieder „in der Grauzone zwischen Gesetzgebung und Rechtsanwendung" bewegen und „quasi-gesetzgeberische" Funktionen wahrnehmen können, wird ihnen eine zusätzliche „Legitimationsbürde" aufgeladen. Ihre Urteile müssen nämlich „vor einem erweiterten justizkritischen Forum" – anders gesagt: vor einem breiten sozialen Rechtspublikum – gerechtfertigt werden. Dies setzt aber die Institutionalisierung einer Rechtsöffentlichkeit voraus, die „über die bestehende Expertenkultur" hinausgeht und „hinreichend sensibel ist, um problematische Grundsatzentscheidungen zum Fokus öffentlicher Kontroversen zu machen".[13]

In van Hoeckes Legitimitätstheorie finden wir eine ausführlichere Variante dieser Idee.

---

10 Habermas 1992: S. 321 ff.
11 Vgl. etwa Eberl 2003: S. 115 f., 130 ff., Prieto Sanchís 2003: 160 f. oder Zurn 2002: 508 ff.
12 Habermas 1992: S. 340.
13 Habermas 1992: S. 530.

Demnach ergibt sich die Legitimität der gerichtlichen Rechtsanwendung, -fortbildung und -erzeugung aus mehreren konsekutiven Prozessen „deliberativer Kommunikation": Richter versuchen, die Beteiligten, die höheren Gerichtsinstanzen, die Rechtsgelehrten bzw. die Dogmatik und letztendlich auch das allgemeine Publikum mit guten Gründen davon zu überzeugen, dass ihre Entscheidungen nicht nur rechtlich korrekt, sondern auch sozial adäquat sind.[14] Das Richterrecht wäre mittels dieser kommunikativen Prozesse insofern demokratisch legitimiert, als sie „öffentliche Fori" für inklusive Argumentation schaffen. Aus dieser Sicht könnte die Verwendung ethisch-moralischer Prinzipien beim gerichtlichen Begründen – selbst gegen den Gesetzeswortlaut – als eine gleichsam demokratische Form politischer Partizipation betrachtet werden. So würden die Richter dadurch, dass sie solche Prinzipien heranziehen, das Ergebnis einer umfangreichen, in der Öffentlichkeit durchgeführten sozialen Kommunikation über die basischen Normen und Werte einer Gemeinschaft in Recht umwandeln. Anhand dieses Kommunikationsprozesses würde das Bürgerpublikum und die Gesellschaft als ganze zum Richterrecht jedenfalls mittelbar beitragen. Deswegen stellt die Judikative gar keine Bedrohung der Demokratie dar: im Gegenteil sei die öffentliche Deliberation um gerichtliche Verfahren bzw. Entscheidungen „one of the ways in which a new conception of democratic legitimation is currently developing".[15] Folgt man diesem „juristischen" Gegenstück der deliberativen Politik, dann liegt es nahe, den Ansatz der argumentativen Repräsentation auch auf jedes „kreative" gerichtliche Urteil anzuwenden.

Für eine Gesamtbetrachtung bleibt festzuhalten, dass all diese Konzeptionen – trotz beachtlicher Unterschiede im einzelnen – ein und dasselbe Problem zu lösen versuchen, und zwar die zunehmende, mit dem Konstitutionalismus eng verbundene demokratische Legitimitätsbedürftigkeit der Justiz. Die eine Facette des Problems zeigt sich bei der Verfassungsgerichtsbarkeit, die andere beim Richterrecht – vor allem beim richterlichen Rekurs auf sog. „implizites Recht" – auf. Nun liegt in beiden Fällen eine theoretische Antwort auf der Hand: wenn Gerichte „legislative" Funktionen erfüllen, sollten sie ähnlichen Anforderungen genügen wie Parlamente. Da hier aber die üblichen Maßstäbe politischer Verantwortlichkeit nicht taugen und ein Wahlmechanismus jedenfalls im Prinzip ausgeschlossen ist,[16] könnte man die Lösung darin erblicken, dass eine adäquate Verknüpfung des gerichtlichen Entscheidens und Argumentierens mit der Öffentlichkeit bzw. der öffentlichen Deliberation hergestellt wird. Somit wäre die Kritik gegen eine vermeintliche, dem demokratischen Gesetzgeber gegenübertretende konstitutionalistische Juristokratie im wesentlichen abgeschwächt. Ferner würde dies dazu beitragen, die prozedurale und die substantielle Seite der Legitimität – Demokratie und Grundrechte – in Einklang zu bringen. Worin ein solcher adäquater Zusammenhang zwischen Justiz und Öffentlichkeit bestehen könnte, und inwiefern er empirisch plausibel erscheint, gilt

---

14 van Hoecke 2002: S. 176 und 209.
15 van Hoecke 2002: S. 176.
16 „Even when judges are elected, the business of the courts is not normally conducted, as the business of the legislature is, in accordance with an ethos of representation and electoral accountability" (Waldron 2006: S. 1363).

im folgenden bezüglich der Judikative in allgemeinen zu erörtern. Sodann soll Alexys These der argumentativen Repräsentation als demokratischen Legitimierungsversuch des Verfassungsgerichts geprüft werden.

3. Demokratische Legitimität durch öffentliche Rechtskommunikation

Ob der Verfassungsgerichtsbarkeit eine repräsentative Rechtfertigung zugemutet sowie das Richterrecht demokratisch legitimiert werden kann, ist eine Frage der öffentlichen Rechtskommunikation. Damit sind die Argumentations- und Kommunikationsvorgänge über das positive Recht gemeint, die anlässlich der Berichterstattung über gerichtliche Verfahren und Entscheidungen in der Öffentlichkeit durchgeführt werden.[17] Außerhalb dieser Definition bliebe also der dogmatische bzw. juristische Fachdiskurs, soweit er über die professionelle Rechtsöffentlichkeit nicht hinausläuft, das private oder alltägliche Reden über Recht ohne öffentliche Wirkung, und die inzwischen breite Palette fiktiver rechtsbezogener Diskurse.[18] Aktive Teilnehmer an dieser Kommunikation sind in erster Linie die Gerichte bzw. die Justiz – einschließlich der Staatsanwaltschaft – durch ihre Organisationsöffentlichkeit; die Medien und Journalisten der Presse und des Rundfunks; politische Institutionen wie etwa die Regierung oder der Ombudsman, die nicht selten zu gerichtlichen Entscheidungen Stellung nehmen; und die Bürger und sozialen Akteure, die in den Medien ein Echo finden bzw. diese mobilisieren können (Parteien, Verbände, NROs und soziale Bewegungen, einzelne Experten oder Prominente). Passiv beteiligt ist demgegenüber das allgemeine Bürgerpublikum. Diese Kommunikation ist durch ihren derivativen Charakter geprägt: Sie bezieht sich hauptsächlich auf eine vorherige gerichtliche Argumentation und erfüllt deswegen in erster Linie eine *informative* Funktion.[19] Anders ausgedrückt, macht die Rezeption von Rechtsverfahren und -entscheidungen in den Medien einen Teil der öffentlichen Rechtskommunikation aus. Ihre andere Komponente ist die Kritik dieser Entscheidungen, die sowohl die Medien selbst als auch Institutionen und Akteure der Zivilgesellschaft führen, um die öffentliche Meinung zu mobilisieren oder auf die gerichtliche Entscheidungsbildung Einfluss auszuüben. Insofern stellt sie ein *partizipatives* Forum dar. Beide Aspekte sind für eine demokratische Legitimität der Richter als argumentative Vertreter unentbehrlich.

In Umrissen gefasst, würde die Öffentlichkeit einen Legitimitätswert aufweisen, wenn sich ein sozialer Diskurs über gerichtliche Entscheidungen etabliert, zu dem alle Bürger anhand öffentlicher, durch die Medien übertragener Kommunikationsvorgänge Zugang haben können und außerdem dieser Diskurs in die institutionalisierten Prozesse einfließt

---

17 Unser Blick soll sich hier nur auf die Judikative konzentrieren, als Gegenstand der öffentlichen Rechtskommunikation wäre aber jedenfalls die Gesetzgebung mit einzubeziehen.
18 Dazu etwa Freeman 2005 oder Machura und Robson 2001, jeweils m.w.N.
19 Diese Rechtskommunikation erfüllt eine weitgehend informative Aufgabe, indem sie den Inhalt und die Entwicklung von sozialrelevanten Gerichtsprozeduren in die Öffentlichkeit hineinbringt; hierzu Ronda und Calero 2000: S. 21 sowie Huff 1996: S. 8 f.

bzw. an diese gekoppelt ist.[20] Aus rechtsargumentativer Sicht lässt sich dieser Zusammenhang zwischen Öffentlichkeit und Justiz in vier Thesen entfalten.

(1) *Argumentation.* Die erste These ist Ausdruck einer breiten und offenen Auffassung der Rechtsargumentation. Demnach finden die Rechtsanwendung und -auslegung sowie die damit verbundenen Argumentationen nicht nur innerhalb institutioneller Verfahren statt. Darüber hinaus werden gesetzliche und verfassungsrechtliche Normen durch die ganze Breite der Gesellschaft informell angewandt und interpretiert; und ebenso werden gerichtliche Urteile sozial bewertet oder kritisiert – insofern kann ein gewisses Interesse an derer Richtigkeit auf der Seite der Bürger unterstellt werden. Dieses argumentative Vermögen sollte in einem demokratischen Verfassungsstaat berücksichtigt werden, so dass der Rahmen zur Richtigkeitsanalyse von juristischen Entscheidungen weder auf die offiziellen Prozeduren noch auf den Fachdiskurs begrenzt werden kann.[21]

(2) *Inklusivität.* Eine zweite These besagt, dass es nicht nur eine legitimitätserhebliche informelle Rechtsargumentation gibt, sondern auch, dass alle Bürger an ihr teilnehmen können, und zwar mittels einer allgemeinzugänglichen Öffentlichkeit. Eine demokratische Partizipation setzt also einen direkten Kontakt aller zu jedem einzelnen Rechtsverfahren nicht voraus: Sie kann stattdessen durch die Medien und andere Mittelinstanzen wie etwa Verbände oder soziale Bewegungen verwirklicht werden. Dies bildet einen inklusiven Ansatz zur öffentlichen Deliberation als einem entdifferenzierten und laienorientierten Kommunikationsbereich, in dem die systemischen Kodierungen bzw. Expertensprachen neutralisiert werden, damit alle partizipieren können.[22]

(3) *Kopplung.* Nach der dritten These sollte jene informelle Argumentation über das Recht, an der sich alle beteiligen können, in erheblichem Umfang mit der institutionalisierten Rechtsargumentation gekoppelt sein. Andernfalls wäre eine demokratische Vertretung nicht denkbar. Hier kann eine begleitende und eine nachträgliche Kopplungsvariante ins Spiel kommen. Die erste impliziert, dass die bestehenden öffentlichen Rechtsargumente einen Einfluss auf oder einen Niederschlag im gerichtlichen Diskurs haben müssen. Die Intensität und Reichweite einer solchen „partizipatorischen" Kopplung, die wiederum je nach Kontext wesentlich variieren kann, soll offen bleiben. Mag sie auch nur schwach, informativ oder nicht bindend bleiben, es lässt sich demokratietheoretisch erwarten, dass Richter die aus der Öffentlichkeit kommenden Beiträge und Argumente ausreichend in Betracht ziehen.[23] Eine zweite, weniger anspruchsvolle Form der Verknüpfung, die gleichfalls zur argumentativen Repräsentation führt, besteht darin, dass

---

20 Vgl. u.v.a. Wesel 1981: S. 87 ff. Siehe auch Schwartzman 2007: S. 19 ff. Dasselbe gilt freilich für die parlamentarische Gesetzgebung; vgl. Oliver-Lalana 2009: Kap. 8 und 10.

21 So z.B. van Hoecke 2002, Habermas 1992, Kißler 1992 und Häberle 1980. Dieser Ansicht entspricht ungefähr das, was auch Alexy der argumentativen Repräsentation zugrundelegt: Es muss zumindest rechtliche Diskurse geben, auf welche sich die Bürger einlassen.

22 Dazu Habermas 1992: S. 435 f. Die Inklusivität bildet eine wesentliche Bedingung eines rationalen Diskurses, die wegen der starken „Mediatisierung" der Öffentlichkeit kaum erreichbar bleibt. Das Problem der medialen Zugangs- und Selektionskriterien werde ich jedoch beiseite lassen.

23 „Es wäre falsch, die Beeinflussungen, Erwartungen, sozialen ‚Zwänge', denen Richter ausgesetzt sind, nur unter dem Aspekt der Gefährdung ihrer Unabhängigkeit zu sehen. Diese Beeinflussungen enthalten auch ein Stück Legitimation" (Häberle 1980: S. 86).

gerichtliche Urteile bzw. Begründungen nach deren medialer Rezeption in ausreichendem Maße sozial akzeptiert werden.

(4) *Qualität.* Um eine Legitimitätsleistung herbeizubringen, so die letzte These, muss die öffentliche Rechtskommunikation bestimmte normative Bedingungen erfüllen. Es wird also nicht lediglich gefordert, dass gerichtliche Entscheidungen vom größten Teil der Bevölkerung faktisch unterstützt oder anerkannt werden. Vielmehr ginge es darum, dass die gesellschaftliche Zustimmung zu diesen Entscheidungen auf einer vernünftigen Begründung aufbaut. Dafür bedarf es einer öffentlichen Rechtskommunikation, die eine gewisse diskursive Qualität aufweist. Zur Operationalisierung dieser abstrakten Anforderung lassen sich verschiedene Kriterien ausführen. Normativ könnte man z.B. erwarten, dass die Medien dadurch zur sozialen Akzeptanz der Urteile beitragen, dass sie die zugrundeliegende Argumentation erläutern, oder dass die Auseinandersetzung der Medien oder sonstigen Teilnehmer an der Rechtskommunikation mit gerichtlichen Entscheidungen sachgerecht erfolgt. Darauf wird sogleich zurückzukommen sein.

Der durch diese vier Thesen ausgedrückte Zusammenhang zwischen Öffentlichkeit und demokratischer Legitimität der Justiz ist freilich nicht unproblematisch und wirft eine ganze Reihe offener Fragen auf. Hier soll aber lediglich die empirische Plausibilität dieses Ansatzes hinsichtlich der vierten These diskutiert werden. Gefragt wird also, inwiefern die öffentliche Rechtskommunikation eine ausreichende diskursive Qualität tatsächlich erreicht, um der Judikative eine demokratische bzw. deliberative Rechtfertigung liefern zu können. Dabei geht es mir grundsätzlich darum, die aus der Legitimitätsperspektive bedeutendsten Züge der Presseberichterstattung über Gerichtsverfahren hervorzuheben. Neben den wenigen spezifischen empirischen Studien können hierfür allgemeine Beiträge zu Themen wie „Justiz und Öffentlichkeit" und „Medien und Recht" für eine vorläufige Beschreibung und Auswertung ergiebig sein. Diese hat allenfalls einen bloß prospektiven Charakter; jedoch sollte sie ausreichen, mögliche Schwierigkeiten des hier betrachteten Ansatzes zur demokratischen Legitimität der Justiz aufzudecken. In dieser Hinsicht erscheint weiterführend, zwischen einer informativen und einer kritisch-partizipativen Dimension zu unterscheiden – obwohl die Information über das Recht und dessen Bewertung immer ineinander übergehen. Beim ersten Aspekt werde ich mich auf drei Punkte konzentrieren: den Umfang sowie die Ergebnis- oder Begründungsorientierung der Berichterstattung; deren Anpassung an den Verständnishorizont eines Laienpublikums; und die Angemessenheit der massenmedialen Konstruktion der Rechtspraxis. Was die partizipative Seite angeht, sollen allein die Ausdifferenzierung kritischer Argumente und Stellungnahmen der Medien, die damit verbundene Einschätzung der Rolle der Richter gegenüber den einschlägigen Rechtsvorschriften und die Rationalität der durch die Medien übermittelten zivilgesellschaftlichen Teilnahme am öffentlichen Diskurs betrachtet werden. Gewiss kann dieser analytische Rahmen verfeinert werden. Aber als ein Operationalisierungsversuch mag er doch dienlich sein, Einsicht in die faktischen Merkmale öffentlicher Rechtskommunikation zu gewinnen.

4. Eine tentative Beschreibung des öffentlichen Diskurses über gerichtliche Prozesse

Aus den Studien zur Übertragung des gerichtlichen Diskurses in die Öffentlichkeit ergibt sich ein gerade nicht optimistisches Bild: die mediale Berichterstattung darüber erwiese sich eher ergebnisorientiert (1), für Laien unverständlich (2) und verzerrt (3).

(1) Bei der Behandlung von Rechtsprozessen bietet die Fachpresse Informationen über den Sachverhalt, den Verfahrensverlauf, den Entscheidungsinhalt und vor allem die Entscheidungsgrundlagen an. Diese Elemente mögen zwar in der medialen Rezeption auch vorkommen, aber die Proportionen sind sehr verschieden. Die Medien wählen nur gewisse Aspekte des Verfahrens aus und legen Nachdruck auf Fragen, die von der Fachpresse unberücksichtigt bleiben. Ihre Arbeitsbedingungen und Relevanzkriterien lenken das Medieninteresse auf die Fakten und grundsätzlich auf das Ergebnis des Verfahrens, nicht aber so sehr auf die rechtliche Begründung der Entscheidung.[24] Sofern die rationale Akzeptanz rechtlicher Entscheidungen eine angemessene Rezeption ihrer Begründungen erfordert, hat die Ergebnisorientierung notwendigerweise Folgen für die Qualität der öffentlichen Rechtskommunikation und begrenzt die Legitimierungsfähigkeit der öffentlichen Rechtsargumentation in einer zentralen Hinsicht.

(2) Der Rechtsjournalismus übernimmt ausgesprochen die Aufgabe, Bürgern zu helfen, das Recht zu verstehen und zu nachvollziehen. Seine soziale Funktion endet nicht darin, gerichtliche Urteile bekanntzugeben, sondern schließt darüber hinaus deren Erläuterung ein, so dass sie dem Publikum verständlich sind. Journalisten müssen daher „die opake und dunkle Rechtssprache übersetzen".[25] Bei der Berichterstattung über Recht ist aber festgestellt worden, dass eine solche Erwartung von den Medien nicht zufriedenstellend erfüllt wird. Diese neigen eher zu einer bloßen Wiedergabe der Fachkommunikation. Sei es wegen mangelnder Zeit oder Kompetenz, übermitteln Agenturen und Medien die Pressenoten der Gerichte und der Staatsanwaltschaften, ohne eine laienverständliche, parallele Erklärung anzubieten.[26] Infolgedessen werden Presseberichte und -nachrichten mit Fachwörtern und Ausdrücken überschwemmt, die das Lesen und das Verstehen der Texte hindern.[27] Wenn auch der Rechtsjargon mit der Alltagssprache in den Medien koexistiert, haben die beiden „eine unhaltbare Tendenz, parallel zu laufen".[28] Da es den Journalisten nicht gelingt, die pragmatische Kluft zwischen Experten und Laien zu überbrücken, bleibt dem Auditorium die Verständigung der Urteile sowie ihrer rechtlichen Grundlagen oft unzugänglich. Somit wird eine adäquate soziale Kritik ausgeschlossen und „die Rechtspflege jenen Experten überlassen, die die geheimnisvolle Rechtssprache nach einem obskurantistischen und aristokratischen Modell entziffern können".[29]

(3) Inwiefern die Medien zur Verständigung des Rechts durch das Publikum wirklich

---

24 Ronda und Calero 2000: S: 55; Carretero 2004: S. 131.
25 Ronda und Calero 2000: S. 41
26 Dazu Castendyk 1994: S. 99 ff., 292 sowie Ronda und Calero 2000: S. 255 ff.
27 Bonvín 2005: S. 62.
28 Ollero 2004: S. 619.
29 de la Cuadra 2004: S. 659-60.

beitragen, lässt sich schwer messen. Es besteht aber ein breiter Konsens darüber, dass sie keine vertrauenswürdige Rechtsinformationsquelle sind. Eher umgekehrt wird ihnen vorgeworfen, dass sie ein verzerrtes Bild der juristischen Prozeduren darstellen, indem sie unvollkommene und nicht-kontextualisierte, wenn nicht bloß falsche Informationen vermitteln, und zwar insbesondere bei der Berichterstattung über gerichtliche Entscheidungen.[30] Einen öffentlichen Dienst bietet der Rechtsjournalismus gar nicht an; statt dessen erweist sich er als oberflächlich, spektakulär und schludrig, und stellt die Gesellschaft weitaus konfliktiver dar, als diese in Wirklichkeit ist. Die Medien versuchen, Angst, Erstaunen, und Neugier zu erregen; und dafür sehen sie im Rechtsverfahren ein sehr rentables und ergiebiges Szenario – eine „Goldgrube".[31] Auffällig ist auch die mediale Tendenz, den Richter zum einzigen Verantwortlichen für seine Entscheidungen zu machen und dabei die angewandten Rechtsvorschriften auszublenden.[32] Es wird somit der Eindruck erweckt, als ob die anzuwendenden Gesetze die gerichtlichen Urteile nicht abgrenzen würden – hierauf komme ich später zurück. Die Sensations- und Spektakularitätssucht der Medien sowie der Rekurs auf Stereotypen prägen die journalistische Behandlung der Rechtswelt und tragen zweifelsohne zu einer solchen Verzerrung bei. In den Massenmedien, wie in der Volkskultur, bleibt die alte Vorstellung eines klaren und eindeutigen Rechts immer noch verankert. Es seien also nicht dessen Unbestimmtheit und *open texture*, sondern die subjektiven Präferenzen der Entscheidungsträger, die die eine oder andere Rechtsanwendung bestimmten. Die kreative und argumentative Aufgabe der Richter wird in der Regel nicht mit einbezogen,[33] so dass das interessierte Bürgerpublikum ein falsches Bild ihrer Rolle innerhalb des Rechtssystems wahrnimmt.[34]

Auf der kritischen und partizipativen Ebene können als Hauptmerkmale der öffentlichen Rechtskommunikation die Undifferenziertheit der Stellungnahmen (4), die realistischen Vorurteile (5) sowie die strategische Nutzung des medialen Raums (6) hervorgehoben werden.

(4) Als eine Erscheinungsform alltäglicher Rechtskommunikation ist die journalistische

---

30 Nach Röhl (2002: S. 319) ist es nicht zu erwarten, dass die Medien ein genaues und ausgewogenes Bild des Rechts übermitteln: Was sie darüber erzählen, könne nicht die Qualität eines Fachdiskurses haben und sei oft fragmentarisch, widersprüchlich, irreführend oder inkorrekt. Vgl. dazu auch Ruiz (2001: S. 45), Carretero (2004: S. 132) sowie Ronda und Calero (2000: S. 183).
31 So Reig 2000: S. 12.
32 Castendyk 1994: S. 288.
33 Friedman 1989: S. 1604.
34 Diese informative Verzerrung wird oft mit dem Verweis auf ideologische Belange und mangelnde Rechtsbildung der Journalisten erklärt: so etwa Ronda 2001: S. 125; Carretero 2004: S. 120 oder Sánchez Cámara 2004: S. 626. Darauf antworten Journalisten ihrerseits, dass gerichtliche und rechtliche Themen zu kompliziert sind, dass Richter unzureichende Auskunft anbieten, oder dass der gerichtliche Kontext nicht geeignet ist, um den journalistischen Job richtig zu machen: siehe Ronda und Calero 2000: S. 65, 71 ff., 81 sowie Huff 1996: S. 6. Die mediale Sprache und Darstellungsweise würde wiederum nicht taugen, mit einer text-basierten Rechtsargumentation umzugehen: vgl. dazu Ruiz (2001: S. 45 f.) und Miaille (1990: S. 308 f.)

Kritik über Gerichtsentscheidungen eher wenig differenziert.[35] Außerhalb der Gerichte werden rechtsgestützte mit nichtrechtlichen (politischen, moralischen, ökonomischen...) Argumenten konfrontiert bzw. die rechtliche Codierung mit anderen, alltagsnäheren Sinnreferenzen (Spektakel, Mitleid, *common sense*) vermischt. Genauso wie Juristen die Medien durch rechtliche Kategorien beobachten, werden Rechtsthemen von den Medien nach ihren eigenen Klassifizierungen (etwa Politik, Wirtschaft, Ausland, Gesellschaft usw.) behandelt. Journalisten „servieren" das Recht mit den „Soßen", die sie sich selbst auswählen: die „würzige" der Politik, die „illustrierte" der Wirtschaft, die „nahrhafte" der praktischen Information oder die „blutige" der Kriminalität, nicht allerdings „mit einer rechtlichen Soße, die ihnen unverdaulich" zu sein scheint.[36] Das Feld der öffentlichen Rechtsargumentation wimmelt daher von systemischen Interferenzen:[37] Das Recht wird nicht mehr primär aus juristischer Sicht gelesen oder ausgelegt. Die Stärke der Medien besteht in der Verwendung selbsterzeugter „rechtlicher" Argumente, die weitgehend wirksamer sind als die gerichtlichen. Damit ist nicht nur gemeint, dass juristischen Fachtermini eine profane Deutung zugeschrieben wird. Vielmehr handelt es sich darum, dass die auf das positive Recht gestützten Argumente gegenüber anderen Gründen an Gewicht verlieren – dies bildet die Basis der Parallelprozesse: Journalisten können Rechtsquellen und dogmatische Positionen außer Acht lassen oder gar manipulieren, um ihre eigenen Schlüsse zu ziehen.[38] So werden z.B. Richter häufig deshalb kritisiert, weil sie Maßnahmen nicht treffen, zu denen sie keine Kompetenz haben, oder weil sie die „echten" Probleme kalt entpersonalisieren und dabei Aspekte vernachlässigen, welche Journalisten zwar für wichtig halten, aus juristischer Sicht aber doch irrelevant sind. Als Ergebnis dieser Erweiterung des Begründungsspektrums für Rechtsentscheidungen ist die mediale Kritik in zunehmendem Maß Inkonsistenzen ausgesetzt.[39]

(5) Mit Bezug auf die Diskussion und Bewertung gerichtlicher Entscheidungen stellt sich heraus, dass die mediale Kritik überwiegend durch eine Art „rechtlichen Plebejismus",[40] der mit der informativen Verzerrung und der Undifferenziertheit zusammenhängt, sowie durch den Rekurs auf Stereotypen über das Recht geprägt ist. Darunter sind etwa Ungleichbehandlungen je nach sozialem Status der Betroffenen oder die Langsamkeit der Justiz zu erwähnen.[41] Gerichten wird Ineffektivität vorgeworfen, weil sie dem schnellen Rhythmus der medialen Agenda nicht folgen können. Das unterschiedliche Tempo der Justiz und der Medien bildet eine ihrem Verhältnis „innewohnende"

---

35 Siehe etwa Guibentif (2001: S. 148), Röhl und Ulbrich (2000: S. 384) oder Miaille (1990: S. 305 f.).
36 Supiot 1990: S. 320.
37 Dazu Teubner 1989: S: 126. „Journalisten kritisieren Urteile nach ihrem eigenem Verständnis des Richtigen und des Unrichtigen, ohne zu berücksichtigen, was gesetzlich vorgeschrieben ist; unterschiedslos vermischen sie rechtliche und moralische Argumente" (Sánchez Cámara 2004: S. 627).
38 Carretero 2004: S. 129.
39 Mitleid und Sympathie mit den Beteiligten bringen Journalisten nicht zuletzt dazu, „ad hoc", nicht generalisierbare und einander ausschließende Positionen zu verteidigen: vgl. Castendyk 1994: S. 295, 297 sowie Sánchez Cámara 2004: S. 627 ff.
40 Sánchez Cámara 2004: S. 625.
41 Carretero 2004: S. 120, 133.

Last;[42] so können diese sofortige und „nachrichtensimultane Lösungen" von Richtern verlangen und ihnen verdenken, dass sie rechtliche Konflikte nicht rechtzeitig lösen.[43] Neben Klischees oder Vorurteilen treten auch grundsätzliche Unterschiede zwischen der Experten- und der profanen Rechtskultur auf. In dieser Hinsicht ist zum Beispiel festgestellt worden, dass die Medien mit einer unterstellten Präferenz des Publikums für die materielle gegenüber der prozeduralen Richtigkeit spielen, indem sie juristische Technizismen und prozessrechtliche Garantien als Barrieren zur Gerechtigkeit oder zu einem gerechten Ergebnis bzw. Strafe darlegen.[44] Schließlich tendiert die journalistische Kritik dazu, ein Portrait der juristischen Argumentation als einer zynischen Manipulierung der Rechtsnormen zu liefern, die die wahren Absichten der Richter und Anwälte verheimlicht. Eine solche Einstellung verstärkt die allgemein verbreitete Skepsis gegenüber der normativen Kraft der Rechtsvorschriften und erweckt ein kollektives Gefühl des naiven Rechtsrealismus, kurzum: *legal realism for all*.[45] Dabei erhalten Richter den schlechtesten Part: Denn ihre früheren Entscheidungen und professionellen Hintergründe werden untersucht, und ihre biographischen Daten und politischen Stellungnahmen bekannt gegeben – vor allem wenn der vorliegende Fall die öffentliche Meinung erschüttert hat und die Medien eine Profitgelegenheit darin erblicken. Einige "amerikanische Rechtsrealisten wären damit zwar zufrieden gewesen", dieser Ansatz verkommt aber zu einer „beharrlichen Kritik", die die Richter überwältigt, da diese nicht daran gewöhnt sind, mediale Gegenstände zu sein.[46]

(6) Die in der Judikative erzeugte Rechtsargumentation wird nicht nur von den Medien vermittelt, überarbeitet oder kritisiert. Diese fungieren auch als ein partizipatives Forum und kanalisieren die Reaktion der Zivilgesellschaft bzw. der öffentlichen Meinung auf die Rechtsentscheidungen. Dies bildet einen zentralen Aspekt der Legitimitätsfunktion des öffentlichen Rechtsdiskurses. Aus der Sicht des rationalen Argumentierens treten bei einer durchaus mediatisierten Öffentlichkeit jedoch erhebliche Defizite auf – dasselbe gilt freilich für medienvermittelte politischen Auseinandersetzungen. In diesem Hinsicht hat sich insbesondere erwiesen, dass die meisten sozialen Akteure, wie etwa Verbände, Parteien oder NROs, nicht diskursiv, sondern eher strategisch handeln, und die höchste Rentabilität für ihren Partizipationsraum suchen. Mit anderen Worten: Sie instrumentalisieren ihre Beiträge, um ihre ideologischen Stellungnahmen oder ihr eigenes Ansehen zu verfestigen, nicht aber zum Zweck einer rationalen Diskussion über gerichtliche Urteile. Durch ihre Teilnahme versuchen sie gemeinhin jeweilige Gruppeninteressen öffentlich zu vermitteln – oft sind diese allerdings im voraus wohl bekannt und dienen dazu, vor ihren Mitgliedern und Anhängern zu beweisen, dass sie aktiv bleiben; politische Kraft aufzuzeigen; oder nicht zuletzt Bürgermobilisierungen anzure-

---

42 Carbonnier 1990: S. 282.
43 Eine weite Mehrheit der Bevölkerung – jedenfalls in Spanien – ist aber der Meinung, dass sich Richter zu kurz mit den Rechtsfällen beschäftigen: siehe Toharia 2001: S. 110 f.
44 Hierzu Röhl 2002: S. 320, Ruiz 2001: S. 43 f. und Ollero 2004: S. 619 f.
45 Galanter 1998, S. 170.
46 Carretero 2004: S. 149 f.

gen.[47] Es schaut dabei so aus, als ob sich die Zivilgesellschaft an der massenmedialen „Eigenlogik" angesteckt hätte. Im Ergebnis bleibt die soziale Teilnahme an der öffentlichen Rechtskommunikation dürftig, eintönig und qualitativ schlecht; und sie wird gegebenenfalls als ein bloßer Versuch angesehen, Richter unter Druck zu setzen oder sonst wie zu diskreditieren.[48]

Soweit diese vorläufige Beschreibung zutrifft,[49] kann man zurecht die These anfechten, dass die Rechtskommunikation in der Öffentlichkeit, so wie sie tatsächlich durchgeführt wird, eine ausreichende Legitimitätsleistung zu liefern vermag. Auf der informativen Ebene ist die mediale Rezeption juristischer Prozesse durch eine Ergebnisorientierung, ein Übersetzungsdefizit und eine verzerrte Rechtsdarstellung geprägt. Das macht es schwer, normative Ziele wie eine rationale Akzeptanz der Urteile zu erreichen. Auf der kritischen oder partizipativen Seite wird die journalistische Bewertung der gerichtlichen Entscheidungen wegen rechtsrealistischer Vorurteile und Stereotypen – sozusagen einer allzu negativen Vorstellung des menschlichen Faktors im Rechtssystem – sowie wegen der Dominanz nichtrechtlicher Argumente entwertet, während weitere soziale Akteure den knappen Raum, den ihnen die Medien zugestehen, strategisch instrumentalisieren. Die diskursive Qualität dieser Kommunikation scheint jedenfalls viel geringer zu sein, als es normativ erwartet wird. Einerseits könnte dies auf strukturelle Ursachen, wie die Eigenlogik des massenmedialen Systems oder die Arbeitsbedingungen der Journalisten, andererseits auf die pragmatischen Barrieren des Rechts als Expertensystems sowie auf die defizitäre Publizitätspraxis der Gerichte zurückgeführt werden. Im Ergebnis würden also die Massenmedien nicht eine angemessene Plattform für die Rechtskommunikation bilden.[50] Daraus ergeben sich zudem Konsequenzen für das Problem der öffentlichen Beeinflussung der Rechtsverfahren („Kopplungsthese"). Zwar ist nicht zu verleugnen, dass die öffentliche Meinung auf die gerichtliche Entscheidungsbildung einen zunehmenden Einfluss ausübt – der sich wiederum schwer messen lässt;[51] doch ist festzuhal-

---

47 Dazu Castendyk 1994: S. 301 ff. und Rucht 1988: S. 303 f.
48 Carretero 2005: S. 118. Am klarsten zeigt sich ein Rationalitätsdefizit und eine Instrumentalisierung in den Beiträgen der direkten Betroffenen, die stark tendenziöse Versionen des Falls über die Medien zu vermitteln versuchen. Unter Journalisten wird darauf hingewiesen, dass „junge Rechtsanwälte eine besonders fruchtbare Informationsquelle sein mögen", weil sie „ihre Fälle zu promotionalen Zwecken ausnutzen" wollen; so Ronda und Calero 2000: S. 93, 180. Ähnlich ist bei Gerhard (1998: S. 517) von „Angeklagten-Public-Relations" die Rede.
49 Wie gesagt, ist damit nur ein Überblick dessen gegeben, was in der Literatur als Hauptzüge der medialen Rezeption von juristischen Urteilen betrachtet wird. Insofern deutet diese Deskription auf Ansichten hin, die empirisch bewiesen bzw. zurückgewiesen werden müssen. Hierfür bedürfte es spezifischer Modelle, die je nach Medientyp (Presse, Rundfunk, Internet), journalistischer Gattung, institutionellem Bezug (Erstinstanz-, Ober- und Verfassungsgerichte) und Rechtsbereich (Zivilrecht, Strafsachen, Verfassungsrecht...) entworfen werden könnten. Des weiteren wäre davon auszugehen, dass sowohl die Züge der öffentlichen Rechtskommunikation als auch die Legitimitätsbedürftigkeit der Justiz je nach der jeweiligen politischen Kultur sowie dem Modell der Gerichtsbarkeit bzw. der Verfassungsgerichtsbarkeit wesentlich variieren kann: dazu siehe etwa Schor 2007: S. 61 ff.
50 Vgl. dazu Supiot 1990: S. 320.
51 Gerhard 1998: S. 525. Die Vorstellung, dass die Medien die Judikative unter Druck setzen, ist auch unter spanischen Bürgern weit verbreitet; siehe dazu Toharia 2001: S. 67.

ten, dass die hier nur angedeuteten Eigenschaften der öffentlichen Rechtskommunikation einen guten Grund dafür bieten, die gerichtliche Entscheidungsbildung gegenüber externen Argumentationsvorgängen und öffentlichen Debatten zu schließen. Aus der Sicht fachkundiger Teilnehmer an der institutionalisierten Rechtsargumentation ist deren Gegenstück in der Öffentlichkeit juristisch unsachlich, belanglos und trivial. Das führen Richter und sonstige Juristen jedenfalls zur Begründung ihres Verzichts an, die in der Öffentlichkeit vorgebrachten Argumente zu berücksichtigen. Diese werden eher negativ als eine Einmischung der öffentlichen Meinung in das gerichtliche Geschäft angesehen. Insoweit würde eine solche Geschlossenheit eine Rationalitäts- und damit eine Richtigkeitsbedingung ausmachen. Letztendlich stehen wir also vor der alten Spannung zwischen einer – unterstellten – Rationalität der juristischen Argumentation und einer „mediatisierten" und getrübten Öffentlichkeit, in der über das Recht nicht vernünftig argumentiert wird.[52] Es bleibt aber noch zu klären, wie dieser Ansatz mit dem Begriff der Repräsentation und daher mit dem der demokratischen Legitimität vereinbart werden kann.

5. Weitere Bemerkungen zur These der argumentativen Repräsentation

Neben der empirischen Plausibilität einer auf der öffentlichen Kommunikation basierenden demokratischen Legitimierung der Justiz im allgemeinen rückt jetzt das Problem der Legitimität der Verfassungsgerichtsbarkeit gegenüber dem Gesetzgeber wieder in den Blick.[53] Dies soll im folgenden hinsichtlich Alexys These der argumentativen Repräsentation kurz erörtert werden.

Nach Alexy gibt es zwei Grundbedingungen echter argumentativer Repräsentation, und zwar „die Existenz gültiger oder richtiger Argumente" sowie „die Existenz rationaler Personen, die fähig und willens sind, gültige oder richtige Argumente zu akzeptieren" – diese ließen sich als „konstitutionelle Personen" bezeichnen. Wenn beide Bedingungen erfüllt sind, also wenn die Argumente des Verfassungsgerichts gültig oder richtig sind „und hinreichend viele Mitglieder der Gemeinschaft fähig und willens sind, von ihren rationalen Möglichkeiten Gebrauch zu machen" – so dass sie „zumindest auf längere Sicht" jene Argumente „als richtig" akzeptieren –, dann sei die Antwort darauf, warum eine rein argumentative vor einer elektiven Repräsentation den Vorrang haben soll, „nicht mehr schwierig".[54] In dieser Form wirft diese These jedoch einige Probleme auf. Diese lassen sich in eine empirische und eine vergleichende Gruppe einordnen. Erstere betreffen sowohl die rechtssoziologische Operationalisierung als auch die empirischen Implikationen der argumentativen Repräsentation. Letztere haben mit der komparativen Dimension der demokratischen Legitimität des Verfassungsgerichts zu tun.

Bei einer so abstrakten Formulierung bleibt nicht nur klärungsbedürftig, was als eine „hinreichende" Zahl von zustimmenden Bürgern gelten soll, damit ein Argument des

---

52 Siehe statt vieler Jiménez Villarejo 1999: S. 453 f.
53 Zu einem Überblick siehe etwa Eberl 2006.
54 Alexy 2006: 257 f.

Verfassungsgerichts einen repräsentativen Wert erlangt.[55] Ferner taucht die Frage auf, wie und wann eine solche Zustimmung der Bürger soziologisch zu messen wäre. Die Argumente des Gerichts sollen „zumindest auf längere Sicht" akzeptiert werden. Aber je größer der zeitliche Abstand ist, desto komplizierter wird es, solche Argumente mit einem langfristigen Wandel verfassungsrechtlicher Vorstellungen einer Gemeinschaft in Verbindung zu bringen – die soziologische Verknüpfung geht schnell verloren.[56] Diese und andere Probleme[57] hängen vor allem mit der Abstraktheit dieser These zusammen, und insofern könnten sie mit dessen Operationalisierung und Ergänzung – z.B. in die oben aufgeführte Richtung – beseitigt werden. Alexys Ansatz mag aber in Schwierigkeiten geraten, wenn man nach seinen empirischen Implikationen fragt. Danach wird nicht eine rein faktische, sondern eine vernünftige soziale Akzeptanz der verfassungsrechtlichen Begründungen, also nicht nur der Entscheidungsergebnisse bzw. Urteile,[58] eingefordert: Argumente sollten „als richtig" anerkannt werden. Dies setzt freilich voraus, dass sie erstens allgemeinverständlich oder öffentlich nachvollziehbar sind und zweitens einer kritischen Bewertung unterworfen werden. Ob Verfassungsgerichtsentscheidungen als richtig in dieser Hinsicht vom breiten Teil der Bevölkerung akzeptiert und nicht nur bloß faktisch toleriert werden,[59] lässt sich bezweifeln.[60] Zwar kann die Existenz „konstitutioneller" Bürger unterstellt werden, die fähig sind, sich auf rationale verfassungsrechtliche Diskurse einzulassen. Fraglich bleibt aber immer noch, ob sie von ihren diskursiven Fähigkeiten tatsächlich Gebrauch machen. Soll dies etwa an der öffentlichen Kommunikation gemessen werden, stellt sich das gleiche Problem wie bei der Justiz im allgemeinen: Wer eine These der argumentativen Repräsentation vertritt, sieht sich mit dem Befund konfrontiert, dass der öffentliche Rechtsdiskurs eine geringe Qualität aufweist.[61] Darauf ist jedoch nicht zurückzukommen. Vielmehr sollen wir uns

---

55 Wird etwa an eine einfache oder eine qualifizierte gesellschaftliche Mehrheit gedacht? Zu manchen kontroversen Themen, die wiederum nicht untypisch für Verfassungsgerichtsentscheidungen sind, mag übrigens die mehrheitliche soziale Einstellung nicht eindeutig sein: Wie wäre eine ausreichende Bürgermenge bei solchen „Pattsituationen" zu bestimmen?

56 Der Idee nach wäre eine kurzfristige oder sogar begleitende soziale Zustimmung sinnvoller. Dennoch bringt diese die Gefahr mit sich, dass das Verfassungsgericht der Versuchung erliegt, seine Urteile an den Wünschen der öffentlichen Meinung auszurichten. Kritisch dazu Alexy 1978: S. 203 f., Fn. 523.

57 Man denke etwa daran, dass Richter inkongruente Begründungen – sei es für ein gleiches oder für ein verschiedenes Ergebnis – angeben können; vgl. Schwartzman 2006: S: 9. Welche Argumente wären in solchen Fällen „als richtig" zu akzeptieren?

58 Der Unterschied zwischen Argumenten und Urteilsergebnissen kann zu weiteren Problemen führen: Wie funktioniert etwa diese These, wenn ein Urteil als richtig sozial akzeptiert wird, für welches das Verfassungsgericht eine falsche Begründung vorbringt? Vgl. Alexy 1997: S. 37 (darauf hinweisend, dass „ein richtiges Ergebnis dort, wo es auf die Begründung ankommt, nicht ausreicht").

59 Weil sie z.B. nicht als krass ungerecht angesehen werden oder eine gewisse normative Schwelle nicht überschreiten; dazu siehe insbesondere Luhmann 1975: S. 20 ff., 28.

60 In Anbetracht zahlreicher Studien zur öffentlichen Meinung über den Supreme Court der USA stellt z.B. Peretti (2001: S. 164) fest: „public awareness of the Court and its decisions is quite limited; public support for the Court is generally weak and swallow; the public is quite critical of the Court's specific decisions; and patterns of support for the Court's decisions are best explained by political variables, such as partisan affiliation, ideology and value orientations".

61 Nach einer empirischen Untersuchung über fünfzehn Gerichtsverfahren – darunter drei des BVerfG

jetzt der Frage zuwenden, warum diese Zusatzform der Bürgervertretung notwendig und der parlamentarischen gegebenenfalls vorzuziehen ist. Das führt zu einer zweiten Gruppe von Einwänden.

Als *demokratietheoretischer* Legitimierungsversuch des Verfassungsgerichts gegenüber der Legislative muss die These der argumentativen Repräsentation vergleichend geprüft werden. Dies kann man wenigstens in dreierlei Hinsichten tun. An erster Stelle geht es um die diskursive Qualität der Gesetzgebung: Wenn das Parlament auch eine Instanz argumentativer Repräsentation darstellt,[62] dann bedürfte die Verfassungsgerichtsbarkeit als argumentative Repräsentation einer weiteren Rechtfertigung. Denn Parlamentarier sind nicht nur elektive, sondern auch argumentative Volksvertreter, so dass legislative Argumente auch „als richtig" akzeptiert werden können. Deswegen kann diese These nicht unbedingt gelten: Sie unterliegt eher der Voraussetzung, dass eine argumentative Repräsentation im Parlament gescheitert ist. Hier soll die Frage offen bleiben, woran ein solches Scheitern erkennbar ist; das gesetzgeberische Verfahren muss aber komparativ mit einbezogen werden.[63] So hatte zum Beispiel Habermas versucht, die Aufgabe des Verfassungsgerichts als Wächter der deliberativen Demokratie darauf zu begrenzen, für die Einhaltung der Bedingungen einer legitimen Normgenese zu sorgen – wobei die Verfassungsgerichtsbarkeit als eine Zusatzform politischer Partizipation auftritt. Einem ähnlichen Weg folgt Häberle: Nach ihm sollte sich das Gericht bei der Kontrolle von Gesetzen, „denen die Öffentlichkeit enormes Interesse entgegenbringt, die ständig in der Diskussion stehen, die unter weitgehender Beteiligung und unter der wachen Kontrolle der pluralistischen Öffentlichkeit zustande gekommen sind", wegen deren besonders starker Legitimität wesentlich zurückhalten.[64] Im Prinzip kann also ein Gericht, das eine argumentative Repräsentation gegenüber der Legislative beansprucht, *demokratisch* nur dann gerechtfertigt sein, wenn Bürger im Parlament im unzureichenden Maße oder nicht

und sechs des BGH – schreibt etwa Castendyk (1994: S. 332): „die Tatsache, daß selbst bei den Gerichtsentscheidungen eines Jahres, über die am umfangreichsten berichtet wurde, die kritische Diskussion in nur ca. der Hälfte der Fälle mehr als einen Satz umfaßte, und daß auch in diesen Fällen die Kritik meist nur einen Aspekt der Entscheidung aufgriff, hat gezeigt, wie weit die öffentliche Rechtskommunikation in der Presse von den Idealen der Diskurs- und Konsenstheorien entfernt ist."

62 Die Repräsentation des Volkes durch das Parlament sei „zugleich volitional oder dezisionistisch und argumentativ oder diskursiv" (Alexy 2006: S. 256).

63 Vgl. in diesem Sinne auch Alexy 2005: S. 72: „Der Alltag des parlamentarischen Betriebs birgt die Gefahr, dass Mehrheiten sich rücksichtslos durchsetzen, Emotionen das Geschehen bestimmen, Geld und Machtbeziehungen dominieren und schlicht schwere Fehler begangen werden. Ein Verfassungsgericht, das sich gegen derartiges wendet, wendet sich nicht gegen das Volk, sondern im Namen des Volkes gegen dessen politische Repräsentanten".

64 Häberle 1980: S. 91 f. Wenn in der Öffentlichkeit „ein großer Dissens" über ein Gesetz herrscht, hat das Verfassungsgericht „streng zu kontrollieren", denn bei einer tiefen Spaltung der öffentlichen Meinung kommt ihm „die Aufgabe zu, darüber zu Wachen, daß das unverzichtbare Minimum an integrativer Funktion der Verfassung nicht verspielt wird"; das Verfassungsgericht sollte „die faire *Beteiligung* verschiedener Gruppen" insofern „überwachen, daß es bei seiner Entscheidung die *Nichtbeteiligten* (die nicht repräsentierten und nicht repräsentierbaren Interessen) interpretatorisch besonders berücksichtigt"; „ein Minus an faktischer Partizipation führt zu einem Plus an verfassungsgerichtlicher Kontrolle. Die Intensität verfassungsgerichtlicher Kontrolle ist *variabel*, je nachdem, welche Partizipationsformen möglich sind oder waren" (ebd.).

argumentativ repräsentiert worden sind. Eventuell könnte es sich um eine argumentative Vertretung durch das Verfassungsgericht auch dann handeln, wenn – während der Zeitspanne zwischen dem Erlass und der Überprüfung eines Gesetzes – neue Argumente angeführt werden können oder sich die verfassungsrechtlichen Einstellungen der Bürger geändert haben. Darüber hinaus spricht aus einer demokratischen Perspektive nicht vieles dafür, die Verfassungsgerichtsbarkeit als argumentative Repräsentation zu konzipieren.

Betrachtet man die umgekehrte Seite dieses Problem, taucht die Frage nach einer möglichen sozialen Ablehnung verfassungsgerichtlicher Begründungen auf. Das bringt weitere Probleme mit sich. Zunächst wäre es seltsam, dass ein Verfassungsgericht eine *demokratische* Legitimität haben kann, wenn seine Argumente – sei es gegen oder für eine gesetzgeberische Entscheidung –[65] auf eine dauerhafte soziale Ablehnung stoßen und sich daher nicht als repräsentativ ausweisen, z.B. weil die Bürger größtenteils die vom Gericht zurückgewiesene legislative Begründung teilen.[66] Hinzu kommt, dass Bürger hier, im Vergleich zur parlamentarischen Entscheidungsbildung, grundsätzlich wenig Chancen haben, das Urteil des Gerichts zu modifizieren: Sie können allenfalls die Neubesetzung der Verfassungsrichterstellen – z.B. durch das Parlament – oder einen Rechtsprechungswandel abwarten. Der Ablehnungs- und Schlussworteinwand drängt überdies die Frage auf, inwiefern ein verfassungsgerichtliches Argument als richtig oder gültig anzusehen ist, wenn es von „hinreichend vielen" Bürger „als unrichtig" abgelehnt wird. Dabei erscheint der Bezug der zwei Merkmale eines repräsentativen Arguments (Gültigkeit und Sozialakzeptanz) zueinander problematisch, und zwar vor allem unter Bedingungen des vernünftigen Pluralismus: Hängt etwa die Gültigkeit der verfassungsgerichtlichen Begründungen davon ab, dass diese von hinreichend vielen Bürgern als richtig akzeptiert werden? Oder waren sie schon von vornherein richtig? Man kann zwar davon ausgehen, dass eine langfristige starke soziale Ablehnung sehr selten geschieht – wobei alles darauf ankommt, wie weit man blicken will. Nur deswegen ist aber die Möglichkeit der Ablehnung theoretisch nicht auszuschließen.[67]

Das dritte Problem resultiert aus dem dezisionistischen Aspekt verfassungsgerichtlicher Urteile. Anders als beim Gesetzgeber wird dem Verfassungsgericht oft unterstellt, dass diesem eine kohärente Begründung seiner Entscheidungen immer zuzurechnen ist. Bei

---

65 Es sei angemerkt, dass diese These unbeschadet dessen gilt, ob es sich um Verfassungswidrigkeit oder um Verfassungskonformität handelt.

66 Eine Variante des Ablehnungsproblems tritt auf, wenn es sich um eine regionalbezogene soziale Ablehnung handelt. Um nur ein Beispiel zu nennen, erklärte 2003 das spanische Verfassungsgericht das Parteigesetz, das u.a. das Verbot radikaler ETA-unterstützender politischer Parteien ermöglichte, für verfassungskonform (STC 48/2003). Obwohl eine breite Mehrheit der spanischen Bevölkerung damit – jedenfalls im Ergebnis – einverstanden ist, bleiben baskische Bürger weitgehend dagegen; vgl. Euskobarómetro 2008: S. 54 f.

67 In manchen Systemen wie etwa in den USA mag dies sogar kein Ausnahmefall sein: „public opinion research does not indicate that the public supports the Court in a deep or profound way (...). Nor does the public in any case pay much attention to the Court. Furthermore, the Court does not always receive full or uncritical compliance, as numerous impact studies demonstrate; rather, compliance is often limited, incomplete, or uneven" (Peretti 2001: S. 177).

der Entscheidungsbildung im Verfassungsgericht sind dennoch argumentative Konflikte unter Richtern eine vertraute Erscheinung. Häufig lässt sich die Meinungsverschiedenheit durch ein zustimmendes oder ein abweichendes Sondervotum erledigen. Doch es ist nicht selten der Fall, dass Entscheidungen durch eine sehr knappe Mehrheit, ja sogar durch eine Doppelstimme des Vorsitzenden getroffen werden. Ein Charakteristikum der Legislative – worauf Befürworter der Verfassungsgerichtsbarkeit kritisch hinweisen –, nämlich die Mehrheitsregel als Entscheidungsmaßstab, begegnet uns ebenfalls im Tempel der Argumentation.[68] Somit ist das Verfassungsgericht einer ähnlichen Schwierigkeit ausgesetzt wie das Parlament. Wenn das Gericht dezisionistisch handeln kann bzw. seine Urteile auf die Mehrheitsregel angewiesen sind, warum sollte es nur unter einem argumentativen Gesichtspunkt betrachtet werden?

Als Fazit bleibt festzuhalten, dass eine These der argumentativen Repräsentation problematisch sein mag, wenn nach ihren empirischen Implikationen gefragt wird oder wenn die Vielfalt der verfassungsgerichtlichen Entscheidungspraxis und der möglichen sozialen Reaktionen ans Licht kommt. Damit wird freilich nicht gesagt, dass eine tiefere Verbindung des Verfassungsgerichts zu den Bürgern bzw. zur Öffentlichkeit entbehrlich ist. Im Gegenteil wäre jeder Schritt zu einer inklusiven und vernünftigen öffentlichen Deliberation über verfassungsgerichtliche Begründungen nach wie vor zu begrüßen. Niemand kann bestreiten, dass eine solche Verknüpfung – soweit sie wirklich besteht – zur Steigerung der Legitimität des Verfassungsgerichts beitragen würde, und zwar nach demokratischen Kriterien. Ob dies eine komparativ bessere demokratische Grundlage gegenüber dem Parlament allgemein sicherstellt und eine vollständige Rechtfertigung der Verfassungsgerichtsbarkeit bietet, erscheint jedoch fragwürdig. Die These der argumentativen Repräsentation lässt sich zwar durch die Einbeziehung einer komparativen Dimension aufrechterhalten. Die Ablehnungsmöglichkeit und der Rekurs auf die Mehrheitsregel bei der gerichtlichen Entscheidungsbildung deuten aber darauf hin, dass allein diese These kein schlüssiges Argument im Legitimitätsstreit zwischen dem Gesetzgeber und dem Verfassungsgericht bildet. Natürlich könnte man eine Reihe weiterer Gründe für die Verfassungsgerichtsbarkeit angeben und behaupten, dass der politische, durch das Parlament vertretene Wille der Bürger über bestimmte Verfassungsinhalte nicht entscheiden darf. Damit wird allerdings nicht mehr die *demokratische* Legitimität des Verfassungsgerichts im Sinne einer *Repräsentation*, sondern etwas anderes diskutiert.

---

68 „Even if we concede that vexed issues of rights should be decided by these nine men and women, why should they be decided by simple majority voting among the Justices? (…) I have always been intrigued by the fact that courts make their decisions by voting, applying the MD [Majority Decision] principle to their meager numbers. I know they produce reasons and everything we discussed above. But in the end it comes down to head-counting: five votes defeat four in the U.S. Supreme Court, irrespective of the arguments that the Justices have concocted" (Waldron 2006: S. 1391); „defenders of judicial review prefer not to talk about the use of simple majority voting among the Justices on issues of rights. They want to be able to condemn majority voting on rights as a characteristic of legislatures. If pressed, they will acknowledge that, of course, judges decide issues by, say, 5-4 or 6-3 majorities on the Supreme Court. But I have never, ever heard a defender of judicial review introduce this into discussion himself or herself, let alone undertake to explain why it is a good idea" (Waldron 2006: S. 1392 Fn. 119).

6. Ausblick

Der Aufstieg des Konstitutionalismus hat längst zu einer so erheblichen Verstärkung der Justiz bzw. der richterlichen Macht gegenüber der Legislative geführt, dass ein Konflikt zwischen Juristokratie und Demokratie entstanden ist. Zur Auflösung dieses Konfliktes wird jedoch geltend gemacht, dass Richter als „argumentative" Stellvertreter der Bürger fungieren und damit auch eine demokratische Legitimität für ihre Entscheidungen beanspruchen können. Im Prinzip wird eine solche These auf die Verfassungsgerichtsbarkeit beschränkt – so etwa bei R. Alexy. Ihr Anwendungsbereich lässt sich aber so ausweiten, dass sie jedes Gerichtsurteil abdeckt, das aus gesetzlichem Recht nicht direkt abgeleitet wird. Am Kerngedanken ändert diese Erweiterung jedoch nichts: die „Repräsentation" erfolgt nicht auf der Basis irgendeines Wahlmechanismus, sondern durch eine adäquate Verknüpfung der gerichtlichen Argumentation zur Öffentlichkeit. Es steht zwar offen, wie eine solche Verknüpfung genau auszusehen hat. Einem normativen Ansatz folgend, habe ich versucht, dies in Bezug auf die Presserezeption juristischer Entscheidungen darzustellen. Zuvörderst ginge es hier um die Frage, inwiefern solche Entscheidungen einschließlich deren Begründungen in die Öffentlichkeit adäquat übermittelt werden. Nach einer Unterscheidung zwischen einer informativen und einer partizipativen Ebene wurde dann eine Beschreibung der Grundzüge der öffentlichen Rechtskommunikation tentativ skizziert. Eine etwas nähere Betrachtung verdiente zuletzt die Zulänglichkeit der These der argumentativen Repräsentation als demokratischer Legitimierung des Verfassungsgerichts gegenüber der Legislative. Dementsprechend kann ich nur zwei Schlussthesen hervorbringen. Erstens: Im Rahmen der gegenwärtigen Diskussion über den Konstitutionalismus und die damit verbundene Juristokratie kommt der Frage, wie sich das juristische Begründen bzw. Entscheiden und die öffentliche Debatte miteinander verkoppeln, eine Schlüsselstellung zu. Das gilt nicht nur für Verfassungs- und Obergerichte, sondern auch für den gerichtlichen Diskurs als ganzen. Zweitens: In Anbetracht der vorliegenden Studien, die ein solches Problem thematisieren, scheint eine adäquate *empirische* Verknüpfung der gerichtlichen mit der öffentlichen, durch die Medien vermittelten Argumentation nicht zu bestehen. Deshalb kann die Auffassung, dass Richter eine Art diskursive Vertretung der Bürger verkörpern, jedenfalls in Frage gestellt werden. Allerdings bleibt davon die normative oder ideale Dimension der These der argumentativen Repräsentation – trotz aller empirischen Probleme – unberührt. Daher kann sie immer noch zur Kritik und Bewertung der demokratischen Qualität der gerichtlichen Entscheidungen verwendet werden.

Literatur

Alexy, R. (2006): «Abwägung, Verfassungsgerichtsbarkeit und Repräsentation», in: M. Becker und R. Zimmerling (Hg.), *Politik und Recht - Politische Vierteljahresschrift*, Sonderheft 36, S. 250-258

Alexy, R. (2005): «Grund- und Menschenrechte», in: J.R. Sieckmann (Hg.), *Verfassung und Argumentation*, Nomos: Baden-Baden, S. 61-72

Alexy, R. (2003): «Los derechos fundamentales en el Estado constitucional democrático», in: M. Carbonell (Hg.), *Neoconstitucionalismo(s)*, Madrid: Trotta, S. 31-48

Alexy, R. (1997): *Der Beschluß des Bundesverfassungsgerichts zu den Tötungen an der innerdeutschen Grenze vom 24. Oktober 1996*, Hamburg: J. Jungius Gesellschaft / Vandenhoeck & Ruprecht

Alexy, R. (1996): «Grundgesetz und Diskurstheorie», in: W. Brugger (Hg.), *Legitimation des Grundgesetzes aus Sicht von Rechtsphilosophie und Gesellschaftstheorie*, Baden-Baden: Nomos, S. 343-360

Alexy, R. (1995): *Recht, Vernunft, Diskurs*, Frankfurt a.M.: Suhrkamp

Alexy, R. (1978): *Theorie der juristischen Argumentation*, Frankfurt a.M.: Suhrkamp

Bayón, J.C. (2003): «Derechos, democracia y constitución», in: M. Carbonell (Hg.), *Neoconstitucionalismo(s)*, Madrid: Trotta, S. 211-238

Bonvín, M.A. (2005): *Medios de comunicación: historia, lenguaje y características,* Barcelona: Octaedro

Carbonnier, J. (1990): «Dossier Droit et Médias: Introduction», *Droit et Société* 16, S. 281-83

Carretero, S.C. (2004): *Sociología y prensa judicial*, Madrid: URJC / Dykinson

Castendyk, O. (1994): *Rechtliche Begründungen in der Öffentlichkeit*, Opladen: Westdt. Verlag

de la Cuadra, B. (2004): «Difusión del derecho y medios de comunicación», in: A. Menéndez und A. Pau (Hg.), *La proliferación legislativa: un desafío para el estado de derecho*, Madrid: Civitas, S. 656-660

de la Cuadra, B. (1999): «Los jueces, ¿insumisos a las críticas?», *Revista del Poder Judicial* núm. especial XVII, S. 325-332

Eberl, M. (2006): *Verfassung und Richterspruch*, Berlin: de Gruyter

Ely, J.H. (1980): *Democracy and Distrust: A Theory of Judicial Review*, Cambridge Ma.: Harvard UP

Euskobarómetro (2008): *Euskobarómetro - Estudio periódico de la opinión pública vasca (Noviembre 2008)*, Bilbao: UPV; abrufbar auf: http://alweb.ehu.es/euskobarometro

Freeman, M. (Hg.) (2005): *Law and Popular Culture*, Oxford: Oxford UP

Friedman, L. (1989): «Law, Lawyers and Popular Culture», *Yale Law Journal* 98, S. 1579-1606

Galanter, M. (1998): «The Media as Legal Institution», in: J. Brand und D. Stempel (Hg.), *Soziologie des Rechts*, Baden-Baden: Nomos, S. 169-173

Garzón Valdés, E. (2003): «El papel del poder judicial en la transición a la democracia», *Isonomía* 18, S. 27-46

Gerhardt, R. (1998): «Wie es in die Justiz hineinschallt, so schallt es heraus?», in: J. Brand und D. Stempel (Hg.), *Soziologie des Rechts*, Baden-Baden: Nomos, S. 515-529

Guibentif, P. (2001): «Le chameu dans le laboratoire. La théorie des systèmes et l'étude de la communication juridique quotidienne», *Droit et Société* 47, S. 123-153

Habermas, J. (1992): *Faktizität und Geltung,* Frankfurt a.M.: Suhrkamp

Häberle, P. (1980): *Die Verfassung des Pluralismus*, Königstein: Athenäum

Huff, M. (1996): *Justiz und Öffentlichkeit*, Berlin: de Gruyter

van Hoecke, M. (2002): *Law as Communication*, Oxford: Hart Publishing

Jiménez Villarejo, J. (1999): «Justicia, información y opinión pública (I)», *Revista del Poder Judicial* núm. especial XVII, S. 447-457

Kißler, L. (1992): «Recht als öffentlicher Prozeß. Zur Bedeutung von gesellschaftlicher Rechtskommunikation für den Geltungsanspruch von Normen», in Th. Kreuder (Hg.), *Der orientierungslose Leviathan. Verfassungsdebatte, Funktion und Leistungsfähigkeit von Recht und Verfassung*, Marburg: SP-Verlag, S. 53-64

Luhmann, N. (1975): *Legitimation durch Verfahren*, Neuwied: Luchterland

Machura, S. und P. Robson (2001): «Law in Film: Introduction», *Journal of Law and Society* 28, S. 1-8

Miaille, M. (1990) : «Le droit par l'image», *Droit et Société* 16, S. 303-312

Oliver-Lalana, D. (2009): *Legitimidad a través de la comunicación*, Granada: Comares (im Erschienen)

Ollero, A. (2004): «Difusión del derecho y medios de comunicación», in: A. Menéndez und A. Pau (Hg.), *La proliferación legislativa: un desafío para el estado de derecho*, Madrid: Civitas, S. 611-624

Peretti, T.J. (2001): *In Defense of a Political Court*, Princeton: Princeton UP

Prieto Sanchís, L. (2003): *Justicia constitucional y derechos fundamentales*, Madrid: Trotta

Reig, R. (2000): «Prólogo» [Vorwort] zu J. Ronda und J.M. Calero, *Manual de periodismo judicial*, Sevilla: Universidad, S. 11-16

Röhl, K.F. (2002): «Law and Popular Culture: Popular Legal Culture as Media Legal Culture», in: D. Strempel und Th. Rasehorn (Hg.), *Empirische Rechtssoziologie*, Nomos: Baden-Baden, S. 315-324

Röhl, K.F. und S. Ulbrich (2000): «Visuelle Rechtskommunikation», *Zeitschrift für Rechtssoziologie* 21/2, S. 355-385

Ronda, J. und J.M. Calero (2000): *Manual de periodismo judicial*, Sevilla: Universidad de Sevilla

Rucht, D. (1988): «Gegenöffentlichkeit und Gegenexperten. Zur Institutionalisierung des Widerspruchs in Politik und Recht», *Zeitschrift für Rechtssoziologie* 9/2, S. 290-305

Ruiz, A. (2001): «El derecho: entre el folletín y la tragedia», in: dies., *Idas y vueltas*, Buenos Aires: Ed. del Puerto, S. 37-48

Schor, M. (2007): «Squaring the Circle: Democratizing Judicial Review and the Counter-Constitutional Difficulty», *Minnesota Journal of International Law*, Vol. XVI No. 1, S. 61-114

Schwartzman, M. (2007): «The Principle of Judicial Sincerity», *Public Law and Legal Theory Working Paper Series* No. 69, University of Virginia Law School

Supiot, A. (1990) : «Le jeu de miroirs du droit et des médies», *Droit et Société* 16, S. 313-321

Teubner, G. (1989): *Recht als autopoietisches System*, Frankfurt a.M.: Suhrkamp

Toharia, J.J. (2001): *Opinión pública y justicia*, Madrid: CGPJ

Troper, M. (2003): «El poder judicial y la democracia», *Isonomía* 18, S. 47-75

Voigt, R. (1998): «Reden über Recht», in: J. Brand und D. Stempel (Hg.), *Soziologie des Rechts*, Baden-Baden: Nomos

Waldron, J. (2006): «The Core Case against Judicial Review», *Yale Law Journal* 115, S. 1364-1406

Zurn, C.F. (2002): «Deliberative Democracy and Constitutional Review», *Law and Philosophy* 21, S. 467-542

Das Untermaßverbot und die Alternativitätsthese: einige Überlegungen aus der Perspektive des Gesundheitsrechts

Laura Clérico

I. Problemstellung

Die Anwendungsform der Grundrechte auf positive Handlungen ist das Untermaßverbot. Die Dogmatik streitet zwar noch über das Untermaßverbot - ungeachtet der zurückhaltenden expliziten Anwendung durch das Bundesverfassungsgericht[1]. Der Streit geht vor allem um die Verfeinerung der Struktur des Untermaßverbots in zwei Grundrechtskonstellationen: weil Leistung entweder ganz verweigert wird (Unterlassung) oder in unzureichendem Masse gewährt wird (unzureichende oder verfehlte Maßnahme).[2]

---

1. Das Bundesverfassungsgericht ist zurückhaltend gegenüber der expliziten Anwendung des Untermaßverbots. Es findet sich in: der zweiten Abtreibungsentscheidung, BVerfGE 88, 203 (254 f.); 88, 338 (340); in BVerfGE, Beschl. 27.4.95, NJW 1995, S. 2343 – Alkoholgrenzwert; Kammerbeschluß (29.11.1995), EUGRZ 1996, 120 - "Ozongesetz"; Kammerbeschluß, 17.02.1997, NJW 1997, 2509 - "Elektrosmog"; Kammerbeschluß, (28.02.2002), NVwZ 2002, 1103 - "Mobilfunksendeanlagen"; BVerfGE 96, 409 (412) - Kind als Schaden; in der abweichenden Meinung zur Entscheidung über die berufsregelnden Vorschriften im bayerischen Gesetz über ergänzende Regelungen zum Schwangerschaftskonfliktgesetz und zur Ausführung des Gesetzes zur Hilfe für Frauen bei Schwangerschaftsabbrüchen, BVerfGE 98, 265 (355), der Entscheidung über die Unterbringung von Straftätern auf landesgesetzlicher Rechtsgrundlage (sogenannte nachträgliche Sicherungsverwahrung) [Abweichende Meinung des Richters Broß, der Richterin Osterloh und des Richters Gerhard in: BVerfG, Urteil 10. Februar 2004 - 2 BvR 834/02 und 2 BvR 1588/02], in der abweichenden Meinung zur Entscheidung über das Rauchverbot [BVerfG, 1 BvR 3262/07 vom 30.7.2008, Absatz-Nr. (1 - 194)].

2. Bei einer dritten Konstellation, die als Rückschrittsverbot (auch als "willkürliches Regressionsverbot") bekannt und durchaus wichtig für die Realisierung eines Rechts auf positive Handlung ist, handelt es sich *der Sache nach* um einen Fall des Übermaßverbots. Die Rücknahme oder Einschränkung bereits gewährter Leistungsrechte kann als Eingriff durch positives Handeln qualifiziert werden (Prüfung u.U. anhand Art 14 GG oder Art. 2 I GG, den Grundsatz der Verhältnismäßigkeit, das Rückwirkungsverbot und den Schutz des Vertrauens, Art. 6 I GG, den Grundsatz der Gleichheit). In dieser Konstellation ist das Problem nicht die Untätigkeit, sondern *eine staatliche Handlung*, deren Gegenstand ist, etwas (künftig) zu unterlassen. Der Staat war insbesondere durch Gesetzgebungshandlungen, aber auch durch Verwaltungsakte tätig, um die Realisierung sozialer Grundrechte zu gewährleisten, aber er ist jetzt tätig, um solche Normen aufzuheben. Die Frage ist, ob die Handlung - Abschaffung von bestehenden einfachgesetzlich geformten Grundrechten auf Leistungen - grundrechtlich begründet ist. Das soziale Grundrecht verhält sich hier formell abwehrrechtlich. Es erhebt einen Anspruch auf Unterlassen, auf die Nichtbeseitigung von Rechtspositionen [Vgl. Alexy, R., Theorie der Grundrechte, Frankfurt/Main, 1994, S. 436; über das Rückschrittsverbot, Vgl. BVerfG, 1. Senat 3. Kammer, Beschluß vom 7.11.2007 über die Grundsicherung für Arbeitsuchende; BSG, Urteile vom 23.11.2006; BSG 1. Senat Urteil vom 22.04.2008, über über die Aufhebung der Befreiung von der Zuzahlungspflicht in der gesetzlichen Krankenversicherung (GKV); BSG 1. Senat, 22.

Hier analysiere ich die Verfeinerung des Untermaßverbots anhand der Alternativitäts-these.[3] Sie besagt, dass Rechte auf positive Handlungen nicht jede Handlung gebieten, die das Recht erfüllt, sondern nur mindestens eine von ihnen. Ich werde folgende Annahmen vertreten:

- Die "Alternativitätsthese" betont zutreffend die Unterscheidung von Beeinträchtigungsmaß und Förderungsmaß.

- Diese Unterscheidung sollte aber stärker auf die Feinstrukturen der Geeignetheit und der Prüfung des überlegenen Mittels achten, einerseits, da es dort hauptsächlich um Probleme der Wirksamkeit geht, die normalerweise in der traditionellen Verhältnismäßigkeitsprüfung ausgeblendet werden. Andererseits, weil fraglich ist, ob Rechte auf positive Handlungen weitere vergleichende Abwägungen[4] als Rechte auf Unterlassungen verlangen.

- Die Verfeinerung der Alternativitätsthese führt zur Unterscheidung von *Geltung* und *Bestimmtheit des gegenteiligen Gebots*. Daraus folgt, dass das Untermaßverbot zwei Gebote enthalten kann:

a) ein definitives Gebot mit einem eindeutig bestimmten Inhalt (notwendiges Mittel) oder

b) ein definitives Gebot mit einem alternativen und jeweils ausreichenden Inhalt (ausreichendes Mittel).

II. Die Alternativitätsthese

Die Alternativitäts- oder Disjunktionsthese ist schon in Alexys "Theorie der Grundrechte"[5] zu finden. Neuerdings wurde sie weiter entwickelt, um den Vorwurf der Überkonstitutionalisierung infolge der Expansion der Grundrechte auf Rechte auf positive Handlungen des Staates zu widerlegen.[6]

Die Alternativitätsthese hat ihre Grundlage in einem Unterschied in der Struktur des Norminhalts von Rechten auf negative Handlungen und Rechten auf positive Handlungen. Während die Rechte auf negative Handlungen (Abwehrrechte) Verbote seien, etwas zu zerstören, zu behindern oder auf andere Weise zu beeinträchtigen, sind Rechte auf

---

April 2008, Az: B 1 KR 18/07 R; Schlenker, R. Soziales Rückschrittsverbot und Grundgesetz, Berlin, 1986; Bieback, K-J., Verfassungsrechtlicher Schutz gegen Abbau und Umstrukturierung von Sozialleistungen, Berlin/New York, 1997; Arango, R., La prohibición de retroceción en Colombia, in: Courtis (Hg.), Ni un paso atrás, Buenos Aires, 2006; Clérico, L. Verhältnismäßigkeit und Untermaßverbot, in: Sieckmann (Hg.): Die Prinzipientheorie der Grundrechte. Baden-Baden, 2007, S. 151-178].

3   S. Alexy, R., Zur Struktur der Grundrechte auf Schutz, in: Sieckmann (Hg.), Die Prinzipientheorie der Grundrechte. Studien zur Grundrechtstheorie Robert Alexys, Baden-Baden 2007, S. 105-121.

4   "... Schließlich stellt sich die Frage, ob innerhalb der Klasse der gleichermaßen verhältnismäßigen Förderungsmittel eine weitere Verengung verfassungsrechtlich geboten ist, oder der Staat insoweit einen Spielraum hat." Borowski, M., Grundrechte als Prinzipien, Baden-Baden, 2. Auflage, 2007, S. 312/313.

5   Alexy, R. Theorie der Grundrechte, Kap. 9.

6   Alexy, R., Zur Struktur der Grundrechte auf Schutz, S. 105-121.

positive Handlungen Gebote, etwas zu fördern, zu verteidigen, zu retten oder auf irgendeine Weise abzuschirmen. Wenn Folter verboten ist, dann impliziert das ein Verbot jeder Folterhandlung. Geht es dagegen darum, einen Ertrinkenden zu retten, kann dies sowohl durch den Wurf eines Rettungsringes, schwimmend als auch mit Hilfe eines Bootes möglich sein. Die drei Handlungen seien aber nicht gleichzeitig geboten. Hierin liegt die Alternativität oder Disjunktivität. Um das Gebot der Rettung zu erfüllen, soll man eine von diesen Handlungen vornehmen. Abwehrrechte hätten hingegen eine konjunktive Struktur. Die verfassungswidrige positive Handlung des Staates hätte ein definitives Gegenteil, es besteht das Gebot einer Unterlassung genau dieser verfassungswidrigen positiven Handlung. Hingegen soll die alternative Struktur implizieren, dass "verfassungswidriges Unterlassen kein definitives Gegenteil hat, sondern so viele mögliche Gegenteile wie Alternativen existieren".[7]

Im Gegensatz dazu soll hier vertreten werden, dass auch die verfassungswidrige negative Handlung des Staates ein definitives Gegenteil hat, es besteht das Gebot eines Tuns, aber der Inhalt dieses Tuns kann alternativ sein. Es ist geboten, eine von den Handlungen zu vollziehen, aber nicht alle gleichzeitig. Notwendig ist, dass irgendeine von ihnen vorgenommen wird. Damit wird aber die Möglichkeit nicht ausgeschlossen, dass unter Umständen die Einsetzung eines bestimmten Mittels notwendig ist. Dies ist der Fall, wenn dieses Mittel das einzige ist, das geeignet ist, das grundrechtliche Ziel zu fördern, und das verfassungsrechtliche Ziel geboten ist.[8] Nur in diesen Fällen hat die verfassungswidrige negative Handlung des Staates *ein definitives Gegenteil mit einem definiten Gehalt* (notwendiges Mittel), in den anderen Fällen *ein definitives Gegenteil mit einem alternativen Gehalt*. Dies aber heißt, dass der Gesetzgeber einen (sog. strukturellen) Spielraum hat, innerhalb dessen er wählen kann, wie er das Gebot erfüllen will. Es folgt, dass der Erfüllungsgrad (Schutzgrad, Leistungsgrad) nicht beliebig ist, sondern nur die Mittelwahl innerhalb der *hinreichenden Mittel*.[9] Es handelt sich um ein definitives Gebot mit einem alternativen und jeweils ausreichenden Inhalt (ausreichendes Mittel).

Die *Bestimmung des gebotenen Erfüllungsgrads* findet seinen Niederschlag in dem Untermaßverbot (mit seinen drei Teilen: Gebot der Geeignetheit, Gebot des überlegenen Mittels und Gebot der Verhältnismäßigkeit i.e.S.). Das Untermaßverbot besagt, wann ein Grundrecht auf positive Handlung verletzt wird. Eine Verletzung liegt vor, wenn der Ausgangszustand (der mit der Verfassungsbeschwerde angegriffene Zustand, der Ergebnis einer staatlichen Unterlassung oder einer unzureichenden Handlung wäre) im Ver-

---

7 Alexy, R., Zur Struktur der Grundrechte auf Schutz,, S. 108; genauer: Alexy, R., Theorie der Grundrechte, S. 421. Was hierbei nicht notwendig wäre, wäre die Einsetzung eines (bestimmten) notwendigen Mittels zur Zielförderung.

8 Zur Unterscheidung zwischen dem "notwendigen Mittel", dem "hinreichenden Mittel" und dem "brauchbaren Mittel" vgl. Hensche, M., Teleologische Begründungen in der juristischen Dogmatik. Eine Untersuchung am Beispiel des Arbeitskampfrechts, Baden-Baden, 1998, S. 86-94, 56.

9 Hinreichend ist nicht gleich mit minimal. Leistungsrechte sind wie Abwehrrechte Prinzipien, sie fordern am möglichst (faktisch und grundrechtlich) höchsten Maß zu realisieren. Insofern sind das Untermaßverbot und das Übermaßverbot Formen, um den Inhalt von Grundrechten zu bestimmen, jenseits ihres minimalen Gehalts, der normalerweise als Regel anzuwenden ist.

hältnis zur Intensität der Beeinträchtigung des kollidierenden Grundrechts (welcher Art auch immer, Abwehrrecht oder Leistungsrecht) nicht ausreicht. D.h., man könnte mehr machen, um das Recht auf positive Handlung zu fördern, weil das kollidierende Recht nicht beeinträchtigt wird, aber hat dies nicht getan.

Hinsichtlich des Grundrechts auf positive Handlung ist die Unterscheidung zwischen Beeinträchtigungsintensität einerseits und Förderungsintensität (oder Schutzmaß oder Schutzintensität) andererseits zu betonen. Die Beeinträchtigungsintensität des Leistungsrechts ergibt sich aus den Wirkungen der Unterlassung oder eines unzureichenden Mittels. Die Förderungsintensität oder das Förderungsmaß oder die Förderungsrealisierung ist das Maß an Förderung, die durch das eingesetzte Mittel erreicht wird. Dies kann variieren je nach den alternativen Mitteln, die vor allem im Rahmen des Grundsatzes des überlegenen Mittels ins Spiel kommen. Hier geht es um die Analyse der Konsequenzen einer solcher Unterscheidung in der Prüfung der Geeignetheit und der des überlegenen Mittels.

Ein Beispiel bietet eine Entscheidung des Bundesverfassungsgerichts zum Gesundheitsschutz (2005).[10] Es ging um die Frage nach der Leistungspflicht der gesetzlichen Krankenversicherung für neue Behandlungsmethoden in Fällen einer lebensbedrohlichen oder regelmäßig tödlich verlaufenden Erkrankung. Aus der Entscheidung folgt folgende Abwägungsergebnisregel: "Es ist mit den Grundrechten aus Art. 2 I GG in Verbindung mit dem Sozialstaatsprinzip und aus Art. 2 II 1 GG nicht vereinbar, einen gesetzlich Krankenversicherten, für dessen lebensbedrohliche oder regelmäßig tödliche Erkrankung eine allgemein anerkannte, medizinischem Standard entsprechende Behandlung nicht zur Verfügung steht, von der Leistung einer von ihm gewählten, ärztlich angewandten Behandlungsmethode auszuschließen, wenn eine nicht ganz entfernt liegende Aussicht auf Heilung oder auf eine spürbare positive Einwirkung auf den Krankheitsverlauf besteht." Das Bundesverfassungsgericht wendet zwar das Untermaßverbot[11] nicht explizit an, um dieses Ergebnis zu begründen, die Prüfung lässt sich jedoch in diesem Sinne rekonstruieren.

Der in dem vorliegenden Fall mit der Verfassungsbeschwerde angegriffene Ausgangszustand ist eine unzureichende (verfehlte) Handlung. Der Betroffene litt an der Duchenne´schen Muskeldystrophie und war (im streitgegenständlichen Zeitraum von 1992 bis 1994) in einer gesetzlichen Kasse als Familienangehöriger versichert. Üblicherweise wird in solchen Fällen *nur* eine symptomorientierte Behandlung[12] durchgeführt. Seit September 1992 wurden bei dem Betroffene[13] neue Behandlungsmethoden

---

10 BVerfG, Beschluß vom 6.12.2005 (BVerfGE 115, 25).

11 Die *Formulierung* des Untermaßverbotes lautet: "Die Vorkehrungen, die der Gesetzgeber trifft, müssen für einen *angemessenen* und *wirksamen* Schutz *ausreichend* sein ... ". Angemessenheit bezieht sich auf die Prüfung der Proportionalität i.e.S. Wirksamkeit scheint auf die Geeignetheit und die Erforderlichkeit bezogen zu sein. Dies ist im Folgenden zu erörtern. BVerfGE 88, 203 II (254).

12 D.h. Cortisonpräparate, Operationen, Krankengymnastik. Es wird angenommen, dass es bislang keine wissenschaftlich anerkannte Therapie gebe, die eine Heilung oder eine nachhaltige Verzögerung des Krankheitsverlaufs bewirken könne.

13 Er befand sich in Behandlung bei einem Facharzt für Allgemeinmedizin, der über keine Zulassung

angewandt. Einige Ärzte einer Technischen Hochschule hielten den bisherigen Krankheitsverlauf für günstig.[14] Trotzdem wurde der Antrag auf Übernahme der Kosten für die Therapie von der zuständigen Krankenkasse abgelehnt.

Das Bundesverfassungsgericht behandelt die Frage nach der Ablehnung der Kostenerstattung als einen Eingriff in die Handlungsfreiheit[15] - Art. 2 I GG [16] in Verbindung mit dem grundgesetzlichen Sozialstaatsprinzip, Art. 20 GG (P1) -[17] und wendet zusätzlich (aber nicht direkt) [18] Art. 2 II GG an.[19]

zur vertragsärztlichen Versorgung verfügte. Der Arzt wendete neben Thymuspeptiden, Zytoplasma und homöopathischen Mitteln hochfrequente Schwingungen („Bioresonanztherapie") an.

14 Eine mitbetreuende Ärztin stufte seinen Gesundheitszustand trotz des Verlustes der Gehfähigkeit im Vergleich zu anderen Betroffenen als gut ein. Seit Herbst 2000 ist der Bf., der eine öffentliche Schule besucht, auf einen Rollstuhl angewiesen, zunächst für Wegstrecken außerhalb des Hauses, seit Frühjahr 2001 aber auch im Haus.

15 Merkwürdig ist, dass die Frage der Verweigerung der Kostenerstattung an der allgemeinen Handlungsfreiheit geprüft wird, obwohl ein spezifisches Grundrecht des GG zur Verfügung steht. Aus der Perspektive des Versicherten ist die Frage nach der Kostenerstattung (positive staatliche Pflicht) die, eine Behandlung fortsetzen zu können, die in irgend eine Weise positive Wirkungen für seine Gesundheit hat. D.h. es ist eine direkte Frage des Artikels 2 II GG. Stattdessen verwendet das Bundesverfassungsgericht Art. 2 II GG nicht direkt, sondern als zusätzlichen Maßstab.

16 "Der Schutzbereich Art. 2 I GG wird berührt, wenn der Gesetzgeber durch die Anordnung von Zwangsmitgliedschaft und Beitragspflicht in einem öffentlich-rechtlichen Verband der Sozialversicherung die allgemeine Betätigungsfreiheit des Einzelnen durch Einschränkung ihrer wirtschaftlichen Voraussetzungen nicht unerheblich einengt. Ein Eingriff im Art. 2 I GG bedarf der Rechtfertigung durch eine entsprechende Ausgestaltung der ausreichenden solidarischen Versorgung, die den Versicherten für deren Beitrag im Rahmen des Sicherungszwecks des Systems zu erbringen ist."

17 Das Gericht geht davon aus, dass sich zwar kein verfassungsrechtlicher Anspruch auf bestimmte Leistungen der Krankenbehandlung ableiten lasse. "*Jedoch sind gesetzliche oder auf Gesetz beruhende Leistungsausschlüsse und Leistungsbegrenzungen daraufhin zu prüfen, ob sie im Rahmen des Art. 2 I GG gerechtfertigt sind. Gleiches gilt, wenn die gesetzlichen Leistungsvorschriften - wie hier durch die zuständigen Fachgerichte eine für den Versicherten nachteilige Auslegung und Anwendung erfahren.*" Das *SG* hat die Klage abgewiesen. Das *LSG* holte einen Befundbericht bei der Orthopädischen Klinik einer Technischen Hochschule ein, bei der sich der Bf. in regelmäßigen Abständen vorstellt. Die Klinik empfahl, die Therapie wegen der günstigen Verlaufsform fortzusetzen. Ferner hörte das Gericht den behandelnden Arzt in der mündlichen Verhandlung als sachverständigen Zeugen. Es hob das Urteil des *SG* auf und verurteilte die bekl. Krankenkasse, dem Bf. die ab März 1993 entstandenen Kosten für die Therapie zu erstatten. Auf die von der beklagten Krankenkasse eingelegte Revision hat das *BSG* das Urteil des *LSG* aufgehoben und die Berufung gegen das Urteil des *SG* zurückgewiesen (BSGE 81, 54). BVerfG, Beschluß vom 6.12.2005.

18 Stattdessen wird in dem Beschluß vom 15.12.1997 über die Frage zur Versagung einer Krankenkasse der Kostenerstattung bei Behandlung eines Heilpraktiker in bezug auf Art. 2 II 1 GG in Verbindung mit dem Sozialstaatsprinzip, Art. 20 GG, geprüft. BVerfG NJW 1998, 1775.

19 "Für die Beurteilung der Verfassungsmäßigkeit des Leistungsrechts der gesetzlichen Krankenversicherung und seiner fachgerichtlichen Auslegung und Anwendung im Einzelfall sind darüber hinaus auch die Grundrechte auf Leben und körperliche Unversehrtheit aus Art. 2 II 1 GG. Zwar folgt aus diesen Grundrechten regelmäßig kein verfassungsrechtlicher Anspruch gegen die Krankenkassen auf Bereitstellung bestimmter und insbesondere spezieller Gesundheitsleistungen... Die Gestaltung des Leistungsrechts der gesetzlichen Krankenversicherung hat sich jedoch an der objektiv-rechtlichen Pflicht des Staates zu orientieren, *sich schützend und fördernd vor die Rechtsgüter des Art. 2 II 1 GG zu stellen* ... Insofern können diese Grundrechte in besonders gelagerten Fällen die Gerichte zu einer grundrechtsorientierten Auslegung der maßgeblichen Vorschriften des Krankenversicherungsrechts verpflichten." (P1), BVerfG, Beschluß vom 6.12.2005.

1. Geeignetheitsprüfung

Die gesetzliche Krankenversicherung verfolgt mit der Begrenzung der Kostenerstattung neuer Behandlungen das Ziel der "Sicherung der Qualität der Leistungserbringung, im Interesse einer Gleichbehandlung der Versicherten und zum Zweck der Ausrichtung der Leistungen am Gesichtspunkt der Wirtschaftlichkeit" (P2: das staatliche Ziel). Das eingesetzte Mittel (M1), § 135 Abs. 1 SGB V, so wie es das BSG interpretierte,[20] enthält eine Art Verbot mit Erlaubnisvorbehalt: Neue Untersuchungs- und Behandlungsmethoden seien so lange von der Abrechnung zu Lasten der gesetzlichen Krankenkasse ausgeschlossen, bis der Bundesausschuss sie als zweckmäßig anerkannt habe.[21]

Ob das Mittel (M1) das staatliche Ziel (P2) fördern kann, ist *auch* eine Frage der Geeignetheit (der externen Geeignetheitsprüfung[22]). In dem Beispiel prüft aber das Bundesverfassungsgericht nicht, ob das Mittel (M1) generell zur Erreichung des staatlichen Interesses geeignet wäre. [23] Es läßt diese Frage offen, sie sei für die Lösung des Falles nicht relevant.[24] Weshalb diese Prüfung nicht vorgenommen wurde, darüber läßt sich nur spekulieren. Es kann auch sein, dass das Ergebnis der Prüfung wäre, dass das Mittel (M1) extern ungeeignet zur Förderung des staatlichen Zieles (P2) wäre. Wenn das der Fall wäre, liegt die externe Geeignetheit der einzelnen Erfüllungshandlung nicht immer vor.[25]

---

20 D.h. die angegriffene Auslegung der leistungsrechtlichen Vorschriften des Fünften Buches Sozialgesetzbuch durch das Bundessozialgericht.

21 Die eingesetzte Behandlungsmethode erfülle nicht diese Voraussetzungen, da a) die umstrittene Behandlungsmethode nicht dem allgemein anerkannten Stand der medizinischen Forschung entspreche und b) keine erfahrungsgemäß wirksame Methode sei.

22 Borowski, M., Grundrechte als Prinzipien, 2. Auflage, S. 198, 199.

23 Das BSG hat in dem mit der Verfassungsbeschwerde angegriffenen Urteil zur Begründung seiner Entscheidung im Ergebnis allein darauf abgestellt, dass die umstrittene Behandlungsmethode nicht dem allgemein anerkannten Stand der medizinischen Forschung entspreche und keine erfahrungsgemäß wirksame Methode sei. Davon hat die verfassungsrechtliche Beurteilung auszugehen. Das BVerfG hat daher keinen Anlass zu prüfen, ob die Rechtsprechung des *BSG* zur demokratischen Legitimation der Bundesausschüsse und des Gemeinsamen Bundesausschusses und zur rechtlichen Qualität der von ihnen erlassenen Richtlinien als außenwirksamen untergesetzlichen Rechtssätzen (vgl. dazu BSGE 78, 70 [74ff.]; BSGE 81, 54 [59ff.]; BSGE 81, 73 [76 ff.]) mit dem Grundgesetz in Einklang steht.

24 "Es ist dem Gesetzgeber schließlich nicht von Verfassungs wegen verwehrt, zur Sicherung der Qualität der Leistungserbringung, im Interesse einer Gleichbehandlung der Versicherten und zum Zweck der Ausrichtung der Leistungen am Gesichtspunkt der Wirtschaftlichkeit ein Verfahren vorzusehen, in dem neue Untersuchungs- und Behandlungsmethoden in der vertragsärztlichen Versorgung auf ihren diagnostischen und therapeutischen Nutzen sowie ihre medizinische Notwendigkeit und Wirtschaftlichkeit nach dem jeweiligen Stand der wissenschaftlichen Erkenntnisse sachverständig geprüft werden, um die Anwendung dieser Methoden zu Lasten der Krankenkassen auf eine fachlich-medizinisch zuverlässige Grundlage zu stellen. *Ob für die Erfüllung dieser Aufgabe das nach § 135 SGB V vorgesehene Verfahren der Entscheidung durch den Gemeinsamen Bundesausschuss verfassungsrechtlichen Anforderungen genügt, ist hier nicht zu entscheiden.*" BVerfG, Beschluß vom 6.12.2005, vgl. BVerfG, NJW 2004, 3100 [3101].

25 Anders als bei Dreieckskonstellationen läßt sich nicht annehmen, dass die externe Geeignetheit praktisch immer vorliegt. Zu Dreieckskonstellationen vgl. Borowski, Grundrechte als Prinzipien, 2. Auflage, S. 199.

Die interne Geeignetheit betrifft die Frage, ob der Vollzug der staatlichen Handlung (die von dem Staat unterlassen wird und mit der Verfassungsbeschwerde als Eingriff angegriffen wird), das grundrechtliche Ziel auf positive Handlung fördert. Diese Förderung muß notwendig sein, sonst liegt keine Beeinträchtigung des Grundrechts auf positive Handlung vor.[26] Dies kann als Vorfrage der Verhältnismäßigkeitsprüfung rekonstruiert werden,[27] d.h. auf der Ebene der Eingriffsprüfung, wobei es dort nur darum geht, ob die Unterlassung (oder unzureichende Handlung) das Grundrecht auf positive Handlung beeinträchtigt und ob der Vollzug der unterlassenen Handlung positiv für seine Realisierung wirkt. Es geht nicht um die Feststellung der Intensität der Beeinträchtigung oder des Maßes der Förderung.

Deswegen ist fraglich, ob der Vollzug einer internen Geeignetheitsprüfung noch einen Sinn innerhalb der Untermaßkontrolle hätte[28] Die Prüfung ist wichtig, wenn man die Unterscheidung zwischen Intensität der Beeinträchtigung, einerseits, und Intensität/Maß der Förderung/des Schutzes jeweils des Grundrechts auf positive Handlung in dem konkreten Fall vor Augen hat.[29] Das Bundesverfassungsgericht scheint eine sog. interne Geeignetheitsprüfung zu meinen, wenn behauptet wird, dass das Untermaßverbot verletzt wird, wenn *1) die getroffenen Regelungen und Maßnahmen gänzlich ungeeignet oder völlig unzulänglich sind*, das gebotene Schutzziel zu erreichen, *oder erheblich dahinter zurückbleiben (unzureichende positive Handlung) oder* 2) die öffentliche Gewalt Schutzvorkehrungen *überhaupt nicht getroffen hat (Unterlassung).*[30]

In der Untermaßkontrolle ist *auch* die Wirksamkeit[31] des Mittels zur Förderung des Grundrechts auf positive Handlung (auf Gesundheit, P1) wichtig. Daher soll beim Untermaßverbot die Beziehung zwischen dem gewählten Mittel (M1) und dem grundrechtlichen Ziel *im Einzelfall* betrachtet werden.

Was in der Geeignetheit bei der Prüfung des Untermaßverbots festzustellen ist, ist die Fähigkeit des Mittels zur Zielförderung in doppelter Hinsicht (zwei Varianten der Geeignetheitsprüfung):

a) die Frage nach der zur abstrakt-allgemeinen Förderung des staatlichen Ziels (in dem diskutierten Fall bleibt sie offen, sog. externe Geeignetheitsprüfung) und

---

26 Vgl. Borowski, M., Grundrechte als Prinzipien, 2. Auflage, S., 198-199.

27 Als vorausgesetzte Frage der Geeignetheit s. Clérico, L., Die Struktur der Verhältnismäßigkeit, Baden-Baden, 2001, S. 52-53.

28 Vgl. Calliess, C., Die grundrechtliche Schutzpflicht im mehrpoligen Verfassungsrechtsverhältnis, JZ 2006, 321-330; Cremer, Die Verhältnismäßigkeitsprüfung bei der grundrechtlichen Schutzpflicht, DÖV 2008, 107.

29 Diese Frage könnte allerdings als eine der Beeinträchtigung des Schutzbereichs des Grundrechts angesehen werden. Das Grundrecht auf positive Handlung ist beeinträchtigt, wenn es nicht konkret und vollständig erfüllt wird. Es scheint demnach, dass die Frage der Geeignetheit in dem schwachen Sinne der abstrakten und generellen Förderung des Eingriffsziels neben der Feststellung der Beeinträchtigung des Schutzbereichs überflüssig ist. Diese Folgerung wäre jedoch voreilig. Denn die völlige Untauglichkeit einer staatlichen Maßnahme, die ein Grundrecht auf positive Handlung erfüllen soll, begründet einen verfassungsrechtlichen Mangel.

30 Vgl. BVerfGE 77, 170 (214 f.); 88, 203 (251 ff., 254 f); 92, 26 (46).

31 BVerfGE 88, 203 II (254): "Notwendig ist ein ... angemessener Schutz; entscheidend ist, dass er als solcher wirksam ist".

b) die Frage über die konkrete Förderung des Grundrechts im Einzelfall (in dem Beispiel, die fehlende Erfüllung, sehr hohe Beeinträchtigungsintensität, sog. interne Geeignetheitsprüfung).

Fördert das Mittel das staatliche Ziel nur abstrakt und allgemein, dann bleibt es geeignet. Die teilweise Nichterreichung des staatlichen Zieles ist als Grund für eine weitere Realisierung des Grundrechts auf Leistung in der Proportionalität i.e.S. zu berücksichtigen. Hierin zeigt sich eine Besonderheit der Prüfung des Untermaßverbotes: Als Resultat der Geeignetheitsprüfung soll auch *das Maß der grundrechtlichen Zielverwirklichung* festgestellt werden.[32]

Beeinträchtigungs-intensität P1	Förderungsmaß P1	Mittel	Förderungsmaß P2	Beeinträchtigung sintensität P2
hoch	*keine*	keine Kostenerstattung (das gewählte Mittel, M1)	mittel	keine
keine	*hoch*	Kostenerstattung	niedrig	hoch

Förderungsmaß: keine, niedrig, mittel, hoch, maximal
Beeinträchtigungsintensität: keine, niedrig, mittel, hoch, maximal

Das Bundesverfassungsgericht scheint zwar diese Prüfung implizit vorzunehmen, wenn es *unter besonderer Berücksichtigung der Umstände des konkreten Falles* behauptet, "das angegriffene Urteil des Bundessozialgerichts *genügt* jedoch *nicht* den Anforderungen aus Art. 2 Abs. 1 GG in Verbindung mit dem Sozialstaatsprinzip sowie aus Art. 2 Abs. 2 Satz 1 GG und verletzt den Beschwerdeführer in seinem Recht auf eine Leistungserbringung durch die gesetzliche Krankenversicherung, die dem Schutz seines Lebens gerecht wird." Dies kann aber besser innerhalb der Prüfung des überlegenen Mittels und in der Proportionalität i.e.S. geklärt werden.

2. Erforderlichkeit: Prüfung des überlegenen Mittels

Es geht um eine *Mittel-Mittel*-Komparation hinsichtlich des leistungsgrundrechtlichen Ziels (P1) und des kollidierenden staatlichen Ziels (P2). Die Frage lautet, ob es alternative Mittel[33] gibt, die das Grundrecht auf positive Handlung ausreichend und mehr

---

32 Z.B.: M sei geeignet; die Förderung des Zieles sei niedrig, mittel oder hoch. Diese Skala soll auch das Paar abstrakt/konkret und teilweise/vollständig berücksichtigen. Es kann noch präzisiert werde, wenn man quantitative, qualitative und epistemische Hinsichten hinzufügt; s. Clérico, L., Die Struktur, S. 36 ff, 78-85, 340.

33 Hier kommen alle Mittel in Betracht, die das Grundrecht auf Leistung mehr fördern als die gewählte unzureichende Handlung oder die Unterlassung, etwa die von den Beschwerdeführern aufgezeigten und die sonst in Fachkreisen diskutierten Alternativen. S. Clérico, L. Die Struktur, S. 78, 342. Vgl. die Diskussion zwischen Cremer, Die Verhältnismäßigkeitsprüfung bei der grundrechtlichen Schutz-

(besser) fördern als das von dem Staat gewählte Mittel und gleichzeitig kollidierende Ziele gleich (oder weniger) begrenzen.

a) Die alternativen Mittel sollen die Realisierung des Grundrechts (P1) besser fördern (und es gleichzeitig weniger beeinträchtigen) als das vorgegebene Mittel (M1: Unterlassung oder unzureichende/verfehlte Handlung), (interne Erforderlichkeitsprüfung[34] oder Prüfung des überlegenen Mittels im eigentlichen Sinne, d.h. aus der Perspektive der Grundrechte auf positive Handlung), aber

b) sie sollen hinreichend geeignet sein (genau an diesem Punkt ist das Maß der Wirksamkeit[35] der Mittel zu diskutieren);

c) die alternativen Mittel (M2, M3, M4, ... Mn) werden hinsichtlich des Grades der Beeinträchtigung der gegenläufigen Prinzipien (P2) im Vergleich zu dem vorgegebenen Mittel geprüft (externe Erforderlichkeitsprüfung oder Prüfung des milderen Mittels, d.h. aus der Perspektive der kollidierenden Ziele oder Grundrechte).

Um beim Beispiel der Kostenerstattung neuer Behandlungen zu bleiben: M1, d.h. § 135 Abs. 1 SGB V, ist zur Förderung das Grundrecht auf Gesundheit, d.h. in einer lebensbedrohlichen oder regelmäßig tödlichen Erkrankung, unzureichend. M1 ist ungeeignet zur Förderung von P1, da es kein geeignetes Verfahren ist, um zu prüfen, ob die Behandlung in irgendeiner Weise positive Wirkungen für die Gesundheit des Betroffenen in dem konkreten Fall hat. Deswegen ist es nicht überlegen im Vergleich zu dem alternativen Mittel (M2).

M2 ersetzt zwar nicht völlig das System von Verbot und Ausnahme, es fordert aber eine Prüfung der Wirksamkeit der Behandlungsmethode im Einzelfall unter einer flexiblen Perspektive.[36] M2 ist M1 überlegen, das Förderungsmaß von P1 kann als "hoch" eingeschätzt werden. M2 erlaubt, im konkreten Fall zu prüfen, ob die diskutierte Behandlung eine spürbare positive Einwirkung auf den Krankheitsverlauf hat. In bezug auf P2 kann M2 als gleich geeignet in Vergleich zu M1 angesehen werden. M2 schließt eine Prüfung der Wirkung der Behandlung, deren Kosten erstattet werden sollen, nicht aus. Insofern scheint M2 das staatliche Ziel P2 ("Sicherung der Qualität der Leistungserbrin-

pflicht, DÖV 2008, 107, und Borowski, M., Grundrechte als Prinzipien, Baden-Baden, 2. Auflage, 2007.

34 Vgl. Borowski, Grundrechte als Prinzipien, 2. Auflage, S. 198, 200, bei der Geeignetheitsprüfung ist dies die interne Seite, aber bei der Erforderlichkeitsprüfung die externe Seite.

35 Von dem Betroffenen wird erwartet, dass er die Umstände erklärt, die zusammen mit dem gewünschten Mittel ein ausreichendes Maß für die Förderung des Grundrechts (P1) ergeben; der Staat hat sozusagen die Argumentationslast, er soll erklären, weshalb sein Verhalten ausreichend ist. Callies, C., JZ 2006 (329), "Auf diese Weise können auch Teile des Schutzkonzepts auf ihre Wirksamkeit untersucht und im Falle mangelnder Effektivität als gegen das Untermaßverbot verstoßend angesehen werden".

36 "In derartigen Fällen" (d.h. in einer lebensbedrohlichen oder regelmäßig tödlichen Erkrankung) haben daher die im Streitfall vom Versicherten angerufenen Sozialgerichte zu prüfen, ob es für die vom Arzt nach gewissenhafter fachlicher Einschätzung vorgenommene oder von ihm beabsichtigte Behandlung ernsthafte Hinweise *auf einen nicht ganz entfernt liegenden Heilungserfolg oder auch nur auf eine spürbare positive Einwirkung auf den Krankheitsverlauf im konkreten Einzelfall* gebe. BVerfG, Beschluß vom 6.12.2005.

gung, im Interesse einer Gleichbehandlung der Versicherten und zum Zweck der Ausrichtung der Leistungen am Gesichtspunkt der Wirtschaftlichkeit") nicht stärker zu beeinträchtigen als M1. Das Förderungsmaß von P2 kann als "mittel" eingeschätzt werden. Diese Erforderlichkeitsprüfung kann nicht präziser vorgenommen werden. Das Bundesverfassungsgericht lässt, wie erwähnt, die Frage der (externen) Geeignetheit von M1 in bezug auf die Förderung des staatlichen Zieles offen.[37]

M3 ist die Alternative der Selbsthilfe: der Verweis auf eine Finanzierung der Behandlung außerhalb der gesetzlichen Krankenversicherung. M3 greift weniger intensiv in P2 ein. M3 wird als überlegenes Mittel von Anfang an ausgeschlossen. M3 fördert P1, das Grundrecht auf Gesundheit, nicht (d.h. es beeinträchtigt P1 schwer). Hier kommen zwei Argumente in Frage: ein zumutbarkeitsorientiertes Argument[38] und ein Argument über die Zugehörigkeit des Grundrechtsträgers zu einer Gruppe, die der Gesetzgeber besonders schützen wollte.[39]

---

37 Ein anderes Mittel wäre M4, d.h. eine Kostenerstattung ohne Prüfung der Wirksamkeit der Behandlungsmethode im Einzelfall. M4 ersetzt das System von Verbot und Ausnahme. M4 ermöglicht wie M2 ein hohes Maß an Gesundheitsschutz (gleichzeitig ist die Beeinträchtigungsintensität sehr niedrig oder leicht), aber greift in P2 intensiver ein als M2 und M1. Ein schwerer Eingriff in P2 ist nicht erforderlich, denn dasselbe Maß an Schutz der Gesundheit in dem konkreten Fall kann durch das Mittel M2 erreicht werden, das in P2 weniger intensiv eingreift als M4. Deswegen ist M4 weder überlegen noch milder.

38 Das *Zumutbarkeitsargument* sagt, man könne angesichts Art. 2 Abs. 1 GG (allgemeine Handlungsfreiheit) in Verbindung mit dem Sozialstaatsprinzip nicht "den Einzelnen unter bestimmten Voraussetzungen einer Versicherungspflicht in der gesetzlichen Krankenversicherung zu unterwerfen und für seine Beiträge die notwendige Krankheitsbehandlung gesetzlich zuzusagen, *ihn andererseits aber, wenn er an einer lebensbedrohlichen oder sogar regelmäßig tödlichen Erkrankung leidet*, für die schulmedizinische Behandlungsmethoden nicht vorliegen, *von der Leistung einer bestimmten Behandlungsmethode auszuschließen und ihn auf eine Finanzierung der Behandlung außerhalb der gesetzlichen Krankenversicherung zu verweisen*." ... *Damit geht der Gesetzgeber davon aus, dass den Versicherten regelmäßig erhebliche finanzielle Mittel für eine zusätzliche selbstständige Vorsorge im Krankheitsfall und insbesondere für die Beschaffung von notwendigen Leistungen der Krankenbehandlung außerhalb des Leistungssystems der gesetzlichen Krankenversicherung nicht zur Verfügung stehen.*" BVerfG, Beschluß vom 6.12.2005.

39 Das Argument besagt, dass die gesetzliche soziale Krankenversicherung nach der gesetzlichen Typisierung jedenfalls die Personengruppen (Beschäftigte mit mittleren und niedrigen Einkommen sowie Rentner) erfasst, die wegen ihrer niedrigen Einkünfte eines Schutzes für den Fall der Krankheit bedürfen, der durch Zwang zur Eigenvorsorge erreicht werden soll. Mit dieser Versicherungsform wird auch einkommensschwachen Bevölkerungsteilen ein voller Krankenversicherungsschutz zu moderaten Beiträgen ermöglicht, BVerfG, Beschluß vom 6.12.2005; vgl. BVerfGE 103, 172 (185); 102, 68 (89); 103, 172 (185).

Beeinträchtigungs-intensität P1	Förderungsmaß P1	Förderungsmittel	Förderungsmaß P2	Beeinträchtigungs-intensität P2
hoch	keine	M1	mittel	niedrig
keine	hoch	M2	mittel	niedrig
hoch	keine	M3	hoch	keine

Förderungsmaß: keine, niedrig, mittel, hoch, maximal
Beeinträchtigungsintensität: keine, niedrig, mittel, hoch, maximal

Die Rekonstruktion der Prüfung des überlegenen Mittels führt im vorliegenden Fall zu einer Entscheidung. Die Ablehnung der Kostenerstattung verletzt das Grundrecht auf Art. 2 I, 2 II in Verbindung mit Art 20 I GG. M2 ist der unzureichenden/verfehlten Handlung M1 überlegen. Dies Ergebnis ist in dem Fall einfach, da die Wichtigkeit der Förderung des staatlichen Ziels vom P2 von Anfang an relativiert wird. Wäre das nicht der Fall gewesen, führte die Frage zur Prüfung der Proportionalität i.e.S.

3. Die Proportionalitätsprüfung i.e.S.: vergleichende Abwägung zur Bestimmung des ausreichenden Maßes an Schutz/Leistung

Die Proportionalitätsprüfung i.e.S. im Sinne des Untermaßverbotes behandelt die Relation zwischen der Intensität und dem Gewicht der Ablehnung der Kostenerstattung (d.h. der Nicht-Realisierung des Grundrechts auf Leistung), der Wichtigkeit seiner Förderung durch eine positive Handlung, die wirksamer als die Unterlassung ist, einerseits, und den Gründen, die für die Verweigerung der Leistungsgewährung sprechen, andererseits. Dazu ist erforderlich:

A) hinsichtlich des Grundrechts auf Leistung die Bestimmung

a) des Grades oder der Intensität der Nichterfüllung des Grundrechts auf Leistung. In dem Beispiel ist sie sehr intensiv (hoch);

b) des Maßes der Förderung des Grundrechts auf Leistung. [Je niedriger das Maß der Förderung durch das eingesetzte Mittel ist und je mehr es durch alternative Mittel gefördert werden kann, desto wichtiger wird das Grundrecht auf Leistung und desto schwieriger kann seine Beeinträchtigung durch die Wichtigkeit einer weiteren Realisierung des kollidierenden Prinzips gerechtfertigt werden];

c) der Wichtigkeit der Förderung des Grundrechts auf Leistung innerhalb eines Zeitraumes, binnen dessen seine konkrete Realisierung geschehen soll (Dringlichkeitsargument); [40]

d) des abstrakten Gewichts des Grundrechts. Dies gilt insbesondere in Fällen der Be-

---

40   S. Arango, R., Der Begriff der sozialen Grundrechte, Baden-Baden, 2001, S. 226, 227, 238, 239; s. auch Alexy, R., Theorie der Grundrechte, S. 466, Borowski, M., Grundrechte als Prinzipien, 1. Auflage, S. 121, 172, 277, 280, 304-305, 314.

handlung einer lebensbedrohlichen oder regelmäßig tödlichen Erkrankung. Denn das Leben stellt einen Höchstwert innerhalb der grundgesetzlichen Ordnung dar;[41]

e) der Zugehörigkeit des Betroffenen zu einer Gruppe von Personen, die gemäß der Verfassung oder dem Gesetz durch positive staatlichen Handlungen zu schützen sind. In dem Beispiel: "die gesetzliche soziale Krankenversicherung erfasst nach der gesetzlichen Typisierung jedenfalls die Personengruppen (Beschäftigte mit mittleren und niedrigen Einkommen sowie Rentner), die wegen ihrer niedrigen Einkünfte eines Schutzes für den Fall der Krankheit bedürfen, der durch Zwang zur Eigenvorsorge erreicht werden soll. Mit dieser Versicherungsform wird auch einkommensschwachen Bevölkerungsteilen ein voller Krankenversicherungsschutz zu moderaten Beiträgen ermöglicht."[42]

B) die Bestimmung der Wichtigkeit der Erfüllung des kollidierenden Prinzips und

C) die Bestimmung, ob die Wichtigkeit der Erfüllung des kollidierenden Prinzips die Nichterfüllung des anderen rechtfertigen kann. Hier kommen zusätzliche Spezifizierungen der Abwägungsgesetze in Betracht.[43] In dem Beispiel: "Übernimmt der Staat mit dem System der gesetzlichen Krankenversicherung Verantwortung für Leben und körperliche Unversehrtheit der Versicherten, so gehört die Vorsorge in Fällen einer lebensbedrohlichen oder regelmäßig tödlichen Erkrankung unter den genannten Voraussetzungen zum Kernbereich der Leistungspflicht und der von Art. 2 II 1 GG geforderten Mindestversorgung".[44] D.h., "es bedarf daher *einer besonderen Rechtfertigung* vor Art. 2 I GG in Verbindung mit dem Sozialstaatsprinzip, wenn dem Versicherten Leistungen für die Behandlung einer Krankheit und insbesondere einer lebensbedrohlichen oder regelmäßig tödlichen Erkrankung durch gesetzliche Bestimmungen oder durch deren fachgerichtliche Auslegung und Anwendung vorenthalten werden."[45]

Kurzum: Das konkrete Gewicht der Verweigerung von Leistungsgewährung (P1) ist sehr hoch, da a) dem Leistungsrecht ein erhebliches abstraktes Gewicht zukommt wegen der engen Verbindung mit dem Grundrecht auf Leben; b) die Beeinträchtigungsintensität schwer ist, weil die Leistungsdefizite durch ein überlegenes Mittel vermieden werden können (d.h. M2); c) die Förderung durch M2 wichtig ist, weil der Betroffene auf die Leistung dringend angewiesen ist, d) der Betroffene zu einer Gruppe zugehört, die zu schützen ist (je mehr, desto weniger er zur Selbsthilfe in der Lage ist). Die Beeinträchtigungsintensität des staatlichen Ziels (P2) durch M2 scheint nicht besonders intensiv zu sein, entweder weil finanzielle Fragen kaum eine Rolle spielen, wenn es um

---

41 Vgl. BVerfGE 39, 1 (42); BVerfG, NJW 1999, 3399 (3401); BVerfG, NJW 2004, 3100 (3101); BVerfGE 53, 30 (65).
42 BVerfG, Beschluß vom 6.12.2005, vgl. BVerfGE 102, 68 (89); 103, 172 (185).
43 Dies ist durch eine progressive Interpretation des Abwägungsgesetzes zu erklären, die einen Unterschied macht zwischen einer extrem intensiven Beeinträchtigung und einer bloß intensiven.
44 BVerfG, Beschluß vom 6.12.2005.
45 Ebd.

menschliches Leben geht oder weil, was durch das staatliche Ziel erstrebt wird, durch die Prüfung der Wirksamkeit der Behandlungsmethode im Einzelfall unter einer flexiblen Perspektive erreicht wird. D.h. eine leichte Beeinträchtigungsintensität von P2 reicht nicht, die schwere Beeinträchtigungsintensität von P1 zu rechtfertigen. Eine Verletzung des Grundrechts auf Gesundheit liegt vor. Es ist geboten, ein ausreichendes Förderungsmaß mindestens durch M2 zu gewährleisten. In diesem Fall gebietet das Untermaßverbot die Einsetzung des notwendigen Mittels angesichts der Dringlichkeit der konkreten Situation des Betroffenen, d.h. *ein definitives Gebot mit einem eindeutig bestimmten Inhalt* (notwendiges Mittel).

4. Weitere vergleichende Abwägungen?

Das Problem des Untermaßverbots liegt nicht darin, dass nach der Prüfung der Verhältnismäßigkeit i.e.S. mehrere Mittel das Leistungsrecht hinreichend und angemessen fördern können. Das Problem ist vielmehr, das ausreichende Maß an Leistung zu bestimmen. Hingegen ist bei dem Übermaßverbot, wenn eine Handlung unverhältnismäßig ist, geboten, nichts zu tun. Die Pflicht ist erfüllt, wenn in etwas schon Existierendes nicht eingegriffen wird.[46]
Die Erfüllung des Untermaßverbots hat zwei Momente. Erstens die Änderung der unzureichenden oder verfehlten Handlung, zweitens die Vornahme einer ausreichenden Handlung. Was für eine Argumentation kommt hier in Betracht für die Bestimmung des ausreichenden Maßes? Es kommen vergleichende Abwägungen in Betracht. Das ausreichende Maß, das geboten ist, ist das Maß der Förderung des Leistungsrechts, in dem eine weitere Erfüllung möglich ist, obwohl das kollidierende Prinzip (durch das alternative Mittel) stärker beeinträchtigt wird, aber dieses Defizit durch die Wichtigkeit und das Gewicht des Leistungsrechts in dem konkreten Fall gerechtfertigt werden kann.
Dies schließt einen Mittelwahlspielraum nicht aus, solange das Grundrecht in ausreichendem Maß erfüllt wird. Es handelte sich dann um *ein definitives Gebot mit einem alternativen und jeweils ausreichenden Inhalt* (ausreichendes Mittel).

III. Schluß

Die Alternativitätsthese betont die Unterscheidung einer internen und einer externen Geeignetheitsprüfung und einer internen und externen Prüfung des überlegenen Mittels, dementsprechend ist die Bestimmung der Beeinträchtigung und der Förderungsintensität des Leistungsrechts wichtig.
Das Untermaßverbot ist in bezug auf zwei Gebote weiter zu entwickeln: a) ein definitives Gebot mit einem eindeutig bestimmten Inhalt (notwendiges Mittel) und b) ein definitives Gebot mit einem alternativen und jeweils ausreichenden Inhalt (ausreichendes Mittel).

---

46   Alexy, R., Theorie der Grundrechte, S. 466 ff.

Erforderlichkeitserwägungen kommen in der Prüfung des überlegenen Mittels und in der Verhältnismäßigkeitsprüfung i.e.S. zum Tragen, da aus der Bestimmung der Beeinträchtigungsintensität des Leistungsrechts nicht direkt auf das ausreichende Maß an Leistungsförderung geschlossen werden kann.

Eine weitere Entwicklung des Untermaßverbots in bezug auf Leistungsrechte - jenseits von Schutzrechten als die Kehrseite von Abwehrrechten - muss Berücksichtigungsgebote in den Blick nehmen, die *für das Gewicht* eines Prinzips sprechen, etwa: Dringlichkeitserwägungen, Ausschluß von Selbsthilfe wegen der Zugehörigkeit zu einer Gruppe, die besonderen Schutz durch Verfassung oder Gesetz benötigt, oder Zumutbarkeitserwägungen.

Soziale Grundrechte als Optimierungsgebote, ihre Subjektivierung und Justitiabilität: eine Untersuchung anhand von empirischen Prämissen

Virgílio Afonso da Silva

I. Problemstellung

Eine der meist diskutierten Fragen im Bereich der Grundrechte – insbesondere, wenn auch nicht ausschließlich in den Entwicklungsländern – ist die, wie soziale Grundrechte, also beispielsweise Rechte auf Gesundheit, Bildung und Wohnung, zu verwirklichen sind. Diese Debatte kann verschiedene Formen annehmen, die vom Streit über die Zurechnung oder Nichtzurechnung der sozialen Rechte zur Kategorie der Grundrechte[1] bis hin zur Kontroverse um ihre gerichtliche Durchsetzbarkeit reichen.[2] Darüber hinaus gibt es in diesem Bereich eine Reihe weiterer, sich gegenseitig überschneidender Kontroversen, wie diejenige in Bezug auf richterlichen Aktivismus und richterliche Zurückhaltung,[3] oder solche in Bezug auf die Unterscheidung zwischen negativen und positiven Pflichten.[4] Trotz der Bedeutung all dieser Debatten sind sie als solche nicht der Gegenstand dieser Arbeit.

In dieser Arbeit wird zwar – wie schon der Titel des Aufsatzes andeutet – das Problem der Justitiabilität der sozialen Grundrechte untersucht, allerdings wird die Untersuchung aus einer bestimmten theoretischen Perspektive vorgenommen, der Perspektive der Prinzipientheorie.

---

[1]   Zu dieser Debatte vgl. statt vieler Maurice Cranston, "Human Rights, Real and Supposed", in D. D. Raphael (Hg.), *Political Theory and the Rights of Man*, Bloomington: Indiana University Press, 1967, S. 43 ff., Henry Shue, *Basic Rights*, Princeton: Princeton University Press, 1980; und Thomas W. Pogge, "How Should Human Rights Be Conceived?", *Jahrbuch für Recht und Ethik* 3 (1995), S. 103 ff.

[2]   Für eine detaillierte Zusammenfassung dieser Debatte vgl. etwa Roberto Gargarella, Pilar Domingo & Theunis Roux, "Courts, Rights and Social Transformation: Concluding Reflections" in dies. (Hg.), *Courts and Social Transformation in New Democracies*, Aldershot: Ashgate, 2006, S. 255 ff. (2006) und Aoife Nolan, Bruce Porter & Malcolm Langford, "The Justiciability of Social and Economic Rights: An Updated Appraisal", *Center for Human Rights and Global Justice Working Paper* #15, New York, 2007.

[3]   Vgl. etwa Marius Pieterse, "Coming to Terms with Judicial Enforcement of Social Rights", *South African Journal on Human Rights* 20 (2004), S. 383 ff.

[4]   Vgl. etwa Charles Fried, *Right and Wrong*, Cambridge (Mass.): Harvard University Press, 1978, S. 110 ff., Henry Shue, *Basic Rights*, S. 35 ff., Philip Alston & Gerard Quinn, "The Nature and Scope of States Parties' Obligations under the International Covenant on Economic, Social and Cultural Rights", *Human Rights Quarterly* 9 (1987), S. 156 ff., Stephen Holmes & Cass Sunstein, *The Cost of Rights*, New York: Norton, 1999, S. 35 ff., Victor Abramovich & Christian Courtis, *Los derechos sociales como derechos exigibles*, Madrid: Trotta, 2002, S. 21 ff.

Einer der entscheidenden Punkte der Prinzipientheorie ist zweifelsohne die Charakterisierung der Grundrechte als Optimierungsgebote.[5] Dabei liegt der Arbeit die Prämisse zugrunde, dass solche Rechte wie die auf Bildung, Fürsorge, Arbeit oder Wohnung Grundrechte und damit Optimierungsgebote sind.[6] Damit besteht ein erster Hauptgegenstand dieses Aufsatzes darin, einige der Folgen der Charakterisierung des Rechts auf Gesundheit als Optimierungsgebot zu analysieren.

Ein zweiter Hauptgegenstand dieses Aufsatzes besteht darin, die Folgen eines weiteren zentralen Merkmals der Prinzipientheorie – der Subjektivierungsthese – auf den Streit um die Justitiabilität der sozialen Grundrechte zu untersuchen. Von besonderem Interesse ist es hier, die Folgen der Annahme eines der wichtigsten Argumente für die Subjektivierungsthese – nämlich des *Grundrechtsindividualismus* – auf die gerichtliche Durchsetzbarkeit der sozialen Grundrechte zu untersuchen.

Die oben skizzierte Analyse wird im Verlauf dieser Arbeit in folgenden Schritten entwickelt: In den nächsten Abschnitten (II. und III.) werden die für die vorliegende Arbeit wichtigsten Begriffe aus dem Lager der Prinzipientheorie untersucht (nämlich das Optimierungsgebot, die Subjektivierungsthese und der ihr zugrunde liegende Grundrechtsindividualismus). Im Abschnitt IV. wird kurz die Bedeutung der empirischen Dogmatik für diesen Aufsatz erörtert. Die Spannung zwischen individueller und kollektiver Realisierung der sozialen Grundrechte wird in den Abschnitten V. und VI. dargestellt, um sie dann im Abschnitt VII. anhand von empirischen Daten zu verdeutlichen. Der darauf folgende Abschnitt (VIII.) versucht, mit Hilfe der Begriffe der Gleichheit und der Universalisierbarkeit eine Verbindung zwischen Optimierung und Konsequentialismus herzustellen. Darauf folgen schließlich die Schlussbemerkungen (IX.).

II. Grundrechte als Optimierungsgebote

Als zentrale Idee der Prinzipientheorie ist der Begriff des Optimierungsgebots wohl bekannt. Er besagt, dass „Prinzipien Normen sind, die gebieten, daß etwas in einem relativ auf die rechtlichen und tatsächlichen Möglichkeiten möglichst hohen Maße realisiert wird".[7] Von besonderem Interesse ist die Feststellung, dass Prinzipien in unterschiedlichen Graden erfüllt werden können, und dass der gebotene Erfüllungsgrad von der Berücksichtigung sowohl der tatsächlichen Möglichkeiten, als auch der gegenläufigen Prinzipien und Regeln abhängt.[8]

Dies hat zur Folge, dass Grundrechte als Prinzipien – und daher als Optimierungsgebote – notwendigerweise *einschränkbare Rechte* sind,[9] weil ihre vollkommene Realisierung

---

5   Vgl. Robert Alexy, *Theorie der Grundrechte*, 2. Aufl., Frankfurt am Main: Suhrkamp, 1994, S. 75 ff.

6   Für eine ausführliche Analyse der Argumente für die Zurechnung der sozialen Rechte zu den Grundrechten vgl. statt vieler Robert Alexy, *Theorie der Grundrechte* (Fn. 5), S. 454 ff. und Rodolfo Arango, *Der Begriff der sozialen Grundrechte*, Baden-Baden: Nomos, 2001.

7   Robert Alexy, *Theorie der Grundrechte* (Fn. 5), S. 75.

8   Vgl. Robert Alexy, *Theorie der Grundrechte* (Fn. 5), S. 76.

9   Vgl. Robert Alexy, *Theorie der Grundrechte* (Fn. 5), S. 249 ff., 406, und vor allem 468.

immer von den tatsächlichen und rechtlichen Bedingungen abhängt. Man sollte sich diese Feststellung immer vor Augen halten, denn bei vielen Auseinandersetzungen um die gerichtliche Durchsetzbarkeit von sozialen Grundrechten drängt sich oft der Eindruck auf, dass die Realisierung dieser Rechte keinerlei Einschränkungen unterliegen darf, unabhängig davon, ob es nun faktische oder rechtliche Einschränkungen sind.

III. Die Subjektivierungsthese

Einer der umstrittenen Punkte in der Diskussion über den objektiven Gehalt der Grundrechte ist die Frage danach, ob und inwiefern „die objektive Dimension rein objektiv bleiben soll, also ob den in dieser Dimension entstehenden Pflichten des Staates keine subjektiven Rechte korrespondieren".[10] In dieser Diskussion steht die Subjektivierungsthese für die Auffassung, dass „[...] jeder bindenden grundrechtlichen Pflicht des Staates grundsätzlich Grundrechte in Gestalt subjektiver Rechte korrespondieren".[11] In einer anderen Arbeit habe ich – in Anlehnung an Alexys Thesen – diese Korrespondenz zwischen den Pflichten des Staats und den subjektiven Rechten des Einzelnen mit Hilfe von zwei Hauptargumenten verteidigt: dem *Grundrechtsindividualismus* und der *Grundrechtsoptimierung*.[12]

1. Grundrechtsindividualismus

Das Argument des Grundrechtsindividualismus kann als teleologisches Argument betrachtet werden. Die Grundrechte – einschließlich der sozialen Grundrechte – sind ihrem Zweck und ihrem Grund nach dazu bestimmt, den Einzelnen zu schützen und nicht eine bloß objektive Ordnung zu bilden. Wie es die ständige Rechtsprechung des Bundesverfassungsgerichts zum Ausdruck bringt, besteht die Funktion der Grundrechte darin, diesen Schutz zu verstärken, nicht zu schwächen.[13] Es ist nicht zu bestreiten, dass die Subjektivierung des objektiven Gehalts diesen Schutz des Einzelnen in höherem Maße

10 Virgílio Afonso da Silva, *Grundrechte und gesetzgeberische Spielräume*, Baden-Baden: Nomos, 2003, S. 29. Vgl. auch Klaus Stern, *Das Staatsrecht der Bundesrepublik Deutschland*, III/1, München: Beck, 1988, § 69, VI, S. 978.

11 Robert Alexy, "Grundrechte als subjektive Rechte und als objektive Normen", in ders., *Recht, Vernunft, Diskurs*, Frankfurt am Main: Suhrkamp, 1995, S. 277. Vgl. ferner Gerhard Robbers, *Sicherheit als Menschenrecht*, Baden-Baden: Nomos, 1987, S. 150; Jürgen Schwabe, *Probleme der Grundrechtsdogmatik*, 2. Aufl., Hamburg, 1997, S. 207.

12 Virgílio Afonso da Silva, *Grundrechte und gesetzgeberische Spielräume* (Fn. 10), S. 33 ff. Die Diskussion der beiden hier behandelten Begriffe folgt eng dem Text der zitierten Arbeit.

13 Vgl. etwa BVerfGE 7, 198 (205); BVerfGE 6, 55 (72); 6, 386 (388); 10, 59 (81); 12, 205 (259); 20, 162 (175); 21, 362 (371 f.); 24, 367 (389); 25, 256 (263); 30, 173 (188 ff.); 33, 303 (330 f.); 50, 290 (337); NJW 1973, 1221 (1226); 1973, 1176 (1177). Vgl. auch Hermann von Mangoldt & Friedrich Klein, *Das Bonner Grundgesetz*, 2. Aufl., Frankfurt am Main: Vahlen, 1966, Vorbemerkung B III 4 vor Art. 1, S. 93.

verstärkt, als die Annahme von bloß objektiven Normen. Daraus folgt, daß der Zweck der Grundrechte für die Subjektivierungsthese spricht.[14]

2. Grundrechtsoptimierung

Das Argument der Grundrechtsoptimierung bezieht sich auf den bereits oben erwähnten Prinzipiencharakter der Grundrechte. Wenn Grundrechte Prinzipien sind, dann verlangen sie, relativ auf die tatsächlichen und die rechtlichen Möglichkeiten in möglichst hohem Maße realisiert zu werden.[15] Geht man davon aus, dass die sozialen Grundrechte durch bloß objektive Normen statuiert werden, dann weisen die staatlichen Verpflichtungen einen nicht-relationalen Charakter auf.[16] Dies entspricht jedoch nicht dem Prinzipiencharakter von Grundrechten. Wenn man den Ausdruck „in möglichst hohem Maße" ernst nimmt, muss man sich damit einverstanden erklären, dass „die Zuerkennung subjektiver Rechte ein höheres Maß an Realisierung bedeutet als die Statuierung bloß objektiver Gebote."[17] Um dem Optimierungscharakter der Grundrechte gerecht zu werden, müsste man daher von relationalen Verpflichtungen des Staates ausgehen.[18]

Damit ist jedoch nicht gesagt, dass jede objektive Pflicht immer subjektiviert werden kann. Es gilt lediglich ein Optimierungsgebot in dem Sinne, dass die Subjektivierung und die gerichtliche Durchsetzbarkeit *prima facie* geboten sind. Doch ungünstige tatsächliche und rechtliche Möglichkeiten können diese Durchsetzbarkeit in *Ausnahmefällen* durchaus verhindern.

Was hier u.a. gezeigt wird, ist, dass diese Ausnahmefälle in ungleichen Gesellschaften keine wirklichen Ausnahmefälle sind. Es kann durchaus der Fall sein, dass diese Subjektivierung (oder mindestens eine seiner wichtigen Folgen, nämlich die gerichtliche Durchsetzbarkeit der Rechte, auf die sie sich bezieht) in diesen Gesellschaften oft zu *nicht-optimierten Ergebnissen* führen kann. Da aber die Subjektivierungsthese sich u.a. auf die Idee der Grundrechtsoptimierung stützt, ist es nicht anzunehmen, dass eine der Folgen dieser Subjektivierung (die gerichtliche Durchsetzbarkeit eines Grundrechts) in manchen Fällen zu nicht-optimierten Ergebnissen führt. Dies wäre ein Widerspruch. Die These hier lautet daher, dass immer dann, wenn die gerichtliche Durchsetzbarkeit eines Grundrechts ein nicht-optimiertes Ergebnis impliziert, diese Durchsetzbarkeit als inkompatibel mit dem Optimierungscharakter der Grundrechte zu betrachten und daher abzulehnen ist.

Ich erachte es ferner für wichtig, der Analyse voraus zu schicken, dass es nicht meine Intention ist, die Richtigkeit oder die Geltung der Grundrechtsoptimierung und der Subjektivierungsthese in Frage zu stellen. Im Gegenteil: sie sind eine allgemeine

---

14 Vgl. Robert Alexy, "Grundrechte als subjektive Rechte und als objektive Normen" (Fn. 11), S. 278.
15 Vgl. Robert Alexy, *Theorie der Grundrechte* (Fn. 5), S. 75.
16 Ebd., S. 186.
17 Ebd., S. 414.
18 „*RabG*" drückt „*a* hat gegenüber *b* ein Recht auf *G*" aus, während „*ObG*" bloß die Pflicht von *b* (hier des Staates), *G* zu tun, ausdrückt.

Voraussetzung meiner Analyse. Was ich hier analysieren will, ist, inwieweit diese Ideen eine *uneingeschränkte individualistische* gerichtliche Durchsetzbarkeit der sozialen Grundrechte begründen können. Meine These lautet hier also, dass unter manchen Bedingungen (die teilweise genau die Bedingungen sind, die in den Ländern der Peripherie herrschen) eines der möglichen Verständnisse des Begriffs der Optimierung der sozialen Grundrechte (genau dasjenige, das mit einer uneingeschränkten individuellen Durchsetzbarkeit dieser Rechte verbunden ist) fast immer zu unbefriedigenden Ergebnissen führt, und dass der Grundrechtsindividualismus, der der Subjektivierungsthese zugrunde liegt, dieses Szenario oft noch verschlimmert.

IV. Die empirische Dimension der Rechtsdogmatik

Wie der Untertitel dieser Arbeit bereits andeutet, wird das oben angesprochene Problem des möglichen nicht-optimierten Ergebnisses einer uneingeschränkten individualistischen Justitiabilität der sozialen Grundrechte anhand von empirischen Daten untersucht. Somit will ich also die Thematik der sozialen Grundrechte im Lichte einer bestimmten Dimension der Rechtsdogmatik behandeln: der empirischen Dimension. Alexy zufolge kann

> „[v]on einer *empirischen* Dimension der Rechtsdogmatik [...] in einer zweifachen Bedeutung gesprochen werden: erstens im Hinblick auf die Erkenntnis des positiv geltenden Rechts und zweitens im Hinblick auf die Verwendung empirischer Prämissen in der juristischen Argumentation, etwa im Rahmen von Folgenargumenten".[19]

Die hier vorgenommene Untersuchung entspricht der zweiten Bedeutung der empirischen Dimension der Rechtsdogmatik.

V. Die kollektive Natur der Realisierung von sozialen Grundrechten

Die wohl wichtigsten sozialen Grundrechte in denjenigen Verfassungen, die solche Rechte ausdrücklich vorsehen, sind die Rechte auf Gesundheit und auf Bildung. Im Gegensatz zu dem, was Abwehrrechte in der Regel verlangen – nämlich ein Unterlassen – verlangen die sozialen Grundrechte in der Regel ein positives Handeln des Staates, um verwirklicht zu werden. Diese Unterscheidung reicht jedoch nicht aus, um die unterschiedlichen Arten und Weisen der Realisierung dieser Rechte zu erklären. Also ist hier nicht die bloße Unterscheidung zwischen Tun und Unterlassen von Interesse. Dies aus zwei Gründen: (1) weil sie nicht ausreicht, um Freiheiten von sozialen Grundrechten zu unterscheiden, denn auch die ersteren können ein positives Tun verlangen;[20] und (2)

19 Robert Alexy, *Theorie der Grundrechte* (Fn. 5), S. 23-24.
20 Vgl. etwa Virgílio Afonso da Silva, "The Limits of Constitutional Law: Public Policies and the Constitution", in Gilles Tarabout & Ranabir Samaddar (Hg.), *Conflict, Power, and the Landscape of Constitutionalism*, New Delhi / London: Routledge, 2007, S. 171; Victor Abramovich & Christian Courtis, *Los derechos sociales como derechos exigibles* (Fn. 4), S. 23.

weil die Notwendigkeit staatlicher Handlung nur partiell die Forderungen beschreibt, die die sozialen Grundrechte an den Staat stellen.

Wichtiger als die bloße Feststellung, dass ein positives Tun verlangt wird, ist daher die Analyse dessen, wie diese staatliche Handlung durchzuführen sei. Meine erste These hierzu lautet: Soziale Grundrechte können nur kollektiv realisiert werden. Es gibt meines Erachtens keine nennenswerte Erfahrung einer erfolgreichen Realisierung von sozialen Grundrechten, die dadurch charakterisiert wäre, dass sie individuell und fragmentarisch ist. Es sei aber vorweg hervorgehoben, dass der Hinweis auf eine notwendig kollektive Realisierung der sozialen Grundrechte die Frage ihrer Trägerschaft nicht berührt. Für die Begründung dieser These (der notwendigen kollektiven Realisierung von Grundrechten) ist es daher nicht entscheidend, vorher zu bestimmen, ob soziale Grundrechte individuelle oder kollektive Rechte sind. Selbst wenn man davon ausgeht, dass soziale Grundrechte individuelle Rechte sind – und hier wird davon ausgegangen –, bleibt ihre Realisierung kollektiv.

Wenn man von einem Recht auf Gesundheit oder von einem Recht auf Bildung spricht, kommt keine individuelle Art ihrer Realisierung in Betracht. Ein Recht auf Bildung wird etwa durch den Bau von Schulen, die Anstellung von Lehrern, die Entscheidung für ein bestimmtes pädagogisches Projekt o.ä. durchgesetzt. Ein Recht auf Gesundheit wird etwa durch den Bau von Krankenhäusern, die Anstellung von Ärzten, den Erwerb von medizinischen Apparaten und Geräten, den Kauf von Arzneimitteln o.ä. durchgesetzt.

So sehr das Ergebnis all dieser staatlichen Handlungen individuell genossen werden kann (etwa durch diejenigen, die eine bestimmte Schule oder ein bestimmtes Krankenhaus besuchen), beruht die Planung und Durchführung all dieser Handlungen (einschließlich der Prioritätssetzungen in jedem Bereich) auf kollektiven Kriterien, beispielsweise wie und wo die öffentlichen Gelder investiert werden sollen, wie viele Personen in einem bestimmten Krankenhaus behandelt werden können, wie viele Schüler pro Schulklasse zugelassen werden sollen, wo ein neues Krankenhaus gebaut werden soll, welche Arzneimittel kostenlos zur Verfügung stehen sollen usw.[21] Ungeachtet dessen also, dass Grundrechte (einschließlich der sozialen Grundrechte) Positionen des Einzelnen sind, „die so wichtig sind, daß ihre Gewährung oder Nichtgewährung nicht der einfachen parlamentarischen Mehrheit überlassen werden kann",[22] sind die Entscheidungen über die Art und Weise, wie sie realisiert werden, notwendigerweise eine Frage, die anhand von Erwägungen kollektiver Natur zu beantworten ist. Dabei haben die politischen Gewalten (Exekutive und Legislative) Vorrang.

Dies aber nicht nur Aufgrund eines Mittelwahlspielraums. Mit anderen Worten: hier geht es nicht nur darum, dass für die Realisierung eines Zwecks unterschiedliche Mittel vorhanden sind, und dass – aufgrund seiner demokratischen Legitimation – die Auswahl

---

21 Dies ist keine Exklusivität der sozialen Grundrechte. Die Rechte auf positive Leistungen folgen in der Regel diesem Schema. D.h., dass selbst bei den Freiheitsrechten mindestens ihre leistungsrechtliche Dimension immer kollektiv verwirklicht wird. Man braucht nur an die Rechte auf Organisation und Verfahren zu denken.

22 Robert Alexy, *Theorie der Grundrechte* (Fn. 5), S. 406.

vom Gesetzgeber getroffen werden muss. Die Gründe hierfür gehen über die Legitimitätsfrage hinaus. Die Forderung nach einer primär politischen Entscheidung im Bereich der sozialen Grundrechte rechtfertigt sich dadurch, dass die Rechtsprechung in der Regel nicht in der Lage ist, die erwähnte kollektive Realisierung durchzuführen. Es ist aber hervorzuheben, dass die „Forderung nach einer politischen Entscheidung im Bereich der sozialen Grundrechte" nicht der „Forderung nach einem Unterlassen der Judikative" gleichzustellen ist. Die letztere würde dazu führen, dass alle möglichen Entscheidungen im Bereich der sozialen Grundrechte ausschließlich in den Händen des Gesetzgebers bleiben würden, was wiederum einer wichtigen – und oben bereits angeführten – Prämisse der Prinzipientheorie zuwiderlaufen würde, nämlich derjenigen, dass Grundrechte Positionen des Einzelnen sind, die so wichtig sind, dass ihre Gewährung oder Nichtgewährung nicht der einfachen parlamentarischen Mehrheit überlassen werden kann. Was hier hervorgehoben werden soll, ist die Tatsache, dass eine effektive soziale Politik mittels einer *uneingeschränkten individualistischen* Justitiabilität der sozialen Grundrechte nicht möglich ist.[23]

VI. Soziale Politik durch individuelle Klagen

An dieser Stelle drängt sich die Frage auf, weshalb die individuelle Durchsetzbarkeit der sozialen Grundrechte nicht dazu führen kann, eine effektive soziale Politik zu gestalten. Der wichtigste Grund hierfür ist, dass der Erfolg einer individuellen gerichtlichen Klage im Bereich der sozialen Grundrechte oft lediglich eine Umverteilung von öffentlichen Mitteln zugunsten einer einzigen Person und zulasten der Kollektivität darstellt. Darüber hinaus – und wiederum insbesondere in ungleichen Gesellschaften – kann das Ergebnis einer uneingeschränkten individualistischen Justitiabilität der sozialen Grundrechte statt einer Milderung eine Verstärkung der bereits vorhandenen Ungleichheiten bedeuten.

Ein einfaches Beispiel – das weiter unten durch empirische Daten fundiert wird – kann diese unbeabsichtigten Folgen verdeutlichen. Nehmen wir an, dass der staatliche Haushalt eine monatliche Ausgabe von € 10.000.000 für den Kauf von Arzneimitteln gegen Arthritis vorsieht. Nehmen wir auch an, dass die Statistik zeigt, dass 10.000 Personen diese Art von Arzneimitteln brauchen (aber kein Geld haben, um sie selbst zu kaufen). Der Staat ist damit in der Lage – wenn er alle Bedürftigen erreichen will – Arzneimittel zu kaufen, die monatlich pro Person höchstens € 1.000 kosten.

Nehmen wir aber außerdem an, dass man mit € 1.000 im Monat nicht die besten Arzneimittel gegen Arthritis kaufen kann, die auf dem Markt zu finden sind. Falls 200 Personen individuell vor Gericht klagen, um bessere (und wirksamere) Arzneimittel zu ver-

---

23 Gegen eine uneingeschränkte individualistische Justitiabilität der sozialen Grundrechte zu plädieren heißt daher nicht, dass für die Judikative in diesem Bereich kein Raum übrig bleibt. Es ist jedoch nicht der Zweck dieses Aufsatzes, Kriterien für die Bestimmung der Grenzen dieses Raums zu entwickeln. Hier geht es um etwas Bescheideneres, nämlich zu zeigen, dass es zu nicht-optimierten Ergebnissen führen kann, wenn der Akzent auf die individuelle gerichtliche Durchsetzbarkeit gesetzt wird.

langen, diese aber € 2.500 im Monat kosten würden, würde dies, falls diese Klagen erfolgreich sind, dazu führen, dass entweder 500 Personen von der Arzneimittelverteilung ausgeschlossen werden müssten, oder dass Mittel von anderen Gesundheitsprogrammen umgeleitet werden müssten. Im ersten Fall findet eine klare ungerechte Umverteilung statt, denn das einzige vorhandene Kriterium für diese Umverteilung ist der erfolgreiche (und möglichst frühzeitige) Zugang zur Gerichtsbarkeit. Wie noch zu zeigen wird, kann dieses Kriterium leicht dazu führen, dass die Umverteilung zugunsten der besser Informierten und besser Verdienenden stattfindet. Im zweiten Fall findet lediglich eine Verlagerung des Problems statt, denn die von den gerichtlichen Entscheidungen verursachten zusätzlichen Kosten werden mit Mitteln anderer Gesundheitsprogramme gedeckt, welche dadurch defizitär werden.

Diese einfache mathematische Rechnung – die trotz ihrer Einfachheit ziemlich genau die individuelle Umverteilung von Mitteln im Bereich der Realisierung der sozialen Grundrechte darstellt[24] – scheint meines Erachtens zu zeigen, dass eine Anwendung der Idee des Grundrechtsindividualismus im Bereich der sozialen Grundrechte zumindest problematisch ist.

In diesem Bereich neigt jede Form von Individualismus zu negativen Auswirkungen. Erstens, weil die gesamte Realisierung der sozialen Grundrechte beeinträchtigt wird, denn je mehr öffentliche Mittel für die Befriedigung individueller Forderungen aufgewendet werden, desto weniger bleibt für kollektive soziale Politik. Zweitens, weil sich dies auch in der individuellen Perspektive negativ auswirkt, denn eine Senkung der Investitionskapazitäten – die unausweichliche Folge jeder erfolgreichen individuellen Klage vor den Gerichten – führt dazu, dass soziale Politik einer geringeren Anzahl von Individuen zuteil wird, und dass weniger Individuen ihre sozialen Grundrechte ohne Hilfe der Rechtsprechung in Anspruch nehmen können.

Die einzige mögliche Rettung für die Idee des Grundrechtsindividualismus und für die Idee der uneingeschränkten individuellen Justitiabilität im Bereich der sozialen Grundrechte wäre eine sozialgerechtere gerichtliche Verteilung der knappen Mittel. Falls die Gerichte in der Lage wären, diese oben dargestellte Umverteilung von öffentlichen Mitteln sozialgerechter zu gestalten, dann gäbe es möglicherweise Platz für einen Grundrechtsindividualismus im Bereich der sozialen Grundrechte.

An dieser Stellen drängen sich zwei Fragen auf: (1) Was bedeutet eine sozialgerechtere Umverteilung? (2) Wie könnten gerichtliche Entscheidungen diese sozialgerechtere Umverteilung fördern? Die Antwort auf die erste Frage könnte lauten, dass eine sozialgerechtere Umverteilung eine solche Umverteilung wäre, die denjenigen den Vorrang einräumen würde, die finanziell schlechter gestellt sind. Dies aus einem einfachen Grund: soziale Grundrechte sind „Rechte des einzelnen gegenüber dem Staat auf etwas, was der einzelne, verfügte er nur über hinreichende finanzielle Mittel und fände sich auf

---

24 Denn hier gilt uneingeschränkt der Gedanke „Jede Ungleichverteilung [heißt], einer bekommt weniger, der andere mehr". Vgl. dazu Stefan Gosepath, "Zu Begründungen sozialer Menschenrechte", in Stefan Gosepath & Georg Lohmann (Hg.), *Philosophie der Menschenrechte*, Frankfurt am Main: Suhrkamp, 1998, S. 174.

dem Markt ein hinreichendes Angebot, auch von Privaten erhalten könnte".[25] Anders ausgedrückt besteht die Funktion dieser Rechte darin, die finanziellen Schwächen der Einzelnen auszugleichen.[26] Wenn einige bedürftiger sind als andere, und wenn es nicht genug für alle gibt, dann steht – wenn man sozialgerecht sein will – denjenigen, die bedürftiger sind, mehr zu.

Im vorher erwähnten Beispiel würde die Antwort auf die zweite Frage dann lauten, dass eine sozialgerechtere Umverteilung der öffentlichen Mittel dann stattfinden würde, wenn die 200 Personen, die aufgrund von gerichtlichen Entscheidungen bessere Arzneimittel bekämen, die ärmeren 200 wären, wenn die 500 Personen, die aus der Arzneimittelverteilung ausgeschlossen werden, zu den Reicheren gehörten, und wenn alle anderen, die sich in der gleichen Situation der 200 ärmeren befinden, die gleichen Arzneimittel bekommen würden. Dass dies aber nicht immer der Fall ist, kann anhand von empirischen Daten gezeigt werden.

VII. Empirische Daten

Eine vor kurzem in São Paulo durchgeführte empirische Untersuchung[27] hat gezeigt, dass die Rechtsprechung – im Gegensatz zu einer verbreiteten Auffassung – selten als eine institutionelle Alternative für die ärmeren Bevölkerungsschichten fungiert.[28] Das Ergebnis deutet eher darauf hin, dass die von gerichtlichen Entscheidungen verursachten Umverteilungen von öffentlichen Mitteln eher dazu neigen, die Konzentration der öffentlichen Güter bei den Wohlhabendsten zu vergrößern.[29]

In den folgenden Abschnitten werden die Methodologie und die wichtigsten Ergebnisse der Untersuchung, ihr prozessrechtlicher Hintergrund sowie das brasilianische Gesundheitssystem dargestellt.

1. Die Untersuchung

In unserer Untersuchung ging es darum, das sozioökonomische Profil von denjenigen herauszufinden, die in der Stadt São Paulo aufgrund einer erfolgreichen gerichtlichen Klage ein bestimmtes Arzneimittel von der öffentlichen Gewalt bekommen. Es gab

---

25 Robert Alexy, *Theorie der Grundrechte* (Fn. 5), S. 454.
26 Oder ein nicht hinreichendes Angebot auf dem Markt zu kompensieren.
27 Die Untersuchung wurde von Fernanda Vargas Terrazas unter meiner Betreuung durchgeführt.
28 Damit ist hier nicht gemeint, dass die Judikative auf keinen Fall in der Lage ist, die Funktion einer institutionellen Alternative für die ärmeren Bevölkerungsschichten zu erfüllen. Der Zweck ist hier bescheidener (aber nicht weniger wichtig). Das Ziel dieses Aufsatzes ist es u.a. bloß, jenes Verständnis in Frage zu stellen, dem zufolge alle gerichtlichen Entscheidungen, die den Zugang zu bestimmten, ohne sie unzugänglichen Gütern – wie Arzneimitteln – bewilligen, ohne weiteres als eine gute und gerechte Form der Realisierung von sozialen Grundrechten betrachtet werden.
29 Das gesamte Ergebnis dieser Untersuchung befindet sich noch im Erscheinen. Für eine ähnliche Untersuchung mit ähnlichen Ergebnissen vgl. Fabiola Sulpino Vieirea & Paola Zucchi, "Distorções causadas pelas ações judiciais à política de medicamentos no Brasil", *Revista de Saúde Pública* 41 (2007), S. 214 ff.

verschiedene Möglichkeiten, um die notwendigen Daten einzuholen. Wir begannen mit einer Analyse der gerichtlichen Akten beim Landgericht São Paulo, stellten jedoch bald fest, dass wir daraus keine ausreichende Informationen für unsere Zweck entnehmen konnten.

Daher haben wir uns entschieden, direkte Befragungen der Begünstigten dieser gerichtlichen Entscheidungen durchzuführen. Die von uns gesuchten Informationen – vor allem über Einkommen und Bildung – konnten nur durch direkte Befragung eingeholt werden. Diese direkte Befragung war nur möglich dank der Existenz eines einzelnen Orts, den alle Begünstigten gerichtlicher Entscheidungen, in denen über Arzneimittel entschieden wurde, ein Mal monatlich aufsuchen mussten. Die Befragungen wurden während eines ganzen Monats durchgeführt (vom 27. März bis zum 26. April 2007). Da jeder der Begünstigten genau einmal im Monat seine Arzneimittel abholen musste, war das Anfangsdatum der Befragungen irrelevant.

Mit einer Stichprobe von 160 Personen aus einer Population von 3.652 hat die Untersuchung ein Signifikanzniveau von 95% und eine Fehlergrenze von etwa 7,5% erreicht.[30] Es ist mir bewusst, dass die Bestimmung der Größe der Stichprobe, des Signifikanzniveaus, und der Fehlergrenze zumindest seit Fischer[31] ein sehr umstrittenes Thema ist. Ich habe nicht vor, mich hier an dieser Diskussion zu beteiligen.[32] Es ist an dieser Stelle nicht sinnvoll, sich damit auseinander zu setzen, ob die Fehlergrenze 5% statt 7,5% sein sollte, oder ob die Größe der Stichprobe und das Signifikanzniveau in den Geisteswissenschaften dieselben Vergleichswerte wie in anderen Wissenschaften aufweisen müssen.[33] Obwohl die Akzeptanz der Untersuchungsergebnisse in Abhängigkeit von den statistischen Anforderungen derer, die sie lesen, variieren kann, scheint es mir, dass die Aussagekraft durch einen Unterschied von 2,5% nicht wesentlich benachteiligt ist.

---

30 Um diese Werte zu berechnen, wurde die folgende Formel zur Bestimmung der Stichprobe angewandt:

$$n' = \frac{Z_\alpha^2[p(1-p)]N}{Z_\alpha^2[p(1-p)] + (N-1)I_c^2}$$

(wobei N = Größe der Population; n' = Größe der Stichprobe; a = Signifikanzniveau; I_c = Fehlergrenze; Z_a = der Wert von Z für den Konfidenzkoeffizient; p = geschätzter Anteil in der Population (0,5 für den ungünstigster Fall, d.h., eine 50-50 Aufteilung).

31 Vgl. R. A. Fisher, "The Logic of Inductive Inference", *Journal of the Royal Statistical Society* 98 (1935), S. 39 ff.

32 Vgl. dazu Jeff Gill, "The Insignificance of Null Hypothesis Significance Testing", *Political Research Quarterly* 52 (1999), S. 647 ff.; Ralph L. Rosnow & Robert Rosenthal, "Statistical Procedures and the Justification of Knowledge in Psychological Science", *American Psychologist* 44 (1989), S. 1276 ff.; James O. Berger, "Could Fisher, Jeffreys and Neyman Have Agreed on Testing?", *Statistical Science* 18 (2003), S. 1 ff.

33 Vgl. dazu Jeff Gill, "The Insignificance of Null Hypothesis Significance Testing" (Fn. 32), S. 657; John E. Hunter, "Needed: A Ban on the Significance Test", *Psychological Science* 8 (1997), S. 3 ff.; und Jacob Cohen, "The Earth is Round ($p < .05$)", *American Psychologist* 12 (1994), S. 997.

2. Das Gesundheitswesen in Brasilien

Die brasilianische Verfassung hat das sog. *Einheitliche Gesundheitssystem* (SUS - Sistema Único de Saúde) geschaffen. Dieses öffentliche System hat zur Aufgabe, die gesamte Bevölkerung kostenfrei zu versorgen, unabhängig davon, ob man eine Krankenversicherung hat oder nicht. Dies bedeutet, dass jeder in Brasilien freien Zugang zu öffentlichen Krankenhäusern besitzt. Dies heißt aber nicht, dass es kein privates Gesundheitssystem gibt. Die brasilianische Verfassung hat private Krankenhäuser nicht abgeschafft. Beide Systeme koexistieren.

Darüber hinaus bietet das öffentliche Gesundheitssystem ein Programm zur kostenlosen Verteilung von Arzneimitteln. Das Programm garantiert einem jeden einen Anspruch auf kostenlose Arzneimittel, vorausgesetzt, diese sind in der vom Gesundheitsministerium zusammengestellten einheitlichen Liste vorgesehen. Diese Liste umfasst verschiedene Arten von Arzneimitteln, von Grundmedikamenten (solchen wie Schmerzmittel oder Antibiotika) bis zu sehr teuren Medikamenten zur Behandlung von chronischen Erkrankungen (wie Hepatitis B und C, rheumatoide Arthritis usw.).

3. Prozessrechtlicher Hintergrund

Trotz der Existenz eines staatlichen Programms zur kostenlosen Verteilung von Arzneimitteln werden viele Klagen vor brasilianischen Gerichten erhoben, deren Ziel ebenfalls die Forderung nach bestimmten Medikamenten ist. Die Gründe dafür werden noch weiter unten in diesem Abschnitt erläutert. Vorher ist jedoch eine kurze Erklärung über die Wirkungen der gerichtlichen Entscheidungen in diesem Bereich nötig.

Jeder, der in unserer Untersuchung befragt wurde, hatte vor Gericht *individuell* geklagt. Dieser Befund gilt nicht nur für das Gesundheitssystem. In Brasilien sind im Bereich der sozialen Grundrechte die Zahl und die statistische Bedeutung von individuellen Klagen deutlich größer als die von kollektiven Klagen.[34] Für diese Arbeit sind die Folgen dieser Entscheidungen von großer Bedeutung. Dem brasilianischen Prozessrecht zufolge haben gerichtliche Entscheidungen der angeführten Art Wirkungen ausschließlich *inter partes*, unabhängig davon, ob sich andere Personen in der gleichen Situation wie der der Kläger befinden. Was unsere Untersuchung anbelangt, heißt dies, dass eine für den Kläger erfolgreiche gerichtliche Entscheidung – etwa eine, die die kostenlose Abgabe eines bestimmten Arzneimittels gebietet – nur den Kläger selbst begünstigt, unabhängig davon, wie viele andere Personen sich in der gleichen Situation befinden, d.h., unabhängig davon, wie viele Personen die gleiche Krankheit haben.

---

34 Für eine auf kollektiven Klagen basierte empirische Untersuchung vgl. José Reinaldo de Lima Lopes, "Brazilian Courts and Social Rights: A Case Study Revisited", in Roberto Gargarella, Pilar Domingo & Theunis Roux (Hg.), *Courts and Social Transformation in New Democracies*, S. 185 ff. Lopes' Untersuchung bestätigt meine Behauptung, dass kollektive Klagen eine sehr kleine Minderheit ausmachen. Für die Zeitspanne 1997-2003 wurden im Landgerichtsbezirk São Paulo nur 14 Entscheidungen zu kollektiven Klagen gefunden, die sich auf das Recht auf Gesundheit beziehen.

Dazu kommt eine weitere wichtige Information. Die gerichtlichen Klagen können sich auf ein in der offiziellen Liste bereits vorgesehenes Arzneimittel, oder auch auf andere Arzneimittel beziehen. Bei den Klagen aus der ersten Gruppe ist das Ziel der Kläger die Absicherung ihres Arzneimittels gegen einen möglichen Engpass in der Verteilung. Selbst in diesen Fällen haben die gerichtlichen Entscheidungen Wirkungen ausschließlich *inter partes*. Dies bedeutet, dass falls in der Tat ein Engpass eintreten würde, dieser die Bevölkerung in unterschiedlichem Ausmaß beträfe: Diejenigen, die vor Gericht geklagt haben, werden vom Engpass nicht betroffen, und diejenigen, die nicht geklagt haben (weil sie von dieser Möglichkeit nicht wussten, oder weil sie diesen Weg nicht für nötig hielten), müssen zeitweise ohne ihre Arzneimittel auskommen.

Bei den Klagen aus der zweiten Gruppe – die Klagen um listenfremde Arzneimittel, die zugleich die Mehrheit der Fällen ausmachen[35] – haben die gerichtlichen Entscheidungen Wirkungen auch nur *inter partes*. Dies bedeutet, dass derjenige, der erfolgreich vor Gericht geklagt hat, möglicherweise ein besseres Arzneimittel bekommen wird als diejenigen, die vor Gericht nicht geklagt haben (weil sie von dieser Möglichkeit nicht wussten, oder weil sie dafür kein Geld hatten).

4. Die Ergebnisse

Die wichtigsten Ergebnisse unserer Untersuchung waren:

(1) In 60,63% der Klagen hatten die Kläger bereits eine Verschreibung von einem *privat aufgesuchten*, nicht in der öffentlichen Gesundheitsversorgung tätigen Arzt. Da in Brasilien Arztbesuche in öffentlichen Krankenhäusern kostenlos sind, deutet dies darauf hin, dass die Kläger mindestens zur Mittelschicht gehörten, denn sie konnten sich den Besuch bei einem nicht-kostenlosen Arzt leisten;[36] je nach Arzneimitteltyp betrug die Zahl der Verschreibungen von privat aufgesuchten Ärzten sogar bis zu 85%.

(2) 60% von denen, die eine Verschreibung aus einem öffentlichen Krankenhaus hatten, gaben zu, dass sie nie das öffentliche Gesundheitssystem benutzen würden; sie hatten

---

35 In manchen Fällen – wie denen der Klagen um onkologische Medikamente – verlangen alle Kläger listenfremde Arzneimittel, da die offizielle Liste keine onkologischen Medikamente enthält. Im Gegensatz zu seiner üblichen Politik, bietet das SUS in der Krebsversorgung lediglich Behandlungen an und verteilt keine Medikamente direkt an die Patienten. D.h., Patienten, die vom SUS eine Krebstherapie bekommen, erhalten eine vollständige Behandlung von der Diagnose über die chirurgischen Eingriffe bis zur Radiotherapie und Chemotherapie, in die auch die Behandlung durch Medikamente eingeschlossen ist.

36 An dieser Stelle ist eine weitere Erklärung erforderlich. Obwohl das öffentliche Gesundheitssystem die Aufgabe hat, die gesamte Bevölkerung kostenfrei zu versorgen (unabhängig davon, ob man eine Krankenversicherung hat oder nicht), werden seine Dienstleistungen von den Mittel- und Oberschichten oft nicht in Anspruch genommen. Aus vielen Gründen – die von bloßem Komfort bis hin zu Wartezeiten oder eventuell der Qualität der Behandlung reichen – bevorzugen die zu den Mittel- und Oberschichten gehörenden Personen das private Gesundheitssystem. Dafür müssen sie aber entweder selbst für jeden Arztbesuch und jede ärztliche Untersuchung bezahlen, oder privat krankenversichert sein.

das gegebene öffentliche Krankenhaus ausschließlich und gezielt dazu besucht, um ein Rezept zu erhalten, mit Hilfe dessen sie vor Gericht klagen könnten.

(3) 44,39% der Kläger hatten ein Familieneinkommen von mindestens 1,5 Mindestlöhnen (also etwa € 240) *per capita*, was im brasilianischen Vergleich hoch ist. In manchen Fällen (etwa bei den Klagen um onkologische Arzneimittel) gehören über 65% der Kläger zu dieser Einkommensklasse.

(4) 30,63% der Kläger hatten einen Studienabschluss bzw. einen Master- oder Doktortitel; in manchen Klägergruppen (bei denjenigen, die um onkologische Arzneimittel geklagt haben) erreichte diese Zahl sogar 50%. Dies ist fast 5 Mal mehr als der Bevölkerungsdurchschnitt in der Stadt São Paulo und zeigt, dass nicht nur Geld, sondern auch Zugang zu Bildung und Information bei der gerichtlichen Beanspruchung von sozialen Grundrechten eine ausschlaggebende Rolle spielen. Diejenigen, die besser informiert sind, sind auch diejenigen, die die Verteilung von Arzneimitteln vor Gericht einfordern.

Was diese sehr kurze Zusammenfassung zeigt, ist, dass die Richter, selbst wenn sie davon ausgehen, im Sinne der sozialen Gerechtigkeit zu handeln, eigentlich nur das Ungleichgewicht in der Verteilung der Medikamente zugunsten der besser begüterten Schichten verstärken.

VIII. Individuelle gerichtliche Durchsetzbarkeit, Optimierung, Konsequentialismus und Gleichheit

1. Optimierungsgebote und Konsequentialismus

Bis hier wurde bereits mehrmals auf die *Folgen* der gerichtlichen Tätigkeit im Bereich der Verteilung der knappen Mittel hingewiesen. Es wird also hier davon ausgegangen, dass die Bewertung der Rolle der Gerichte bei der Realisierung von sozialen Grundrechten mit der Bewertung dieser Folgen zusammenhängt. Darüber hinaus deutet die wiederholte Rede von nicht-optimierten Ergebnissen aufgrund der Entscheidungsfolgen darauf hin, dass hier von einer bestimmten Verbindung zwischen Optimierung und Folgenargumenten (Konsequentialismus) ausgegangen wird.

Eine umfangreiche Diskussion über die verschiedenen möglichen Begriffe des Konsequentialismus würde den Rahmen dieses Aufsatzes sprengen.[37] Hier wird der Terminus *Konsequentialismus* in einem einfachen und gemäßigten Sinne verstanden. In diesem hier verwendeten gemäßigten Sinne ist Konsequentialismus durch zwei Merkmale gekennzeichnet. Erstens ist er kein reiner Pragmatismus, aufgrund dessen die Richter Präjudizien, Gesetze und Verfassungstexte bloß als „Quellen von potentiell wertvollen Informationen" oder als bloße Wegweiser betrachten sollten.[38] Zweitens ist der hier vertretene Konsequentialismus mit der Idee verbunden, dass die Bewertung der Rich-

---

37 Vgl. dazu statt vieler Gunther Teubner (Hg.), *Entscheidungsfolgen als Rechtsgründe*, Baden-Baden: Nomos, 1995.

38 Vgl. Richard Posner, *The Problematics of Moral and Legal Theory*, Cambridge (Mass.): Belknap, 1999, S. 242.

tigkeit einer gerichtlichen Entscheidung mit der Möglichkeit ihrer Universalisierbarkeit zusammenhängt.[39] Wie noch weiter unten erarbeitet wird, ist dies ein Erfordernis des Gebots, gleiche Fälle gleich zu behandeln.

Hier wird daher zwar eine Version des Konsequentialismus vertreten, nach der die Folgen einer einzigen Entscheidung keine hinreichende Begründung für sie liefern; aber es wird davon ausgegangen, dass die Bewertung dieser Folgen, in Verbindung mit anderen rechtlichen Regeln und Prinzipien, einen festen Bestandteil einer soliden Entscheidungsbegründung ausmachen sollten.[40] Darüber hinaus – wie dem bisher Gesagten bereits zu entnehmen war – sind hier mit „Folgen einer Entscheidung" nicht bloß die Folgen für den zu entscheidenden Fall gemeint, sondern vor allem die Folgen einer gleichen Interpretation der jeweiligen Regeln und Prinzipien auf künftige ähnliche Fälle.[41] Eine mögliche – und negative – Folge einer Entscheidung ist die Unmöglichkeit, sie auf ähnliche Fälle zu erstrecken.[42] Wenn dem so ist, scheitert die Entscheidung am Universalisierbarkeitsprinzip.[43] Im Bereich der sozialen Grundrechte kann dieses Scheitern am Universalisierbarkeitsprinzip vor allem auf zwei Gründen beruhen: (1) auf der Tatsache, dass aus verschiedenen Gründen – wie Mangel an Informationen oder Geld – viele von der Gerichtsbarkeit ausgeschlossen sind; und (2) auf der Tatsache, dass der Einschuss aller dazu führen würde, dass nicht genug Ressourcen zur Verfügung stehen würden, um alle Fälle gleich zu entscheiden. Diese beiden Gründe werden im nächsten Abschnitt weiter analysiert.

2. Universalisierbarkeit und Gleichheit

Wie bereits durch die Ergebnisse der empirischen Untersuchung angedeutet wurde,[44] ist der Zugang zu bestimmten, durch gerichtliche Entscheidungen bewilligten öffentlichen Gütern nicht universalisierbar. Der erste der genannten Gründe bezieht sich auf die Folgen der bereits in der Gesellschaft existierenden Ungleichheiten. Es wurde geltend gemacht, dass diejenigen, die finanziell besser gestellt sind und besseren Zugang zu Informationen haben, auch einen Zugang zu öffentlichen Gütern bekommen, welche für den Rest der Bevölkerung dagegen nicht zugänglich werden. Diese Ungleichheit führt wiederum zu einer weiteren unbegründeten Ungleichbehandlung. Dies kann durch weitere Daten der bereits dargestellten Untersuchung gezeigt werden.

Die kostenfreie Verteilung von teuren Medikamenten hat 2006 den Bundesstaat São Paulo € 290 Mio. gekostet. Diese Verteilung ist Teil der oben kurz skizzierten Gesund-

---

39 Vgl. dazu Neil MacCormick, "On Legal Decisions and Their Consequences: From Dewey to Dworkin", *New York University Law Review* 58 (1983), S. 244 und 249.

40 In diesem Sinne vgl. Eveline T. Feteris, "A Pragma-Dialectical Approach of the Analysis and Evaluation of Pragmatic Argumentation in a Legal Context", *Argumentation* 16 (2002), S. 357.

41 Ebd., S. 354.

42 Ebd., S. 356.

43 Zum Universalisierbarkeitsprinzip vgl. Robert Alexy, *Theorie der juristischen Argumentation*, 2. Aufl., Frankfurt am Main: Suhrkamp, 1991, S. 91 ff. und 279 ff.

44 Vgl. dazu VII.4.

heitspolitik (des einheitlichen Gesundheitssystems - SUS). 280.000 Personen wurden dabei versorgt. Die aufgrund gerichtlicher Entscheidungen verteilten Arzneimittel werden dagegen von einer anderen Haushaltsrubrik finanziert. Im gleichen Jahr (2006) betrugen die Ausgaben für diese Arzneimittel € 23 Mio. Hier wurden jedoch nur ca. 3.600 Personen versorgt. Anders ausgedrückt, sind die pro Kopf-Ausgaben, die auf einen nur kleinen Teil der Bevölkerung aufgewendet werden, sechs Mal größer als diejenigen, die auf einen wesentlich größeren Teil aufgewendet werden, und es gibt keinen Hinweis darauf, dass die Mitglieder der ersten Gruppe die bedürftigsten sind.

Selbstverständlich könnte man hier einwenden, dass diese Situation überwindbar ist. Zu diesem Zweck könnte man einerseits die Prozesskostenhilfe zugänglicher machen, andererseits Informationen darüber sowie über die Möglichkeiten der gerichtlichen Durchsetzbarkeit von sozialen Grundrechten verbreiten. Abgesehen von den großen Schwierigkeiten, die diese Maßnahmen bereiten würden, und selbst wenn man annehmen würde, dass sie zu einem einigermaßen gleichmäßigen Zugang zur Gerichtsbarkeit führen könnten, würde man trotz allem an die oben erwähnte zweite Hürde für die Universalisierbarkeit mancher gerichtlichen Entscheidungen stoßen.

Oben wurde bereits erörtert, dass nicht genug Ressourcen zur Verfügung stünden, um alle Fälle gleich zu entscheiden, falls man versuchen würde, einige gerichtliche Entscheidungen im Bereich der sozialen Grundrechte auf alle ähnliche Fälle zu erstrecken. In Brasilien setzen viele gerichtliche Entscheidungen voraus, dass dem Einzelnen ein *definitives* Recht auf die besten Arzneimittel auf dem Markt zusteht. Das öffentliche Gesundheitssystem geht demgegenüber von anderen Prämissen aus. Die Zusammenstellung der Liste der verfügbaren Arzneimittel stützt sich auf eine Reihe von Kriterien wie Sicherheit, Wirkungskraft, und Kostennutzenanalyse. Falls das öffentliche Gesundheitssystem entscheiden (oder dazu verpflichtet) würde, einige der durch viele gerichtliche Entscheidungen bewilligten Arzneimittel gegen lediglich zwei Krankheiten (Hepatitis C und rheumatoide Arthritis) in seine offizielle Liste aufzunehmen, so würde dies bereits den *gesamten Gesundheitshaushalt* überfordern.[45] Die Grenzen der Universalisierbarkeit könnten kaum deutlicher sein.[46]

Die Hürden, die das Gebot der Gleichbehandlung und das Universalisierbarkeitsprinzip an eine uneingeschränkte individualistische gerichtliche Durchsetzbarkeit der sozialen Grundrechte stellen, sind m.E. in vielen Fällen einfach unüberwindbar. Eine Optimierung, die diese Tatsache nicht berücksichtigt, kann daher keine Optimierung sein.

---

45 Siehe dazu Octávio Luiz Motta Ferraz & Fabiola Sulpino Vieira, "Direito à saúde e judicialização no contexto da escassez de recursos", *Dados* 52 (2009), S. 238.

46 Das Argument „man soll nur den Gesundheitshaushalt erhöhen" wäre hier fehl am Platz. Die Kosten für den Erwerb der Medikamente nur für diese zwei Krankheiten würden ca. € 34 Milliarden betragen, was etwa 4,5% des brasilianischen Bruttoinlandsprodukts ausmacht. Einen derartigen Prozentsatz des BIP zur Bekämpfung von nur zwei Krankheiten einzusetzen, wäre schwer zu verteidigen.

3. Was kann Optimierung im Bereich der sozialen Grundrechte bedeuten?

An dieser Stelle ist die Frage danach berechtigt, ob die bisher geschilderte Situation nicht vielleicht einfach durch eine schlechte Anwendung der Optimierungsidee zustande kommt (etwa wegen der Nichtberücksichtigung wichtiger Variablen), oder ob sie doch eine unausweichliche Folge der Justitiabilität der sozialen Grundrechte sei.

Diese Frage kann meines Erachtens nicht ohne weiteres entschieden werden. Weitere Differenzierungen sind dafür erforderlich. Zu diesen weiteren Differenzierungen können solche Faktoren einbezogen werden wie, u.a., die Art der Klage (individuell oder kollektiv), die zur Justitiabilität der sozialen Grundrechte führen soll; die Anzahl der Begünstigten einer gerichtlichen Entscheidung (nur der Kläger oder alle, die sich in der gleichen Situation befinden); die Existenz, Kosten und Effektivität einer sozialen Politik im jeweiligen Bereich; die bereits in der Gesellschaft existierenden Ungleichheiten; die Möglichkeit einer Universalisierbarkeit der jeweiligen gerichtlichen Entscheidungen; sowie das Ausmaß des durch gerichtliche Handlungen zu lösenden Problems (unterhalb oder oberhalb des Sozialminimums). Es ist zwar hier nicht möglich, all diese Differenzierungen weiter und ausführlich zu erarbeiten; dennoch war es möglich, in diesem Aufsatz festzustellen, dass ihre Nichtberücksichtigung zu einer Justitiabilität der sozialen Grundrechte führt, die mit nicht-optimierten Ergebnissen verbunden ist.

Man könnte also mit anderen Worten behaupten, dass eine Justitiabilität der sozialen Grundrechte, die diese Differenzierungen nicht ernst nimmt, dem Optimierungsgedanken nicht gerecht wird. Innerhalb dieser Differenzierungen kann man Tendenzen feststellen, die das Ergebnis eines Optimierungsgebots stark beeinflussen können. Viele dieser Tendenzen kamen in der Untersuchung der empirischen Daten klar zum Ausdruck. Vorbehaltlich der in diesem Aufsatz nicht möglichen ausführlichen Erarbeitungen der erwähnten Differenzierungen halte ich es dennoch für gerechtfertigt, festzustellen, (1) dass eine individualistische Justitiabilität im Allgemeinen dazu neigt, zu nicht universalisierbaren Ergebnissen zu führen; (2) dass bei der Optimierung von sozialen Grundrechten nicht nur die Effektivität einer sozialen Politik, sondern vor allem auch ihre Kosten (die sog. Finanzwirksamkeit der sozialen Grundrechte[47]) berücksichtigt werden müssen; (3) dass soziale Ungleichheit häufig ungleiche Zugangschancen zur Gerichtsbarkeit bedeutet; (4) dass dies schließlich zur einer ungleichen Verteilung von öffentlichen Gütern aufgrund gerichtlicher Entscheidungen führt. Soziale Grundrechte

---

47 Die Rede von der „Finanzwirksamkeit der sozialen Grundrechte" soll hier nicht so verstanden werden, als ob nur die sozialen, nicht aber die Abwehrrechte, Kosten verursachen würden. Dass dies nicht der Fall ist – d.h., dass beide Kosten verursachen –, ist ein Allgemeinplatz. Was hier mit „Finanzwirksamkeit der Grundrechte" gemeint ist, ist lediglich dies, dass Haushaltsfragen eine wichtige Rolle bei der Realisierung der sozialen Grundrechte spielen (in diesem Sinne, vgl statt vieler Robert Alexy, *Theorie der Grundrechte* (Fn. 5), S. 462), genauso wie sie auch eine wichtige Rolle bei der Optimierung von Abwehrrechten spielen. Zur Finanzwirksamkeit aller Rechte vgl. statt vieler David Bilchitz, *Poverty and Fundamental Rights*, Oxford: Oxford University Press, 2007, p. 129.

im Rahmen der *tatsächlichen* und *rechtlichen* Möglichkeiten zu optimieren heißt, all diese Differenzierungen ernst zu nehmen.

Die oben kurz erwähnten Tendenzen sind selbstverständlich nur Tendenzen. Es handelt sich hier nicht um etwas Absolutes. Auch wenn hier also durchaus eine Ablehnung einer uneingeschränkten individualistischen Justitiabilität der sozialen Grundrechte erkennbar wird, so soll dies hier dennoch nicht heißen, dass jede individuelle gerichtliche Klage in diesem Bereich notwendigerweise zu nicht-optimierten Ergebnissen führen muss und daher abzulehnen ist. Dies kann relativ einfach verdeutlicht werden: Falls zum Beispiel die einfachgesetzliche Regulierung eines sozialen Grundrechts konkrete Maßnahmen für seine Realisierung vorschreibt, die zuständige Behörde aber untätig bleibt, und falls die Situation des Einzelnen zugleich unzumutbar und dringend ist, dann gibt es keinen Hinderungsgrund, weshalb eine individuelle Klage grundsätzlich abzulehnen sein sollte. Dies gilt vor allem dann, wenn die gerichtliche Entscheidung auch auf alle, die sich in der gleichen Situation befinden, erstreckt werden könnte (andernfalls wäre man jedoch wieder mit dem Fall einer unerlaubten Ungleichbehandlung konfrontiert).

IX. Schlussbemerkungen

Diese Arbeit hatte es sich zum Zweck gesetzt, einerseits einige der Folgen der Charakterisierung der sozialen Grundrechte (hier vor allem des Rechts auf Gesundheit) als Optimierungsgebote zu analysieren, andererseits die Folgen der Subjektivierungsthese, und vor allem des ihr zugrunde liegenden Grundrechtsindividualismus, auf den Streit um die Justitiabilität der sozialen Grundrechte zu untersuchen.

Als Resultat der Analyse der ersten Fragestellung wurde hier postuliert, dass im Bereich der sozialen Grundrechte von einer konsequentialistischen Version des Optimierungsgebots auszugehen ist. Infolgedessen sollte nicht nur der zu entscheidende Einzelfall, sondern stets auch die Auswirkungen der jeweiligen Entscheidung auf alle gleichartigen Fälle in der richterlichen Entscheidung zu berücksichtigen sein, denn ein optimiertes Einzelergebnis kann zugleich ein nicht-optimiertes Ergebnis für die Kollektivität bedeuten.[48]

In Bezug auf die zweite Fragestellung dieser Untersuchung gilt hier, dass in extrem ungleichen Gesellschaften, in denen der Zugang zur Gerichtsbarkeit ein Privileg weniger Personen darstellt, jegliche auf einem uneingeschränkten Grundrechtsindividualismus basierende Optimierung dazu neigt, den Gleichheitssatz und das Universalisierbarkeitsprinzip nicht zu achten.

Damit soll hier aber nicht gesagt sein, dass soziale Grundrechte nicht die Struktur von Optimierungsgeboten haben. Sie haben sie durchaus. Die verfügbaren empirischen Daten verleiten aber zur Überzeugung, dass – im Gegensatz zu den Freiheitsrechten – in Bezug auf die sozialen Grundrechte die Optimierungsidee einen Grundrechtsindividua-

---

48   Im diesen Sinne vgl. Virgílio Afonso da Silva, "The Limits of Constitutional Law" (Fn. 20), S. 177.

lismus und eine uneingeschränkte individualistische Justitiabilität nicht ohne weiteres nach sich zieht.

Mit anderen Worten könnte man also sagen, dass bei der Optimierung von Rechten, deren Realisierung notwendigerweise kollektiven Charakter besitzt,[49] dieser kollektive Charakter auch immer ernst genommen werden soll. Dies kann nur ausnahmsweise vor Gericht geschehen.[50] Die besten Bedingungen für eine Optimierung der durch die Realisierung von sozialen Grundrechten entstandenen Positionen liegen zweifelsohne in den Händen der politischen Gewalt. Wie bereits wiederholt hervorgehoben wurde, heißt dies hier nicht, dass die Realisierung sozialer Grundrechte zu einer rein politischen Frage wird, sondern bloß, dass soziale Benachteiligung faktisch vor allem durch *effektive soziale Politik* und eher selten durch die Gerichte überwunden werden kann, da zu den Gerichten in ungleichen Gesellschaften nur einige Privilegierte den Zugang genießen. Denn einige Wenige (die oft auch die Reicheren sind) zu begünstigen, bedeutet, weder die sozialen Grundrechte ernst zu nehmen, noch sie zu optimieren.

---

49 Siehe dazu den Abschnitt V, oben.
50 Eine Ausnahme wurde bereits oben erwähnt (siehe VIII.3, *in fine*). Darüber hinaus könnte die Justitiabilität der sozialen Grundrechte den kollektiven Charakter ihrer Realisierung ernst nehmen, indem diese Justitiabilität sich auf die Kontrolle der Durchführung einer sozialen Politik als ganzes beziehen würde.

Normkonflikte im Lichte der Prinzipientheorie

Carla Huerta

Einleitung in das Problem

Das Problem der Normenkonflikte ist für die tägliche juristische Arbeit von wesentlicher Bedeutung. Schon seit langem beschäftigen sich Juristen mit dem Problem der Normkonflikte.[1] Doch sind die Antworten auf die Fragen, die sich aus dem Problem der Normkonflikte entwickeln, umstritten. Dieses Problem ist nicht rein theoretisch, sondern vor allem praktisch. Es handelt sich um einen Teil der Realität, in die sich die Richter gestellt sehen und zu der man eine befriedigende Lösung finden muss.

Deswegen sollte die Rechtsordnung die Lösungswege bestimmen, wenn diese Konflikte nicht vermieden werden können. Wenn dies aber nicht geschieht, dann erfolgt die Lösung im Wege der Interpretation. Löst das positive Recht solche Probleme nicht, weil die Rechtsordnung keine explizite Derogationsnormen enthält, muss die Rechtstheorie solche Normen im Wege der Interpretation und Konstruktion gewinnen.

Normalerweise kann der Richter einen Konflikt mit Hilfe anderer Normen lösen, um zu einer Entscheidung zu gelangen. Aber nicht alle Normkonflikte können mit Hilfe einfacher Derogationsnormen gelöst werden. Es kommt oft vor, dass eine Abwägung zwischen kollidierenden Prinzipien oder Werten vorzunehmen ist. Außerdem lösen die Kollisionsregeln das Problem der Rechtsanwendung nicht abstrakt.

Von besonderem Interesse sind Konflikte oder Kollisionen zwischen Grundrechten. Vom formellen Standpunkt aus ist es wichtig, dass die Grundrechtsnormen kohärent sind. Andernfalls könnte man denken, dass sie verfassungswidrig seien und für ungültig erklärt werden sollten. Vom materiellen Standpunkt aus ist die Kompatibilität der Inhalte von Grundrechtsnormen wegen des Vorrangs der Verfassung erforderlich. Doch die Konsequenz ihrer Inkompatibilität kann nicht die Vernichtung einer der Grundrechtsnormen sein.

Im folgenden soll analysiert werden, was die Prinzipientheorie zur Lösung von Grundrechtskonflikten leisten kann. Ich möchte die folgenden Thesen begründen:

(1) Eine Inkompatibilität zwischen Grundrechten ist möglich. Solche Normkonflikte sind nicht nur ein Problem der Geltung, sondern auch der Interpretation, sowohl der Verfassung als auch des Falls, in dem der Konflikt besteht.

(2) Bei dieser Interpretation geht es wesentlich um Abwägungen.

---

[1] *Siehe* z.B., Huerta, Carla, *Conflictos Normativos*, zweite Auflage, UNAM, Mexiko, 2007.

I. Die Grundrechte und die Prinzipientheorie

Die Frage, die sich im Hinblick auf Grundrechtskonflikte stellt, ist, wie eine Kollision zwischen Grundrechten das Rechtssystem verändert und ob man zwischen den Grundrechten nach ihrer Wichtigkeit unterscheiden kann. Sind manche Grundrechte wertvoller als andere? Wie könnte eine solche Annahme begründet werden?

Zur Zeit scheint die Prinzipientheorie die beste Antwort auf diese Fragen zu geben. Alexys Theorie der Grundrechte enthält als zentrale These die Interpretation der Grundrechte als Prinzipien. In diesem Sinne bildet die Prinzipientheorie den Kern seiner „Theorie der Grundrechte".[2] Die Konzeption der Grundrechte als Prinzipien ist allerdings nicht klar und in ihrer Bedeutung unter Rechtstheoretikern umstritten. Hier wird sie als Theorie der logischen Struktur von Normen verstanden, die im Zusammenhang mit der methodologischen Unterscheidung verschiedener Arten der Rechtsanwendung steht.

Zentrale Merkmale der Prinzipientheorie sind die Unterscheidung von Prinzipien und die Abwägung als Methode ihrer Anwendung bei einer Grundrechtskollision. Prinzipien sind Normen, die kollidieren können und gegeneinander abzuwägen sind. Angeregt durch die von Dworkin vertretene Unterscheidung zwischen Prinzipien und Regeln, sind eine oder gar mehrere Theorien der Prinzipien entwickelt worden, die im großen und ganzen darauf bestehen, dass „Prinzipien" eine wichtige Rolle im Recht spielen. Diese Theorien enthalten einerseits die Behauptung, dass in einen Rechtssystem verschiedene Arten von Normen existieren, unter ihnen die Prinzipien, und anderseits, dass bei der Rechtsanwendung auch Aussagen benutzt werden können, die nicht zum System gehören, wie z.B. die Prinzipien. Das Rechtsanwendungsverfahren der optimierenden Abwägung ist den Prinzipien eigen. Trotz ausgiebiger Diskussion ist der Sinn des Wortes „Prinzipien" jedoch nicht hinreichend klar, um sie von Regeln unterscheiden zu können.

Dworkin hat Regeln und Prinzipien gegenübergestellt, doch hat er sie nicht genau unterscheiden können.[3] Er meint, dass der Unterschied in der Anwendung besteht: Regeln werden in einer „Alles-oder-Nichts Weise" angewandt, Prinzipien müssen abgewogen werden, da sie eine Dimension des Gewichtes oder Wichtigkeit haben. So werden Regeln definitiv angewandt, d.h. durch Subsumtion individualisiert, aber die Prinzipien haben nur eine *prima facie* Geltung, und unter sie kann nicht subsumiert werden. Ihre Anwendungsmethode ist nicht eine logische Rekonstruktion des Prozesses, sondern das Vorbringen von Gründen und Argumenten für die differenzierte Anwendung der kollidierenden Prinzipien. Aber die Subsumtion kann nicht alle Probleme der Rechtsanwendung lösen, und in dieser Situation bietet die Prinzipientheorie eine Alternative.

Alexy hat mit seiner Definition der Prinzipien als Optimierungsgebote einen großen

---

2   Meiner Ansicht nach sind nicht alle Grundrechte als Prinzipien interpretierbar, da nicht alle einen Prinzipiencharakter haben. Die Prinzipientheorie verlangt nicht, dass alle Grundrechte als Prinzipien verstanden werden sollen.

3   Dworkin, *Taking Rights Seriously*, 2. Auflage, Harvard University Press, Cambridge/Mass., 1978, S. 24 ff.

Beitrag zu ihrer Unterscheidung geleistet. Er nimmt an, dass Normen sich in Regeln und Prinzipien einteilen lassen.[4] Der Unterschied ist für ihn nicht bloß ein gradueller, sondern ein qualitativer Unterschied. Prinzipien sind "Optimierungsgebote", die gebieten, dass etwas in einem relativ auf die tatsächlichen und rechtlichen Möglichkeiten möglichst hohen Maße realisiert wird. Das bedeutet, dass sie in unterschiedlichen Graden erfüllt werden können. Die Prinzipien sind abwägungsfähig und -bedürftig, die Abwägung ist die für Prinzipien kennzeichnende Form der Anwendung. Regeln haben einen definitiven Charakter. Deswegen sind sie Normen, die stets nur entweder erfüllt oder nicht erfüllt werden können. Sie sind Normen, die bei Erfüllung bestimmter Voraussetzungen etwas definitiv gebieten, verbieten oder erlauben oder definitiv etwas ermächtigen.[5] Sie können einfach als "definitive Gebote" bezeichnet werden.

Danach sollen Regeln und Prinzipien als kategorial verschiedene Normtypen betrachtet werden. Doch ist umstritten, ob ihre Struktur als Normen unterscheidbar ist. Dass Regeln eine Rechtsfolge definitiv anordnen, könnte nicht von der Struktur des Normsatzes, sondern von dessen Inhalt abhängen. Normen haben dieselbe Struktur: eine deontische Modalität, die ihren Charakter als Sollen definiert, und eine Handlung als Sachverhalt (diese Begriffe werden im selben Sinne benutzt wie bei von Wright)[6]. Normsätze haben eine logische oder ideale Form, bestehend aus einem bedingenden Tatbestand, der Sollverknüpfung und der bedingten Rechtsfolge (d.h. den rechtlichen Konsequenzen). Wenn die Prinzipien ihre Rechtsfolgen nur *prima facie* anordnen, dann sollte dies im Normsatz feststellbar sein. Aber ein Alternativverhalten der Normen kann nur im Konfliktfall deutlich gemacht werden, Normkonflikte können so unterschiedlich bewältigt werden. Poscher zufolge zeigt die „Analyse des Umgangs der Rechtsordnung mit Normkollisionen ..., dass Regeln und Prinzipien identisch strukturiert sind und sich nicht in ihrer Struktur, sondern nur in den kontingenten Inhalten einer einheitlichen Struktur unterscheiden."[7]

Dies schließt jedoch nicht aus, einen strukturellen Unterschied zwischen Regeln und Prinzipien anzunehmen. Die Frage ist, wie Struktur und Inhalt abgegrenzt werden. Daraus, dass es eine übergreifende einheitliche Struktur gibt, folgt nicht, dass es keinen strukturellen Unterschied zwischen Regeln und Prinzipien gibt. Es mag sein, dass dieser nicht bereits in ihrer logischen Form gegeben ist. Der Unterschied zwischen definitiver und prima facie-Geltung, der in Normsätzen auszudrücken ist, ist jedoch ein konstantes, nicht für einzelne Normsätze spezifisches Element und macht daher einen Teil ihrer Struktur aus.

---

4   Alexy, *Theorie der Grundrechte*, 2. Auflage, Suhrkamp Verlag, Frankfurt a. Main, 1994, S. 71 ff.
5   Alexy, 1994, S. 75, 76.
6   *Norma y Acción*, 1979, *Una investigación lógica*, trad. de Pedro García Ferrero, Editorial Tecnos, Madrid, 1979, Ss. 87 ff., *Norm and Action*, Routledge and Kegan Paul, London, 1963.
7   Poscher, Ralf, "Einsichten, Irrtümer und Selbstmissverständnis der Prinzipientheorie" in *Die Prinzipientheorie der Grundrechte*, Sieckamnn, (Hg.), Nomos, Baden-Baden, 2007, S. 65

II. Die Normenkonflikte

Um über Normkonflikte sprechen zu können, empfiehlt es sich, einige terminologische Festsetzungen zu treffen. Der Begriff des Normkonfliktes (*l.s.*) soll als Oberbegriff die Begriffe des Verstoßes und des Normwiderspruchs umfassen. Der Ausdruck "Verstoß" soll eine *formelle Konfliktsituation* zwischen Normen bezeichnen, und der Ausdruck "Normwiderspruch" eine *materielle Unvereinbarkeit* der Inhalt zweier oder mehrerer Normen, die gleichzeitig anwendbar sind.

Ein Normwiderspruch liegt vor, wenn zwei Bedingungen erfüllt sind: Die erste Bedingung ist, dass zwei oder mehr Normen auf denselben aktuellen oder hypothetischen Fall anwendbar sind, die zweite, dass diese Normen unvereinbare Verhalten oder Konsequenzen vorschreiben. So ist etwa eine Situation, in der zur selben Zeit ein bestimmtes Verhalten verboten und geboten ist, eine Konfliktsituation. Allerdings ist der Inhalt der Normen stets genau zu analysieren, da manche Situationen auf den ersten Blick wie ein Normkonflikt aussehen, ohne dass es einen wirklichen Widerspruch zwischen den anwendbaren Normen gibt. Es kann sich z.B. lediglich um die Festsetzung einer Ausnahme handeln.

Normwidersprüche können im großen und ganzen als 'logische Defekte' des Systems betrachtet werden, weil sie gegen die rationalen Ideale der Kohärenz und Konsistenz des Systems verstoßen. Nur die Beseitigung der Widersprüche erlaubt eine klare Begründung politischer oder rechtlicher Entscheidungen. Eine adäquate theoretische Erfassung der Situation des Normwiderspruchs ist nur möglich, wenn die Frage beantwortet wird, ob im Falle eines Normwiderspruchs die Anwendung der logischen Regeln möglich ist. Die Antwort erfordert die Klärung einer ganzen Gruppe von Begriffen, wie z.B. denen des Normwiderspruchs, der Anwendung und der Kohärenz.

Eine Bedingung, um von Normkonflikten in einer Rechtsordnung sprechen zu können, ist, diese als System zu betrachten. Unter einem Rechtssystem verstehen wir eine als Einheit abgrenzbare Menge von Elementen und Relationen zwischen diese Elementen. Diese Elemente sind nichts anderes als Rechtsnormen und ihre Inhalte (Norm/Position, Prozedur und Institution). Damit wird ein Perspektivenwechsel vollzogen, der die Dynamik und die soziale Wirklichkeit umfasst. Die Beziehungen, die in einem dynamischen System zwischen Rechtsnormen entstehen, entfalten sich aus den Normerzeugungsbestimmungen, die in einem hierarchischen System existieren. Diese bestimmen nicht nur die Erzeugung, sondern auch die spätere Vernichtung der rechtswidrigen Normen.

Der Gedanke der Einheit dient als Mittel, Konflikte zu vermeiden, denn er ermöglicht es, eine systematische Interpretation der Normen vorzunehmen, die diese Konflikte aufheben kann. Dworkin[8] meint, dass *integrity* der Schlüssel ist für die beste konstruktive Interpretation und besonders das Verfahren, schwierige Fälle zu entscheiden. Der Begriff der „Integrität" schließt nicht nur den Begriff der Kohärenz ein. Ein kohärentes

---

8   "The key to the best constructive interpretation and particularly of the way of deciding on hard cases", Dworkin, *Law's Empire*, Fontana Press, London, 1986, S. 225 ff.

System kann wirksam sein, weil es widersprüchliche Situationen zu vermeiden versucht.[9] Integrität ist aber auch ein politisches Ideal. Dieses besteht darin, dass der Staat in Übereinstimmung mit kohärenten Prinzipien handelt. Das Recht als Integrität bedeutet seiner Meinung nach, dass die Richter bei der Anwendung der Normen verpflichtet sind, die Rechtsordnung als ein kohärentes System von Prinzipien zu verstehen.[10] Weinberger[11] identifiziert Einheit mit Konsistenz, da eine Ordnung nur dann eine Einheit bildet, wenn sie keine Widersprüche enthält. Deswegen kommt bei ihm die Einheit der Normensysteme im 'Konsistenzpostulat' zum Ausdruck. Dieses Postulat gilt nur in bezug auf Normen eines Systems. Normensysteme bilden eine gedankliche Einheit. Deswegen kann die Rechtsordnung seiner Ansicht nach als eine rationale Einheit verstanden werden. Das Problem der Inkonsistenz einer Rechtsordnung liegt darin, dass ein widersprüchliches System logisch mangelhaft und deswegen unerfüllbar ist. Aber die Widersprüche machen das System nicht formell inkonsistent, da sie häufig situationsabhängig sind. Die Konsistenz ist allerdings nicht dasselbe wie die Einheit. Sie ist eine der Eigenschaften eines Systems, das als Einheit betrachtet wird.

Eine Rechtsordnung bildet ein System von Normen, die in einem bestimmten Zusammenhang stehen. Ein System ist eine Einheit von Normen, dessen Beziehungen von verschiedenen Ordnungskriterien abhängig sind. Die Begründung dieser Einheit muss jedoch noch gefunden werden. Es gibt verschiedene Versuche, diese Einheit zu begründen. Nach Kelsen[12] begründet der Stufenbau die Einheit der Rechtsordnung. In der Verfassung liegt die Begründung dieser Einheit, denn sie schafft die Rechtserzeugungsorgane und bestimmt die Rechtserzeugungsprozesse. Die Verfassung befindet sich auf der höchsten Stufe, deswegen bestimmt sie mehr oder weniger formell und materiell die Normen der niederen Stufen.

III. Mehrdeutigkeit des Begriffs

Es wird oft von Normkonflikten gesprochen, ohne dass Klarheit über diesen Begriff existiert. Wegen seiner Vagheit hat sich leider die Doktrin bislang nicht auf eine Terminologie geeinigt. Es wird nicht nur von Konflikten gesprochen, sondern auch von Kollisionen, Verstößen, Widersprüchen, usw. Ich werde hier die These vertreten, dass diese Begriffe nicht die gleiche Bedeutung haben. Wir sollten sie deshalb nicht als Synonyme verwenden. Sie gehören zu verschiedenen Formen von Konflikten. Dies ist nicht das einzige Problem. Manche dieser Begriffe scheinen nicht auf Normen anwendbar zu sein. Das gilt

---

9   In diesen Sinne schreibt auch Ross, "a System is a sum of directives postulated as making up a coherent totality of meaning", und "a Normative System is postulated as constituting a unity", *Directives and Norms*, Routledge and Kegan Paul, London, 1968, S.169.

10   Dworkin meint, "law as integrity asks judges to assume, that the law is structured by a coherent set of principles about justice and fairness and due process of law", Law's Empire, 1986, S. 96, 217.

11   Weinberger, *Rechtslogik*, Duncker und Humblot, Berlin, 1989, S. 258, 236, und *Norm und Institution*, Manssche Verlags- und Universitätsbuchhandlung, Wien, 1988, S. 66.

12   Kelsen, *Allgemeine Staatslehre*, Verlag Dr. Max Gehlen, Bad Homburg v.d. Höhe, Berlin, Zürich, 1925, Ss. 233 -249.

zum Beispiel für den Begriff des Widerspruchs. Aussagen widersprechen sich. Dieses Problem kann u.a. gelöst werden, in dem man die betroffenen Aussagen mit der Wirklichkeit vergleicht und dabei feststellt, welche von beiden wahr oder unwahr ist. Mit Hilfe der Logik würde man auch feststellen können, dass eine dieser Aussagen (die wahre) die andere unmöglich macht (die falsche). Begriffe können demgegenüber zwar im Gegensatz zueinander stehen, was bedeutet, dass sie sich gegenseitig ausschließen, das heißt aber nicht, dass einer den anderen unmöglich macht. Normen können schließlich nur entweder gültig oder nicht gültig sein, und kollidierende Normen können gleichzeitig gültig sein, während widersprüchliche Aussagen hingegen nicht zugleich wahr sein können.

Anders sieht es bei den Begriffen der Kollision und des Konflikts aus, weil diese auf Normen anwendbar sind und oft als Synonyme benutzt werden. Ich gehe davon aus, dass in einer Rechtsordnung verschiedene Arten von Normkonflikten vorkommen können. Ein Normkonflikt (*sensu largo*) liegt vor, wenn zwei oder mehr Normen materiell oder formell unvereinbar sind. Aus diesem Konflikt kann sich ein Widerspruch ergeben oder nicht. Es entsteht kein Widerspruch, wenn es sich um ein formelles Problem handelt und die fehlerhaft erzeugte Norm für ungültig erklärt werden kann. Eine solche Situation werde ich "Verstoß" nennen. Bei einem Normwiderspruch ergibt sich ein echter Konflikt, weil er in einer materiellen Kontradiktion besteht. Er entsteht nur dann, wenn zwei oder mehrere Normen denselben Anwendungsbereich haben und ihre Norminhalte unvereinbar sind, d.h., dass die konfligierenden Normen nicht zur selben Zeit erfüllbar sind. In diesen Fall muss der Richter entscheiden, welche die gültige und deshalb anwendbare Norm ist.

Wenn wir von Normwidersprüchen sprechen, bedeutet dies, dass zwei möglicherweise anwendbare Normen unvereinbare Inhalte haben, was etwa dann der Fall ist, wenn eine Norm etwas als gesollt setzt, was eine andere Norm verbietet. Dann kann nur eine von beiden erfüllt werden. Es ist möglich, dass zwischen diesen beiden Normen ein "Pflichtenkonflikt" oder "Sanktionskonflikt" entsteht. Dabei handelt sich um einen Widerspruch zwischen den deontischen Modalitäten der beteiligten Normen oder ihren rechtlichen Konsequenzen. Deswegen liegt ein Widerspruch des positiven Rechts vor. Allerdings ist umstritten, ob es Normwidersprüche überhaupt geben kann.

Die Normwidersprüche können in verschiedenen Formen vorkommen, und zwar als Normkonflikte (*sensu strictu*) und als Normkollisionen,[13] die sich auf Grund der Struktur der konfligierenden Normen unterscheiden. Die Normkonflikte (*s.s.*) bestehen im Zusammenstoß zweier Regeln. Sie lassen sich lösen, indem in eine der beiden Regeln eine Ausnahmeklausel aufgenommen wird oder indem eine der Normen für ungültig erklärt wird. Bei einer Normkollision geht es demgegenüber nicht um ein Problem der formellen Geltung. Es handelt sich um einen Zusammenstoß zweier Prinzipien, die unterschiedliche Gewichte haben können und deren Inhalte unvereinbar sind. Die Lösung erfolgt durch eine Abwägung beider Prinzipien, wobei eine Vorrangrelation bestimmt wird.

Da es Normwidersprüche zwischen Normen mit demselben und mit verschiedenem Rang

---

13   Hier wird die Einteilung und Terminologie von Alexy benutzt, *Theorie der Grundrechte*, 1994, S. 71 ff.

geben kann, kann der Konflikt auch von der Position der Normen abhängig sein. Der Unterschied zwischen Normkonflikten zwischen Normen derselben und verschiedener Stufen ist nicht in der Einteilung, die gerade vorgestellt wurde, enthalten.

Diese Klassifikation und die ihr zugrundeliegende Begriffsbildung ist möglich, weil zwei verschiedene Arten von Problemen zwischen den Normen entstehen können: materielle und formelle. Ein formelles Problem entsteht dann, wenn beim Erlass einer Norm ein prozeduraler Fehler begangen wird. Wenn es um ein formelles Problem geht, ist seine Lösung nicht so problematisch, da das ordnungsgemäße Zustandekommen der neuen Norm von dem zuständigen Organ nachgeprüft wird und die ungültige Norm entweder als nichtig oder als unanwendbar erklärt werden kann. Bei einem formellen Konflikt zwischen einer Norm und der ihr direkt untergeordneten Norm kann es nicht einen Widerspruch geben, weil es sich um einen prozeduralen Fehler handelt. Trotzdem liegt ein Verstoß vor, weil die Bedingungen ihrer Erzeugung nicht vollständig erfüllt wurden. Das führt zwar nicht zu einer formellen Kontradiktion, aber doch zur Ungültigkeit der Norm. Die Nichtgeltung ergibt sich aus der Nichterfüllung der Normen des Erzeugungsverfahrens. Es ist metaphorisch, von einem Verstoß einer Norm gegen eine andere zu sprechen zu sprechen, da das Subjekt des Verstoßes der Normerzeuger ist, nicht die Norm.

Ein Problem entsteht, wenn eine inhaltliche Unvereinbarkeit zweier anwendbarer Normen vorliegt, denn es kann verschiedene Möglichkeiten der Inkompatibilität von zwei Norminhalten geben. Das kann folgendermaßen ausgedrückt werden: Die Situation, in der zwei Normen anwendbar sind, die einen deontischen Operator enthalten, der mit dem deontischen Operator der anderen Norm 'inkompatibel' ist, ist ein Normwiderspruch. Wir können hier vielleicht von einem "deontischen Widerspruch" sprechen, da eine Kontradiktion zwischen verschiedenen Formen des Sollens besteht. Damit soll aber nicht gesagt werden, dass so etwas wie ein widersprüchliches Sollen möglich ist. Der Widerspruch besteht nicht zwischen den deontischen Operatoren, sondern zwischen den Verhaltensweisen, die sie als gesollt anordnen. Dass das gebotene, verbotene oder erlaubte Verhalten der beiden Normen nicht gleichzeitig realisiert werden kann, impliziert die Nichterfüllung von mindestens einer der beiden Normen. Sie sind nicht zur selben Zeit anwendbar, und die Erfüllung einer der Normen kann die Verletzung der anderen bedeuten.

Eine Normkollision entsteht erst dann, wenn Normen angewendet werden, da die Idee einer Normkollision nur im Zusammenhang mit individuellen Interesse im besonderen Fall möglich ist. Es handelt sich um ein praktisches Problem, das nur in der faktischen Welt vorkommt, wenn Normen angewendet werden müssen, nicht auf der rein theoretischen Ebene. Wenn der Gesetzgeber achtlos eine Norm setzt, die mit einer anderen unvereinbar ist, stoßen diese erst dann zusammen, wenn sie angewendet werden. Wenn Normen auf der rein normativen Ebene konfligieren, sollte man sie automatisch aus der Rechtsordnung streichen.

IV. Prinzipien im Konflikt

Viel ist schon über Prinzipien und Prinzipienkonflikte geschrieben worden, doch die Vagheit und Mehrdeutigkeit des Wortes lässt sich doch weiter analysieren und präzisieren, denn es wird nicht nur von der Verfassungslehre benutzt, sondern vom allgemeinen Recht in verschiedenem Sinne. Selbst unter den Vertretern der Prinzipientheorie ist die Anwendung dieses Begriffes nicht klar.

Der Unterschied zwischen Regeln und Prinzipien führt nach Alexy zu einem weiteren Unterschied hinsichtlich der Formen von Konflikten, dem zwischen Normkonflikten und Normkollisionen. Der Normkonflikt ist ein Regelkonflikt. Er kann nur durch die Einfügung einer Ausnahmeklausel oder die Erklärung der Ungültigkeit (im Sinne ihrer Nicht-Anwendbarkeit) einer der Normen gelöst werden. Prinzipienkollisionen finden in der Dimension des Gewichts statt. Die Prinzipien haben in konkreten Fällen verschiedene Gewichte. Bei einer Normkollision führen zwei Prinzipien je für sich zu einander widersprechenden Ergebnissen. Nach einer Abwägung ergibt sich eine bedingte Vorrangrelation zwischen den kollidierenden Prinzipien.[14]

Der Begriff des Normkonflikts ist für Alexy der Obergriff, der Regelkonflikte und Prinzipienkollisionen umfasst.[15] Eine Prinzipienkollision besteht ihm zufolge dann, wenn eines der Prinzipien nur auf Kosten des anderen realisiert werden kann, so dass eine Entscheidung durch eine Abwägung erforderlich ist. Bei einer Prinzipienkollision muss stets eine Abwägung erfolgen, weil es unter den Prinzipien seiner Meinung nach keine absolute, sondern nur bedingte Vorrangrelationen geben kann. Zu Kollisionen kommt es stets nur im Hinblick auf die Lösung von Fällen.

Für Sieckmann entsteht ein Normwiderspruch nur dann, wenn zwei geltende Gebote nicht zugleich erfüllbar sind. "Ein Normwiderspruch liegt vor, wenn sich aus den Normen des Systems sowohl das Gebot eines Sachverhalts p als auch dessen Verbot, also das Gebot von -p (nicht p), ableiten lässt."[16] Dieser Widerspruch wird durch die Festsetzung eines Vorrangs für eine der sich widersprechenden Normen beseitigt, und das ist nur aufgrund einer Abwägung möglich. Das Abwägungsmodell setzt voraus, dass es echte Normkonflikte gibt, deren Beseitigung eine normative Entscheidungen erfordert, und deswegen müssen die kollidierenden Normen selbst Gründe für die Abwägungsentscheidung sein.[17]

---

[14] Alexy, 1994, Ss. 75 ff.

[15] Über Normkonflikt und Normkollision äußert sich Paulson in „Stellt die "Allgemeine Theorie der Normen" einen Bruch in Kelsens Lehre dar?", in *Die Reine Rechtslehre in wissenschaftlicher Diskussion*, Schriftenreihe des Hans Kelsens Institut, Band 7, Manz Verlag, Wien, 1982, S. 137. Die Terminologie stimmt aber nicht mit der von Alexy überein.

[16] Sieckmann, Jan R., *Regelmodelle und Prinzipienmodelle des Rechtssystems*, Nomos Verlagsgesellschaft, Baden-Baden, 1990, S. 93.

[17] Sieckmann, Jan R., „Semantischer Normbegriff und Normbegründung", ARSP, 80, 1994, S. 227-245.

V. Die Interpretation

Die Lösung eines Normkonflikts hängt von verschiedenen Prämissen ab. Wir vermuten, dass ein Normkonflikt nicht nur durch Interpretation aufgelöst werden kann, sondern auch nach dem Kriterium der Geltung der Normen, d.h., dass nur diejenige Norm, die als gültig erklärt wird, nach der Prüfung seiner Geltung durch das zuständige Organe anwendbar sein kann. Es könnte auch in einer anderen Form gelöst werden, indem die Kraft und Wirksamkeit der beiden Normen geprüft wird und die "schwächere" Norm derogiert wird.

Im Fall eines Konfliktes geht es nicht nur um eine Frage der Geltung, sondern auch um eine des Inhalts der Norm. Es muss festgestellt werden, wann die Befolgung einer der Normen die andere verletzt und umgekehrt, denn nur so kann man den Konflikt nachweisen. Der Richter muss in einem Konfliktfall, in dem er die beiden Normen anwenden kann, beiden Normen durch Interpretation einen bestimmten Inhalt geben, so dass das Problem gelöst wird. Man darf aber nicht vergessen, dass, obwohl die Verfassung einen Geltungsvorrang hat, das einfache Recht einen Anwendungsvorrang besitzt. Normen müssen verfassungskonform ausgelegt werden. Deshalb wird, wenn der Inhalt des zu prüfenden Gesetzes auf einen Verstoß gegen die Verfassung hin geprüft wird, auch der Inhalt der Verfassung analysiert, und dies führt zu einer Interpretation nicht nur des Gesetzes, sondern auch der Verfassung.

Wenn in einer Rechtsordnung keine Derogationsnormen vorhanden sind, bleibt der Normkonflikt nach Kelsens Meinung ungelöst, und die Rechtswissenschaft ist ebenso wenig kompetent, ihn durch Interpretation zu lösen.[18] Für Kelsen kann ein Normkonflikt keinesfalls im Wege wissenschaftlicher Interpretation gelöst werden, etwa in dem man behauptet, im Falle eines Normkonfliktes sei eine bestimmte Norm zu befolgen, weil dadurch ein größeres Übel vermieden wird als jenes, das durch die Befolgung der anderen Norm verursacht würde.[19] Dies wäre nur dann möglich, wenn es ausdrücklich von der Rechtsordnung erlaubt wäre, andernfalls bleibt der Normkonflikt ungelöst. Kelsen meint, dass "ungelöste Normkonflikte ... eine gar nicht seltene Tatsache" seien. Doch in der *Reinen Rechtslehre*[20] akzeptiert Kelsen die Möglichkeit, Normkonflikte durch Interpretation zu lösen, aber er lehnt dies später in der *Allgemeinen Theorie der Normen* ab.[21]

Für Weinberger ist die logische Inkonsistenz nur durch positive Bestimmungen bzw. durch angemessene Festsetzungen wie *lex posterior* zu vermeiden. Derselben Meinung ist von Wright, denn ein Normkonflikt kann nicht durch 'Logik' überwunden werden. Bei Normen, seien es Regeln oder Prinzipien, werden *Metanormen*, z.B. Derogationsnormen, zur Lösung von Konflikten verwendet, aber wenn es keine Regel gibt, dann nimmt er an, *"that in practice the conflict is often removed by some 'modifications' in*

[18] Kelsen, *Allgemeine Theorie der Normen*, Manz Verlag, Wien, 1979, S. 103.
[19] Kelsen, 1979, S. 168.
[20] Kelsen, *Reine Rechtslehre*, 2. Auflage, Franz Deuticke, Wien, 1960, S. 215.
[21] Kelsen, *Allgemeine Theorie der Normen*, 1979, S. 103 ff.

the conflicting norms, restricting their content so that contradiction is eliminated".
Damit meint er nichts anderes als Interpretation.[22] Und Peczenik würde das 'corrective interpretation' nennen, denn für ihn ist die sogenannte Lösung von Normkollisionen nur eine Art dieser korrektiven Interpretation.[23]

Hilpinens Ansicht nach können nicht alle Normkonflikte durch Regeln zweiter Stufe beseitigt werden: "*not all normative conflicts can be resolved by second - order – rules*". Welche Methode dann zu benutzen ist, macht er allerdings nicht klar. Einerseits ist die Abwägung eine Alternative, und methodologisch gesehen hat sie viel mit Interpretation zu tun. Hilpinen meint, dass die Lösung durch die Abwägung der Konsequenzen der Entscheidung erreicht wird.[24]

VI. Die Abwägung

Für Sieckmann ist eine Abwägung möglich, weil gegensätzliche normative Argumente zugleich gültig sein können, aber dies sei kein logischer Widerspruch wie zwischen Aussagen. Normative Argumente können nicht in Form von normativen Aussagen formuliert werden, die besagen, dass bestimmte Normen definitiv gelten, also in allen ihren Anwendungsfällen so gelten, wie es ihren Inhalt entspricht. Da normative Aussagen einen normativen Inhalt mit der Aussage der Geltung einer Norm dieses Inhalts verbinden, können sie auch als Geltungsaussagen bezeichnet werden.[25] Normative Argumente enthalten als Gründe für Abwägungen hingegen Forderungen, dass bestimmte Normen definitiv gelten sollen, also Geltungsgebote.

Sieckmann meint, dass Abwägungen Entscheidungsverfahren zur begründeten Festsetzung von Vorrangrelationen unter kollidierenden normativen Argumenten, insbesondere Prinzipien, sind. Das Ergebnis einer Abwägung ist die Feststellung der definitiven Geltung einer Norm in Form einer normativen Aussage (Gn).[26]

Bei einer Abwägung sind die Umstände des Einzelfalles entscheidend, deswegen können die Prinzipien keinen grundsätzlichen Vorrang beanspruchen. In diesem Sinne meint Aarnio: "Weighing is a separate meta-norm, it's a technical rule applied in a concrete judgement".[27] Die Abwägungsregel setzt die Beeinträchtigung des einen Prinzips durch eine spezifische Lösung eines bestimmten Falls und die Wichtigkeit der Erfüllung des anderen Prinzips in diesem Fall ins Verhältnis.[28]

---

[22]   Von Wright, "Is there a logic of norms?", Ratio Iuris, 4/3, December 1991, Oxford, S.. 278.

[23]   A. Peczenik, On Law and Reason, Kluwer Academic Publishing, Holland, 1989, S. 418 ff.

[24]   R. Hilpinen, "Normative Conflicts and Legal Reasoning", in *Man, Law and Modern Forms of Life*, E. Bulygin *et al* (eds), Dordrecht/Boston/Lancaster, D. Reidel Publishing Co., 1985, S. 197.

[25]   Sieckmann, Jan R., „Semantischer Normbegriff und Normbegründung", ARSP, 80, 1994, S. 228.

[26]   Sieckmann, Jan R., „Semantischer Normbegriff und Normbegründung, 1994, S. 235 ff.

[27]   Aarnio, Aulis, "Taking Rules Seriously", ARSP-Beiheft 42, 1990, S. 187.

[28]   Alexys "Abwägungsgesetz" lautet: Je höher der Grad der Nichtrealisierung des einen Prinzips ist, desto größer muss die Wichtigkeit der Realisierung des anderen sein, Alexy, 1994, Ss. 78 ff. und 146 ff.

VII. Fazit

Voraussetzung der Kollisionslehre ist die Möglichkeit, zwischen Prinzipien und Regeln zu unterscheiden. Diese Unterscheidung ist aufgrund ihrer Normstruktur möglich, sofern zu dieser Struktur auch die Bestimmung der Geltungsweise der Norm (definitive oder prima facie-Geltung) gehört. Allerdings handelt es sich nicht im strengen Sinne um einen Unterschied in der logischen Struktur der Norm oder des Normsatzes, und der Unterschied kann erst im Hinblick auf einen Konflikt in einem konkreten Fall festgestellt werden kann.

Die Lösung von Normkonflikten oder -kollisionen kann in verschiedener Weise erfolgen: durch die Rechtsordnung, durch Interpretation oder durch die Abwägung von Prinzipien. Da häufig jedoch rechtliche Vorrangregelungen fehlen und die Kriterien für eine Interpretation unklar sind, bleibt letztlich nur die Abwägung als Methode der Auflösung von Kollisionen.

Alexy und die Rehabilitierung der Frage nach dem Rechtsbegriff

Eduardo R. Sodero

Im Jahre 1978 wurde Alexys Dissertation „*Theorie der juristischen Argumentation*" veröffentlicht[1]. 30 Jahre später kann man zweifellos feststellen, daß der Gründer der „zweiten Kieler-Schule" nicht nur eine der bedeutendsten Theorien des juristischen Diskurses, sondern auch ein im wesentlichen fast komplettes rechtsphilosophisches System entwickelt hat, was ein echtes *rara avis* der heutigen Rechtsphilosophie darstellt[2].

Natürlich gibt es hier keinen Platz für eine allgemeine Darstellung dieses rechtsphilosophischen Systems. Ich werde vielmehr nur einige Überlegungen zur Bedeutung des Alexy'schen Rechtsbegriffs für ein rationales Verständnis der juristischen Praxis, besonders der Jurisprudenz[3], präsentieren. Am Anfang meines Beitrags steht die These, daß Rechtsphilosophie notwendiger Ausgangspunkt und wesentliche Dimension der gerichtlichen Argumentation ist. Am Ende die Idee, daß nur der nicht-positivistische Rechtsbegriff ein richtiges menschliches Recht[4] ermöglicht und gewährleisten kann.

1. Rechtsbegriff als notwendiges erstes Hauptthema

Alexys Werk ist ein hervorragendes Zeugnis der auch von praktischen Juristen anzuerkennenden Notwendigkeit der ewigen Frage nach *quid ius?* (d.h., was rechtens sei). Gegen manche Meinungen, wonach diese Frage irrelevant sei, hat die Geschichte uns gelehrt, daß der Streit um den Rechtsbegriff mehr als eine bloß akademische/theoretische Diskussion darstellt. Er ist vielmehr von besonderer -manchmal entscheidender- Bedeutung[5] für die Praxis.

---

1   ROBERT ALEXY, *Theorie der juristischen Argumentation. Die Theorie des rationalen Diskurses als Theorie der juristischen Begründung*, Suhrkamp, Frankfurt am Main, 1978.
2   So auch GEORGE PAVLAKOS, „Introduction", in *ders.* (Hg.), *Law, Rights and Discourse: The Legal Philosophy of Robert Alexy*, Hart Publishing, Oxford and Portland (Oregon), 2007, S. 1: „*A philosophical system is not what one would expect to find in the work of a contemporary legal thinker. Robert Alexys work counts as a striking exception*".
3   Besonders des Bundesverfassungsgerichts.
4   „*Cum igitur hominum causa omne ius constitutum sit*", Hermogenianus 1 iuris epit., D. I, 5, 2.
5   Vor allem, wenn es um die Aufarbeitung eines ungerechten Regimes geht - z.B. die nationalsozialistische oder kommunistische Vergangenheit; in Argentinien mit der schwierigen Frage der Geltung der gesetzlichen Amnestien im Lichts des Gebotes der Verfolgung von Menschenrechtsverbrechen. Gegen das Argument, daß der Zusammenbruch eines Unrechtsregimes oder einer Diktatur der Vergangenheit angehöre, antwortet Alexy: „Menschenrechtsverletzungen in Unrechtsregimen können immer wieder passieren, und immer wieder wird sich nach deren Zusammenbruch die Frage stellen,

Im Einklang mit seiner explikativen Perspektive[6] behauptet Alexy, daß jeder Jurist - *ohne Ausnahme-* einen Rechtsbegriff annehme[7], der durch die jeweilige Praxis identifiziert werde. Diese -sozusagen- „Rechtsanschauung" stellt den wirklichen Grundstein unserer *Vorverständnisse* (ganz im Sinne Essers)[8] dar, ebenso wie alle Kunstkritiker Kunstwerke nach ihren eigenen theoretischen Ideen über Kunst interpretieren[9]. Dennoch sind wir nur vor dramatischen Fällen[10] -den sog. „Grenzproblemen"- unvermeidlich gezwungen, unseren Rechtsbegriff zu präzisieren. Es ist so, weil Grenzprobleme den Charakter eines Gegenstandes besonders deutlich machen. Sie bringen Strukturen ans Licht, die normalerweise kaum sichtbar oder sogar verborgen sind.

Die Alexy'sche Rechtsphilosophie ist ein guter Beweis der Notwendigkeit der ontologischen Frage nach dem „Sein" der Sachen (hier, des Rechts). In der Erarbeitung seiner Theorie der juristischen Argumentation ist er dem Problem der Natur des Objekts dieser Argumentation, d.h. des Rechts, begegnet. Es gibt aber keinen "ersten" oder "zweiten" Alexy, anders als im Falle Gustav Radbruchs[11], sondern vielmehr nur ein *Kontinuum.* In

wie die Menschenrechtsverletzungen juristisch zu behandeln sind" (Brief an den Autor vom 21. März 2003).

Dagegen Bix: „*one's theory of law has (or should have) no effect on the resolution of particular cases*" (BRIAN BIX, *Robert Alexy Radbruch's Formula, and The Nature of Legal Theory*, in Rechtstheorie 37 [2006], S. 139-149 [143]). Raz meint, „*it was Hart who convinced many legal theorists that the concentration on defining law ... is unproductive*"; um diese Idee zu rechtfertigen, zitiert er ohne weiteres: „*he wrote about this in his inaugural lecture in 1953 and again in „The Concept of Law" in 1961*" (JOSEPH RAZ, *How Not to Reply to Legal Positivism*, in: *Law, Rights and Discourse: The Legal Philosophy of Robert Alexy* (hg v. GEORGE PAVLAKOS) [Fn. 1], S. 19).

6   Diese Perspektive folgt den Linien der Kant'schen Transzendentalphilosophie. Eine Perspektive ist *explikativ*, "wenn sie darin besteht, daß zum Ausdruck gebracht wird, was notwendig implizit in der menschlichen Praxis enthalten ist" (ROBERT ALEXY, *Menschenrechte ohne Metaphysik?*, in: Deutsche Zeitschrift für Philosophie 52 (2004), S. 19).

7   In Bezug auf den Richter schreibt Dreier: „alle Richter haben, mehr oder weniger deutlich, einen Begriff des Rechts. Aufgabe der Rechtstheorie ist es, diesen Rechtsbegriff ins Bewußtsein zu heben und zu untersuchen" (RALF DREIER, *Der Begriff des Rechts*, NJW 1986, S. 890-896, 894).

8   Siehe ROBERT ALEXY, *The Nature of Legal Philosophy* in: Ratio Juris 17 (2004), S. 156-167, 159.

9   Über Kunst hat Dworkin bemerkt: „*anyone who interprets a work of art relies on beliefs of a theoretical character about identity and other formal propertiesof art, as well as more explicitly normative beliefs about what is good in art*" (RONALD DWORKIN, *Law as Interpretation*, in: Texas Law Review, Vol. 60 (1982), S. 527, 533). Auch RONALD DWORKIN, *Law's Empire*, Harvard University Press, New Haven, 1986, S. 90.

10   Unter dramatischen Entscheidungen sind hier Entscheidungen in Fällen zu verstehen, in denen es um tiefgehende moralische Konflikte geht und die deshalb die Öffentlichkeit aufwühlen. Z.B. Schwangerschaftsabbruch (siehe ROBERT ALEXY, *Die immanente Moral des Grundgesetzes*, in: *Rechtsethik und Rechtspraxis*, hg. von F. BYDLINSKI/T. MAYER-MALY Veröffentlichungen des Internationalen Forschungszentrums für Grundfragen der Wissenschaften Salzburg, N. F. Bd. 42, Innsbruck/Wien, 1990, S. 104).

11   Siehe LON FULLER, *American Legal Philosophy at Mid-Century*, 6 Journal of Legal Education, 1953/4, S. 482; Alexy: „Radbruch war vor der Zeit des Nationalsozialismus Positivist" (ROBERT ALEXY, *Zur Verteidigung eines nichtspositivistischen Rechtsbegriffs*, in: *Öffentliche oder private Moral? Vom Geltungsgrunde und der Legitimität des Rechts. Festschrift für Ernesto Garzón Valdés*, hg. von WERNER KRAWIETZ und GEORG HENRIK VON WRIGHT, Duncker & Humblot, Berlin, 1992, S. 95, unter Zitat von GUSTAV RADBRUCH, *Rechtsphilosophie*, 8. Aufl., Stuttgart, 1973, S. 174 ff.). Dagegen STANLEY PAULSON, *Radbruch on Unjust Laws: Competing Earlier and Later Views?*, in: Oxford Journal of Legal Studies, vol. 15, 1995, S. 490; ders., *On the Background and Significance*

Alexys Worten: *„Es gibt in der Tat zwei 'Momente' in meiner Theorie: ein prozedurales und ein substantielles. Doch beide sind miteinander verbunden. So begründe ich die Menschenrechte auf der Basis der Diskurstheorie, und ohne die Diskurstheorie lassen sich die Menschenrechte nicht konkretisieren"*[12].

Der Alexy der *„Extremes Unrecht ist kein Recht"-Formel* findet sich denn auch im Hintergrund seiner „Theorie der juristischen Argumentation" im Begriff der *Richtigkeit*. Er brauchte nur solche Ideen im Laufe der Jahre weiterzuentwickeln bzw. zu vertiefen[13]. Und diesem *Leitmotiv* folgend wurde die *anfangs nur prozedural definierte* Richtigkeit mit der Idee der materiellen Gerechtigkeit selbst identifiziert[14].

2. Alexys Rechtsbegriff

Erst in *„Begriff und Geltung des Rechts"*[15] hat Alexy seinen Rechtsbegriff explizit dargestellt. Trotz der Ausarbeitung in späteren Aufsätzen[16] bleibt dieses Buch bis heute „die" systematische Darstellung seines *concept of law*. Dort definierte Alexy das Recht als ein *„System"*, das:

of Gustav Radbruch's Post War Papers, in: Oxford Journal of Legal Studies, 2006, S. 17-40; ders., *Ein ewiger Mythos: Gustav Radbruch als Rechtspositivist – Teil I*, in: Juristen-Zeitung 63 (2008), S. 105 ff.

12   Brief an den Autor vom 14. März. 2003.

13   So hat Alexy anerkannt, daß seine Theorie der juristischen Argumentation einen nichtpositivistischen Rechtsbegriff voraussetze, der im Jahre 1978 noch nicht entwickelt worden war (Robert Alexy, in: MANUEL ATIENZA, *Entrevista a Robert Alexy*, Doxa 24 (2001), S. 672.

14   So schreibt Alexy: „Der Anspruch auf rechtliche Richtigkeit ist zwar keinesfalls mit dem Anspruch auf moralische Richtigkeit identisch, er schließt aber einen Anspruch auf moralische Richtigkeit ein"; noch stärker: „zur Erfüllung des Anspruchs auf Richtigkeit [sind] überhaupt moralische Argumente erforderlich" (ROBERT ALEXY, *Recht und Richtigkeit*, in: *The Reasonable as Rational? On Legal Argumentation and Justification. Festschrift für Aulis Aarnio*, hg. v. W. KRAWIETZ/R. S. SUMMERS/O. WEINBERGER/G. H. V. WRIGHT, Duncker & Humblot, Berlin, 2000, S., 14).
Vgl. ROBERT ALEXY, *Law, Discours and Time*, in: Archiv für Rechts- und Sozialphilosophie, Beiheft 64 (1995), S. 103: *„The claim to correctness is, as such, purely formal. It contains no material or substantive criterion of correctness"*.

15   ROBERT ALEXY, *Begriff und Geltung des Rechts*, Karl Alber Verlag, Freiburg/München 1992; 4. Aufl. 2005.

16   Siehe, u.a., *Mauerschützen. Zum Verhältnis vom Recht, Moral und Strafbarkeit*, Berichte aus den Sitzungen der Joachim Jungius-Gesellschaft der Wissenschaften e. V., Hamburg, Jahrgang 11-1993-Heft 2, Verlag Vandenhoeck und Ruprecht, Göttingen, 1993 - wieder abgedruckt in: *Elemente einer juristischen Begründungslehre* (hg. v. R. ALEXY/H.-J. KOCH/L. KUHLEN/H. RÜßMANN), Nomos, Baden-Baden, 2003, S. 469-492-; *Der Beschluß des Bundesverfassungsgerichts zu den Tötungen an der innerdeutschen Grenze vom 24. Oktober 1996*, Berichte aus den Sitzungen der Joachim Jungius-Gesellschaft der Wissenschaften e. V., Hamburg, Jahrgang 15-1997-Heft 3, Verlag Vandenhoeck und Ruprecht, Göttingen, 1997; *Giustizia come correttezza*, in: Ragion pratica 9 (1997), S. 103-113 (Übersetzung ins Italienische von Bruno Celano); *A Defence of Radbruch's Formula*, in: *Recrafting the Rule of Law: The Limits of Legal Order* (hg. v. D. DYZENHAUS), Oxford / Portland Oregon 1999, S. 15-39, wieder abgedruckt in: *Lloyd's Introduction to Jurisprudence*, 7. Aufl., hg. v. M.D.A. FRIEDMAN, Sweet & Maxwell, London, 2001, S. 374-391; *Recht und Richtigkeit* (Fn 14), S. 3-19; *Recht und Moral*, in: Marburger Jahrbuch Theologie 14 (2002), S. 83-92; *Menschenrechte ohne Metaphysik?* (Fn 6), S. 15-24; und *Grund- und Menschenrechte*, in: *Verfassung und Argumentation* (hg. v. JAN-R. SIECKMANN), Nomos, Baden-Baden 2005, S. 61-72.

(1) einen *Anspruch auf Richtigkeit* erhebt, und

(2) aus einer *Normengesamtheit* besteht, die nach einem dreistufigen, „am Begriff der praktischen Vernunft orientierten Modell" organisiert ist (das sogenannte „Drei-Ebenen-Modell" oder „Regel/Prinzipien/Prozeduren-Modell des Rechtssystems"[17]).

Die Normen dieser Gesamtheit seien:

i) Normen, die zu einer im großen und ganzen *sozial wirksamen Verfassung* gehören und *nicht extrem ungerecht sind*;

ii) Normen, die gemäß dieser Verfassung gesetzt sind, ein Minimum an sozialer Wirksamkeit oder Wirksamkeitschance aufweisen und *nicht extrem ungerecht sind*;

iii) Normen (bzw. Prinzipien und sonstige normativen Argumente) auf die sich die Prozedur der Rechtsanwendung stützen muß, um den Anspruch auf Richtigkeit zu erfüllen[18].

Ist dies ein adäquater Rechtsbegriff? Was Begriffe betrifft, hat Alexy selber klar bemerkt: „*Concepts relate not only to socially established rules of meaning, but also to the nature of things. The nature of law consists of its necessary properties*"[19]. Aber „*for an explanation of the nature of law, it is not enough that some of its necessary properties, or a list of them, be presented. These properties must be fitted together in a system*". Dann fehlt nur noch ein Schritt zur Definition eines Begriffs: „*a definition of law (...) must represent the attempt to set out the core of such a system*"[20].

Diese entscheidende Frage nach „*the core*" des Systems ist relativ einfach zu beantworten. Die Richtigkeit ist „*the key concept*", der Grundstein des Alexy'schen Rechtsbegriffs, wie bereits dargelegt wurde[21]. Sowohl einzelne Rechtsnormen und einzelne rechtliche Entscheidungen als auch Rechtssysteme im ganzen erheben notwendig einen Anspruch auf Richtigkeit („Richtigkeitsargument"). Es ist wahr, daß das Recht eine soziale Praxis ist. Aber „eine soziale Praxis, die nichts beansprucht außer Macht oder Gewalt, wäre kein Rechtssystem. In diesem Sinne ist der Anspruch auf Richtigkeit notwendig mit dem Recht verbunden"[22]. Noch mehr: diese Richtigkeit sollte nicht nur beansprucht, sondern auch realisiert werden.

In Bezug auf jene „*necessary properties*" ist es betonenswert, daß dieser auf sechs Elemente[23] gegründete Rechtsbegriff beide wesentlichen Dimensionen des Rechts (fakti-

---

17   ROBERT ALEXY, *Rechtssystem und praktische Vernunft*, Rechtstheorie 18 (1987), S. 407, 416 ff..

18   Die Erarbeitung dieser Normen ist Gegenstand der Theorie der juristischen Argumentation.

19   ROBERT ALEXY, *An Answer to Joseph Raz*, in *Law, Rights and Discourse: The Legal Philosophy of Robert Alexy* (hg. v. GEORGE PAVLAKOS (Fn. 2), S. 37, 42.

20   Ibid, S. 42.

21   Dazu ROBERT ALEXY, *Recht und Richtigkeit*, (Fn 14), *passim*.

22   ROBERT ALEXY, *Recht und Moral* (Fn 16), S. 86.

23   „Norm", „System", „Richtigkeit", „soziale Wirksamkeit", „ordnungsgemäße Gesetzheit" und „Gerechtigkeit" (Moralität). Alexy anerkennt die Schwierigkeiten der Inklusion moralischer Elemente in den Rechtsbegriff. Seine Antwort auf die Kritik lautet: „Klarheit im Sinne von Einfachheit (ist) nicht das einzige Ziel einer Begriffsbildung. Die Einfachheit darf nicht auf Kosten der Adäquatheit gehen." ROBERT ALEXY, *Zur Verteidigung eines nichtspositivistischen Rechtsbegriffs* (Fn 11, S. 94). Die prozedurale und institutionelle Dimensionen des Rechts sind von den genannten Elementen eingeschlossen.

sche und ideale[24]) berücksichtigt. Trotzdem muss er korrigiert werden, um komplett zu sein: Auf der einen Seite sollte *coertio (Zwang)* als ein differenziertes Element verstanden werden, obwohl es mit sozialer Wirksamkeit viel zu tun hat. Es ist so, weil *„the meaning presently inherent in the expression 'law' makes it impossible to apply this expression to a system of norms"*, das keine durchsetzbaren *(enforceable)* Normen hat[25]; *„coercion is necessary if law is to be a social practice that fulfils its basic formal functions as defined by the values of legal certainty and efficiency"*[26]. Das gleiche gilt für die Kategorien der völkerrechtlichen, präjudiziellen und Gewohnheitsnormen.

Auf der anderen Seite ist die entscheidende Idee, daß gültige verfassungsrechtliche Normen keinen extrem ungerechten Inhalt haben dürfen, zu berücksichtigen. Es geht hier genau um eine der ersten rechtsphilosophischen Thesen des Bundesverfassungsgerichts[27], wonach der *pouvoir constituant* „an die jedem geschriebenen Recht vorausliegenden überpositiven Rechtsgrundsätze" gebunden sei[28]. Diese Grundsätze oder Prinzipien haben nicht nur eine moralische, sondern auch eine *rechtliche* Geltung/Natur[29], d.h. sind echtes Recht[30].

Daraus folgt die Notwendigkeit, sie als *Teil des Rechtssystems zu anerkennen*. Es ist wahr, daß die Methoden des positiven Rechtes für die Erkenntnis jener rechtlich-morali-

---

24 Anders gesagt: *„comprises the authoritative dimension of law, as well as the ideal"* (ROBERT ALEXY, *An Answer to Joseph Raz* [Fn 19], S. 55).

25 ROBERT ALEXY, *The Nature of Arguments about the Nature of Law* in: *Rights, Culture, and the Law. Themes from the Legal and Political Philosophy of Joseph Raz* (hg. v. L. H. MEYER/S. L. PAULSON/T. W. POGGE), Oxford University Press, Oxford, 2003, S. 7.

26 *Ibidem*, S. 9.

27 Auf dessen Basis wurde die Doktrin der "verfassungswidrigen Verfassungsnormen" von Bachof entwickelt (siehe OTTO BACHOF, *Verfassungswidrige Verfassungsnormen*, in Recht und Staat, Nr. 163/164, S. 11 ff.; auch NJW 1952, S. 242).

28 *"Südweststaat"*, BVerfGE 1, 14, 61 (1951). Obwohl es ein *obiter dictum* war - siehe HANS JOACHIM FALLER, *Wiederkehr des Naturrechts? Die Naturrechtsidee in der höchstrichterlichen Rechtsprechung von 1945 bis 1993*, in Jahrbuch des öffentlichen Rechts der Gegenwart, N.F. 43 (1995), S. 10 -, wurde dieses Präjudiz zwei Jahre später weiterentwickelt: In *„Gleichberechtigung"* (BVerfGE 3, 225, 232 [1953]) behauptete das BVerfG daß „die ausnahmslose Geltung des darin zum Ausdruck kommenden Grundsatzes, daß der ursprüngliche Verfassungsgeber alles nach seinem Willen ordnen kann, ... einen Rückfall in die Geisteshaltung eines wertungsfreien Gesetzespositivismus bedeuten [würde], wie sie in der juristischen Wissenschaft und Praxis seit längerem überwunden ist. Gerade die Zeit des nationalsozialistischen Regimes in Deutschland hat gelehrt, daß auch der Gesetzgeber Unrecht setzen kann, daß also (...) in äußersten Fällen die Möglichkeit gegeben sein muß, den Grundsatz der materialen Gerechtigkeit höher zu werten als den der Rechtssicherheit". Und es folgerte: „Bejaht man die, wenn auch nur entfernte, Denkbarkeit "verfassungswidriger Verfassungsnormen", so ist es in der Tat nur folgerichtig, eine solche Feststellung der richterlichen Gewalt zu übertragen, die ja eben doch ihre Autorität nicht nur äußerlich auf die Verfassung, sondern - dem Wesen ihrer Tätigkeit entsprechend - in gewisser Weise auf die Idee des Rechts selbst gründet" (S. 235).

29 Sie sind *„non-authoritative legal reasons"*, im Gegensatz zu den *„authoritative reasons"* des positiven Rechts (ROBERT ALEXY, *An Answer to Joseph Raz* [Fn 19], S. 51).

30 So GUSTAV RADBRUCH, *Fünf Minuten Rechtsphilosophie*, in: Rhein-Neckar-Zeitung vom 12.9.1945, zitiert nach dem Neuabdruck in: ders., *Rechtsphilosophie*, 8. Aufl., hg. von ERIK WOLF und HANS-PETER SCHNEIDER, Stuttgart, 1973, S. 327 ff.: „Fünfte Minute: Es gibt also Rechtsgrundsätze, die stärker sind als jede rechtliche Satzung, so daß ein Gesetz, das ihnen widerspricht, der Geltung bar ist. Man nennt diese Grundsätze das Naturrecht oder das Vernunftrecht (...)".

schen Prinzipien ungeeignet sind. Es sind vielmehr andere Methoden erforderlich, da es sich vor allem um eine rein moralische Argumentation handelt. Aber dies spielt für die Anerkennung des juristischen Charakters jener moralischen Prinzipien keine Rolle. Die Notwendigkeit ihres Einschlusses ins Rechtssystem folgt *auch*[31] daraus, daß die begrifflich notwendige „moralische Richtigkeit"[32] ausschließlich nur durch jene Prinzipien gewährleistet werden kann. Ihre „Richtigkeit und sonst nichts holt sie ins Recht"[33].

Da der Anspruch auf Richtigkeit den Anspruch auf Gerechtigkeit einschließt[34], kommen wir so zur ewigen Frage nach dem Verhältnis zwischen Recht und Gerechtigkeit, *ius et iustitia*[35]. Was ist denn für Alexy unter „Gerechtigkeit" zu verstehen? Der Kieler *Maestro* hat ohne weiteres explizit betont: *"Gerechtigkeit ist Richtigkeit"*[36]. Bedeutet es aber, daß es möglich wäre, die These Recht = *Gerechtigkeit* durch „Richtigkeit" endlich zu bejahen? Auf Grund seiner Argumentation für die Annahme der *Radbruch'schen Formel*[37] ist die Frage nach einer möglichen Identifizierung von Recht und Gerechtigkeit für Alexy *negativ* zu beantworten.

Das Recht hätte eine dyadische Natur (*dual nature*)[38]: eine faktische und ideale[39]. Durch die genannte Formel kann das Verhältnis zwischen beiden Dimensionen angemessen erfasst werden. Ungerechte Normen sind noch Recht: „Anarchie wäre die Konsequenz, wenn jede moralische Fehlerhaftigkeit als solche (...) ausreichen würde, um die rechtliche Geltung oder sogar den Rechtscharakter einer Norm oder Entscheidung zu beseitigen"[40]. Dies wäre mit dem Gebot von Rechtssicherheit unvereinbar[41]. Insofern gilt:

---

31 Siehe unten, die Idee der Offenheit der Struktur des Rechts als Grund für den Einschluß moralischer Prinzipien.

32 ROBERT ALEXY, *Recht und Moral* (Fn. 16), S. 85.

33 ROBERT ALEXY, *Recht und Richtigkeit* (Fn 14), S. 16.

34 *Ibidem*, S. 14: „Der Anspruch auf rechtliche Richtigkeit ist zwar keinesfalls mit dem Anspruch auf moralische Richtigkeit identisch, *er schließt aber einen Anspruch auf moralische Richtigkeit ein*" (Kursiv E.S.). Im gleichen Sinne: „Wer behauptet, daß etwas gerecht ist, behauptet stets zugleich, daß es richtig ist" (ROBERT ALEXY: *Justicia como corrección*, Spanische Version von José Antonio Seoane und Eduardo Roberto Sodero, in: ROBERT ALEXY, *La institucionalización de la justicia*, Comares, Granada, 2005, S. 58 -im Text nach „Recht als Richtigkeit", *pro manuscripto*-).

35 Anders gesagt, das Problem des richtigen/gerechten Rechts.

36 ROBERT ALEXY, *Justicia como corrección*, (Fn 34), S. 57. Siehe unten, Fn 82.

37 „Der Konflikt zwischen der Gerechtigkeit und der Rechtssicherheit dürfte dahin zu lösen sein, daß das positive, durch Satzung und Macht gesicherte Recht auch dann den Vorrang hat, wenn es inhaltlich ungerecht und unzweckmäßig ist, es sei denn, daß der Widerspruch des positiven Gesetzes zur Gerechtigkeit ein so unerträgliches Maß erreicht, daß das Gesetz als „unrichtiges Recht" der Gerechtigkeit zu weichen hat" (GUSTAV RADBRUCH, *Gesetzliches Unrecht und übergeseztliches Recht*, in: Süddeutsche Juristen-Zeitung 1 [1946], 105, 107). Siehe insbesondere ROBERT ALEXY, *A Defence of Radbruch's Formula* (Fn. 16), *passim*.

38 ROBERT ALEXY, *An Answer to Joseph Raz* (Fn 19), S. 37 und 52.

39 *„The relation between law as fact and law as an ideal is the most important issue in explaining its nature"* (*ibid*, S. 39).

40 ROBERT ALEXY, *Recht und Moral*, (Fn. 16), S. 88.

41 „Vor allem die Rechtssicherheit schließt es aus, daß jede Ungerechtigkeit zum Verlust der Rechtsqualität führt" (ROBERT ALEXY, *Recht und Richtigkeit* [Fn 14], S. 17 ff.). „A version of nonpositivism that precluded the legal validity of authoritatively issued and socially efficacious norms in all cases of conflict between law and morality would not be acceptable. One might term this version

„legal certainty and efficiency are the two formal and minimal values of law"[42]. Normen, die schlicht ungerecht sind, bleiben dennoch noch Recht. Es bedeutet, daß Richtigkeit mit einem bestimmten Maß an Ungerechtigkeit kompatibel ist: Gerechtigkeit braucht Sicherheit[43].

Man darf aber nicht vergessen, daß nach jener Formel eine Norm *ihre rechtliche Qualität verliert*, wenn sie die *Schwelle* zum unerträglichen extremen Unrecht[44], bzw. „schreienden Ungerechtigkeit" überschreitet[45]. Obwohl es demnach „erhebliche Bestände ungerechten und dennoch geltenden Rechts geben (kann)" und „nicht jede Ungerechtigkeit mit dem Recht unverträglich ist", folgte aber daraus *„nicht, daß jede Unge-*

of non-positivism 'exclusive non-positivism'. Owing to the inherently controversial nature of moral issues, exclusive non-positivism would be tantamount to anarchism" (ROBERT ALEXY, *Thirteen Replies*: in *Law, Rights and Discourse: The Legal Philosophy of Robert Alexy* (hg. v. GEORGE PAVLAKOS [zit Fn 2], S. 335).

42 ROBERT ALEXY, *The Nature of Arguments about the Nature of Law*, (Fn. 26), S. 9.
    Rechtssicherheit ist ein wesentliches Element des rechtsstaatlichen Prinzips (*"Gleichberechtigung"*, BVerfGE 3, 225, 237 [1953], zit. *"Haftentschädigung"*, BVerfGE 2, 380, 403.

43 Siehe STEFANO BERTEA, *How Non-Positivism can Accommodate Legal Certainty*, in *Law, Rights and Discourse: The Legal Philosophy of Robert Alexy* (hg v. GEORGE PAVLAKOS), Fn. 1, S. 74 ff.

44 Diese Schwelle bedeutet die „äußerste Geltungsgrenze" des Rechtes (so BVerfGE 3, 58, 119 [1953] -*"Beamtenverhältnisse"*-), die Linie der Sir Francis Drake's Warnung: *„No peace beyond the line"* ("Appletons' Cyclopædia of Biography: Embracing a Series of Original Memoirs of the Most Distinguished Persons of All Times", American edition by Francis L. Hawks, Appleton and Co., New York, MDCCCLVI, S. 346).

45 Die Formel „soll in folgender Interpretation betrachtet werden: *Einzelne Normen eines Rechtssystems verlieren bei Überschreiten einer bestimmten Schwelle des Unrechts oder der Ungerechtigkeit ihren Rechtscharakter"* (ROBERT ALEXY, *Zur Verteidigung eines nichtspositivistischen Rechtsbegriffs* (Fn. 11), S. 85, 88). In dieser Hinsicht behauptete das Bundesverfassungsgericht, daß die Elfte Verordnung zum Reichsbürgergesetz vom 25. November 1941 (RGBl. I, p. 722) „nur richtig beurteilt werden kann, wenn sie im Zusammenhang mit der nationalsozialistischen Rassengesetzgebung und dem politischen Ziel des Nationalsozialismus, das deutsche und europäische Judentum auszurotten, gesehen wird", und daß „der Versuch, nach 'rassischen' Kriterien bestimmte Teile der eigenen Bevölkerung mit Einschluß der Frauen und Kinder physisch und materiell zu vernichten, mit Recht und Gerechtigkeit nichts gemein (hat). (...) Denn einmal gesetztes Unrecht, das offenbar gegen konstituierende Grundsätze des Rechts verstößt, wird nicht dadurch zu Recht, daß es angewendet und befolgt wird" (*„Ausbürgerung aus rassischen Gründe"*, BVerfGE 23, 98, 105 [1968].
    Warum gab es extremes Unrecht im Fall der *"Mauerschützen"* (BVerfGE 95, 96 [1996])? Vielleicht nicht nur, weil einige fundamentale Menschenrechte, nämlich das auf Leben und das der Ausreisefreiheit, verletzt wurden, sondern weil auch andere wesentliche Rechte verletzt worden sind, wie jene, das eigene Leben zu führen, wie man will, oder auf die freie öffentliche Diskussion politischer Fragen, besonders über die richtige Lösung des Ausreiseproblems. Man müsste „den normativen und den faktischen Kontext der damaligen Schießpraxis an der deutsch-deutsch Grenze" berücksichtigen; vor allem, „die Struktur des Unrechts. Diese ist dadurch gekennzeichnet, daß nicht nur über das Ausreiseproblem nicht frei diskutiert werden durfte, sondern überhaupt nicht. Die D.D.R. war eine nicht-diskursive Gesellschaft". Wenn „alles zusammenkommt: ein ganzes und einziges Leben, das man führen soll, wie man nicht will, die Unmöglichkeit, sich mit Argumenten dagegen zu wehren, das Verbot, dem zu entfliehen, und der Todesschuß für den, der das nicht hinnimmt, dann kann an dem Urteil, daß extremes Unrecht geschah, als das Leben der zumeist jungen Menschen ausgelöscht wurde, die ihre Konzeption des guten und richtigen Lebens, ganz gleich wie immer diese aussah, selbst um den Preis ihres Todes realisieren wollten, kein Zweifel sein" (siehe ROBERT ALEXY, *Mauerschützen. Zum Verhältnis vom Recht, Moral und Strafbarkeit*, [Fn 16] , S. 28/30).

rechtigkeit sich mit ihm verträgt. Es lassen sich Gründe dafür anführen, daß es von einer bestimmten Schwelle an zur Unverträglichkeit kommt. Diese Schwelle kann durch den Begriff des *extremen Unrechts* definiert werden, was im wesentlichen der Radbruchschen Formel entspricht"[46]. Die denkbar kürzeste Fassung dieser Formel lautet: „Extremes Unrecht ist kein Recht"[47]. „Wer diese These vertritt, hat aufgehört, ein Rechtspositivist zu sein"[48], weil die Radbruch'sche Formel „überpositives Recht voraussetzt"[49].

Nach dem „Mauerschützen-Beschluß"[50] dürfen Menschenrechte als konkrete „Prüfungsmaßstäbe" oder „Anhaltspunkte"[51] für die Operation dieser Formel berücksichtigt werden[52]. Diese Menschenrechte bringen so die fundamentalen Interesse und Bedürfnisse der Menschen zum Ausdruck[53]. Anders gesagt: Menschenrechte sind die Schlüssel einer rationalen Konkretisierung der „Schwelle" zum extremen Unrecht. Dadurch kann man ausschließlich den genauen Kern der Gerechtigkeit herausfinden, der aus jener *„core of fundamental human rights"*, die *„at all times and in all places"*[54] gelten, besteht. Sie sind aber nur ein Teil der Gerechtigkeitsgebote. Das zeigt daß „der Bereich der Menschenrechte nicht mit dem der Gerechtigkeit übereinstimmt: Was Menschenrechte verletzt, ist zwar notwendig ungerecht[55]; nicht alles, was ungerecht ist, verletzt aber stets zugleich Menschenrechte"[56]. Das stimmt mit der Radbruch-Alexy-Mauerschützen Formel überein, die die Möglichkeit eines ungerechten aber noch rechtlich geltenden Rechts begründet.

46 ROBERT ALEXY, *Recht und Richtigkeit* , (Fn 14), S. 17/18 (Kursiv E.S.).
47 ROBERT ALEXY, *Mauerschützen. Zum Verhältnis von Recht, Moral und Strafbarkeit* (Fn 16), S. 4. Auch ders., *Der Beschluß des Bundesverfassungsgerichts zu den Tötungen an der innerdeutschen Grenze vom 24. Oktober 1996* (Fn 16), S. 12; ders., *The Nature of Arguments about the Nature of Law* (Fn. 26), S. 15.
48 ROBERT ALEXY, *Mauerschützen. Zum Verhältnis von Recht, Moral und Strafbarkeit,* (Fn 16), S. 4.
49 ROBERT ALEXY, *Der Beschluß des Bundesverfassungsgerichts zu den Tötungen an der innerdeutschen Grenze vom 24. Oktober 1996* (Fn 16), S. 28.
50 „Schüsse an der Berliner Mauer 1972", BGHSt 40, 241.
51 *Ibidem*, S. 244
52 Es bedeutet aber nicht, daß jede Verletzung der Menschenrechte notwendig einen Fall „extremen Unrechts" darstellt und damit den Verlust der Rechtsgeltung des jeweiligen positiven Rechts zur Folge hätte. Dies wird immer eine offene Frage sein.
53 Zur „Fundamentalität" als Eigenschaft der Menschenrechte ROBERT ALEXY, *Die Institutionalisierung der Menschenrechte im demokratischen Verfassungsstaat*, in: Philosophie der Menschenrechte (hg. v. STEPHAN GOSEPATH/GEORG LOHMANN), Suhrkamp, Frankfurt am Main, 1998, S. 244-264, S. 251.
54 ROBERT ALEXY, *Law, Discourse, and Time*, in: ARSP-Beiheft 64 (1995), S. 104. Dort sagt auch Alexy: *„Duly enacted and socially efficacious legal norms which are incompatible with the core of fundamental human rights are extremely unjust and therefore no law. This thesis corresponds to the famous Radbruch-formula"*.
55 Aber vielleicht nicht „extrem ungerecht". Hierzu, über die Unterscheidung von *schwacher* und *starker* Priorität der Menschenrechte, siehe ROBERT ALEXY, *Die Institutionalisierung der Menschenrechte im demokratischen Verfassungsstaat* (Fn 53), S. 252 f..
56 ROBERT ALEXY, *Die Institutionalisierung der Menschenrechte im demokratischen Verfassungsstaat* (Fn 53), S. 251 ff..

Bemerkenswert ist die erstaunliche? Familienähnlichkeit[57] zwischen diesem sogenannten „*Unrechtsargument*" und der Antwort Thomas von Aquins[58], der ebenfalls nicht die
Identifizierung von Recht und Gerechtigkeit verteidigt. Durch die Unterscheidung von
leges simpliciter und *secundum quid* vertritt er gegen Augustinus[59] die These, daß *auch*
ungerechte Normen *Recht sein können*. *Leges simpliciter* seien Gesetze, die gerecht
(richtig) sind[60]. Ungerechte Gesetze seien „*legis corruptio*"[61] aber noch *secundum quid*
Gesetze[62]. In diesem Zusammenhang waren auch für den Aquinat die modernen Elemente der ordnungsgemäßen Gesetztheit und sozialen Wirksamkeit von entscheidender
Bedeutung[63]. Die Grenze kann ganz im Sinne der Radbruch-Alexy'schen Formel auch
hier als "extremes Unrecht" beschrieben werden: *Lex iniustissima non est lex*. Nach ihm
sind extrem ungerechte Normen diejenige, die „*possunt esse iniustae per contrarietatem
ad bonum divinum, sicut leges tyrannorum inducentes ad idololatriam, vel ad quodcum-
que aliud quod sit contra legem divinam. Et tales leges nullo modo licet observare*"[64].
Zum Alexyschen Rechtsbegriff zurückkehrend, gibt es viele Argumente[65] für seine
Wahl als Ausgangspunkt einer rationaler Darstellung bzw. Rekonstruktion der rechtsphilosophischen Hintergründe der BVerfG-Rechtsprechung sowohl vor den Problemen
der „Unrechtssysteme" (III. Reich und DDR) als auch vor den alltäglichen Ungerechtigkeiten in der Bundesrepublik Deutschland[66].
Nichts anderes macht Alexy in seinen Untersuchungen zu den Urteilen der „Mauer-

---

57 LUDWIG WITTGENSTEIN, *Philosophische Untersuchungen* (1953), hg. von J. Schulte, Suhrkamp, Frankfurt am Main, 2003, § 67, S. 324 f.

58 In diesem Sinne schon JOSÉ ANTONIO SEOANE, *La doctrina clásica de la lex iniusta y la fórmula de Radbruch. Un ensayo de comparación*, in *La injusticia extrema no es derecho. De Radbruch a Alexy*, (hrsg. v. RODOLFO LUIS VIGO), Facultad de Derecho UBA-La Ley, Bs. As., 2004, S. 253 ff. Auch FRANCESCO D'AGOSTINO, *Filosofía del Derecho*, Editorial Temis-Universidad La Sabana, Bogotá, Colombia, 2007, S. 38.

59 "*Nam lex mihi esse non videtur, quae iusta non fuerit*", AUGUSTINUS, *De libero arbitrio*, I, v. 11

60 „*Central case*" und „*focal meaning*" des Rechtes in Wörtern Finnis (JOHN FINNIS, *Aquinas. Moral, Political and Legal Theory*, Oxford University Press, Oxford, 1998, S. 44)

61 SANCTI THOMAE DE AQUINO, *Summa Theologiae*, I-II, q. 95, a. 2.

62 „'*According to something*', i.e. in some respect(s), relatively speaking, in a qualified sense", als Finnis erklärt (JOHN FINNIS, *Aquinas. Moral, Political and Legal Theory* [Fn 60], , S. 44).

63 Es ist denn kein Zufall, daß Alexy Thomas von Aquin für einen "ernsthaften Naturrechtler" hält (siehe ROBERT ALEXY, *Recht und Moral*, [Fn 16], S. 85, zitierend *Summa Theologiae*, I-II, q. 90, a. 3, 4; q. 91, a. 3; q. 95, a. 1; II-II, q. 57, a. 2).

64 SANCTI THOMAE DE AQUINO, *Summa Theologiae*, I-II, q. 96, a. 4.

65 U.a., die kritische aber im Wesentlichen zustimmende Position Alexys zu den bedeutendsten „*land-mark-decisions*" des Karlsruher Gerichts.

66 So erklärt Alexy daß das *Prinzipienargument* auf den Alltag des Rechtssystems -*the everyday life of law*- ziele, während die Ausnahmesituation eines Unrechtssystems Gegenstand des *Unrechtsargu-ment* sei (ROBERT ALEXY, *Zur Verteidigung eines nichtpositivistischen Rechtsbegriffs*, [Fn 11], S. 89; ders., *An Answer to Joseph Raz* (Fn. 19), S. 54). Dazu siehe EDUARDO SODERO, *Sobre el antipositivismo jurídico del Bundesverfassungsgericht*, in: *Las razones del derecho natural* (hg v. RENATO RABBI-BALDI CABANILLAS, 2e. Aufl, Editorial Abaco de Rodolfo Depalma, Bs. As, 2008, S. 387 ff.; EDUARDO ROBERTO SODERO, *Reflexiones iusfilosóficas sobre el caso de los Guardianes del Muro*, in: *La injusticia extrema no es derecho. De Radbruch a Alexy* (hg v. RODOLFO LUIS VIGO), (Fn 58), S. 289 ff.

schützen-Prozesse", die die Betrachtung des Rechts vom Standpunkt eines Teilnehmers bedeuten (in deren „*Zentrum* ... *der Richter (steht)*"[67]). Man braucht nur darauf hinzuweisen, daß ein Rechtssystem ohne Teilnehmer undenkbar ist[68] - d.h., daß nur die Teilnehmerperspektive begrifflich notwendig ist -, um die entscheidende Kraft der Alexy'schen These, daß „*einzelne Normen eines Rechtssystems ihren Rechtscharakter verlieren, wenn sie extrem ungerecht sind*"[69], zu begreifen.

3. Das Verhältnis von Recht und Moral: die Alexy'sche Verbindungsthese

Gegen positivistische Trennbarkeits- und Trennungsthese[70] vertritt Alexy die *Verbindungsthese*: die Moralität als solche sei nicht nur ein *mögliches* sondern vielmehr ein *notwendiges* Element des Rechtsbegriffs[71]. Anders gesagt: der Begriff des Rechts *muß* moralische Elemente einschließen[72], was von Alexy als „*starke Verbindungsthese*"[73] charakterisiert wird. Es bedeutet u.a., daß in der juristischen Diskussion notwendig auch von der Moral zu reden ist[74].

Diese „*starke Verbindungsthese*" sollte einerseits von der „*schwachen Verbindungsthese*" unterschieden werden: davon ist die Rede, wenn „der Einschluß [der Moral in das Recht] nur als gesollt oder vorzugswürdig, nicht aber als begrifflich notwendig angesehen wird"[75]. Andererseits ist sie von der „*fundamentalistischen Verbindungsthese*"

---

67 ROBERT ALEXY, *Zur Verteidigung eines nichtspositivistischen Rechtsbegriffs* (Fn 11), S. 90.

68 Während ein Rechtssystem ohne Beobachter natürlich existieren dürfte (Robert Alexy, im Fachseminar "Grundrechte, Diskurs und praktische Vernunft - Die Rechtstheorie Robert Alexys", DAAD-Alumni-Veranstaltung, Facultad de Derecho de la Universidad de Buenos Aires, Bs. As., 7. Oktober 2008).

69 ROBERT ALEXY, *Zur Verteidigung eines nichtspositivistischen Rechtsbegriffs* (Fn 11), S. 91.

70 Andrei Marmor beschreibt die „separation thesis" in der Weise, daß „this thesis basically maintains that determining what the law is does not necessarily, or conceptually, depend on moral or other evaluative considerations about what the law ought to be in the relevant circumstances" (ANDREI MARMOR, *Positive Law and Objective Values*, Clarendon Press, Oxford, 2001, S. 71).

71 Alexy warnt vor einer der attraktivsten Versionen des Positivismus - dem sogennanten „inclusive positivism" -, der die sogennante *Trennbarkeitsthese* vertritt. Sie sagt nur, daß es *möglich* ist, daß „das positive Recht einer bestimmter Gemeinschaft moralische Prinzipien einschließt, was etwa durch Verfassungsbestimmungen, die Menschenrechte in positives Recht transformieren, geschehen kann". Da der Einschluß moralischer Gehalte ins Recht folglich „bloß kontingent" sei (ROBERT ALEXY, *Recht und Moral* [Fn 16], S. 83), bleibt immer die Möglichkeit, alle moralische Elemente aus dem Rechtsbegriff auszuschließen.

72 „*The overarching concept of law ...necessarily and essentially includes moral principles*" (ROBERT ALEXY, *An Answer to Joseph Raz* [Fn 19], S. 55).

73 ROBERT ALEXY, *Recht und Moral* (Fn 16), S. 85.

74 Es bedeutet daß die berühmte - und zutreffende - Warnung Wittgensteins („wovon man nicht sprechen kann, darüber muss man schweigen"; LUDWIG WITTGENSTEIN, *Tractatus logico-philosophicus*, 7; englisches Version by D. F. Pears and B. F. McGuinness, Routledge, New York/London, 1974, S. 89: *What we cannot speak about we must pass over in silence*) hier nicht anzuwenden ist.

75 *Ibidem*. Im Jahre 1992 gab Alexy die etwas andere Version, daß „ein Nichtpositivist nicht die starke Verbindungsthese vertreten muß, die das Postulat einer inhaltlichen Übereinstimmung jeder Rechtsnorm mit der Moral enthält"; der Rechtscharakter gehe nach der Radbruch'schen Formel „erst dann verloren, wenn der Widerspruch zwischen Recht und Moral ein 'unerträgliches', also ein extremes Maß erreicht. Dies kann als 'schwache Verbindungsthese' bezeichnet werden" (ROBERT ALEXY, *Zur Verteidigung eines nichtspositivistischen Rechtsbegriffs*, Fn 11, S. 97).

(E.S.) zu unterscheiden, die die stärkste Version der nichtpositivistischen Verbindungsthese darstellt: sie sagt, daß eine Norm nur dann eine Rechtsnorm sei, wenn ihr Inhalt der Moral entspreche. Aber dieser „juristische Moralismus" hat mit der oben skizzierten Radbruch-Alexy-Formel nichts gemein: nach ihr können auch ungerechte und damit unmoralische Normen Recht sein, wenn sie den *Rubicon* des extremen Unrechts nicht überqueren.

Übereinstimmend damit hat Alexy so oft wie möglich die paradigmatisch positivistische Kelsen'sche Formel *„Daher kann jeder beliebige Inhalt Recht sein"*[76] stark kritisiert und demgegenüber die Notwendigkeit eines *„Inhaltstests"* vertreten. Nichts anderes hatte das BVerfG im *"Gestapobeschluß"*[77] gefordert: Obwohl „unter der nationalsozialistischen Gewaltherrschaft Gesetze mit einem solchen Maße von Ungerechtigkeit und Gemeinschädlichkeit erlassen worden sind, daß ihnen jede Geltung als Recht abgesprochen werden muß (...), können nicht alle Gesetze, die von der nationalsozialistischen Regierung erlassen worden sind, *ohne Prüfung ihres Inhalts* (...) als rechtsunwirksam behandelt werden"[78].

Durch diese Tests kommt der Jurist in die Lage, selbst zu bestimmen, ob die konkreten Anordnungen der Gesetzgeber/Verfassungsgeber (das Recht wie es ist) die Forderungen der Gerechtigkeit/Moral (das Recht wie es sein soll) erfüllen oder nicht. Im Falle einer negativen Antwort werden zwei mögliche Zusammenhänge zwischen Recht und Moral bestehen: ein *klassifizierender* und ein *qualifizierender*. Diese Dichotomie ist jedoch vieldeutig. Aber nach der Radbruch'schen Formel bedeutet sie, daß wenn die Schwelle zur extreme Unrecht *nicht* überschritten worden ist, es dann noch um den *qualifizierenden* Zusammenhang geht: Obwohl sie bestimmte moralische Kriterien nicht erfüllen und daher rechtlich und moralisch *fehlerhaft* wären, sind diese Normen noch *Rechtsnormen*. Ganz anders ist die Lage, wenn die Ungerechtigkeit ein unerträgliches Maß erreicht: Dann sind jene Normen keine Rechtsnormen mehr, sondern nur Gewalt, *„magis sunt violentiae quam leges"*[79] (klassifizierender Zusammenhang).

Entscheidende Argumente der Alexy'schen Verteidigung der starken Verbindung von Recht und Moral sind:

i) die praktisch notwendige Offenheit der Struktur des Rechts, die den Einschluß moralischer Prinzipien als Rechtsprinzipien begründet[80];

ii) die Richtigkeit, die das Recht notwendig beansprucht[81], und

---

76   HANS KELSEN, *Reine Rechtslehre*, 2. Aufl, Franz Deuticke, Wien, 1960, S. 201: „Jeder beliebige Inhalt kann Recht sein, es gibt kein menschliches Verhalten, das als solches, kraft seines Gehalts, ausgeschlossen wäre, zum Inhalt einer Rechtsnorm zu werden" (Hans KELSEN, *Reine Rechtslehre*, 1. Aufl, Deuticke, Leipzig/Wien, 1934, S. 63).

77   BVerfGE 6, 132 (1957).

78   *Ibidem*, S. 197.

79   SANCTI THOMAE DE AQUINO, *Summa Theologiae*, I-II, q. 96, a. 4.

80   Ein Fall fällt in den Offenheitsbereich des positiven Rechts wenn das positive Recht seine Lösung nicht festgelegt (ROBERT ALEXY, *Recht und Moral*, [Fn 16], S. 87).

81   *Ibidem*, S. 86: „eine soziale Praxis, die nichts beansprucht außer Macht oder Gewalt, wäre kein Rechtssystem. In diesem Sinne ist der Anspruch auf Richtigkeit notwendig mit dem Recht verbunden".

iii) die Moralität der Menschenrechte.

i) „Wenn der Anspruch auf Richtigkeit erfüllt werden soll, muß der Frage nach der richtigen Verteilung und dem richtigen Ausgleich[82] der Vorrang und die führende Rolle eingeräumt werden"[83]. Für Alexy wäre es mit dem Anspruch auf Richtigkeit unvereinbar, einen Fall nach den persönlichen Präferenzen der jeweiligen Richter zu entscheiden, wenn das positive Recht keine Lösung dafür gibt (*Hart'sche discretionality*)[84]. Daraus folgt, daß neben dem positivem Recht andere Kriterien für die richtige - d.h. rechtliche - Lösung der rechtlichen Fälle bestehen, wenn im konkreten Falle dieses positive Recht keine Lösung gibt. Dann hat der Richter keine ordnungsgemäße Gesetztheit oder soziale Wirksamkeit abzuwägen, sondern nur die Kriterien der im Recht[85] notwendig eingeschlossenen Gerechtigkeits*prinzipien*[86]. Somit wird das Unvollständigkeitsdefizit (*horror vacui*) des *Regelmodells* des Rechtssystems (Hart, Kelsen) gelöst. Und aufgrund der Struktur dieser Prinzipien ergibt sich die notwendige Verbindung von Recht und Moral[87]: „Zwischen Prinzipien und Werte (besteht) eine weitgehende strukturelle Überein-

82 „Gerechtigkeit ist Richtigkeit in bezug auf Verteilung und Ausgleich" und „in rechtlichen Entscheidungen (gehe es) wesentlich um Verteilung und Ausgleich" (ROBERT ALEXY, *Recht und Richtigkeit* [Fn 14], S. 87). „Justicia es corrección en relación con la distribución y la compensación", *Justicia como corrección* (ALEXY [Fn 34], S. 57).
Über die Formen der partikularen Gerechtigkeit - distributive und kommutative - bei Aristoteles siehe *Nicomachische Ethik*, Buch V. Bei Thomas von Aquin, *Summa Theologiae*, II-II, q. 58 (siehe, aber, JOHN FINNIS, *Aquinas. Moral, Political and Legal Theory* (Fn 60), S. 215 ff.)

83 ROBERT ALEXY, *Recht und Richtigkeit* [Fn 14], S. 14.

84 „Neither have Judges power to judge according to that which they think to be fit, but that which out of the Laws they know to be right and consonant to Law. *Iudex bonus nihil ex arbitrio suo faciat, nec proposito domesticæ voluntatis, sed juxta leges et jura pronuntiet*" („Calvin's Case" (1609) - Trin. 6, Jacobi Regis-, in 7 Co. Rep., 1, 27a [MDCCXXVII]; 77 ER 377, 409).

85 Alexy sagt daß „alle entwickelten Rechtssysteme Prinzipien enthalten" (so, u.a., ROBERT ALEXY, *Zur Verteidigung eines nichtspositivistischen Rechtsbegriffs* [Fn 11], S. 89). Ich glaube, daß *alle* Rechtssysteme unabhängig von ihrer Entwicklungsebene begrifflich notwendig moralische Prinzipien enthalten (auch die primitivsten Rechtssysteme). Eine andere Sache ist die faktische/geschichtliche Frage danach, ob sie vom positiven Recht explizit -durch Verfassung, *bill of rights*, Verträge- anerkannt werden (was, wie Alexy häufig gesagt hat, ein charakteristisches Merkmal modernen vernünftigen Rechts ist).

86 In Bezug auf dem *distinctio* von *ius* (Recht) und *lex* (Gesetz) des Artikels 20.3 G.G. hat das BVerfG gesagt: "Damit wird nach allgemeiner Meinung ein enger Gesetzespositivismus abgelehnt. Die Formel hält das Bewußtsein aufrecht, daß sich Gesetz und Recht zwar faktisch im allgemeinen, aber nicht notwendig und immer decken. Das Recht ist nicht mit der Gesamtheit der geschriebenen Gesetze identisch. Gegenüber den positiven Satzungen der Staatsgewalt kann unter Umständen ein Mehr an Recht bestehen" ("Soraya", BVerfGE 34, 269 -1973). *Klassisch ist dagegen, u.a.,* KARL BERGBOHM, *Jurisprudenz und Rechtsphilosophie. Kritische Abhandlungen, Bd. I: "Das Naturrecht der Gegenwart"*, Duncker und Humblot, Leipzig, 1892, S. 479. *Daß Präjudizien und Gewohnheiten -u.a.- auch positives Recht sind, ändert hieran nichts.*

87 Mit der Annahme der Prinzipien kann man auch das Problem der Normativität des Rechts überwinden. „Das Problem der Normativität ergibt sich daraus - erklärt Sieckmann - daß eine Minimalbedingung für die objektive Begründung der Normativität des Rechts seine Akzeptabilität für ein rationales Subjekt ist. Dieses wird aber nicht unter allen denkbaren Umständen eine rein empirische, allein aus den Kriterien der Gesetzheit und Wirksamkeit des Rechts bestehende Theorie der Rechtsgeltung akzeptieren, sondern ein gewisses Maß an moralischer Richtigkeit des Rechts fordern"

stimmung. (...) Jede Prinzipienkollision kann als Wertekollision und jede Wertekollision kann als Prinzipienkollision dargestellt werden. (...) Prinzipien und Werte sind damit dasselbe, einmal in deontologischem und einmal in axiologischem Gewande"[88]

ii) Alexy vertritt auch die These der begrifflich notwendigen Verbindung von Recht und Moral durch die Idee der „Richtigkeit"[89]. Sie begründet nicht nur die rechtliche Pflicht, moralische Prinzipien zu berücksichtigen[90]. Die Richtigkeit hat auch eine klassifizierende Bedeutung sowohl für Rechtssysteme als auch für einzelne Rechtsnormen, die ihren Rechtscharakter verlieren, wenn sie in *keiner Weise* den Anspruch auf Richtigkeit erfüllen (nicht nur „erheben")[91]. Der entscheidende Punkt liegt darin, daß für Alexy der Begriff der Richtigkeit kein leerer Begriff ist. Er hat mit den formellen moralischen Kriterien des Fuller's *„inner or internal morality of the law"*[92] viel zu tun; aber er geht noch weiter und schließt die materielle Gerechtigkeit ein[93], besonders in sogenannten *Grenzfällen*. Der Anspruch auf Richtigkeit im Recht ist auf diese Weise vor allem ein Anspruch auf Gerechtigkeit bzw. moralische Richtigkeit[94]. Er fügt dem Recht eine ideale Dimension hinzu, die ein positivistisches Verständnis des Rechts als bloße Gewaltregelung ausschließt[95].

Die Observanz der *auf Gleichheit und Freiheit gegründeten* Bedingungen der rationalen praktischen Argumentation sichert aber nicht die Realisierung der gebotenen Gerechtigkeit. Das ist so, erstens, weil in der Wirklichkeit jene idealen Bedingungen nur approxi-

---

(Hierzu JAN-REINARD SIECKMANN, *Regelmodelle und Prinzipienmodelle des Rechtssystems*, Nomos, Baden-Baden, 1990, S. 138).

88   ROBERT ALEXY, *Rechtssystem und praktische Vernunft*, in: Rechtstheorie 18 (1987), S. 405-419, 409; auch ders., *Rechtsregeln und Rechtsprinzipien*, in: Archiv für Rechts- und Sozialphilosophie, Beiheft NF 25 (1985), S. 13-29, in S. 24.

89   „*The argument from correctness ist the basis of my reply to positivism*" (ROBERT ALEXY, *An Answer to Joseph Raz* [Fn. 19], S. 49).

90   Diese Rechtspflicht zu ihrer Beachtung ergibt sich „nur aus ihrer inhaltlichen Richtigkeit" (ROBERT ALEXY, *Recht und Richtigkeit* [Fn 14], S. 16).

91   Es ist wahr daß Alexy gesagt hat, daß für einzelne Rechtsnormen der Anspruch auf Richtigkeit „nur eine qualifizierende Bedeutung" hat: unrichtige Rechtsnormen verlieren nicht ihre rechtliche Geltung, sondern seien nur rechtlich fehlerhaft. Aber der Kieler Professor hat ohne weiteres auch die stärkere Idee erläutet, daß, wenn diese rechtliche Fehlerhaftigkeit die Radbruch'sche Formel erfüllt, die Normen ihren Rechtscharakter verlieren (ROBERT ALEXY, *Zur Verteidigung eines nichtpositivistischen Rechtsbegriffs [Fn 11]*, S. 91). Es ist wiederum zu bemerken, daß die Rechtssicherheit auch ein notwendiges Gebot der Richtigkeit darstellt.

92   LON L. FULLER, *The Morality of Law*, rev. ed., Yale University Press, New Haven, 1969, S. 42 ff.

93   „The claim to correctness (...) goes further, including substantive justice and thus what Fuller terms the external morality of law" (ROBERT ALEXY, *A Defence of Radbruch's Formula* (Fn. 16), S. 28).

94   Es ist wahr, daß Alexy anerkannt hat, daß „*raising a claim to correctness qua objectivity does not, as such, imply raising a claim to moral correctness*" (ROBERT ALEXY, *An Answer to Joseph Raz* [Fn 19], S. 49); aber er hat sofort bermerkt, daß „*if one adds certain premises that are not easily contested, the claim to moral correctness is indeed implied*" (Ibidem, S. 50). Und es gibt gute Gründe dafür, daß diese Hinzufügung notwendig für die Erfüllung des Anspruchs auf Richtigkeit ist, wie es Alexy selbst erörtet hat.

95   Z.B. Austin: „*a law is a command*", JOHN AUSTIN, *The Province of Jurisprudence Determined*, John Murray, London, 1832, S. 18.

mativ befolgt werden - wie die Erfahrung[96] zeigt - und, zweitens, weil die effektive Befolgung eines *„code of practical reason"* kaum ein Minimum an Richtigkeit sichern kann[97]. Daraus folgt, daß die Vereinbarkeit des diskursiven Resultats mit den substantiellen Geboten der Gerechtigkeit (ganz im Sinne der Radbruch'schen Formel) notwendig stets nachgeprüft werden soll.

So zeigt sich eine erweitere Version des Richtigkeitsarguments, wonach die Richtigkeit nicht nur die Observanz rein prozeduraler Regeln/Prinzipien fordert, sondern auch notwendig ein Minimum an *moralischer* Richtigkeit einschließt, die mit den Menschenrechten übereinstimmt.

Das führt uns zum letzten Punkt.

iii) Für Alexy sind Menschenrechte als solche nur moralische Rechte. Die *Moralität* sei ein wesentliches Merkmal der Menschenrechte[98]. Die Positivierungen der Menschenrechte[99] „stellen Versuche dar, dem, **was allein wegen seiner Richtigkeit gilt**, eine durch positives Recht gesicherte institutionelle Gestalt zu geben"[100]. "Menschenrechte sind Rechte, die *unabhängig davon gelten*, ob irgendeine verfassungsgebende Versammlung sie als Grundrechte beschlossen hat oder ob irgendwelche Staaten sie in einem Vertrag niedergelegt haben. Sie gelten allein deshalb, weil es richtig ist, daß sie gelten"[101]. Sie sind Rechte *proprio vigore*, die nicht durch positivrechtliche Normen[102] außer Kraft gesetzt werden können[103] (*inderogability*). Wenn sie nur positives Recht als Grund hätten, wären sie eher das, was Spaemann als bloße *„revozierbare Toleranzedikte"* (*revocable edicts of tolerance*) bezeichnet hat[104].

Die Moralität der Menschenrechte bedeutet auch, daß das Problem ihrer Begründbarkeit

---

96 Wie einmal Bauch sagte, „Erfahrung ist also Ausgangspunkt und Ziel zugleich" (BRUNO BAUCH, *Wahrheit, Wert und Wirklichkeit*, Felix Meiner, Leipzig 1923, S. 132).

97 Siehe ROBERT ALEXY, *Theorie der juristischen Argumentation. Die Theorie des rationalen Diskurses als Theorie der juristischen Begründung* (Fn.1), S. 356 ff.; 411 ff..

98 ROBERT ALEXY, *Menschenrechte ohne Metaphysik?* (Fn. 6), S. 16.

99 "Grundrechte sind positivierte Menschenrechte" (ROBERT ALEXY, *Grund- und Menschenrechte* [Fn 16], S. 63). Durch die Annahme der Menschenrechte in die Verfassung verwandeln sie sich in Grundrechte" (ROBERT ALEXY, *Die Institutionalisierung der Menschenrechte im demokratischen Verfassungsstaat* [Fn 53] S. 259). Diese Positivierung bedeutet aber nicht den Verlust ihrer moralischen Geltung. Der moralische Charakter der Menschenrechte steht damit ihrer Institutionalisierung als positiv rechtliche Rechte nicht entgegen" (ROBERT ALEXY, *Die Institutionalisierung der Menschenrechte im demokratischen Verfassungsstaat* [Fn. 53] S. 240, 250). Daraus folgt, daß sie nicht außer Kraft gesetzt werden können („*inderogability*").

100 Ibidem (Kursiv E.S.).

101 ROBERT ALEXY, *Die Institutionalisierung der Menschenrechte im demokratischen Verfassungsstaat* (Fn. 53) S. 249 (Kursiv E.S.). Menschenrechte sind Rechte die „unabhängig vom jeweils positivierten Recht gelten" (ROBERT ALEXY, *Der Beschluß des Bundesverfassungsgerichts zu den Tötungen an der innerdeutschen Grenze vom 24. Oktober 1996* [Fn 16], S. 29).

102 Etwa wie Gesetze oder gerichtliche Entscheidungen.

103 Was Alexy „Priorität" nennt (ROBERT ALEXY, *Menschenrechte ohne Metaphysik?* [zit Fn 6], S. 16).

104 Siehe ROBERT SPAEMANN, *Über den Begriff der Menschenwürde, in: Menschenrechte und Menschenwürde. Historische Voraussetzungen - säkulare Gestalt - christliches Verständnis*, hg. v. ERNST-WOLFGANG BÖCKENFÖRDE und ROBERT SPAEMANN, Klett-Cotta, Stuttgart, 1987, S. 295-313, bes. 295.

„nichts anders als ein spezieller Fall des allgemeinen Problems der Begründung moralischer Normen"[105] ist. Hier stellt Alexy fest: „Menschenrechte sind ohne eine rationale und universelle Metaphysik nicht möglich"[106]. In einer Kombination eines *explikativen* mit einem *existenziellen* Modell begründet er Menschenrechte wie folgt: 1) die diskursive Praxis[107] setzte die Freiheit und Gleichheit autonomer Diskursteilnehmer voraus; 2) wer an einer Diskussion ernsthaft teil nimmt[108], erkennt implizit den anderen als „gleichberechtigt"[109] und „autonom"[110] an; „wer den anderen als autonom anerkennt, erkennt ihn als Person an[111]. Wer ihn als Person anerkennt, spricht ihm Würde zu. Wer ihm Würde zuspricht, erkennt seine Menschenrechte an"[112]; 3) der Mensch als „*discursive creature*" könnte nicht auf die Teilnahme an dem verzichten, „was man als die allgemeinste Lebensform des Menschen bezeichnen kann"[113]. So haben wir eine metaphysische Begründung der Menschenrechte, deren Quelle „nicht allein in der Struktur der Welt, auch nicht allein in der Vernunft des Einzelnen, sondern (...) in der Struktur der Kommunikation" liegt[114]. Somit sind Menschenrechte nicht politisch sondern metaphysisch definiert (*Metaphysical not political*).

Es ist fraglich, ob Alexy mit den Ideen der „Menschenwürde" und „*discursive creature*" irgendeine „*human nature*" für die Begründung der Menschenrechte annimmt oder, mindestens, braucht. Mein Antwort lautet: ja. Freiheit, Gleichheit und Menschenwürde sind Voraussetzungen des Diskurses, d.h. sie sind diskursive *A priori*[115]. Die direkte Ableitung der Menschenrechte aus der Diskursregeln ist unmöglich, weil Diskursregeln nur Rederegeln sind[116]. Dies wäre auch zirkulär und damit ungültig. So braucht man Argumente anderer Natur, was dennoch nicht bedeutet, daß Diskurs keine Rolle mehr spielt. Er spielt doch *eine wesentliche*: die Diskurstheorie ist die "Basis einer adäquaten Theorie der Gerechtigkeit" (d.h. Theorie der Menschenrechte)[117]. Um die Bedingungen des Anspruchs auf Richtigkeit zu erfüllen, sollen die idealen und konkreten Inhalte jenes

105 ROBERT ALEXY, *Menschenrechte ohne Metaphysik?* [zit Fn 6], S. 17.
106 *Ibidem*.
107 „Die als Praxis des Behauptens, des Fragens und des Anführens von Gründen verstanden wird" (ibidem, S. 20).
108 Ernsthafter Teilnehmer ist, wer durch einen rationalen Diskurs die Konflikte lösen will. Es ist zu betonen, daß „to be serious or not" nicht nur „a - perhaps the - paradigmatic existential decision" ist, sondern auch ein Gebot der rationalen Natur des Menschen.
109 Ibidem, S. 24.
110 ROBERT ALEXY, *Diskurstheorie und Menschenrechte*, in: ders, *Recht, Vernunft, Diskurs. Studien zur Rechtsphilosophie*, Frankfurt am Main, 1995, S. 148 ff.
111 Auch ROBERT ALEXY, *Diskurstheorie und Menschenrechte* (Fn 110), S. 147.
112 ROBERT ALEXY, *Menschenrechte ohne Metaphysik?* [zit Fn 6], S. 20.
113 ROBERT ALEXY, *Diskurstheorie und Menschenrechte* (Fn 110), S. 139 f.
114 ROBERT ALEXY, *Menschenrechte ohne Metaphysik?* (Fn 6), S. 24.
115 Sie definieren vor allem die Prozedur des praktischen Argumentierens.
116 ROBERT ALEXY, *Diskurstheorie und Menschenrechte* (Fn 110), S. 147.
117 "Eine Gerechtigkeitstheorie nur akzeptabel ist, wenn in ihr den Interessen und Bedürfnissen sowie der Tradition und Kultur aller Beteiligten hinreichend Rechnung getragen werden kann" (ROBERT ALEXY, *Justicia como corrección* [Fn 34], S. 60.

„allgemeinen Rechts auf Autonomie" oder „Rechts auf allgemeine Freiheit"[118] prozedural definiert werden, weil es keine Richtigkeit ohne Diskurs gibt[119]. So werden die
Probleme der Menschenrechte - z.B. die der jeweiligen „Wesensgehalte"[120] - rational
gelöst[121].

Conclusio: Quid ius? und objektive Moralität des Rechts

Alexy hat gesagt, daß *„every philosophy of law is implicitly or explicitly an expression
of a concept of law"*[122] - aber nur wenn der jeweilige Rechtsphilosoph kohärent ist,
möchte ich hinzufügen. In Bezug auf das hier betrachtete Werk trifft diese Idee zu. Die
Alexy'schen Antworten auf die Probleme u.a. der Gerechtigkeit, der Erkenntnis und der
Methodenlehre stehen in argumentativer Übereinstimmung mit der späteren Antwort auf
die fundamentalste Frage nach dem Rechtsbegriff[123]. Was ist aber das Recht für Alexy?
Nichts anders als die rationale Suche nach dem *„suum"*[124] jedes Menschens durch eine
praktische - d.h. moralisch-juristische - Argumentation im Rahmen eines institutionalisierten diskursiven Prozesses, was die Konzeption der *Gerechtigkeit* - d.h. Richtigkeit
hinsichtlich Verteilung und Ausgleich[125] - als *telos* des Rechts impliziert.

In Einklang mit der klassischen nichtpositivistischen Tradition vertritt Alexy - wie
schon erörtert - die Idee der zweidimensionalen Natur des Rechts: es gibt eine autoritative oder institutionelle Dimension (positives Recht), die notwendig u.a. für die „Organisation" der Menschenrechte ist[126]. Aber dieses Recht kann sich nicht auf *iuxta
propria principia* begründen: auch wenn es im positiven Recht eine Lösung für den
konkreten Fall gäbe, könnte der Richter sie nicht ohne weiteres anwenden. Er sollte
vielmehr die *conformitas* dieser Lösung mit den Geboten der oberen moralischen Prinzipien des Rechtssystems nachprüfen. In diesem Sinne verteidigt der Kieler Professor sowohl die Thesen, daß juristische Probleme auch moralische Probleme seien und daß die
Geltung der positiven Rechtsnormen (Gesetze, Verfassungen, Entscheidungen, Präjudizien) von moralischen Werten abhängen, als auch die These, daß moralische Forde-

---

118 ROBERT ALEXY, *Diskurstheorie und Menschenrechte* (Fn 110) S. 152.
119 *Siehe* CARLOS S. NINO, *Ética y derechos humanos*, 2. Aufl, Editorial Astrea, Bs. As., 1989, S. 387ff.
120 Art. 19.2 G.G.
121 Etwa wie das Problem der inflationäre Gebrauch des Ausdrucks "Menschenrecht" (*vide* ROBERT
    ALEXY, *Verfassungsrecht und einfaches Recht - Verfassungsgerichtsbarkeit und Fachgerichtsbar-
    keit*, in: VVDStRL 61 (2002), S. 9).
122 ROBERT ALEXY, *My Philosophy of Law: The Institutionalisation of Reason*, in: *The Law in Philoso-
    phical Perspectives. My Philosophy of Law*, edited by LUC J. WINTGENS, Kluwer Academic Publi-
    shers, Dordrecht/Boston/London, 1999, S. 23-45, 23
123 Siehe Robert Alexy, in: MANUEL ATIENZA, *Entrevista a Robert Alexy* (Fn 13), S. 672.
124 Im Sinne der römischen „*suum cuique tribuere*" Formel (Dig., I, 1, 10, 1, zit. Ulpianus).
125 ROBERT ALEXY, *Recht und Richtigkeit* (Fn 14), S. 9.
126 ROBERT ALEXY, *Die Institutionalisierung der Menschenrechte im demokratischen Verfassungsstaat*
    (Fn. 54), S. 254 ff.

rungen einer rationalen Begründung fähig seien (d.h., daß eine rationale moralische - darüber hinaus, metaphysische - Argumentation möglich sei)[127].

Von großer Bedeutung ist die Idee der Objektivität: „*Objectivity is a essencial feature of law*"[128]. Der Anspruch auf Richtigkeit sei ein Anspruch auf Objektivität, „*a claim to be acceptable to all who take the point of view of the legal system in question*"[129]. Da der Anspruch auf Richtigkeit aber das notwendige Erheben eines Anspruchs auf *moralischer* Richtigkeit impliziert, stimmt Alexy gegen Skeptizismus und Relativismus der These der Objektivität der moralischen Urteile, d.h. der Gerechtigkeitsurteile zu[130], was, wenn von den Menschenrechten die Rede ist, die These der Universalität jener Urteile bedeutet[131]. Mit Klarheit hat Alexy die Idee vertreten, daß „*there is a core of fundamental human rights which have eternal validity. By 'eternal validity' I mean a validity for all human beings independent of time and space*"[132]. In diesem Sinne kann man auch von einer „*universalistic morality*" und einem universellen Recht sprechen, die die Anerkennung von *allen* Menschen beanspruchen dürften. Daraus folgen gute Argumente für die Notwendigkeit einer Korrektur des Alexy'schen Satzes: „*as a claim to objectivity in law (the claim to correctness) does not claim, as universalistic morality does, to be acceptable to all without any further qualification*"[133].

Alexy verteidigt natürlich keine undenkbare Identifizierung zwischen Recht und Moralität[134]. Aber obwohl der Rechtsbegriff nicht moralisch aufgebläht wird, ist er „doch moralisch begrenzt"[135]. Daraus folgt daß die Sicherung jenes moralischen Kern eine wesentliche Aufgabe des Rechts ist, was ein Minimum an inhaltlicher Übereinstimmung von Normen des Rechts und der Moral impliziert. Diese immanente Moral des

---

127 Es gibt keine Begründbarkeit ohne Richtigkeit: „Richtigkeit impliziert Begründbarkeit. Das Recht stellt mit dem Anspruch auf Richtigkeit deshalb zugleich einen Anspruch auf Begründbarkeit" (ROBERT ALEXY, *Recht und Richtigkeit* [Fn 14], S. 6).

128 ROBERT ALEXY, *An Answer to Joseph Raz* [Fn 19], S. 49.

129 Ibidem.

130 ROBERT ALEXY, *Theorie der juristischen Argumentation. Die Theorie des rationalen Diskurses als Theorie der juristischen Begründung* (Fn.1), S. 261 ff.; ROBERT ALEXY, *Thirteen Replies*, (Fn. 41), S. 355. Somit bejaht Alexy, gegen Robbers (GERHARD ROBBERS, *Gerechtigkeit als Rechtsprinzip. Über den Begriff der Gerechtigkeit in der Rechtsprechung des Bundesverfassungsgerichts*, Nomos Verlagsgesellschaft, Baden-Baden, 1980, S. 132), daß „Urteile über extremes Unrecht echte Urteile sind. Sie sind einer rationalen Begründung fähig und haben insofern einen kognitiven und objektiven Charakter" (ROBERT ALEXY, *Mauerschützen. Zum Verhältnis von Recht, Moral und Strafbarkeit* [Fn 16], S. 23).

131 Alexy hat von der Universalität der Struktur der Menschenrechte gesprochen, „die darin besteht, dass sie grundsätzlich Rechte aller gegen alle sind" (ROBERT ALEXY, *Grund- und Menschenrechte* [Fn 16], S. 66).

132 ROBERT ALEXY, *Law, Discourse and Time*, (Fn 54), S. 101, 104.

133 ROBERT ALEXY, *An Answer to Joseph Raz* [Fn 19], S. 49.

134 So fehlt der Moral die institutionelle Dimension, die zum Wesen des Rechts gehört. Jene Institutionalisierung ist ein notwendiges Merkmal aller juristischen Rechte (positivierte oder nicht). Und die Idee des Rechtsstaats selbst ist das Resultat einer progressiven Institutionalisierung der Menschenrechte.

135 ROBERT ALEXY, *Mauerschützen. Zum Verhältnis von Recht, Moral und Strafbarkeit*, (Fn 16), S. 4.

Rechts136 hat eine entscheidende Bedeutung für die Praxis der Juristen, wie es im Jahre 1953 das Bundesverfassungsgericht ausgesprochen hat: Rechtsvorschriften die „den alles formale Recht beherrschenden *Prinzipien der Gerechtigkeit*" evident widersprechen, verlieren auch ihre „soziologische Geltung"; der Richter, „der sie anwenden oder ihre Rechtsfolgen anerkennen wollte, (spräche) *Unrecht statt Recht*"[137]. Diese als rechtlicher Ausdruck moralischer Werte anzuerkennenden obersten Prinzipien des Rechts „enthalten dessen Grund und dessen Grenzen"[138]. Sie seien die „äußerste Grenze der Gerechtigkeit"[139], und die Beachtung ihre Gebote[140] muß als notwendige *conditio sine qua non* für die Legitimität des positiven Rechts berücksichtigt werden.

Man braucht nur den aristotelischen Begriff des „*Prinzips*"[141] und die Idee der „*Ausstrahlungswirkung*"[142] einer „objektiven Wertordnung" („Lüth"[143]), um gegen den Positivismus[144] für eine notwendige „Moralisierung des Rechts" -besonders durch Menschenrechte als „*higher law*"[145]- zu argumentieren. Da diese Rechte „die Idee des Rechts selbst"[146] verwirklichten, muß das Rechtssystem Menschenrechte respektieren,

---

136 „Jede Rechtssystem und jeder Verfassung liegt eine immanente Moral zugrunde" (Robert ALEXY, *Die immanente Moral des Grundgesetzes* [Fn 10], S. 100).

137 „Beamtenverhältnisse", BVerfGE 3, 58, 119 [1953]). In „Ausbürgerung aus rassischen Gründe" (zit., S. 105) behauptete das BVerfG: „Denn einmal gesetztes Unrecht, das offenbar gegen konstituierende Grundsätze des Rechts verstößt, wird nicht dadurch zu Recht, daß es angewendet und befolgt wird".

138 ROBERT ALEXY, *Prinzipien, Rechtlich*, in: *Lexikon der Bioethik*, hg. v. W. KORFF/L. BECK/P. MIKAT, Gütersloh, 1998, Bd. 3, S. 67

139 BVerfGE 3, 225, cit; BVerfGE 4, 294, 206 (1955); BVerfGE 10, 59, 73 (1959).

140 Deren konkreten Inhalte können nur diskursiv bestimmt werden, d.h. ohne Irrationalismus oder Dogmatismus (ROBERT ALEXY, *Thirteen Replies* [Fn 41], S. 356).

141 „Dasjenige, woraus eine Sache zuerst erkannt wird, denn auch diess wird Prinzip genannt" (ARISTOTELES, *Metaphysik*, 1013 a 15, deutsches Version von ALBERT SCHWEGLER, *Die Metaphysik des Aristoteles*, Druck und Verlag von L. Fr. Fuks, Tübingen, 1847, 2. Band, V. Buch, Cap. 2, S. 71). Baldus: „*Artem perfecta non noscit qui non noscit euis principis*" (BALDUS VON UBALDIS, *Commentaria in Digestum veteris*, 1, 1, 1).

142 *Vide* ROBERT ALEXY, *Teoría de los derechos fundamentales*, Centro de Estudios Constitucionales, Madrid, 1997, S. 525.

143 BVerfGE 7, 198, 207; auch, u.a., "Leipziger Volkszeitung", BVerfGE 27, 71, 79 (1969); "Schuldnerspiegel", BVerfGE 104, 65, 73 (2001). Nach Alexy ist „Lüth" eine der „folgenreichsten Entscheidungen" des Bundesverfassungsgerichts (ROBERT ALEXY, *Grundrechte im demokratischen Verfassungsstaat*, in: AULIS AARNIO/ROBERT ALEXY/GUNNAR BERHOLTZ (Hg.), *Justice, Morality and Society. A Tribute to Alexander Peczenick on the Occasion of his 60th Birthday 16 November 1997*, Lund, 1997, S. 30). Siehe THOMAS HENNE, *Smend oder Hennis– Bedeutung, Rezeption und Problematik der ‚Lüth-Entscheidung' des Bundesverfassungsgerichts von 1958*, in *Das Bundesverfassungsgericht im politischen System*, hg. v. ROBERT CHR. VAN OOYEN und MARTIN H. W. MÖLLERS, V.S. Verlag für Sozialwissenschaften, Wiesbaden, 2006, S. 141-150.

144 In Bezug auf die von ihm gemeinte Leugnung des ethischen Charakters des Rechts ist zu erinnern, daß "*adsumptio originis, quae non est, veritatem naturae non peremit: errore enim veritas originis non amittitur nec mendacio dicentis se esse, unde non sit, deponitur: neque recusando quis patriam, ex qua oriundus est, neque mentiendo de ea, quam non habet, veritatem mutare potest*" (Digesto L, 1, 6 pr.).

145 Siehe EDWARD S. CORWIN, *The „higher law" Background of American Constitutional Law*, in: 42 Harvard Law Review (1928), S. 29 ff.

146 Um einen klassischen Ausdruck zu nehmen (z.B., BVerfGE 3, 225, 235, cit.).

schützen und fördern, "*um legitim zu sein, also seinem Anspruch auf Richtigkeit zu genügen*"[147]. Daß die Realisierung dieser Idee eigentlich nur durch eine *diskursive Demokratie* möglich sei[148], ist aber bereits ein anderes Thema, das außerhalb des Rahmens dieser Untersuchung liegt.

---

147 ROBERT ALEXY, *Grund- und Menschenrechte,* (Fn 10), S. 66.

148 Es gäbe keine Richtigkeit ohne Demokratie (ROBERT ALEXY, *Grundgesetz und Diskurstheorie*, in: *Legitimation des Grundgesetzes aus Sicht von Rechtsphilosophie und Gesellschaftstheorie*, hg v. W. BRUGGER, Baden-Baden, 1996, S. 343-360; Übersetzung ins Spanische von DANIEL OLIVER-LALANA: *Ley Fundamental y teoría del discurso*, in: *Las razones de la producción del derecho*, hg. v. NANCY CARDINAUX/LAURA CLÉRICO/ANÍBAL D'AURIA, Buenos Aires 2006, S. 19-38, 34).

The Concept of Law: A Methodological Approach to Alexy's Theory

Paula Gaido

1. Concept and nature of law

For Alexy, the purpose of the philosophy of law is to give an explanation of the nature of law. And, in this context, a question about the nature of law is a question about its essential properties; or, in other words, about that which makes law what it is and not something else.[1] When Alexy refers to the essential properties of law, he refers to its necessary properties. What is considered central, therefore, is how Alexy understands the idea of necessity, since this is a basic presupposition in the articulation of the philosophical commitments of any theoretical conception. The first thing we detect when facing this task is the ambiguous nature of the notion of what is necessary in his theory. What is in question here is to elucidate whether the idea of what is necessary depends on what are considered necessary properties by certain cultural communities, or whether the necessary nature of such properties is independent of any cultural community. Below I shall attempt to establish the differences in understanding what is necessary, and thus to establish which the relevant notion at stake is and, with it, his idea of essential property.

To begin with, we need to point out that Alexy distinguishes between four main types of necessity: relative, absolute, conceptual and normative.[2] A necessity is relative when the limits of what is necessary are fixed by a particular conceptual scheme or social practice which may vary. A necessity is absolute, on the other hand, when the limits of what is necessary are fixed by a conceptual scheme or social practice which is immune to revision.[3] As a first clarification, one must point out that Alexy develops the argument regarding what essential properties in law are assuming that what is involved is a relative necessity.[4] It is not a question of finding out what the necessary properties of law are

---

1   Robert Alexy, 'The Nature of Legal Philosophy', *Ratio Juris,* vol. 17, n° 2 (2004), p. 156 (henceforth quoted as *NLPh,* with the respective page), R. Alexy, 'The Nature of Arguments about the Nature of Law', en L. Meyer, S. Paulson, T. Pogge (eds.), *Rights, Culture, and the Law. Themes from the Legal and Political Philosophy of Joseph Raz,* Oxford (2003), p. 4 (henceforth quoted as *NANL,* with the respective page).

2   Alexy uses the expressions "normative necessity" and "practical necessity" indistinclty. Here I shall only talk of normative necessity in order to simplify the presentation.

3   In the words of Alexy: "The counterpart to relative necessity is absolute necessity. Absolute necessity implies the immunity of a conceptual scheme from revision. Relative necessity is not necessity *of* a conceptual scheme, but necessity *within* a conceptual scheme", R. Alexy, *NANL,* p. 8, footnote 17. Although here Alexy only makes reference to the notion of conceptual scheme, it can be considered that the idea is extensive to the notion of social practice.

4   Alexy maintains that by these commitments, he seeks to deal with the objection posed by Quine, directed, grossly speaking, to challenge the possibility of a conceptual analysis in terms of necessary

independently of all conceptual schemes, but of individualizing them as from certain conceptual schemes or social practices. It is within this context that the notions of conceptual necessity and normative necessity come into play in his theory. A necessity is conceptual when it depends on the linguistic conventions of a particular practice within which it is included, in the current context, the constitutive rules of the respective linguistic acts. To find out what the necessary properties of law are from this perspective, we must resort initially to the usage of language, that is, an analysis of the valid semantic rules that fix the meaning of the term "law".[5] We must in turn resort to the analysis of the rules that constitute speech acts, since they determine what assumptions are required for legal actions to be verified, insofar as they are specific speech acts, all of which impacts on the way we think law. Thus, given that linguistic conventions may vary, so may the properties that are necessary according to them vary.[6] Lastly, when a necessity is normative, what is necessary is linked to the values underlying the legal practice. Alexy understands that legal acts, insofar as they are regulatory speech acts, are necessarily committed to stating certain values. Therefore, from a normative perspective, what is necessary is related to values underlying the legal practice understood as a regulatory linguistic practice, that is, directed towards resolving that which is legally due.[7] The commitment to these values is intrinsically joined to that which constitutes regulatory linguistic practices in general – even though relevant differences exist in the legal domain – in such a way that, it must be concluded, that if these practices vary, the commitment to these values may vanish, and with it that which defines law. It is worth adding that in what is normatively necessary, Alexy distinguishes between a weak sense and a strong sense. The difference between the different types of normative necessity depends, respectively, on whether the values in question are relative to factual considerations or if, on the other hand, they are required by practical reason.[8]

and sufficient conditions. In this sense, Alexy says: "The necessity within a specific conceptual scheme or system and also within a specific practice is in opposition to the necessity of a specific conceptual scheme or system as such or a specific practice as such quite consistent with Quine's thesis saying that no sentence and no rule is immune from revision," R. Alexy, 'My Philosophy of Law: The Institutionalisation of Reason', L. Wintgens (ed.), *The Law in Philosophical Perspectives*, Kluwer Academic Publishers, Dordrecht/ Boston/ Londres, 1999, p. 27.

5   Cfr. R. Alexy, 'On the Concept and the Nature of Law', *Ratio Juris,* Vol. 21, N° 3, September 2008, p. 292 (henceforth as *OCNL,* with the respective page). Here it is necessary to point out that on numerous opportunities Alexy uses the expressions "concept" and "meaning" synonymously. I think that this is a defect, since it obscures the different ideas underlying them which Alexy himself is interested in differentiating.

6   As Alexy states: "The use of language can change. It is for this reason that I referred to the concept of law 'as presently used'", R. Alexy, *NANL,* p. 8. With regard to the change of the constitutive rules of the legal acts as specific speech acts, cfr. R. Alexy *NANL,* p. 12-3; R. Alexy, 'My Philosophy of Law...', op. cit., p. 27

7   Cfr. R. Alexy, *NANL,* pp. 8-10.

8   Alexy refers to the ambiguos character of the notion of normative necessity in the following terms: "The concept of a practical necessity is ambiguous. A weak interpretation only refers to a means-end relation, where one treats the choice of the ends merely as a matter of fact or only as hypothetical. This is the import of Hart's concept of "natural necessity" if one understands the ends only as "some very obvious generalizations ... concerning human nature and the world in which men live". The

By virtue of what has so far been said, in order to elucidate what the idea of what is necessarily involved in the analysis of the properties of law that Alexy considers essential, it can be concluded that conceptual and normative arguments are involved in his explanation.[9] Conceptual arguments are directed at the analysis of the meaning of the term 'law' and the structure of the legal actions such as legislating or judging, insofar as they are regulatory speech acts. According to what we have established, it must be concluded that it is these arguments that are oriented to determining the *conceptually necessary* properties of law. Normative arguments, on the other hand, are aimed at offering a better version of the legal practice in the light of its underlying values.[10] In this sense, we must conclude that they are directed at determining the *normatively necessary* properties of law. If we bear in mind the distinction outlined in the preceding paragraph, we can say that Alexy takes the strong sense of what is "normatively necessary" in determining the essential properties of law. Thus, bearing in mind the relevance of the conceptual and normative arguments in the explanation of the nature of law, it is possible to reach some preliminary conclusions. Firstly that the idea of necessity involved is relative and that, in this sense, what the essential properties of law are depends on the analysis of one particular conceptual scheme or social practice, which may vary.[11] Secondly, that the relevant considerations in elucidating the essential properties of law will be not only conceptual but also normative. The course chosen by Alexy to give an account of what the essential properties of law are includes an articulation of the value commitments involved in the way of understanding law. The relevant referent community, however, is not the one constituted by the participants of a specific legal practice (for example, that of modern western society itself), but that constituted by those who adopt the perspective of the participant regarding law in any time and place.

Alexy considers that the purpose of a theory of law is to explain the nature of law, and that its success consists in a necessarily true set of propositions on law which explain what law truly is. However, what law truly is appears to be intrinsically linked to what law ought to be in ideal terms. This conclusion seems inevitable if we bear in mind that, for Alexy, even though conceptual arguments are important in the explanation of the

picture begins to change, however, if the general ends of law like legal certainty and the protection of basic rights are considered as requirements of practical reason, and it changes completely if these requirements are considered as necessary elements of the law. Such a strong interpretation of the concept of practical necessity would provide an evaluative or normative basis of the law", R. Alexy, *NLPh*, p. 165.

9   Cfr. R. Alexy, *NANL*, pp. 6-7. Alexy talks of "normative arguments" and "practical arguments" interchangeably. Here I shall use only the first expression in order to simplify the presentation.

10   Cfr. R. Alexy, *NANL*, pp. 7-8.

11   This idea underlies the following Alexys cite: "The relativity of the claim to correctness to a specific practice coincides in its structure with the thesis by Grice and Strawson saying that it be one thing to admit that there is no absolute necessity to adopt or use any conceptual scheme or system whatever and quite another thing to say that there are no necessities within any conceptual scheme or system we adopt or use. The latter does not follow from the first", R. Alexy, 'My Philosophy of Law', op. cit., footnote 10, p. 27. In the same way, he contends: "The claim to correctness is, therefore, only necessary within a specific practice; thus, the necessity in question is only a relative necessity.", R. Alexy, *NANL*, p. 13.

nature of law, it is only the normative arguments that have the last word.[12] It would seem that Alexy is thinking that that which law truly is is to be found in our valid linguistic practices, and that it is the task of the legal theorist to attempt to articulate its perfect form. Thus, what law truly is is not something that must necessarily exist in the real world just as it is, or something found reflected in the contingent use made of the term "law" used contingently, nor one that the theorist may propose without any regard for existing practices. More likely, as has been indicated, it seems to be implied in the value commitments underlying the legal practice insofar as it is a linguistic practice with special characteristics. The nature of law would be related to the values underlying this practice and, thus, to an ideal world. For Alexy, then, the essential properties of law are not equivalent to properties associated to law in a manner contingent on the practice of a language, but to certain finite properties that law has insofar as it is a regulatory practice committed by certain values, which – it may conjecture – one may not master fully.

So far it would seem that the explanation of the concept of law and the explanation of the nature of law differed. The conceptual analysis – insofar as it is a semantic analysis and a pragmatic analysis of language – is only a part of the explanation of the nature of law. However, when Alexy articulates his conception of concepts, it can be seen that conceptual analysis – in the terms developed here – is also considered just one of the theoretical tools available in the explanation of concepts. His ambiguous usage of the term "concept", without additional clarifications, renders the different ideas in question blurry. It would be necessary to clear this ambiguity in order to see to what extent the explanation of the concept of law and the explanation of the nature of law differed. The following section will be devoted to this.

2. The notion of "concept" involved

As was pointed out, Alexy does not consider a conceptual analysis of law – in the afore-mentioned terms – to be a complete explanation of the nature of law, but rather a partial one. When questioned whether, on the other hand, such an analysis may be considered an explanation of the concept of law, one finds that, surprisingly, Alexys response is negative. In order to make his position intelligible, one has to dissolve the ambiguities mentioned in the previous section regarding the use he makes of the expression "concept of law" in his writings. Clarifying this point will, in turn, allow us to grasp how Alexy understands the philosophical task and, in particular, the role he assigns to conceptual analysis. For this the following points will be analyzed:

(i)   Current concepts and correct concepts
(ii)   Concept, object and essential properties.

---

12   In this line, Alexy points out: "The analysis of the use of language is, as J. L. Austin aptly remarked, certainly 'not the last word', but it provides a starting point for the analysis or –as Austin put it- a 'first word'. I shall attempt to confirm this by presenting a conceptual argument as the first word and a practical or normative argument as the last word", R. Alexy, *NANL*, p. 7; in the same line cfr. R. Alexy, *NLPh*, pp. 158-9.

(i) Current concepts and correct concepts

Alexy appears to be interested in distinguishing between different concepts: current and correct. The term "current" is not used by Alexy in his writings. However, in analyzing his theory it will be used to distinguish one of the ideas that come into question when the author uses the term "concept". On many occasions the author uses the terms "meaning" and "concept" indistinctly, which leads one to think that interchanging them does not imply any difference in the idea one is attempting to convey. This might lead one to conclude that he is not particularly interested in drawing a distinction between the terms. However, this would incur an error if it led one to think that it is always the same idea that is in consideration when using the term "concept" is used. The same idea is in question when using the terms "meaning" and "current concept", but not so when he talks of "correct concept". Alexy, however, uses the term "concept" with no further specifications to refer to both ideas, which sometimes blurs that which his arguments are leading towards. The fact that there are two ideas involved is clearly visible when he presents his notion of concepts. It is therefore worth examining his presentation.

For Alexy, concepts are complex entities, partly parochial or local and partly universal. With this he aims to fix an intermediate position between those who understand concepts either as social entities, or as ideal entities independent of all social origin. In this line, Alexy states that concepts have two dimensions: a conventional one, linked to the social rules that establish the meaning of words; the other ideal, linked to the claim of adapting concepts to the objects to which they refer.[13] In this last case, the term "concept" must be understood as "current concept". Linguistic conventions supporting these "current concepts", says Alexy, have a special nature that necessarily claims to adapt to the objects they refer to; or claims to apprehend their nature, which amounts to the same. This means that concepts, understood as conventional rules regarding the use of words, will be objectively correct if they reflect the essence or nature of the objects they refer to.[14] What I am attempting to emphasize here is that "current" legal concepts will be "correct" or "incorrect" legal concepts insofar as they satisfy the claim of adapting to

---

13   Alexys words are clear on this matter: "The concept of law has a parochial nature in so far as its possession depends on belonging to a certain culture or on at least being acquainted with it. Concepts are complex entities that comprise more than one dimension. As products of a culture, they are socially established rules that concern the meaning of words. To this extent, the parochial or 'local' nature of concepts implies their conventional character. But concepts – and this is the other side of their nature – are conventions or rules of a special kind. They claim to be 'adequate to their object'. In this way, they are intrinsically related to the correctness or truth of the propositions built up by means of them. This claim to adequacy necessarily connects the concept of a thing with its nature. Concepts – as part of a practice that is intrinsically connected with truth, justification, inter-subjective validity, objectivity, and reality – strive to grasp the nature of the things to which they refer as perfectly or correctly as possible. This is the non-conventional or ideal dimension of concepts.", R. Alexy, 'On Two Juxtapositions: Concept and Nature, Law and Philosophy. Some Comments on Joseph Raz's 'Can There Be a Theory of Law?', *Ratio Juris,* Vol. 20, No. 2, 2007, p. 164.

14   This is Alexys idea when he maintains: "Concepts based on the actual use of language are in need of modification once they prove not to be, as Kant says –mentioning, inter alia, the concepts of gold, water, and law- "adequate" to the object"., R. Alexy, *NLPh,* p. 163.

what they formulate or not. In this sense, it is possible to interpret Alexy in a Kantian tone, and to maintain that he understands the correct concept of law as a sort of *regulatory idea* underlying the practices that support the different current concepts of law.[15] If the nature of law is one, so must the concept of law that reflects it be one. Only thus may Alexys statement be understood that the correct concept of law is universally valid.[16]

(ii) Concept, object and essential properties

It is important to notice an additional fact which initially appears contradictory regarding the meta-theoretical commitments that I consider structure Alexys theory. The issue alluded to refers to the fact that, for Alexy, it is not the analysis of any current concept of law that is relevant in the explanation of the true nature of law. In particular, he maintains that: (i) the study of law may be approached from different perspectives, (ii) from the existence of different perspectives, it is possible to construe the existence of different concepts of law and (iii) it is from the perspective of the participants of the legal practice that the true nature of law may be explained.[17] However, if the reconstruction offered above is correct – in the sense that for Alexy the correct concept of law is a regulatory idea underlying the conventions that support the different current concepts of law –, even though it were possible to understand the preference for one of the current concepts of law,[18] what cannot be understood is in what sense the true nature

15 This is what Alexy appears to be thinking when he states: "It is an open question whether perfect congruence can ever be achieved. But as a *regulative idea*, it guides our practice in using concepts." (the emphasis is mine), R. Alexy, 'On Two Yuxtapositions...', op. cit., p. 165. Another possible alternative would be to relate Alexys perspective with the notion of concepts in the line of the K-P semantics. Notwithstanding, for Alexy concepts are entities that find its roots in the social reality, but that find its pattern of correction in an "ideal" reality. Even when Alexy maintains the relevance of conventions, he places that towards which they have a tendency in an external place, not physical –as proposed by K-P semantics-, but ideal. The central difference with the K-P semantics would consist in the fact that there is nothing in an external world that causes the way in which we understand the law in our practices. It is rather the other way around. It is the background of our conventions that leads us to take into account an ideal world in order to thoroughly articulate what we are thinking. In this line of thought Alexy maintains: "The concept of law refers to an entity that connects the real and the ideal in a necessary way. Notwithstanding its anchorage in the real world, law cannot be reduced to a concept referring to a natural kind or object –such as the concepts of water, black holes, or killing-. The concept of law is a paradigm concept of a non-natural kind that is intrinsically related to natural kinds", R. Alexy, *OCNL*, p. 284.

16 Cfr. R. Alexy, 'On Two Yuxtapositions...', op. cit., p. 164.

17 Cfr. R. Alexy, 'An Answer to Joseph Raz', en G. Pavlakos (ed.), *Law, Rights and Discourse. The Legal Philosophy of Robert Alexy*, Hart Publishing, Oxford, 2007, p. 52; R. Alexy, *Begriff und Geltung des Rechts*, Karl Alber, Freiburg/München, 1994, footnote 35, p. 56 (henceforth quoted as *B&G*, with the respective page). Here it is possible to conjecture that Alexy is thinking that, from the participant's perspective the concept of law is only one. In this sense, he would rule out that from the participant's perspective severals concepts of law maybe involved. This must be a necessary presupposition of his theory, otherwise there is no explanation for the sense in which way the participant's perspective has a conceptual privilege for this author.

18 In this sense that Alexys statement would be understandable when he says that: "Everyone who is interested in the nature of law will, therefore, first, use of all a concept of law, and, second, will

of law may *only* be apprehended from one perspective. But before concluding that it is inconsistent with his conception of concepts to consider that it is only possible to explain the nature of law from the participant' perspective, it is worth exploring where the distinction between the concepts of law of the participants and observers is rooted.

In articulating his theory of law, Alexy devotes a central role to the analysis of the notion of "affirmation", by putting forward an argument which he calls "pragmatic-transcendental". A full examination of these types of arguments is not relevant to this essay. However, it is worth briefly specifying what they consist in, in order to understand broadly the explanatory strategy selected by Alexy. Broadly speaking, pragmatic-transcendental arguments are constituted by at least two premises according to Alexy. The first premise identifies the starting point of the argument, which may consist in such things as perceptions, thoughts or linguistic acts. The second premise, on the other hand, indicates what the rules or categories are that must necessarily be respected for the object chosen as a starting point to become definite.[19] Alexy chooses as a first premise and, in this study, as the starting point of his pragmatic-transcendental argument, the linguistic act of affirming. He does so because he considers that formulating affirmations is part of the "most general way of life of men [*allgemeinste Lebensform des Menschen*]",[20] and because he regards law, it is worth adding, as an enterprise structured by a linguistic practice.

It is then in the different types of affirmations that participants and observers formulate that he places his argument to show, on one hand, that participants and observers are committed to different concepts of law; and on the other, that the concept of law to which the participants are committed carries a privilege. The different types of affirmations that participants and observers formulate is displayed, for Alexy, in the different enterprises each is committed to. The participants of the legal practice – in contrast to mere observers – are for Alexy those who ask about and adduce arguments regarding what is ordered, forbidden and allowed or authorized within the context of a specific legal system, that is, what is legally due. The participants, according to this proposal, are those who ask what the correct answer is within the context of this specific legal system, both within and out of the institutional framework.[21] The observers, in turn, are those who ask about how legal matters are decided within the context of a particular legal system.[22] Having chosen the linguistic act of affirming as the first premise, he then

---

prefer over all available alternatives the concept that best captures the essential features of law.", R. Alexy, 'On Two Yuxtapositions…', op. cit., p. 164.

19   Cfr. R. Alexy, *Theorie der juristischen Argumentation. Die Theorie des rationalen Diskurses als Theorie der juristischen Begründung*, Suhrkamp, Frankfurt a/M, 1983, p. 430 ff..

20   Cfr. R. Alexy, *Theorie der juristischen Argumentation. Die Theorie des rationalen Diskurses als Theorie der juristischen Begründung*, op. cit., p. 418.

21   Cfr. R. Alexy, 'An Answer to Joseph Raz', op. cit., p. 47. To finish outlining this perspective, it can be added that, for Alexy, the paradigmatic position of the participant is that of judge or legislator; and that jurists, lawyers and citizens, when they argue about what is ordered, forbbiden and allowed, do so taking their position as a reference . Cfr. R. Alexy, *B&G*, p. 47.

22   Alexy assimilates the observer's concept to a legal positivist concept of law and the participant's concept to an non-positivist concept of law. Cfr. R. Alexy, 'An Answer to Joseph Raz', op. cit., pp. 45-8; R. Alexy, *B&G*, pág. 47; R. Alexy, 'On Necessary Relations Between Law and Morality',

specifies that which the act of affirming necessarily presupposes, according to each perspective. In giving an answer regarding how legal matters are in fact decided within the context of a particular legal system, the observers formulate affirmations necessarily linked to the claim to truth. The participants, on the other hand, in answering about what the correct solutions are within the framework of a particular legal system, formulate affirmations necessarily linked to the claim to correctness. Just as a claim to truth is part of the structure of the affirmative speech acts of the observers, whose objects are non normative statements, a claim to correctness is part of the structure of the affirmative speech acts of the participants, whose objects are normative statements. A commitment to this distinction is at the basis of the difference that Alexy draws between the enterprises of participants and those of observers. Whatever the case, those who, from the position of observers or participants, deny the claim to truth or the claim to correctness respectively, necessarily implicit in their affirmations, incur a performative contradiction; that is, a contradiction between what is said and what is necessarily implicit in the act of saying.[23] The different nature of the affirmations involved is relevant, however, since it is the articulation of the different pragmatic commitments involved in the different types of affirmations at stake that leads Alexy to consider that different concepts of law exist, leading to a total or partial knowledge of the nature of law.[24] The thesis that says that participants and observers are necessarily committed to different types of affirmations is presupposed by Alexy, since the author places the key to the explanation of the nature of law in the analysis of the pragmatic commitments of the participants' affirmations, and not in those of the observers. This assumption shall not be questioned in this essay. What I shall attempt to show, as will be seen, is the inconsistency Alexy incurs in maintaining that, from the perspective of observers, an explanation of the true nature of law is unattainable. To do so, it will be necessary to expand the argument further.

Based on the distinctions drawn, it is possible to notice the manner in which the notion of the claim to correctness becomes a central piece in his theory of law. In asserting that only from the perspective of the participants is the true nature of law apprehensible, Alexy converts the notion of the claim to correctness into the key for gaining access to the legal world as a normative world. According to this author the notion of the claim to correctness is what allows us to understand the notion of "duty" as something different from the notion of "will".[25] In this sense, he regards the analysis of the notion of the

---

Ratio Juris, vol. 2, july 1989, p. 171 (henceforth quoted as *ONRBL&M*, with the respective page). If this objection posed to Alexy in this essay –regarding his presentation of the enterprise to which any observer is committed- is accepted, it will be possible to understand why the correction of such a comparison may be challenged. In another order of things, it is possible to add that Alexy recognizes a similarity –though not an indentity- between Herbert Hart's notions of "participants" and "observers" and of "internal point of view" and "external point of view".

23　Alexy maintains that, in this case, it is possible to talk about a "conceptual flaw" in a broad sense . This is so if by the notion of "conceptual flaw" we understand the violation of the constitutive rules of speech acts –that is, linguistic expressions as actions-. Cfr. R. Alexy, *B&G*, p. 67; R. Alexy, *NANL*, p. 12; R. Alexy, *ONRBL&M*, pps. 178 y ff..

24　Cfr. R. Alexy, 'An Answer to Joseph Raz', op. cit., p. 52.

25　Cfr. R. Alexy, *NANL*, p. 13.

claim to correctness as indispensable in showing how the law differs from mere power. Given that he considers that law cannot be reduced to the bare exercise of power, he regards the articulation of pragmatic commitments of participants' affirmations as a central issue. It can thus be seen that the participants' conceptual privilege presupposes that law has a normative dimension. If this is so, even admitting that such a normative dimension is apprehensible from the participants' perspective, it is still possible to question whether an explanation of this dimension is relevant in the explanation of the nature of law. Alexy considers that such an alternative is mistaken. What is important here is that for Alexy the way in which participants understand their own practices is not separate from what these practices are. It is timely to emphasize that the conceptual commitments of the participants is what is in question, not the more or less perfect possession of this concept, or the more or less perfect use made of this concept. What is yet to be elucidated is whether Alexy can consistently state that *only* from the perspective of the participant can the nature of law be apprehended. Alexy attempts to show that this is the case from the statement that, he maintains, it would be contradictory if it were maintained by an observer, but not by a participant. The statement in question says:

> "A has not been deprived of citizenship according to German law, although all German courts and officials treat A as denaturalized and support their action by appeal to the literal reading of a norm authoritatively issued in accordance with the criteria for validity that are part of the legal system efficacious in Germany".[26]

Even though the statement could be sustained without contradiction by a participant, Alexy points out, there would be a contradiction if it were an observer who proffered it. The reason justifying the difference, according to Alexy, is that observers and participants are committed to different concepts of law. This leads to the fact that, while observers may only access the authoritative or factual dimension of law, participants may also access its ideal dimension, which is what would allow them to maintain the statement mentioned above without any contradiction. With this, what Alexy tries to emphasize is that from the perspective of the observer it is not possible to state: (i) "A has not been deprived of citizenship according to German law", if, in turn: (ii) "all German courts and officials treat A as denaturalised and support their action by appeal to the literal reading of a norm authoritatively issued in accordance with the criteria for validity that are part of the legal system efficacious in Germany", since *(ii)* is the only thing the observer can say, in view of her concept of law. But in saying this, Alexy appears to forget his own proposal according to which *all* concepts claim to be adequate to their object. What would make the concept of the participants and the concept of the observers concepts of law, and not of something else? If we are dealing with the existence of different current concepts of law, we would have to answer that what makes them different concepts of *law* must be their claim of adapting to an object whose nature is equally latent in the different conventions that sustain it. If the nature of law is one only, and any current concept of law necessarily has a claim to be adequate to this nature, why con-

---

26   Cfr. R. Alexy, 'An Answer to Joseph Raz', op. cit., p. 47; R. Alexy, *B&G*, pp. 54-5.

clude that it is *only* from the perspective of the participants that it is possible to access the true nature of law? To state that from the analysis of the observers' conceptual framework no commitments to value follow does not imply that part of their enterprise may not consist, owing to a conceptual impediment, in the description of a value to which others *are* committed, and which is what explains the idea of law as something different from the idea of mere power. If describing how these decisions are actually made within a specific legal practice includes the description of the conceptual commitments to which the participants of these practices are committed – something Alexy admits[27] – the verification of a contradiction in the quotation under consideration may be questioned. Indeed, if the observers must account for the conceptual commitments of those who ask about what is legally due, they must offer some articulation as to what these conceptual commitments lead to and, as from there, they may question the legal quality of the decisions made that contradict them. Thus, if the statement quoted contains a contradiction, it must be concluded that it contains it from whatever perspective it is viewed. Were this not true, Alexy would have to conclude that the concept of the observers refers to something else. What I am attempting to express is that Alexy cannot consistently say that two concepts of law exist that do not claim to be adequate to the true nature of law, if we take into consideration the notion of "concept" from which he begins. In this sense, if the correct concept of law fixes a criterion from which to think the nature of legal practices, participants and observers must coincide in its full mastery. Otherwise, they will have concepts of different things.[28]

27 Cfr. R. Alexy, *B&G*, p. 63.
28 This, in turn, would make false to assert that there are thesis (positivist and non-positivist) regarding the nature of the law which are valid from the observer's perspective and invalid from the participant's perspective, or *vice versa*. From the metatheoretical proposal offered by Alexy, the validity or invalidity of the thesis referred to may be predicated as a function of its adjustment or not to the nature of law, which is unique and cannot vary depending on the perspective chosen. Alexy, on the other hand, maintains that, for example the thesis of the separation thesis between law and morality is valid from the observer's perspective and invalid from the participant's perspective. According to what has been pointed out here, this would be inconsistent with his own meta-theoretical commitments. Cfr. R. Alexy, *B&G*, pp. 51 y ff.. A different critic to the idea that participants and observers have different concepts of law could be found in J. Raz, 'The Argument from Injustice or How not to Reply to Legal Positivism', en G. Pavlakos (ed.), *Law, Rights and Discourse. The Legal Philosophy of Robert Alexy*, Hart Publishing, Oxford, 2007, pp. 22-25.

Robert Alexy und der Begriff des Rechts

Eugenio Bulygin

1. Recht und Moral: Positivismus vs. Nichtpositivismus

In seinem vor einigen Jahren erschienenen Buch *Begriff und Geltung des Rechts*[1] behandelt Robert Alexy das Problem der Bestimmung des Begriffs des Rechts, bei welchem der Streit um das Verhältnis zwischen Recht und Moral die zentrale Rolle spielt. Seiner Meinung nach gibt es heute zwei entgegengesetzte Grundpositionen in Bezug auf diese Frage: die positivistische und die nichtpositivistische. Alle positivistischen Theorien vertreten die *Trennungsthese*, die besagt, dass es keinen notwendigen Zusammenhang zwischen diesen zwei Normenordnungen gibt. Der positivistische Begriff des Rechts enthält also keinen Bezug auf die Moral und das Recht wird mittels zwei Eigenschaften definiert: die Positivität, d.h. ordnungsgemäße (autoritative) Gesetztheit und soziale Wirksamkeit.[2]

Die nichtpositivistischen Theorien vertreten dagegen die *Verbindungsthese*, derzufolge die Definition des Begriffs des Rechts moralische Elemente (Richtigkeit des Inhalts der Rechtsnormen) einschließen muss.

Folglich wird der nichtpositivistische Rechtsbegriff mit Hilfe von drei Eigenschaften definiert: zu den zwei positivistischen Elementen (ordnungsgemäße Gesetztheit und soziale Wirksamkeit) kommt noch die Verbindung mit der Moral hinzu. Alexy unterstreicht, dass für den Nichtpositivismus, zum Unterschied von einigen naturrechtlichen Lehren, sowohl die Positivität als auch die soziale Wirksamkeit als definitorische Merkmale des Rechtsbegriffs zu betrachten sind.[3] Die Frage ist nun welcher von den beiden Rechtsbegriffen richtig oder adäquat ist.

---

1   Karl Alber Verlag, Freiburg-München 1994; spanische Übersetzung: *Concepto y validez del derecho*, Gedisa, Barcelona, 1994; englische Übersetzung: *The Argument from Injustice. A Reply to Legal Positivism*, Clarendon Press, Oxford 2002. Die Seitenangaben bei den Zitaten beziehen sich auf die deutsche Ausgabe.

2   Statt "und" sollte hier "oder" stehen, denn es handelt sich hier tatsächlich nicht um zwei Eigenschaften, die beide zum Rechtsbegriff gehören, sondern um eine Alternative: um eine Rechtsnorm zu sein, muss eine Norm entweder ordnungsgemäß gesetzt oder sozial wirksam sein. Eine dieser Eigenschaften genügt, um sie zu einer Rechtsnorm zu machen. Sonst wäre das römische Rechts heute, da es nirgends wirksam ist, kein Recht, so wenig wie eine Gewohnheitsnorm. Das ist sicherlich nicht die Absicht von Alexy.

3   "Dabei schließt kein ernstzunehmender Nichtpositivist die Elemente der ordnungsgemäßen Gesetztheit und der sozialen Wirksamkeit aus dem Rechtsbegriff aus." 17.

2. Analytische und normative Argumente

Laut Alexy gibt es zwei Arten von Argumenten, die zur Stützung der Trennungs- bzw. der Verbindungsthese dienen können: analytische und normative Argumente. Das analytische Argument bezieht sich auf die begriffliche Verbindung zwischen Recht und Moral, die vom Rechtspositivismus verneint und vom Nichtpositivismus bejaht wird. Aber die Lage der beiden ist nicht symmetrisch. Der Positivist ist verpflichtet diese Verbindung zu leugnen, denn wenn er einräumt, dass Recht und Moral begrifflich verbunden sind, kann er nicht leugnen, dass die Definition des Rechts moralische Elemente enthalten muss. Dagegen sei die Lage des Nichtpositivisten vorteilhaft, weil er im Falle, dass er das Vorhandensein eines begrifflich notwendigen Zusammenhangs nicht erweist, zum normativen Argument greifen kann, das besagt, dass die Verbindungsthese normativ notwendig ist.

Die Idee der normativen Notwendigkeit scheint mir aber höchst fragwürdig zu sein. Alexy selbst gibt zu, dass diese Notwendigkeit vom Gebotensein nicht unterschieden werden kann:

> "Dass etwas normativ notwendig ist, heißt nichts anderes, als das es geboten ist... Damit ist deutlich, dass die normative Notwendigkeit nur eine Notwendigkeit im weiteren Sinne ist." (42, Fn. 19).

Wenn etwas geboten ist, dann sagt man normalerweise, dass es verbindlich ist, dass man die Pflicht hat es zu tun, aber nicht, dass es notwendig ist. Ich sehe keinen Vorteil, statt "verbindlich" oder "bindend" den Terminus "notwendig" zu gebrauchen, denn es kann nur zur sprachlichen Verwirrung führen.

Wenn die normative Notwendigkeit bedeutet, dass die Verbindung von Recht und Moral geboten ist, taucht die Frage auf, wer die Verbindungsthese gebieten kann: ist es eine vom positiven Recht ermächtigte Rechtsautorität (in diesem Falle, welche?) oder ist es eine überpositive Autorität? Bei Alexy findet man keine Antwort auf diese Fragen. Infolgedessen, werde ich mich nur mit seinen analytischen Argumenten befassen. Diese sind wesentlich zwei: erstens, die berühmte Radbruchsche Formel (extrem ungerechte Normen sind kein Recht) und zweitens, die These des Anspruchs auf Richtigkeit. Beide Argumente sind bei Alexy eng mit der Unterscheidung zwischen der Beobachterperspektive und der Teilnehmerperspektive verbunden. Ich werde sie separat behandeln.

3. Beobachterperspektive

Betrachten wir zunächst die Beobachterperspektive näher. Diese ist der Standpunkt derjenigen Person, die das Recht beschreiben will; ein typischer Fall wäre der eines Juristen oder Rechtswissenschaftlers. Die Aufgabe der Rechtswissenschaft ist festzustellen, welche Normen zum bestehenden Recht gehören und was diese Normen vorschreiben. Also handelt es sich dabei um die Erkenntnis des Rechts und die Identifizierung seiner Normen.

Das Problem, das Alexy interessiert ist, ob einzelne Rechtsnormen oder ganze Rechtssysteme - der Radbruchschen Formel gemäß - beim Übertreten einer bestimmten Ungerechtigkeitsschwelle ihre Rechtsqualität verlieren. Nun, was die einzelnen Normen betrifft, ist Alexys Antwort eindeutig und klar: er weist die Radbruchsche Formel ausdrücklich ab und erklärt sich in dieser Frage mit der rechtspositivistischen Position einverstanden:

> "Bereits dies zeigt, dass von dem hier betrachteten Standpunkt eines Beobachters aus ein Einschluss moralischer Elemente in den Rechtsbegriff jedenfalls nicht begrifflich notwendig ist." (54).

Ich fühle mich geneigt hinzuzufügen, dass ein solcher Einschluss nicht nur unnötig, sondern offenbar nicht ratsam wäre, was auch von Alexy selbst bestätigt wird:

> "Es ist deshalb festzuhalten, dass sich die Radbruchsche Verbindungsthese aus der Perspektive eines Beobachters nicht auf einen begrifflich notwendigen Zusammenhang zwischen Recht und Moral stützen lässt." (56-57)

Der folgende Satz von Alexy klingt lapidar:

> "Sowohl analytische als auch normative Erwägungen führen damit zu dem Ergebnis, dass vom Standpunkt eines Beobachters aus, der Einzelnormen betrachtet und nach einem klassifizierenden Zusammenhang fragt, die positivistische Trennungsthese richtig ist. Das Radruchsche Unrechtsargument ist von diesem Standpunkt aus nicht zu akzeptieren." (56-57)

Was ganze Rechtssysteme betrifft, so ist die Lage laut Alexy anders:

> "Was auf einzelne Normen zutrifft, muss nicht für Rechtssysteme als Ganzes gelten." (57)

Diese Behauptung ist an sich wenig klar. Ein Rechtssystem wird normalerweise als die Gesamtheit von Rechtsnormen betrachtet und so sieht man nicht ein, warum eine Menge von Normen, von denen jede einzelne eine Rechtsnorm ist, nicht als ein Rechtssystem sollte angesehen werden. Außerdem führt Alexy kein Argument für die Anwendbarkeit der Radbruchschen Formel für Rechtssysteme an. Er beschränkt sich auf die Erwähnung von drei Beispielen, von denen das erste die *sinnlose soziale Ordnung* ist, die gar keine Normen enthält und folglich nicht einmal als eine Normenordnung, geschweige denn als eine Rechtsordnung bezeichnet werden kann. Auch das zweite Beispiel einer *prädatorischen Ordnung* ist für Alexy keine Rechtsordnung. Dagegen ist das dritte Beispiel, als das Alexy *Herrscherordnung* nennt, obwohl sie höchst ungerecht ist, doch eine Rechtsordnung.

> "Das System ist ohne Zweifel äußerst ungerecht. Dennoch ist es nicht mehr begrifflich ausgeschlossen, es als 'Rechtssystem' zu bezeichnen." (61).

Was die Herrscherordnung zu einer Rechtsordnung macht, ist der Anspruch auf Richtigkeit, der laut Alexy ein notwendiges Element des Rechts ist. Daraus lässt sich schließen, dass die Radbruchsche Formel aus der Beobachterperspektive nie anwendbar ist, sowohl was einzelne Rechtsnormen, als auch was Rechtssysteme als Ganzes betrifft: Beide können höchst ungerecht sein, ohne ihren Rechtscharakter zu verlieren.

Trotz der ausdrücklichen Anerkennung, dass die Radbruchsche Formel weder auf einzelne Normen, noch auf Rechtssysteme anwendbar ist und also die positivistische Trennungsthese unbeschränkt gilt, besteht Alexy darauf, dass der Anspruch auf Richtigkeit der Trennungsthese eine Grenze setzt, wenn auch nur in seltenen und wenig wahrscheinlichen Fällen:

> "Bedeutsam sind jedoch die systematischen Konsequenzen des Anspruchs auf Richtigkeit. Er schränkt die positivistische Trennungsthese bereits in der Beobachterperspektive ein Stück weit. Sie gilt in dieser Perspektive zwar uneingeschränkt, wenn es um Einzelnormen geht. Bei Rechtssystemen stößt sie jedoch, wenn auch nur in extremen und tatsächlich unwahrscheinlichen Fällen, an eine Grenze, die durch den Anspruch auf Richtigkeit definiert wird. Dieser Anspruch rückt von der Grenze ins Zentrum, wenn es um die Teilnehmerperspektive geht." (63)

Worin diese Grenze besteht, wird von Alexy nicht näher geklärt; abgesehen von diesen "extremen und tatsächlich unwahrscheinlichen Fällen"[4] bleibt es bei der unbeschränkten Gültigkeit der positivistischen Trennungsthese in der Beobachterperspektive.

Wenn man diese Äußerungen Alexys mit seiner Behauptung, dass der nichtpositivistische Begriff des Rechts notwendig moralische Elemente einschließt (17), vergleicht, so stehen wir vor einem Widerspruch. Einerseits schließt der Rechtsbegriff moralische Elemente ein; andererseits ist ein äußerst ungerechtes Normensystem wie die Herrscherordnung trotzdem ein Rechtssystem. Welche moralischen Elemente enthält diese Ordnung?[5]

Die Frage, worin der Unterschied zwischen der prädatorischen Ordnung der Banditen, die keine Rechtsordnung ist, und der Herrscherordnung derselben Banditen, die laut Alexy als eine Rechtsordnung anzusehen ist, liegt, beantwortet Alexy mit dem Anspruch auf Richtigkeit. Die Herrscherordnung erhebt diesen Anspruch, und obwohl sie ihn nicht erfüllt, genügt die bloße Tatsache, dass dieser rein deklamatorische Anspruch erhoben wird, um sie in ein Rechtssystem zu verwandeln. Vom moralischen Standpunkt aus gesehen, ist jedoch eine Normenordnung, die den Anspruch auf Richtigkeit erhebt, ihn aber nicht erfüllt, noch verwerflicher als die offen prädatorische Ordnung. Wenn jemand unter dem Vorwand moralischer Richtigkeit unmoralische Handlungen begeht, so heißt das normalerweise Heuchelei. Der Übergang von der Räuberbande zum Rechtssystem scheint auf bloßer Heuchelei zu gründen, denn das ist, was, laut Alexy, eine prädatorische Ordnung in eine Rechtsordnung und somit einen Banditen in eine Rechtsautorität verwandelt. Das klingt mehr als sonderbar und ist sicherlich mit der Behauptung, dass der Rechtsbegriff notwendigerweise moralische Elemente einschließt, vollkommen unverträglich.

Die einzige plausible Erklärung für diese Idee ist, dass Alexy bei der Charakterisierung

---

4   Bei der Begriffsbildung ist es kaum ratsam, sich um unwahrscheinliche Fälle zu kümmern.

5   Alexys Beschreibung dieser Ordnung klingt sehr eloquent: "Auf lange Sicht erweist sich die prädatorische Ordnung nicht als zweckmäßig. Die Banditen bemühen sich daher um eine Legitimation. Sie entwickeln sich zu Herrschern und damit die prädatorische zu einer *Herrscherordnung*. An der Ausbeutung der Beherrschten halten sie fest… Tötungen und Beraubungen einzelner Beherrschten, die der Sache nach allein dem Interesse der Herrscher dienen, bleiben jederzeit möglich."

der Beobachterperspektive, sei es bei einzelnen Normen, sei es bei Rechtssystemen, den nichtpositivistischen Rechtsbegriff aufgibt und stillschweigend den positivistischen Begriff akzeptiert, der keine Wertelemente einschließt. Aber dann wären sowohl die Herrscherordnung, als auch die prädatorische Ordnung als Rechtsordnungen anzusehen, denn beide sind im gleichen Grade ungerecht.

4. Die Teilnehmerperspektive

Alexy behauptet, dass in der Teilnehmerperspektive – und das bedeutet vom Standpunkt eines Richters aus, denn für Alexy sind die Richter die Teilnehmer *par excellence* – eine Norm oder ein Normensystem müssen, um den Rechtscharakter zu erlangen, ein Minimum von Gerechtigkeit aufweisen muss, oder, negativ ausgedrückt, sie dürfen ein bestimmtes Maß an Ungerechtigkeit nicht überschreiten, ohne ihren Rechtscharakter einzubüßen.

Alexy spricht von «Teilnehmerperspektive» und vom «Standpunkt eines Richters», als ob diese Ausdrücke synonym wären. Tatsächlich sind sie aber nicht gleichbedeutend. Teilnehmer am «Rechtsspiel» sind solche Personen, die an der Lösung eines rechtlichen Problems interessiert sind, also Richter, Rechtsanwälte, Berater und Privatpersonen. So wie die Beobachterperspektive auf der Beschreibung des Rechts beruht, ist die Teilnehmerperspektive mit der Anwendung des Rechts verbunden. In diesem Sinne hat Alexy recht: Die Richter sind ohne Zweifel ihre wichtigsten Vertreter. Aber bei der Tätigkeit des Richters muss man zwei Phasen unterscheiden. Wenn ein Richter ein juristisches Problem zu lösen hat, muss er sich zuerst in die Perspektive des Beobachters versetzen, um festzustellen, was das bestehende Recht vorschreibt. Hier gibt es zwei Möglichkeiten: entweder bestimmen die Rechtsnormen eine eindeutige und klare Lösung des Problems, oder sie tun es nicht. Wenn das Recht eine eindeutige Lösung für seinen Fall vorsieht, dann hat der Richter die Pflicht diese Lösung anzuwenden. In diesem Fall ist nur die Perspektive des Beobachters auch für den Richter relevant.

Aber es kann geschehen, dass das Recht keine eindeutige Lösung für ein rechtliches Problem enthält, dass diese unbestimmt ist. Diese Unbestimmtheit kann von verschieden Quellen stammen. Logische Mängel des Rechtsystems wie normative Lücken (wenn das Recht keine Regelung für einen bestimmten Fall enthält) oder normative Widersprüche (wenn das Recht mehrere unverträgliche Regelungen enthält) gehören dazu. Auch sprachliche Probleme: wie die Erkenntnislücke (Unbestimmtheit oder Vagheit der relevanten Begriffe in der Rechtsnorm, wobei der Fall in die Zone der Vagheit fällt)[6] kommen hier in Betracht.

---

6   Hart hat dafür den Ausdruck "penumbra case" (Grauzonenfall) geprägt. H.L.A. Hart, "Positivism and the Separation of Law and Morals", *Harvard Law Review* 71 (1958), 593-629. Vgl. Genaro R. Carrió, *Notas sobre Derecho y Lenguaje*, Buenos Aires, 1965 und Carlos E. Alchourrón - Eugenio Bulygin, *Normative Systems*, Springer Verlag, Wien-New York, 1971, 68-74 (deutsche Übersetzung von Annette Schmitt und Ruth Zimmerling, *Normative Systeme,* Verlag Karl Alber, Freiburg München, 1994).

In allen diesen Fällen muss der Richter entscheiden, welche Lösung anzuwenden ist. Das bedeutet, dass er im Falle einer normativen Lücke eine neue Norm erzeugen, im Falle eines Widerspruchs mindestens eine der sich widersprechenden Normen (total oder partiell) derogieren und im Falle der Vagheit die Bedeutung der relevanten Ausdrücke verändern (präzisieren) muss. In allen diesen Fällen ändert der Richter das bestehende Recht.

Es gibt aber noch eine andere, besonders interessante Möglichkeit, nämlich, es kann vorkommen, dass das Recht eine eindeutige Lösung enthält, aber diese Lösung vom Richter als extrem ungerecht angesehen wird, entweder weil der Gesetzgeber eine relevante Eigenschaft nicht berücksichtigt hat (*axiologische Lücke*), oder weil der Richter die Wertkriterien der Rechtsautorität, die die Norm erzeugt hat, nicht teilt. In solchen Fällen kann es geschehen, dass der Richter die bestehende Norm beiseite lässt und eine andere, von ihm geschaffene, Norm anwendet, die zur Zeit seiner Entscheidung nicht zu seinem Rechtssystem gehörte.

An sich bedeutet die Anwendung von Normen die zum Rechtssystem des Richters nicht gehören nichts neues. Sie kommt so oft vor, dass sich ein besonderer Zweig der Rechtswissenschaft entwickelt hat, nämlich das internationale Privatrecht, das solche Fälle behandelt. Aber bei den uns interessierenden Fällen gibt es einen erheblichen Unterschied: was der Richter anwendet, ist nicht fremdes Recht, sondern eine von ihm modifizierte, d.h. von ihm geschaffene Norm. Das bedeutet, dass die Richter – wenn auch nur in außergewöhnlichen und relativ seltenen Umständen - an der Erzeugung des Rechts teilnehmen. Das ist was Hart *judicial discretion* genannt hat. Aber diese bedeutet keineswegs Willkür; der Richter folgt seinen (nicht unbedingt moralischen) Wertkriterien, um Rechtsnormen zu erzeugen, aufzuheben oder zu verändern. Es muss hervorgehoben werden, dass alle diese Probleme bei der Anwendung und nicht bei der Identifizierung des Rechts entstehen.

Wie können diese Tatsachen den Begriff des Rechts beeinflussen? Bedeutet es, dass der Richter einen anderen Rechtsbegriff gebraucht, als der Rechtswissenschaftler? Ich glaube, nicht. Wenn der Richter eine gültige Rechtsnorm nicht anwendet, weil in seiner Meinung ihre Anwendung zu extremer Ungerechtigkeit führen würde und an ihrer Stelle eine andere (eventuell von ihm selbst erzeugte) Norm anwendet, so kann dies nicht als eine Änderung des Rechtsbegriffs bezeichnet werden. Was der Richter in solchen Fällen ändert, ist nicht der Begriff des Rechts, sondern die Normen seines Rechtssystems.

5. Richterliche Entscheidungen und Meinungen der Richter

Inwieweit kann die Radbruchsche Formel, oder die These des Anspruchs auf Richtigkeit, die Kontroverse zwischen dem Rechtspositivismus und dem Nichtpositivismus, also die Beziehung zwischen Recht und Moral in der Teilnehmerperspektive beeinflussen? Wir haben schon festgestellt, dass die Radbruchsche Formel weder bei einzelnen Normen noch bei Rechtssystemen anwendbar ist. Ob die These des Anspruchs auf Richtigkeit dazu dienen kann, ist ebenfalls sehr zweifelhaft. Jedenfalls führt Alexy kein

Argument in diesem Sinne an. Aber er scheint der Meinung zu sein, dass die Äußerungen der Richter relevant sind für die Frage, welcher Rechtsbegriff vorzuziehen ist, was mir sehr fraglich vorkommt.

In seinem Buch erwähnt er zwei praktische Fälle. Der erste soll zeigen, dass die Richter die extreme Ungerechtigkeit (die Radbruchsche Formel) anführen, um zu behaupten, dass solche Normen keine Rechtsnormen sind. Das zweite Beispiel soll zeigen, dass der positivistische Rechtsbegriff für den Standpunkt eines Richters nicht adäquat ist. Ich befürchte, dass keines dieser Beispiele seinen Zweck erfüllt.

Der erste Fall bezieht sich auf das sogenannte "gesetzliche Unrecht". Es handelt sich dabei um die 11. Verordnung zum Reichsbürgergesetz aus dem Jahre 1941 (also erlassen in der Nazizeit), wodurch den emigrierten Juden die deutsche Staatsangehörigkeit entzogen wurde. Das Bundesverfassungsgericht beschloss 1954, also neun Jahre nach dem Fall des Nazismus, dass in dieser Norm "der Widerspruch zur Gerechtigkeit ein so unerträgliches Maß erreicht" hat, dass sie von Anfang an als nichtig anzusehen ist. Bedeutet diese Entscheidung, dass diese Norm keine Rechtsnorm war, obwohl sie beinahe vier Jahre lang von den deutschen Richtern und Verwaltungsbehörden für gültig angesehen und friedlich angewendet wurde? Ich glaube nicht. Sie war eine gültige Norm des deutschen Rechts während der Nazizeit und wurde später mit rückwirkender Kraft (*ex tunc*) vom demokratischen Bundesverfassungsgericht aufgehoben. Die Tatsache allein, dass das Gericht sich gezwungen sah, diese Norm zu annullieren, zeigt bereits, dass sie eine Rechtsnorm war, denn wäre es keine gesetzliche Bestimmung, sondern nur eine Äußerung eines Nazi-Machthabers wie etwa Goebbels, so würde das Verfassungsgericht sich nicht die Mühe geben, eine Rede Hitlers Propagandaminister aufzuheben. Kein Verfassungsgericht erklärt bloße Äußerungen für nichtig, unbeachtet ihrer Ungerechtigkeit.

Der zweite Fall bezieht sich auf die richterliche Rechtsfortbildung gegen den Wortlaut eines Gesetzes. Nach dem BGB ist eine Entschädigung in Geld für immaterielle Schäden außer in den gesetzlich vorgesehenen Fällen ausgeschlossen. Im Falle der Prinzessin Soraya, der geschiedenen Ehefrau des letzten Schahs des Iran, hatte der zuständige Gerichtshof einen Schadenersatz in Geld gewährt, obwohl der Fall eindeutig nicht zu gesetzlichen Ausnahmen gehörte, und diese Entscheidung wurde vom Verfassungsgericht bestätigt. Dabei erklärte das Verfassungsgericht, dass das Recht mit der Gesamtheit der geschriebenen Gesetze nicht identisch ist und daher die Rechtsprechung nicht nur an Gesetz, sondern an "Gesetz und Recht" gebunden ist. Also ist eine richterliche Entscheidung *contra legem* nicht immer verfassungswidrig.

Das einzige, was diese Entscheidung zeigt ist, dass das Verfassungsgericht den "engen Gesetzespositivismus" ablehnt, das heißt, die Identifizierung des Rechts mit dem geschriebenen Gesetz. Aber kein ernstzunehmender Positivist vertritt heutzutage diese Form des Positivismus. Weder Kelsen und Hart, noch Alf Ross, Bobbio, Raz oder Hoerster können als Gesetzespositivisten abgestempelt werden. Folglich kann dieses Beispiel keineswegs als Beweis dafür dienen, dass der nichtpositivistische Rechtsbegriff adäquater oder richtiger ist, als der positivistische.

Was diese Beispiele klar zeigen, ist die Notwendigkeit zu unterscheiden zwischen dem, was die Richter *sagen, was sie tun* und dem, *was sie tatsächlich tun*. Sehr oft greifen die Richter zu rhetorischen Argumenten, um zu verschleiern, was sie tatsächlich tun. Das geschieht unter anderem, weil das positive Recht manchmal unverträgliche Forderungen an sie stellt. Als Beispiel können die drei folgenden Forderungen dienen, die ein Richter erfüllen muss, wenn er einen Rechtsfall entscheidet:

(1) Der Richter ist verpflichtet, eine rechtliche Entscheidung zu treffen (Rechtsverweigerungsverbot).

(2) Seine Entscheidung soll ausdrücklich begründet (gerechtfertigt) werden.

(3) Diese Begründung oder Rechtfertigung soll mit Hilfe des bestehenden Rechts geschehen.

Jedes dieser Gebote ist durchaus vernünftig, aber alle drei sind in gewissen Situationen unverträglich: Sie können nicht alle zusammen erfüllt werden. In solchen Situationen wie normativen Lücken oder Widersprüchen können die Richter ihre Entscheidung nicht in dem bestehenden Recht begründen, und so wird die dritte Forderung nicht erfüllt und an Stelle einer Norm des bestehenden Rechts (die ja *ex hypothesi* gar nicht gibt) wird eine andere Norm angewendet, die vom Richter selbst geschaffen wird.[7] Dies bedeutet, dass die Gerichte an der Rechtserzeugung teilnehmen. Aber da die herrschende Ideologie, die von der Lehre der Gewaltenteilung herkommt, den Gerichten gebietet das bestehende Recht anzuwenden, und verbietet es zu modifizieren, versuchen die meisten Richter (mittels mehr oder minder erfolgreicher rhetorischer Kunststücke) zu verschleiern, dass sie das bestehende Recht in solchen Fällen tatsächlich verändern. In diesem Sinne ist die von dem schweizerischen Zivilgesetzbuch verwendete Formel viel realistischer: «A défaut d'une disposition légal applicable, le juge prononce selon droit coutumier, et á défaut d'une coutume, selon les règles qu'il établirait s'il avait à faire un acte de législateur.» Statt vorauszusetzen, dass alle Fälle mit Hilfe des bestehenden Rechts entschieden werden können, werden die Richter dazu ermächtigt, in kritischen Fällen neue Rechtsnormen zu erzeugen.

6. Der Anspruch auf Richtigkeit

Über diese Thema haben wir mit meinem Freund Alexy vielmals diskutiert[8] und ich will hier weder meine Argumente gegen diese These, noch seine Erwiderungen wiederholen. Aber zwei zusätzliche Bemerkungen möchte ich doch hinzufügen.

---

7 Vgl. Carlos E. Alchourrón – Eugenio Bulygin, *Normative Systeme*, 256-268 und 287-291.

8 Robert Alexy, "On Necessary Relations between Law and Morality", *Ratio Juris*, vol.2, No.2, 1989, 167-183; Eugenio Bulygin, "Alexy und das Richtigkeitsargument" in Aulis Aarnio et al. (eds.), *Rechtsnorm und Rechtswirklichkeit. Festschrift für Werner Krawietz zum 60. Geburtstag*, Duncker & Humblot, Berlin 1993, 19-24; Robert Alexy, "Bulygins Kritik des Richtigkeitsarguments" in Ernesto Garzón Valdés et al. (eds.), *Normative Systems in Legal and Moral Theory. Festschrift für Carlos E. Alchourrón und Eugenio Bulygin*, Duncker & Humblot, Berlin 1997, 235-250; Eugenio Bulygin, "Alexys Thesis of the Necessary Connection between Law and Morality", *Ratio Juris*, vol.13, No.2, 2000, 133-137; Robert Alexy, "On the Thesis of a Necessary Connection between Law

a) *Die Notwendigkeit des Anspruchs.*

Alexy behauptet, dass jeder Rechtserzeugungsakt begrifflich mit dem Anspruch auf Richtigkeit verbunden ist: Normensysteme, die diesen Anspruch nicht erheben, sind keine Rechtssysteme, und wenn sie diesen Anspruch erheben, aber nicht erfüllen, dann sind sie rechtlich fehlerhafte Rechtssysteme. Eine Norm, die diesen Anspruch nicht erhebt, verliert ihre Rechtsqualität nicht, aber sie ist rechtlich fehlerhaft. Dasselbe geschieht, wenn sie den Anspruch zwar erhebt, aber ihn nicht erfüllt.

Die rechtliche Fehlerhaftigkeit wird von Alexy als Beweis angeführt, dass der Anspruch auf Richtigkeit notwendig ist. Andererseits, ist diese Fehlerhaftigkeit eine sehr eigentümliche Eigenschaft des Rechts, die sich grundsätzlich von anderen Eigenschaften unterscheidet. Der Satz "Fehlerhafte Rechtssysteme sind fehlerhaft" ist, laut Alexy, eine Tautologie, genau so wie "Kontinentale Rechtssysteme sind kontinental." Aber, fügt Alexy hinzu,

> " ...there is a difference concerning the relation of the predicates «faulty» and «continental». The difference stems from the fact that legal systems necessarily raise a claim correctness, whereas they do not necessarily raise a claim to be or not to be continental....It is the necessity of the claim to correctness which gives faultiness a special character. This special character consists in the fact that faultiness contradicts correctness, which is necessarily claimed by law."[9]

Das klingt sehr sonderbar; ich bin der Ansicht, dass beide Sätze analytisch wahr sind, und sehe gar keinen Unterschied zwischen ihnen. Alexys Behauptung, dass diese Eigentümlichkeit darin besteht, dass Rechtssysteme notwendigerweise den Anspruch auf Richtigkeit erheben, während sie nicht beanspruchen kontinental zu sein, ist wenig überzeugend, denn auf diese Weise wird seine Argumentation zirkulär: Der Anspruch auf Richtigkeit ist notwendig, weil Normensysteme, die ihn erheben, aber nicht erfüllen, rechtlich fehlerhaft sind und diese Fehlerhaftigkeit hat einen besonderen Charakter, weil sie auf der Notwendigkeit des Anspruchs begründet ist. So ist die Notwendigkeit des Anspruchs auf Richtigkeit zugleich der Grund und die Folge dieses Anspruchs.

b) *Notwendiger Einschluss von moralischen Elementen in den Begriff des Rechts.*

Da der Anspruch auf Richtigkeit die moralische Richtigkeit impliziert und außerdem notwendig ist, folgt daraus, dass das Recht notwendigerweise moralische Elemente einschließt. Dieser letzte Satz ist aber doppeldeutig; er kann bedeuten, erstens, dass jedes Recht stets *eine* (aber nicht notwendigerweise dieselbe) Moral einschließt und zweitens, dass es eine besondere Moral gibt, die in jedem Recht eingeschlossen ist. In

---

and Morality: Bulygin's Critique", ibidem, 138-147. Alle diese Aufsätze erschienen in Spanisch mit Einführung von Paula Gaido: Robert Alexy – Eugenio Bulygin, *La pretension de corrección del derecho. La polémica sobre la relación entre deerecho y moral*, Universidad Internado de Colombia, 2001.

9   R. Alexy, "On the Thesis of a Necessary Connection between Law and Morality" (Fn. 8).

symbolischer Notation kann der Unterschied klar dargelegt werden: Wenn wir Recht mit D symbolisieren, Moral mit M und die Relation des Einschließens mit R. dann sagt die erste Fassung:

(x) Dx → (Ey) (My & xRy), während die zweite Version besagt, dass

(Ey) My & (x) (Dx → xRy).

Die erste Deutung, von Alexy "schwache Variante" genannt (127), ist völlig belanglos, da sie nur behauptet, dass jedes Recht mit irgendeiner Moral verbunden ist. Das wird von keinem Rechtspositivisten bestritten. Die zweite ("starke") Variante behauptet etwas ganz anderes, nämlich, dass es eine Beziehung besteht zwischen dem Recht (jedem Rechtssystem) und einer bestimmten Moral, der richtigen Moral, oder, wie es Alexy formuliert, notwendiger Zusammenhang zwischen dem Recht und der Idee einer richtigen oder gerechtfertigten Moral.

Hier lassen sich zwei Bedenken anführen: erstens ist es gar nicht klar, dass es überhaupt so etwas wie *die richtige oder wahre Moral* gibt und zweitens, muss man unterscheiden zwischen einer wahren oder richtigen Moral und der *Idee* einer richtigen Moral. Auch wenn es eine richtige Moral gäbe, sicherlich gibt es nicht *eine* Idee der richtigen Moral; verschiedene Personen haben verschiedene Ideen der richtigen Moral. Um zu zeigen, dass die starke Variante wahr ist, sollte man beweisen können, dass alle Personen die gleiche Idee einer richtigen Moral haben. Das ist sehr wenig wahrscheinlich. Ist es dasselbe, was Hitler, Stalin, Gandhi oder Bush unter der richtigen Moral verstanden haben?

7. Übereinstimmungen und Unterschiede zwischen dem Positivismus und dem Nichtpositivismus

Alexys Anerkennung[10], dass "die positivistische Trennungsthese von der Beobachterperspektive aus im wesentlichen richtig ist" setzt dem Streit mit dem Positivismus ein Ende, mindestens in Bezug auf die Bestimmung des Begriffs des Rechts, da der Rechtspositivismus sich nicht mit der Anwendung, sondern nur mit der Identifizierung des Rechts befasst. Die positivistische Trennungsthese bedeutet, dass der Inhalt eines Rechtssystems ohne Bezug auf die Moral festgestellt werden kann. Darin sind Kelsen, Hart, Raz und Hoerster einig. Und Alexy stimmt ihnen zu, was manchen seiner Anhänger überraschen mag. Andererseits wird die Tatsache, dass die Richter öfters moralische Argumente verwenden, von keinem Positivisten bestritten.

Wenn man die Ideen eines Positivisten wie Kelsen oder Hart mit denen von einem Nichtpositivisten wie Alexy vergleicht, kommt man zu sonderbaren Ergebnissen.

---

10 "Es hat sich gezeigt, dass die positivistische Trennungsthese von der Beobachterperspektive aus im wesentlichen richtig ist. Lediglich in dem extremen und tatsächlich unwahrscheinlichen Fall eines Normensystems, da nicht einmal einen Anspruch auf Richtigkeit erhebt, stößt sie an eine Grenze." (63)

l) Beide Parteien sind darüber einig, dass ordnungsgemäße Gesetztheit und soziale Wirksamkeit als definitorische Merkmale des Rechts anzusehen sind. Alexy fügt zwar die Verbindung mit der Moral hinzu. Aber worin diese Verbindung besteht ist nicht klar, wenn man bedenkt, dass äußerst ungerechte und also unmoralische Normenordnungen doch als Rechtsordnungen angesehen werden.

2) Beide Parteien stimmen ausdrücklich überein, dass in der Perspektive eines Beobachters, z.B. eines Rechtswissenschaftlers, der Begriff des Rechts keine moralischen Elemente einschließt, und dass sowohl einzelne Rechtsnormen als auch Rechtssysteme als Ganzes unmoralisch sein können. Die Radbruchsche Formel findet in dieser Perspektive keine Anwendung. Nicht einmal die extreme Ungerechtigkeit kann eine von einer zuständigen Rechtsautorität erlassene Norm und die entsprechende Normenordnung ihres Rechtscharakters berauben.

.3) Aus Alexys Ausführungen geht klar hervor, dass es für einen Beobachter, also für jemanden, der das Recht beschreiben will, möglich ist das Recht zu identifizieren ohne zu moralischen Werten zu greifen. Und das ist genau das was alle ernstzunehmenden Rechtspositivisten, von Bentham bis Raz, behaupten. Und Alexy stimmt ihnen zu, mindestens was die Beobachterperspektive betrifft. Das bedeutet, dass die Rechtswissenschaft rein deskriptiv, ohne zu Wertungen zu greifen, betrieben werden kann. Obwohl die Rechtsnormen bestimmte Wertungen ausdrücken, steht einer rein deskriptiven Rechtswissenschaft nichts im Wege. Wie es Hart in seinem berühmten *Postscript* formuliert:

> "My account is *descriptive* in that it is morally neutral and has no justificatory aims: it does not seek to justify or commend on moral or other grounds the forms and structures which appear in my general account of law... A description is still a description even if what is described are values."[11]

Und obwohl Alexy nicht sehr ausführlich über dieses Thema handelt, findet man - mit der Ausnahme der metaphorischen Erwähnung der idealen Dimension des Rechts[12] - nichts in seinem Werk, was mit dem Ideal einer rein deskriptiven Rechtswissenschaft unvereinbar wäre.

4) Was die Teilnehmerperspektive betrifft, so sind beide Parteien darüber einig, dass die Richter manchmal sich weigern Normen mit einem ungerechten Inhalt anzuwenden. Für einen Positivisten tun sie das aus moralischen Gründen, für einen Nichtpositivisten wie Alexy, aus rechtlichen Gründen. Aber beide stimmen darüber überein, dass die Richter es tun. Wo liegt denn dann die große Diskrepanz?

Man könnte denken[13], dass der Widerspruch wenigstens teilweise darin besteht, dass Alexy der Teilnehmerperspektive mehr Gewicht einräumt, als die Positivisten es tun. Das wäre vielleicht der Fall bei Kelsen, aber sicherlich nicht bei Hart:

---

11 H.L.A. Hart, *The Concept of Law*, second edition, Clarendon Press, Oxford, 1994, 244 und 240.
12 Alexy, *Begriff und Geltung des Rechts*, 1994, 130, 136.
13 Wie es Paula Gaido in ihrer noch unveröffentlichen Dissertation behauptet, die bei der Universität Córdoba, Argentinien, vorgelegt wurde.

"... there is nothing in the project of a descriptive jurisprudence as exemplified in my book to preclude a non-participant external observer from describing the way in which participants view the law from such an internal point of view." (Ibidem, 242).

Ich habe den Eindruck, dass die Diskrepanz einer rein verbalen sehr ähnlich aussieht. Alexy zögert (aber weigert sich nicht) eine ungerechte Normenordnung als Recht anzuerkennen, während ein Positivist behauptet, dass das positive Recht, wie jedes Produkt menschlichen Handelns gut oder schlecht, gerecht oder ungerecht sein kann. Dadurch, dass wir uns weigern, einer ungerechten Normenordnung den Ehrentitel "Recht" zu verleihen, werden die Ungerechtigkeiten nicht ausgeräumt. Sicherlich verdienen ungerechte Normenordnungen die schärfste Kritik, aber warum sollten sie nicht als "Rechtsordnungen" angesehen werden?

Verzeichnis der Autoren

Afonso da Silva, Virgílio, Prof. Dr. iur., Professor für Verfassungsrecht und Grundrechte, Universität São Paulo, Brasilien

Alexy, Robert, Prof. Dr. iur. Dr. h.c. mult., Professor für Öffentliches Recht und Rechtsphilosophie, Universität Kiel

Arango, Rodolfo, Prof. Dr. iur., Professor für Philosophie, Universidad de Los Andes, Bogotá, Kolumbien

Bernal Pulido, Carlos, Prof. Dr. iur., Professor für Rechtsphilosophie und Verfassungsrecht, Universidad del Externado, Bogotá, Kolumbien

Borowski, Martin, Priv.-Doz. Dr. iur., Senior Lecturer in Law, Birmingham Law School, College of Arts and Law, Univ. Birmingham, Großbritannien

Bulygin, Eugenio, Prof. Dr. iur. Dr. h.c., "Profesor emérito", Universidad de Buenos Aires

Clérico, Laura, Prof. Dr. iur., Professorin für Verfassungsrecht, Universidad de Buenos Aires, Argentinien

Gaido, Paula, Mag., Prof., Universidad de Córdoba, Argentinien

Huerta, Carla, Prof. Dr. iur, UNAM, Mexico

Oliver-Lalana, A. Daniel, Dr. iur., Faculteit Rechten, Hogeschool-Universiteit Brussel, Belgien

Sieckmann, Jan-R., Prof. Dr. iur, Professor für Öffentliches Recht, Universität Erlangen-Nürnberg, z.Zt. DAAD-Langzeitdozent für Staatsrecht, Universidad de Buenos Aires

Sodero, Eduardo, Prof., Universidad Nacional del Litoral, Santa Fé, Argentinien